高职高专公共基础课规划教材

大学实用语文

主　编　张文光
副主编　张文玲　李文彦
参　编　王　燕　许旭丹　刘春萌
张立莉　杨　芳　杨　燕
范　静　侯瑞静　陶斯明

机械工业出版社

本书是一部集人文性、工具性、审美性于一体的高职院校大学语文课程教材。基于高职学生求职、工作、生活的实际需要及课时要求，全书内容分为听说训练、人文素养和应用写作三大模块，重点促进学生交际口才与应用写作能力的提高，并通过一系列专题文章的阅读加深学生对社会、人生的认识，改善其思维模式，使之善思、会说、能写，为适应岗位需求和可持续发展提供保障，进而提升学生的人文素养和人格魅力。

“听说训练”部分按项目编排，包括普通话水平测试指导、思维与表达、倾听与交谈、自我推销与演讲。“人文素养”部分按主题单元组文，包括德行天下、大学之道、人生至情、关爱生命、洞明世事、体悟自然、历史回眸。“应用写作”部分按项目编排，包括汉字书写与文面常识、应用写作概述、大学生通用文书、事务文书、常用公文、附录。

本书可作为各类应用型、技能型人才培养的高职院校大学语文教材，也可作为具有中等以上文化程度的读者强化语文能力的自学读本。

图书在版编目（CIP）数据

大学实用语文／张文光主编．—北京：机械工业出版社，2016.5
（2019.9 重印）
高职高专公共基础课规划教材
ISBN 978-7-111-53291-0

Ⅰ.①大…　Ⅱ.①张…　Ⅲ.①大学语文课-高等职业教育-教材
Ⅳ.①H19

中国版本图书馆 CIP 数据核字（2016）第 058278 号

机械工业出版社（北京市百万庄大街 22 号　邮政编码 100037）
策划编辑：杨晓昱　王玉鑫　　　责任编辑：杨晓昱　王玉鑫　王　慧
责任校对：张　征　　　封面设计：张　静
责任印制：常天培
北京京丰印刷厂印刷

2019 年 9 月第 1 版·第 7 次印刷
184mm×260mm·18.25 印张·451 千字
标准书号：ISBN 978-7-111-53291-0
定价：43.80 元

凡购本书，如有缺页、倒页、脱页，由本社发行部调换
电话服务　　　网络服务
服务咨询热线：010-88379833　　　机 工 官 网：www.cmpbook.com
读者购书热线：010-68326294　　　机 工 官 博：weibo.com/cmp1952
教育服务网：www.cmpedu.com
封面无防伪标均为盗版　　　金 书 网：www.golden-book.com

前　言

语言文字的运用能力是一个人生活与工作的核心能力之一，一个人的语文素养将直接影响其工作和生活的质量。

尽管学生在进入大学之前已经学习了12年甚至更长时间的语文，积累了不少的语文知识，但是语言文字的运用能力并不尽如人意。由于应试内容在操作上的局限性，学生的口头沟通能力和实用性的写作能力没能在考核内容上突显出来，因此学生的实际应用语文的能力常常得不到培养和提高。进入高职院校学习的学生绝大多数会直接走向社会，考虑到高职学生求职、工作、生活的实际需要，高职“大学实用语文”课程更应加强对学生实际运用语言文字能力的培养，在有限的课时里重点促进学生交际口才与应用写作能力的提高，并通过一系列专题文章的阅读加深学生对社会、人生的认识，改善其思维模式，使之善思、会说、能写，为适应岗位需求和可持续发展提供保障，并努力提升学生的人文素养和人格魅力。

“大学实用语文”作为一门素质教育课程，坚持以人为本，服务于立德树人的教育宗旨，面向全体学生，促进学生全面发展。本书在内容上设计了三个模块：听说训练模块、人文素养模块、应用写作模块，融人文性、工具性和审美性于一体。每个模块前的概述，明确了本模块的学习价值、内容及方法，重在理解学习的重要性与实用性，把握学习与训练的要点。课文延伸（文本资料）与资料链接（音视频资料）增大了学习内容的容量，方便教师与学生查阅资料与自学。应用写作的模板有助于加强写作思路的引导并方便学生套写。

本书在编写上体现出如下特色：

1. 教学和训练内容来源于大学生实际，贴近生活、工作和社会现实。在文章的阅读与理解上，强调读书在于明理，重在提升大学生的人文素养，体现出我国社会主义核心价值观对大学生成长与发展的效用。学生的汉字书写能力强调从写好自己的名字入手，作业与文章版面强调美观得体，语言运用强调选用符合语境的语体。特别是语体的错用是很多学生在应用写作中易出现的现象，本书对此给予了足够的提示与强调。

2. 以学生为主体。听说训练的关键是让学生自己能动起来，而不是教师的理论传授，因此本书提供了大量的示范性材料和训练材料，这些材料贴近社会实际，贴近学生的理解和接受能力，便于学生课后自学。教师在课堂上只起一个组织指导作用，把大部分时间留给学生训练和交流。

3. 强调活动设计与训练指导。为强化训练效果，本书有针对性地设计了训练情境与活动内容和要求。如在交谈活动中训练学生的倾听与交谈能力，在应聘活动中完成求职文书的写作与面试指导工作。训练材料不仅提供规范文本，同时选择足量的“病文分析”和“病文修改”训练题，以帮助学生较好地明确“应该怎样写”“不应该怎样写”。

4. 把做人指导放在所有训练的根本点上。如口才训练中强调个人修养的重要性；实用写作时强调明确读者对象，主动换位思考；文章的阅读与理解侧重在对人生问题的思考上。

5. 教材内容注意到与中学语文教学的衔接和延伸，在中学语文学习的基础上进一步提升学生实际的语言文字运用能力。

本书由张文光（河北机电职业技术学院）主编，并编写前言、“德行天下”、附录。张文玲（西安理工大学）编写“人生至情”，许旭丹（无锡职业技术学院）编写“大学生通用文书”，侯瑞静（邢台市第八中学）编写“汉字书写与文面常识”“应用写作概述”，河北机电职业技术学院王燕编写“普通话水平测试指导”“思维与表达”，杨芳编写“倾听与交谈”“自我推销与演讲”，杨燕编写“关爱生命”，范静编写“洞明世事”，陶斯明编写“体悟自然”，张立莉编写“历史回眸”，刘春萌编写“事务文书”，李文彦编写“常用公文”，“大学之道”由杨燕、陶斯明共同编写。本书最后由张文光统改并定稿。

本书在编写过程中，除参考、选取了列举于书后的“参考文献”和排于选文后的书籍、报刊、网络文献中的有关资料外，还参考了其他著述、报刊和网络上的文章内容，由于篇幅所限，未能逐一注明，在此向已注明和未注明的作者一并表示诚挚的谢意。

由于编者水平有限，书中难免有疏漏之处，欢迎广大读者批评指正。有关本书的意见和修订建议请发送至本书编者的电子邮箱（13383198503@189. cn），我们在今后修订本书时将尽量采纳各位老师的意见，并邀请各位老师参加本书的修订工作。

编　者

目 录

模块三　应用写作

模块一

听 说 训 练

我们面临的是一个分工越来越细、越来越需要协作的社会，在激烈竞争的社会里，一个人在社会中的适应力、竞争力、推销力都离不开口才的展示，若口才有欠缺，就会阻碍自身生存和发展。

口才不只是嘴皮子上的功夫，更是一个人综合素质的反映，它集道德修养、文化积累、知识结构、思维方式、价值判断、心理素质、语言艺术和仪态仪表为一体，充分显示出一个人的魅力和风格。

常言道："三年胳膊五年腿，十年练出一张嘴。"锻炼和提高听说能力，需要我们从以下几个方面努力：

(1) 加强道德修养，提升人格魅力。一个人的威信往往不是因为他的地位和权势，而是因为他"正人先正己"的以身作则的表率作用和高尚的人格力量。孔子曾说："其身正，不令而行；其身不正，虽令不从。"身教重于言教，因此我们要始终贯彻"德为先"的学习原则，并深刻地认识到这是一项长期的任务。

(2) 说普通话，避免误会。掌握普通话基本的语音知识，克服方音方言，普通话水平达到国家要求的相应等级标准。不在工作、学习或公共场合说方言土语，以免造成误会和误解。

(3) 练习朗读，传达准确信息。朗读首先要弄懂文章主旨，理解作者情感，其次要做到不多字、不少字，不把字音读错、不把文字读颠倒，语流通畅、字音清晰、声音洪亮、重音突出、停顿正确、语调得体、节奏适宜。

(4) 练习倾听，专注真诚。练习听力不但要注意对方说的话，还要观察对方的体态表情，借此听懂对方谈话的内容，听出弦外之音、言外之意，养成专注倾听的习惯。

(5) 加强心理训练，提高自信心。激发自己强烈的成功欲望和信心，无论面对什么情况，都能敏捷清晰地进行思考，都能大胆从容地表达自己的思想和情感。

(6) 训练思维，口不失言。口语表达的准确源于思维的清晰，口语表达的完美源自思维的严密，口语表达的容量源于思维的深刻，口语表达的新颖源自思维的创新，口语表达的得体源自思维的敏捷。通过思维的速度、广度、深度训练以求做到表达时的急中生智、巨细无遗、见微知著。

(7) 练习态势语，强化表达力。态势语言有时也发挥着明显的传情达意的作用，通过训练，要求态势自然得体，同时也要学会态势语的解读。

(8) 练习演讲，解惑释疑。面对听众发表自己意见的演讲要以讲为主，以演为辅。要求克服朗诵腔、读稿讲和背稿讲的弊端，注意做到与听众在思想和情感方面相互认同，注意演讲者的声音、语言、形象、表演在时空构成上的综合展现。

(9) 口语应用，文明得体。作为一个受过高等教育的人，我们应该是一个高尚的人，一个脱离了低级趣味的人。在口语交际应用实践中，我们要强调目中有人、心中有人，说话不但文明有礼，还要看对象、论场合、讲方式、求效果，体现口语交际的灵活性，展示良好的个人形象与素质。

项目一　普通话水平测试指导

训练目标及要求

了解普通话及普通话水平测试的基本知识，克服方音方言，能够规范地使用普通话进行交际沟通，普通话水平测试达到二级乙等以上等级标准。

一、普通话的含义

普通话是以北京语音为标准音，以北方话为基础方言，以典范的现代白话文著作为语法规范的现代汉民族共同语。

这里的“北京语音”是指北京的语音系统，即北京话的声母、韵母、声调系统，不包括北京话中带有地方色彩的语音成分。“北方话”中的“北方”，不是地理意义上的“北方”，而是方言分区意义上的北方，大致包括我国的东北、华北、西北、西南和江淮地区。

【训练】由几个同学分别用自己家乡的方言说一段话，了解我国方言的基本情况。

【训练】请同学讲一讲耳闻目睹的有关方言的种种趣闻和故事。

二、推广普通话的意义

推广全国通用的普通话是一项关系到国家统一、民族团结、经济发展和文化传承的基础工程。

第一，我国是一个多民族、多语言、多方言的人口大国，而且对外开放政策使我国的国际往来越来越多，推广普及普通话有利于克服语言隔阂，增进各民族各地区的交流，维护国家统一，增强中华民族的凝聚力；有利于促进国际交往，对政治建设意义重大。

第二，随着社会主义市场经济的发展，全国各地的人员和商品流动的范围、规模以及频度远远超过历史上任何时候，社会对普通话的需求日益迫切。推广普通话，有利于促进人员交流和商品流通，有利于建立统一的市场，对经济建设的意义不容忽视。

第三，语言文字是文化的重要载体，在社会主义现代化建设的新时期，文化教育的普及和提高，信息传播技术的进步和发展，计算机语言输入和语言识别问题的研究，都对推广普通话提出了新的要求。推广普及普通话，有利于贯彻教育面向现代化、面向世界、面向未来的战略方针；有利于提高民族文化素质和加强社会主义精神文明建设；有利于推动中文信息处理技术的发展和应用，促进科学技术的现代化，对文化建设和科技事业的发展意义重大。

【训练】结合自身实际，谈谈为什么要大力推广普通话。

三、普通话水平测试的等级标准

我国法律规定，所有以普通话为工作用语的人员都应当具备说普通话的能力。普通话水平测试是一项有法律保障的国家级资格证书考试，测试以口试的方式进行，其目的是检测、评估受测人的语音标准化水平和词汇语法的规范化程度。

国家语委颁布的《普通话水平测试等级标准》将普通话水平分为三级六等。

一级甲等：朗读和自由交谈时，语音标准，词语、语法正确无误，语调自然，表达流畅。测试总失分率在3%以内，即97分及其以上。

一级乙等：朗读和自由交谈时，语音标准，词汇、语法正确无误，语调自然，表达流畅。偶然有字音、字调失误。测试总失分率在8%以内，即92分及其以上但不足97分。

二级甲等：朗读和自由交谈时，声韵调发音基本标准，语调自然，表达流畅。少数难点音（平翘舌音、前后鼻尾音、边鼻音等）有时出现失误。词汇、语法极少有误。测试总失分率在13%以内，即87分及其以上但不足92分。

二级乙等：朗读和自由交谈时，个别调值不准，声韵母发音有不到位现象。难点音（平翘舌音、前后鼻尾音、边鼻音、fu－hu、z－zh－j不分、送气不送气、i－ü不分、保留浊塞音和浊塞擦音、丢介音、复韵母单音化等）失误较多。方言语调不明显。有使用方言词、方言语法的情况。测试总失分率在20%以内，即80分及其以上但不足87分。

三级甲等：朗读和自由交谈时，声韵母发音失误较多，难点音超出常见范围，声调调值多不准。方言语调较明显。词语、语法有失误。测试总失分率在30%以内，即70分及其以上但不足80分。

三级乙等：朗读和自由交谈时，声韵调发音失误多，方音特征突出。方言语调明显。词汇、语法失误较多。测试总失分率在40%以内，即60分及其以上但不足70分。

四、普通话水平测试的评分标准

普通话水平测试满分为100分。测试卷共4个组成部分，因测试时采用“计算机辅助普通话水平测试系统”，“读单音节字词”“读多音节词语”“朗读短文”三项内容由国家语言文字工作部门认定的“辅测系统”评分，第四项“命题说话”项由2名普通话水平测试员人工评分。标准如下：

（1）语音标准程度，共25分。分六档：

一档：语音标准，或极少有失误。扣0分、1分、2分。

二档：语音错误在10次以下，有方音但不明显。扣3分、4分。

三档：语音错误在10次以下，但方音比较明显；或语音错误在10～15次之间，有方音但不明显。扣5分、6分。

四档：语音错误在10～15次之间，方音比较明显。扣7分、8分。

五档：语音错误超过15次，方音明显。扣9分、10分、11分。

六档：语音错误多，方音重。扣12分、13分、14分。

（2）词汇语法规范程度，共10分。分三档：

一档：词汇、语法规范。扣0分。

二档：词汇、语法偶有不规范的情况。扣1分、2分。

三档：词汇、语法屡有不规范的情况。扣3分、4分。

（3）自然流畅程度，共5分。分三档：

一档：语言自然流畅。扣0分。

二档：语言基本流畅，口语化较差，有背稿子的表现。扣0.5分、1分。

三档：语言不连贯，语调生硬。扣2分、3分。

（4）说话不足3分钟，酌情扣分：缺时1分钟以内（含1分钟），扣1分、2分、3分；缺时1分钟以上，扣4分、5分、6分；说话不满30秒（含30秒），本测试项成绩计为0分。

（5）离题、内容雷同，视程度扣4分、5分、6分。

（6）无效话语，累计占时酌情扣分：累计占时1分钟以内（含1分钟），扣1分、2分、3分；累计占时1分钟以上，扣4分、5分、6分；有效话语不满30秒（含30秒），本测试项成绩计为0分。

五、普通话水平测试样卷及测试目的

（一）读单音节字词100个（共10分，限时3分钟）。测试目的：测试应试人声母、韵母、声调读音的标准程度。

穷 恼 辆 吵 鹰 灯 邹 凶 晚 差 住 沈 夏 高 孔 箭 刻 桩 被
颈 纫 籽 若 存 舔 孙 棉 拌 丢 干 邪 虐 蛆 据 落 攮 裂 秧
榨 陆 垂 蛰 郓 料 份 秦 鳃 膜 挖 掐 非 而 屉 买 质 邵 甸
底 图 假 梗 憋 帅 股 货 晌 夸 佘 伐 拗 胆 黑 愿 瞟 从 润
翁 矮 灾 揣 各 忘 喊 悬 湿 姚 想 爷 你 横 起 斤 却 口 澎
放 隋 播 此 膀

（二）读多音节词语（共20分，限时3分钟）。测试目的：这部分除考查应试人声母、韵母、声调外，还要考查上声变调、儿化韵和轻声的读音。

军阀 或者 标准化 话剧 提高 病号儿 脱离 垮台 用功 而且 困难 面条儿
蒜泥 推广 近来 得罪 爱情 国务院 灯笼 完全 侵略 组长 留念 称赞
饱满 时下 怀恨 脑汁 侧泳 凶狂 财运 四外 叉子 乳牛 猿人 安装 马虎
赔款 小曲儿 顺手 血防 感谢 扉页 凉快 拐带 降价 打盹儿 奋不顾身

（三）朗读短文（请朗读作品12号。共30分，限时4分钟）。测试目的：测试应试人使用普通话朗读书面作品的水平。在测查声母、韵母、声调读音标准程度的同时，重点测查连读音变、停连、语调以及流畅程度。

（四）命题说话（请按照话题“我的业余生活”或“我熟悉的地方”说一段话。共40分，3分钟）。测试目的：测查应试人在无文字凭借的情况下说普通话的水平，重点测查语音标准程度、词汇、语法规范程度和自然流畅程度。

六、计算机辅助普通话水平测试流程

（一）准备考试

考生在候考室按老师要求坐好，以纸制试卷准备考试，时间为10分钟，不能在纸质试卷上做任何标记；准备时间到，考生将纸制试卷上交给工作人员，准备结束，进入测试机房正式测试。

（二）测试过程

（1）佩戴耳机。考生进入测试机房坐下，首先按正确方式佩戴好耳机，避免麦克与面部接触，测试时手不要触摸麦克。然后点击“下一步”。

（2）输入准考证号。考生根据计算机提示，输入准考证号后4位数字，准考证号的前几位系统已经自动给出，输入完成，请点击“进入”按钮。

（3）信息确认。计算机屏幕自动显示考生报名信息，考生进行确认。如准考证号和姓名无误，点击“确认”；如信息存在问题，点击“返回”重新输入。

（4）试音。根据提示，考生以适中音量朗读计算机显示的句子，如：我叫×××，我的准考证号是××××。

（三）考试阶段

（1）测试共有四题，请横向朗读测试内容，注意不要错行、漏行（注：蓝字和黑字均需朗读），测试过程中，不要说与测试内容无关的话。

（2）每一题开始前都有一段提示音，请在提示音结束并听到“嘟”的一声后，再开始朗读。读完一题后，请马上点击界面右下方的“下一题”按钮，进入下一题的测试。

第四题说话部分满3分钟后，不需要点击“提交试卷”按钮，系统会自动提交试卷，结束测试，并请轻声慢步地离开考场。

（四）考试要求

不准携带手机进入考场。不准携带和第四题说话题目有关的纸质材料。

七、普通话水平测试常见问题及解决方法

【训练】读下列单音节字词。

舂　白　啻　笃　梵　喙　舐　螯　裔　辄　龋　谑　档　匹　室　质　穴　脂　浜

苯　簿　蹿　窜　豉　饬　绌　贷　戮　趺　亘　毂　盍　桓　即　浆　浸　炙　窠

耒　羸　罹　幂　沔　赧　恁　钤　怯　券　遂　祟　荼　纂　胄　喑　斡　赡　揠

（一）声母

1. 舌尖前音z、c、s和舌尖后音zh、ch、sh混淆

【训练】听老师朗读下列词语，并标出声母。

自愿——志愿　　鱼刺——鱼翅　　私人——诗人　　近似——近世

粗布——初步　　宗旨——终止　　从来　重来　　姿势——知识

资助——支柱　　仿造——仿照　　物资——物质　　增订——征订

【训练】朗读句子。

历史使人聪颖，诗句使人诙谐，数学使人精确，自然使人深邃，道德使人庄重，逻辑和修辞使人善辩。

【训练】读绕口令。

红砖堆，青砖堆，砖堆旁边蝴蝶追，蝴蝶绕着砖堆飞，飞来飞去蝴蝶钻砖堆。

紫瓷盘，盛鱼翅。一盘熟鱼翅，一盘生鱼翅。迟小池拿了一把瓷汤匙，要吃清蒸美鱼翅。一口鱼翅刚到嘴，鱼刺刺进齿缝里，疼得小池拍腿挠牙齿。

石、斯、施、史四老师，天天和我在一起。石老师教我大公无私，斯老师给我精神食粮，施老师叫我遇事三思，史老师送我知识钥匙。我感谢石、斯、施、史四老师。

2. 舌尖中浊鼻音n和舌尖中浊边音l混淆

【训练】听老师朗读下列词语，并标出声母。

女客——旅客　　恼怒——老路　　男女——褴褛　　水牛——水流　　年代——连带

脑子——老子　　蓝布——南部　　无奈——无赖　　小牛——小刘　　留念——留恋

【训练】朗读句子。

那些从名利场上下来的伤病员，多半都是内伤，多半都是被糖衣炮弹击中的。而内伤，多半都是致命的。

【训练】读绕口令。

门外有四辆大马车，你爱拉哪两辆就拉哪两辆。

老龙恼怒闹老农，老农恼怒闹老龙，龙怒龙恼农更怒，龙闹农怒龙怕农。

3. 唇齿音 f 和舌根音 h 混淆

【训练】朗读下列词语。

飞机——灰鸡　公费——公会　仿佛——恍惚　理发——理化　发现——花线

舅父——救护　附注——互助　防虫——蝗虫　斧背——虎背　方地——荒地

【训练】读绕口令。

红凤凰，黄凤凰，粉红墙上飞凤凰。凤凰飞，飞凤凰，红黄凤凰飞北方。

4. 舌面音 j、q、x 与舌尖前音 z、c、s 混淆

【训练】朗读下列词语。

精神　笑星　秋季　修车　借债　宣传　世界　嫁接　啤酒　想念　邀请

【训练】读绕口令。

七加一，七减一，加完减完等于几？七加一，七减一，加完减完等于七。

另外，在许多方言中，j、q、x 易与 zh、ch、sh 和 g、k、h 混同，如把“珍珠”读成“珍jū”，把“解放”读成“gǎi 放”，应注意分辨和记忆。

5. 零声母音节被加上辅音声母

比如，将“爱”ài 读成 nài 或者 ngài，将“欧”ōu 读成 nōu 或者 ngōu，将“袄”ǎo 读成 nǎo 或者 ngǎo。

（二）韵母

1. 前鼻韵尾-n 和后鼻韵尾-ng 混淆

【训练】读准下列词语的韵尾。

红心——红星　人民——人名　开饭——开放　老陈——老程　长针——长征

访问——反问　天京——天津　清静——亲近　赞颂——葬送　整治——诊治

【训练】读绕口令。

扁担长，板凳宽，扁担没有板凳宽，板凳没有扁担长。扁担绑在板凳上，板凳不让扁担绑在板凳上，扁担偏要绑在板凳上。

2. o、uo 与 e 混淆

【训练】朗读下列词语。

破格 pò gé　墨盒 mò hé　传播 chuán bō　祝贺 zhù hè　佛教 fó jiào

【训练】读绕口令。

颗颗豆子进石磨，磨成豆浆送哥哥。哥哥说我的生产虽然小，可是小小的生产贡献多。

3. 舌面单韵母 e 和卷舌单韵母 er 混淆

【训练】朗读下列词语。

二十　耳朵　儿子　女儿　而且　木耳　偶尔　儿童　儿化　二胡

4．uan、uen、uei 与 an、en、ei 混淆

普通话里 d、t、n、l、z、c、s 这 7 个声母与韵母 uan、uen、uei 相拼时，有些方言区的人在读音时常常丢失介音 u 而念成与韵母 an、en、ei 相拼的字的音。

【训练】读绕口令。

红饭碗，黄饭碗，红饭碗盛满饭碗，黄饭碗盛半碗饭，黄饭碗添半碗饭，像红饭碗一样满饭碗。

5．复韵母和单韵母混淆

复韵母与单韵母发音的最大区别是：在发音过程中，复韵母有明显的动程，如果不动，复韵母就发成单韵母了。其中的 4 个三合复韵母 iao、iou、uai、uei，方言里多存在读失韵头的现象，要注意将动程读够，以免造成韵腹弱化或失落。

【训练】朗读下列词语。

快慰　衰退　美妙　邮票　遥远　报酬　校友　销售　购买　毁坏

（三）声调

普通话有四种基本声调，分别是阴平、阳平、上声、去声。

（1）阴平：调值是 55，又叫高平调。有些应试人或读作 44，或读作 33，或读作 22，甚至读作 11。

（2）阳平：调值是 35，又叫中升调。有些应试人或读作 34，或读作 45，或读作 13，或读作 24。

（3）上声：调值是 214，又叫降升调。有些应试人或读作 324，或读作 424，或读作 3243。

（4）去声：调值是 51，又叫全降调。有些应试人或读作 53，或读作 42，或读作 342。

（四）音变

1．上声变调

上声字单念和出现在句子末尾的时候是不变调的，在其他情况下，上声都要变调。

【训练】朗读下列词语。

上声 + 上声（前一个上声音节读为阳平，调值 35）：美满　水果　保险　雨伞 选举

上声 + 非上声（上声音节读为半上，调值 211）：语音　手工　演员　普及　讲话　水稻

上声 + 轻声（上声音节读为半上）：打量　喇叭　免得　老实　买卖　我们

上声 + 轻声（上声音节读为阳平）：手里　把手　小姐　眼里　想想　写写

上声 + 上声 + 上声（前两个上声音节都读为阳平）：展览馆　表演者　草稿纸　古典美

上声 + 上声 + 上声（前两个上声音节分别读为半上和阳平）：冷处理　女导演　老领导

2．“一”和“不”的变调

“一”和“不”在单念、出现在词句末尾，以及“一”表序数的时候都读本调。比如“一等奖”（表序数）“唯一”“我不，就是不！”（词句末尾）中读本调。

“一”和“不”变调的情况有：

（1）在去声字的前面，“一”和“不”都读为阳平。如：一定、一共、不必、不但。

（2）在非去声字的前面，“一”读为去声，“不”仍读为本调。如：一般、一直、一起、不惜、不如、不许。

（3）“一”和“不”夹在重叠动词等词语的中间时，读为轻声。如：想一想、看一看、好不好、想不想。

3. 轻声

有些音节在词语和句子中使用的时候，失去原来的调值，变成一种既轻又短的调子，这就是轻声。轻声音节的主要特点是“轻”和“短”。“轻”是说轻声音节音强较轻，“短”是说轻声音节音长较短。

【训练】读下列轻声词语。

爱人 案子 巴掌 白净 帮手 棒槌 包袱 包涵 本事 比方 扁担 别扭
拨弄 补丁 部分 财主 裁缝 苍蝇 差事 柴火 称呼 锄头 畜生 窗户
刺猬 凑合 耷拉 答应 打扮 打点 打发 打量 打算 打听 大方 耽搁
耽误 道士 灯笼 提防 地道 地方 弟兄 点心 东家 东西 动静 动弹
豆腐 嘟囔 队伍 对付 对头 多么 废物 风筝 福气 高粱 膏药 告诉
姑娘 怪物 关系 规矩 含糊 行当 合同 和尚 厚道 胡琴 皇上 活泼
火候 脊梁 记号 嫁妆 见识 将就 交情 叫唤 戒指 精神 累赘 连累
琢磨 作坊 祖宗 学生 妥当 特务 收成 晌午 铺盖 能耐 模糊 买卖

4. 儿化

儿化词在多音节词语中的标志，是在词语的后面加一个“儿”字。这个“儿”不是一个音节，而是表示读这个词语时，“儿”前面音节的韵母要加上卷舌动作，使整个韵母变成儿化韵。有些人受方言影响，或把“儿”丢掉，或把“儿”当成一个独立的音节，或是虽然把儿化词读成了儿化韵，但带有明显的方言色彩。

【训练】读下列儿化韵词语。

刀把儿 号码儿 戏法儿 在哪儿 找碴儿 打杂儿 板擦儿 名牌儿 鞋带儿

5. 语气词“啊”的音变

（1）前面音节的收尾音素是 a、o、e、ê、i、ü 的时候，读 ya，写成“呀”或“啊”。

原来是他啊（tā ya）！还要上一个山坡啊（pō ya）！我喜欢听你唱歌啊（gē ya）！

态度这么坚决啊（jué ya）！别着急啊（jí ya）！这水好绿啊（lǜ ya）！

（2）前面音节的收尾音素是 u（o）的时候，读 wa，写成“哇”或“啊”。

这药真苦啊（kǔ wa）！快来瞧啊（qiáo wa）！

（3）前面音节的收尾音素是 n 的时候，读 na，写成“哪”或“啊”。

天啊（tiān na），大家快来看哪（kàn na）！他真是个好人哪（rén na）！

（4）前面音节的收尾音素是 ng 的时候，读 nga，写成“啊”。

这菜真香啊（xiāng nga）！接着往下唱啊（chàng nga）！

（五）说话测试中的词汇和语法问题

1. 避免方言词

太阳——日头 明天——明儿个 看——扒头儿 特别——邪 很——忒 呢——哩 香皂——胰子

这些词语中，每一组的后者都是方言词，在普通话水平测试的说话中应该避免使用。

2. 少用书面词语

那时我尚年幼，且我们村尚未通电，众人一到夜晚就上床就寝了。

这句话里的“尚”“尚未”“年幼”“且”“众人”“就寝”都是书面语，都应该换成相应的口语词“还”“还没有”“小”“并且”“大家”“睡觉”。

3. 不用时髦语

太好了——没治了　表演——作秀　非常——巨　东西——东东　高手——老鸟

4. 不用方言句式

他们去得了去不了？——他们去了去不了？

放在椅子上。——放儿椅子上。

不知道。——知不道。

不认得。——认不得。

你先走。——你走先。

后者都是方言中的习惯用法，很容易在测试说话时不自觉地使用，应注意避免。

课后训练

一、搜集自己所在方言区的词汇及日常表达上的一些与普通话不一致的说法，并在普通话训练中注意改正。

二、用下列普通话水平测试的说话题目进行 3 分钟的说话练习。

1. 我的愿望（或理想）
2. 我的学习生活
3. 我尊敬的人
4. 我喜爱的动物（或植物）
5. 童年的记忆
6. 我喜爱的职业
7. 难忘的旅行
8. 我的朋友
9. 我喜爱的文学（或其他）艺术形式
10. 谈谈卫生与健康
11. 我的业余生活
12. 我喜欢的季节（或天气）
13. 学习普通话的体会
14. 谈谈服饰
15. 我的假日生活
16. 我的成长之路
17. 谈谈科技发展与社会生活
18. 我知道的风俗
19. 我和体育
20. 我的家乡（或熟悉的地方）
21. 谈谈美食
22. 我喜欢的节日
23. 我所在的集体（学校、机关、公司等）
24. 谈谈社会公德（或职业道德）
25. 谈谈个人修养
26. 我喜欢的明星（或其他知名人士）
27. 我喜爱的书刊

28. 谈谈对环境保护的认识
29. 我向往的地方
30. 购物（消费）的感受

项目二　思维与表达

训练目标及要求

通过拓展思维轨迹的宽度、深度、辐射度和敏捷度，以发现新的论点和论据，以及新的论证角度和论证方式，培养“发现”能力和“标新立异”能力。

无论是生活中还是工作中，机敏的思考能力和流畅的语言表达能力都是每个人必备的素质。思维科学原理告诉我们，人的思维活动与语言表达之间在原则上呈现为一种同步发展的关系，即思维的发展丰富了语言的表现力，语言的发展又强化了思维的周密度，促进了思维能力的提高。孟德斯鸠说：“人类的思考越少，讲演的废话便越多。”别林斯基说：“当人受思想支配时，能清晰地表达；而当人支配思想时，会表达得更好。”为此，我们要有意识地锻炼自己的大脑，以掌握思维的方法和技巧，从而取得言之有物、言之有序、言之有理、口不失言的效果。

一、逆向思维训练

高水平的口才表述者能从一般人认为是正确的观点、现象中发现谬误、不足之处，或能从传统认为是错误的观点、现象中发现真理的成分，其形式特点表现为对传统思维模式进行逆向思考。比如，传统思维模式为由“因”至“果”，逆向思维则表现为由“新因”至“否定旧果”，或由“新果”至“否定旧因”，鲜明地表现出对传统的批判精神。一个尚未被人们发现的全新的结论往往随着“批判”的完成而形成。逆向思维训练有助于培养学生逆向思考问题的能力，对传统观念的批判、继承能力，善于发表独立见解的能力。

范　例

“盗泉”之水未必不能饮

传统释义：盗泉，古泉。《淮南子·说山训》曰：“曾子立廉，不饮盗泉。”旧常以“盗泉之水”比喻以不正当手段得来的东西。

情节复述：(略)。

逆向辨析：

(1) 中国人素来注重“名”要“正”，故而“有志”之“廉者”不可饮“盗泉之水”的说法久已有之。然而仔细推敲，此说法其实有欠妥之处，试想，“盗泉”如果不仅名字难听，而且水质有毒，那么，不仅是“廉者”，就连鸡鸣狗盗之徒，或牛、羊、猪、狗等畜类也就都不可去饮用了。但是，如果“盗泉”仅仅是名字难听，而水质却尚佳，廉者仅仅是为了顾及自己的名声就拒绝饮用，岂不犯了认识上的错误？进而言之，如果盗泉是长途跋涉中唯一可饮用的水源，而“廉者”如宁可渴死也拒不饮用，岂不是迂腐？

(2) 此道理虽然分析起来并不难理解，但在现实生活中运用却并非易事。“盗泉之水不可饮”的观念的存在，还会给国家、民族的振兴，集体、个人的发展形成干扰。纵观人类文明史，各国各民族以及集体、个人在其发展过程中都同时有一个互相学习、互补短长的过程。如果我们因为对方有“盗泉”之类的不雅名声，就拒绝学习、交流其长处，就有失偏颇了。

新意立论：

（1）“盗泉”之水究竟能不能饮用，我们不仅应听其名，更应观其实，如果“名”虽不雅而“实”却甚佳，那么畅饮之不仅无妨，我们还应在经过“实践检验”之后，为盗泉做一番宣传和更名工作，以便更多的人来饮用。

（2）退一步说，“盗泉”之水即使不洁，我们也不应简单地持“排斥”的态度，而应积极地寻找变“不洁”为“洁”，变“无用”为“可用”的方法，即使有毒，我们也应该从科学的角度对其毒性加以辨析，寻找“消除毒性”“提取毒质”等变“害”为“宝”的有效途径，这才是对待“盗泉”的正确态度。

【训练】请为“玩物丧志、班门弄斧、眼见为实、知足常乐、想入非非、哗众取宠”做逆向辨析。

二、纵深思维训练

高水平的口才表述，其思维过程还往往表现出向纵深发展的特点，能从一般人认为不值得一谈的小事，或无须进行进一步探讨的定论中，发现更深一层的被现象掩盖着的事物本质。其思维形式的特点为：从现象入手，从一般定论入手做纵深发展式的剖析。纵深思维训练有助于培养对问题进行深入思考的能力，培养“透过现象看本质”的能力。

范 例

关于“托老”现象的思考

现象简述：所谓托老，就是像把小孩子送到托儿所去由阿姨照管一样，把家中老人送到托老所一类的机构去，付一笔钱，由专职的护理人员加以照顾。

现象分析：

（1）“托老”和“托儿”，虽然都是“托”，但其性质有所不同，“托儿”大致相当于送儿上学，不仅会早出晚归，而且儿在家中的位置并无改变，“托老”则往往是一去不再复返，老人将失去在家中的空间占有。

（2）“托老”是一种社会现象，随着社会的向前发展，人们的生活节奏比过去明显加快，而文明进步的另一方面，则带给人们一定的精神压力，年轻人往往要全身心地投入到工作与学习中去，难以天天在父母身边“问寒问暖”、周全地照顾老人的生活起居，最终不得不转而委托社会。

（3）对自然经济而言，市场经济不仅是社会经济形态的改变，也必然导致人们的生活方式以及观念的改变。在这种不无规律性的变化过程中，我国家庭结构也在发生着由“大”至“小”的演变，“四世同堂”所充满的亲情与温馨正在成为永不复返的历史，而三口之家正在成为家庭结构的主体形式，有的家庭甚至只有夫妻二人，连孩子都不要，“托老”现象也就难免了。

纵深分析：

（1）不言而喻，不同家庭的“托老”，其原因是不同的。有的是子女贪图享受与欢乐，嫌家中老人是累赘。无疑，这是应当加以谴责的，但不能以偏概全。有的家庭则是由于子女工作、学习紧张，两代人生活、起居规律各异以及居住条件限制等诸多原因，这其中就另有一番无奈与叹惋了。例如，据报道，在日本就有七成以上的老人赞成自己由社会机构管理（托老），以减轻子女的压力。

（2）在“托老”现象的诸多产生原因中，还有一个“代沟”原因不应忽视。老一辈的生活观念、生活习惯等均已定型，往往不能适应新的生活方式的变化，而两代人的不同生活观念共存于同一个生活空间，则难免会出现不愉快的冲突。因此，当子女在情感上不希望老人与自己分开时，老人能否不以自己的观念去干预子女的行动，往往是两代人能否“共存”的重要条件。

（3）“托老”现象的出现，对于具有重视亲情传统的中国人来说，确实具有一定的冲击力。但“托老”现象既已出现，看来就不可能消失了，不论是作为长辈的老年一代，还是作为子女的年轻一代，都应当加以认真思考。

【训练】以《从××现象中所想起的》或《关于××现象的思考》为题，要求学生捕捉生活中某一常见的，但往往是熟视无睹的具体现象，进行深入分析后发表看法。

三、辐射性思维训练

辐射性思维又称发散性思维，是由同一个信息源引出多种不同的结果的思维形式，其思维轨迹如下图所示。辐射性思维训练有助于培养对问题做多向思考的能力，培养能主动灵活地转换对问题的思考角度的能力。

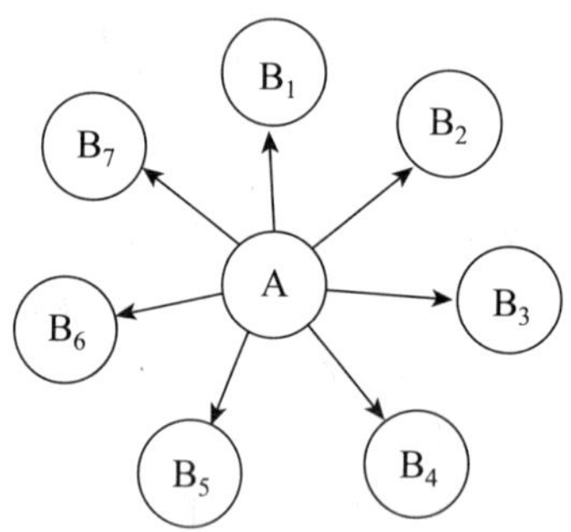

范　例

火的遐想

A——“火”，B——遐想。

B1．火一旦燃起，就蓬蓬勃勃地向他所能到达的一切地方延伸，用自己炽热的胸膛去拥抱整个世界。回顾几千年文明进程，我们人类所表现出来的旺盛生命力，不正像这熊熊的烈火一样吗？对美好理想的渴求和对真理追求的执着，就是生命之火旺盛的根源，不管是原始的蛮荒，还是近代的愚昧，都要在它的面前败下阵去。

B2．火给人带来光明和温暖，因此，我们总是把人间关怀视作如火一般的温暖。它就像穿云而射的太阳，使我们即使置身于黑夜与寒冷当中，也不会失却对人生美好的向往和信心。

B3．火一旦燃起，就会烧下去，如果我们能控制住其势头，火就能为我们服务，为人类造福。但如果听凭它肆意发展下去，后果就可能不堪设想。我们人类的痛苦之源——人之欲，不也正像这火吗？人有欲，本无可厚非，因为有欲，才有追求，才有进步。但是，如果过度放纵一己私欲，就好比燃起了一团失去控制的大火，到最后害人害己。所以我们在追求生活乐趣的同时，还要既会用火，又要能像控制火一样，学会用道德、法律来约束自己的欲望。

B4．火不是凭空就能一直熊熊燃烧下去的，只有不断地给它添柴加薪，它才能燃烧旺盛。

我们的国家正处在改革开放的进程之中，这改革开放正像熊熊燃烧的大火，它的发展和延伸，也需要不断地投入。只有这样，“四个现代化”目标的实现才指日可待，我们既不能因为眼前的成就而停止努力，以致功亏一篑，也不能因为暂时的困难而退却止步，因为这样做无异于“釜底抽薪”，使我国的改革之“火”趋于熄灭。

【训练】 人们的惯性思维认为“红砖”是用来造房子的。请你用1分钟，说出“红砖”的其他10种用途。

【训练】 以《“手”的遐想》为题进行辐射性思维练习。

四、延展性思维训练

延展性思维又称联想思维，其思维轨迹表现为由A→B→C→D……它主要是利用联想物之间的时间与空间上的接近关系，特点方面的相似与对立关系，在原先表面上看并无有机联系的联想物之间建立有机联系。延展性思维训练有助于培养“发现”事物在“互不相关”的表象下深藏着的“内在联系”的能力。

范　例

窗户（A）　渔网（B）　汽车（C）　女人（D）

——论中国女性社会地位的变迁

（D）几千年来，中国女性的地位随着历史的发展、变化而发展、变化。

（A）在漫漫长夜般的封建社会，中国女性始终处于社会最底层，受着深重的压迫。那时候，她们完全是从属于男子的，能够见到、感受到的只是自家窗户内外那窄小的世界。封建观念视她们为“贱妾”“奴婢”。“嫁鸡随鸡”“嫁狗随狗”的命运，使得女性就像那方窗户一样，别人把它（她）安放在什么位置上，它（她）便在那儿无法移动，只能在那儿任人开、任人关，任风吹、任雨打。她们依附男子而活，如同窗户依附着砖墙而生。“窗户”一样的地位带给中国旧制度下的女性的，是“窗户”一样的苦难命运。

（B）伴随着封建王朝的被推翻，“解放女性”“提高女性地位”的呼声也曾一时喊得甚高。但封建王朝的垮台却并不意味着封建意识的同时消亡，它如同一张极大的渔网，缠绕在近代中国女性的身上。这张渔网虽已陈旧，却很大很结实，胆小怯懦者只能在网中苟延残喘地依旧过着“窗户”似的生活，激进者中，多数也只是为冲出渔网做了一番挣扎，最后却仍然困居网内，留给自己的是更大的悲哀，留给别人的则是无尽的叹息。如同鲁迅先生的小说《伤逝》中的子君，她曾是那样勇敢地喊出了“我是我自己的”，并与封建之“网”进行了抗争，而结局却是个人被“网”窒息身亡。

（C）中国女性的地位真正获得提高，还是在以汽车为主要交通工具的当代。女性和男性一样，可以参加各种社会活动，同男子一样参政议政，参与处理国家大事，可以和男子一样，像驾驶汽车一般地自己掌握着自己的人生的方向盘。她们再也不是男子的附属，而是和男子一样拥有了自己那“半边天”。

（D）中国女性从“窗户”时代进入到“渔网”时代，再进入“汽车”时代，走的是一条最终得到平等、自由、民主、幸福，然而其过程却极其艰辛的曲折道路。今天，我们生活在“汽车”世界的女性们回头望去，仍可见众多姐妹还在“渔网”中挣扎，还在经受着“窗户”式的苦难。我们必须加倍地努力，为更多的女性能早日坐上自己的命运小汽车而奋斗！

【训练】 全班同学每人任意选择4个不相关联的事物（互相之间“跳跃性”越大越好），

将其名称分别以点号相连出一题，交给教师编号后，由学生自选序号（或抓阄），按所定序号之话题准备后，登台表述。

五、敏捷、应变思维训练

敏捷的思维就是对突如其来的问题迅速做出判断，急中生智地以精巧的妙语作答，答得既快又好。应变思维就是快速思维以适应已变换了的话题和情况。思维和表达的速度取决于日常的观察积累和勤于思考的习惯，只有这样才能做到急中生智，随机应变，对答如流。

范 例

据说清代大臣纪晓岚当礼部侍郎的时候，有一天尚书和御史一起来访。聊着聊着，突然外面跑来一只狗。尚书心中突生一计要取笑纪晓岚，便道："咦，你们瞧那是狼是狗？"（"侍郎是狗"的谐音）纪晓岚知道尚书在捉弄他，当下也不动声色地说："要分辨狗或狼有两种方法。一种是看它的尾巴，尾巴下垂的是狼，上竖是狗（"尚书是狗"的谐音）。"一旁的御史大笑道："哈哈，我还道那侍郎是狗呢，原来上竖是狗，哈哈，哈！"此时纪晓岚不慌不忙地接着又说道："另一种分辨的方法就是看它吃什么。狼是非肉不食，狗则遇肉吃肉，遇屎吃屎（"御史吃屎"的谐音）。"这下连御史也噤声无言了。

【训练】请你根据格子里数字的排列规律推算出问号处的数字。（限时 1 分钟）

10	8	6	?
96	48	24	?
4	11	18	?
2	4	16	?

【训练】著名国画大师张大千先生为人一向孤傲。一次为他举行的饯别宴会上，大家入席坐定，不免都有些拘谨。宴会开始后，张先生举杯向戏剧大师梅兰芳敬酒："梅先生，你是君子，我是小人，我先敬你一杯！"听了这句祝酒词，众宾客都愣住了，梅兰芳也不知其意。接着，张先生笑着说："……"于是逗得满堂宾客大笑不止，梅先生也乐不可支，举杯一饮而尽，气氛顿时变得十分热烈。猜猜看，张先生是怎样对他的话进行解释的？

课后训练

一、以所在宿舍为单位进行"成语接龙"游戏。

二、思维不缜密就会失言。请分析下面南希的母亲是怎么"露馅儿"的？

七岁的南希十分调皮。她母亲教训她："你这么调皮，将来你生的孩子也一定是个调皮鬼！"南希得意地说："啊，妈妈，这回你可露馅儿了！"

三、林肯在学校读书的时候，有一次考试，老师问他："林肯，你愿考一道难题呢还是考两道容易的呢？""考一道难题吧。""好吧，那你回答，鸡蛋是怎么来的？""是鸡生的呗！"林肯答道。老师又问："鸡又是从哪里来的呢？"林肯该怎样回答？

四、有个卖玉米棒子的，棒子特别大，摊前围了一群人，其中一个买主在挑拣。说来也怪，几乎每个棒子上都有虫。那人拿出一个虫特别多的棒子大惊小怪地说："伙计，你这棒子倒不小，只是虫太多，你想卖玉米虫呀，可谁爱吃虫肉呢？你还是回家去吧。我们到别处买好了。"他一边说还一边做着滑稽动作，把众人都逗乐了。如果你是这位卖主，该怎样说服大家买你的玉米棒子？

五、你的一个同学，家庭经济状况不太好，而寝室内经常聚餐，他很为难，参加不好，不参加也不好，十分苦恼。作为这位同学的朋友，请你开导他。

项目三 倾听与交谈

训练目标及要求

理解倾听与交谈在学习、工作、生活中的价值，提升倾听与交谈的能力，养成良好的听说习惯。

一、倾 听

（一）倾听在沟通中的重要性

【训练】结合自身经历，举例说明倾听在人际交往中有哪些作用。

听话和说话是口头交流的两个重要方面。据美国口语专家罗斯研究统计，人们在语言交流活动中，听、说、读、写所占的比例分别为45%、30%、16%、9%。“听君一席话，胜读十年书。”由此可见听话在人们的情感和思想交流中有多重要。上帝之所以给了我们两只眼睛，两个耳朵，一张嘴，就是在暗示我们要多看，多听，少说。最让人敬佩的人往往不是最能说的人，而是最能听的人。善于倾听的人常常会有意想不到的收获：蒲松龄因为虚心听取路人的述说，记下了许多聊斋故事；唐太宗因为兼听而成明主；齐桓公因为细听而善任管仲；刘玄德因为恭听而鼎足天下。

善言，能赢得听众；善听，才会赢得朋友。人在内心深处都有一种得到别人尊重的渴望，当信得过你的人想要和你倾诉时，你能耐心地听下去，哪怕你一句话也不说，也会给对方很大的安慰。鲁迅《祝福》中的祥林嫂、契诃夫《苦恼》中的姚纳是多么想有人听她（他）们诉说啊。因此我们说，倾听不只是一项技巧，还是一种修养，甚至是一门艺术。

（二）倾听的技巧和要领

倾听的“听”繁体字写为“聽”。内含一个“耳”字，说明听离不开听觉器官耳朵；内含一个“心”字，暗示倾听时要用“心”，能够控制情绪，体会对方的心态，全神贯注，心领神会；内含一个“目”字，提醒我们听话时不应忽视对方的眼睛，注意“察言观色”，透过眼睛观察对方流露出来的一些细微的非言语信息，综合判断信息的真实性；内含一个“王”字，警示我们要把交流的对象当成是帝王来对待，充分地去尊重他，不要随意打断对方的话，更要注意避免和对方争辩。

【训练】对比自己的倾听习惯，哪些细节你做得还不够？对于用心倾听，你认为怎样做才算用心？

【训练】下面这几个案例对你有什么启发？

案例 1

美国西南航空公司的面试

应聘者每组20人，都坐在会议室里，每人到前面演讲3分钟，主要讲述你叫什么名字，应聘什么职位，为什么能应聘这个职位，时间一到就换人。

很多人都认为主考官是在看演讲者的口头表达能力、逻辑思维能力、仪表仪态方面的基本表现，同时通过他的演讲观察其对自己是否有期望。其实，主考官看的是当别人在上面演讲的时候，其他应聘者正在干什么。因为该公司强调的是客户服务意识，所以那些来回溜达、接电话、看报纸、写自己的东西、跟别人交头接耳、轻蔑之色溢于言表的人在初次面试时就被淘汰了。只有那些注重倾听别人讲话、懂得尊重他人的人才能成功地进入第二轮面试。

案例 2

乔·吉拉德失败的原因

美国汽车推销之王乔·吉拉德曾有过一次深刻的体验。一次，某位名人来向他买车，他推荐了一种最好的车型给他。那人对车很满意，眼看就要成交了，对方却突然变卦而去。

乔·吉拉德为此事懊恼了一下午，百思不得其解。到了晚上 11 点他忍不住打电话给那人：“您好！我是乔·吉拉德，今天下午我曾经向您介绍一款新车，眼看您就要买下，却突然走了。这是为什么呢？”

“你真的想知道吗？”

“是的！”

“实话实说吧，小伙子，今天下午你根本没有用心听我说话。就在签字之前，我提到我的儿子吉米即将进入密执安大学读医科，我还提到他的学科成绩、运动能力以及他将来的抱负，我以他为荣，但是你毫无反应。”

案例 3

我还要回来

美国知名主持人林克莱特一天访问一名小朋友，问他说：“你长大后想要当什么呀？”小朋友天真地回答：“嗯，我要当飞机驾驶员！”林克莱特接着问：“如果有一天，你的飞机飞到太平洋上空，所有引擎都熄火了，你会怎么办？”小朋友想了想：“我会先告诉坐在飞机上的人绑好安全带，然后我挂上我的降落伞先跳出去。”当现场的观众笑得东倒西歪时，林克莱特继续注视着这孩子，想看他是不是自作聪明的家伙。没想到，孩子的两行热泪夺眶而出，这才使得林克莱特发觉这孩子的悲悯之情远非笔墨所能形容。于是林克莱特问他：“为什么要这么做？”小孩的回答透露出一个孩子真挚的想法：“我要去拿燃料，我还要回来！我还要回来！”

案例 4

你的手机永远不要响起

有一个业务员要把润滑油卖给某公司，可那天这个家伙在总经理面前打了四次手机。打第四次的时候总经理就跟他说：“你好像很忙啊？”他说：“哎。”总经理说：“你出去把手机打完了再进来跟我讲话，我希望你再跟我讲话的时候，不要开手机。”他说：“对不起，对不起！”最后，总经理语重心长地说：“年轻人，你要把这个坏习惯改掉。我给你个忠告，你这辈子要想让客户喜欢你，最好在客户面前，你的手机永远不要响起。”

（三）倾听能力测试

说明：本测验测试的目的是评价一个人的倾听能力。对下面 30 个题进行真实的选择，“一贯”选 A，“多数情况下”选 B，“偶尔”选 C，“几乎从来没有”选 D。

1. 力求听对方讲话的实质而不是它的字面意义。
2. 以全身的姿势表达你在入神地听对方说话。

3. 别人讲话时不急于插话，不打断对方的话。
4. 不会一边听对方说话一边考虑自己的事。
5. 做到听批评意见时不激动，耐心地听人家把话说完。
6. 即使对别人的话不感兴趣，也耐心地听人家把话说完。
7. 不因为对说话人有偏见而拒绝听他说话。
8. 即使对方地位低，也要对他持称赞态度，认真地听他讲话。
9. 因某事而情绪激动或心情不好时，避免把自己的情绪发泄在他人身上。
10. 听不懂对方所说的意见时，利用有反射地听的方法来核实他的意思。
11. 你经常能够正确地理解对方的思想。
12. 利用反射听的方法鼓励对方表达出他自己的思想。
13. 利用归纳法重述对方的思想，以免曲解或漏掉对方所传达的信息。
14. 避免只听你想听的地方，注意对方的全部思想。
15. 以恰当的姿势鼓励对方把心里话都说出来。
16. 与对方保持适度的目光接触。
17. 既听对方的口头信息，也注意对方所表达的情感。
18. 与人交谈时，选用最合适的位置，使对方感到舒适。
19. 能观察出对方的言语和心理是否一致。
20. 理解对方的非语言符号所表达的意思。
21. 向讲话者表达出你理解了他的感情。
22. 不匆忙下结论，不轻易判断或批评对方的话。
23. 听话时把周围的干扰因素排除到最低限度。
24. 不向讲话者提太多的问题，以免对方产生防御反应。
25. 对方表达能力差时不急躁，积极引导对方把思想准确地表达出来。
26. 在必要时边听边做笔记。
27. 对方讲话速度慢时，抓住空隙整理出对方的主要思想。
28. 不指手画脚地替讲话者出主意，而是帮助对方确信自己有解决问题的办法。
29. 不伪装，认真听人家讲话。
30. 经常锻炼自己的倾听能力。

评分标准：A. 4 分；B. 3 分；C. 2 分；D. 1 分。

分析：总分在 105 ~ 120 之间，说明你的倾听能力为“优”；89 ~ 104 分为“良”；73 ~ 88 分为“一般”；72 分以下为“劣”。

（四）倾听训练

1. 听音辨正

对于语音的感知、辨析能力是听的最基本能力，也是听懂别人说话的最起码的能力。

分辨语音包括辨别声母、韵母、声调、语调、重音、停顿、语气等，这部分内容前面“普通话水平测试指导”部分已经谈到，这里不再赘述。

2. 听记训练

听记是收入语音→理解语意→储存语意→做出反应的一个过程。听记能力包括注意力、记忆力、理解力、评判力。

（1）注意力。注意力对于听话起着举足轻重的作用，要求人们在听话过程中一方面做到持久专注，另一方面在同一时间内还要将注意力分配到不同的方面，如边听边记。

【训练】对下面表格中的数字，以最快的速度从 1 数到 25，要边读边指出，同时计时，看自己用时多少？

21	12	7	1	20
6	15	17	3	18
19	4	8	25	13
24	2	22	10	5
9	14	11	23	16

（2）记忆力。一个见了别人几次，甚至十几次都记不住人家名字、工作单位等基本信息的人，是不会得到对方足够的尊重和好感的。

【训练】收集 10 张陌生人的名片，用 1 分钟速记名片信息。

（3）理解力。对于一个人语言的识别能力是交流的重要前提。理解力表现在三个方面：对词义的捕捉能力，理解句法及其含义，理解话语的言外之意。

某城市一个生意兴隆的房地产经纪人把他的成功经验归结于如下因素：他不只满足于听顾主所讲的表面情况，而且还注意观察他们讲话时的表情，对他们的话仔细琢磨，从而推测出顾主当时的真正想法。一次，当他告诉一位顾主某幢房子的售价时，那人淡淡一笑说："对我们家来说，价格高低无所谓。"然而，房地产经纪人注意到了他的语气中流露出的沉吟，笑得也很勉强，便知道顾主感到为难——他分明是想买但钱又不够，于是，灵机一动说："在拿定主意前，你一定想多看几处房子吧？"结果，双方都达到了自己的目的；顾主买到了他有能力支付房款的房屋，满意而归，房地产经纪人则又做成了一笔交易。因此，在听的过程中还要注意"察言观色"，听出情感。

【训练】下面两部分文字是《红楼梦》中有关林黛玉性格的语言描写，结合林黛玉的性格领会其"言外之意"。

这里宝玉又说："不必烫暖了，我只爱喝冷的。"薛姨妈道："这可使不得，吃了冷酒，写字手打颤儿。"宝钗笑道："宝兄弟，亏你每日家杂学旁收的，难道就不知道酒性最热，要热吃下去，发散得就快，要冷吃下去，便凝结在内，拿五脏去暖它，岂不受害？从此还不改了呢。快别吃那冷的了。"宝玉听这话有理，便放下冷的，令人烫来。

黛玉嗑着瓜子儿，只管抿着嘴笑。可巧黛玉的丫环雪雁走来给黛玉送小手炉儿，黛玉因含笑问他说："谁叫你送来的？难为他费心。那里就冷死我了呢！"雪雁道："紫娟姐姐怕姑娘冷，叫我送来的。"黛玉接了，抱在怀中，笑道："也亏了你倒听他的话！我平日和你说的，全当耳旁风。怎么他说了你就依，比圣旨还快呢！"（《红楼梦》第八回）

……

（宝玉看着宝钗雪白的膀子发呆。这时，）只见黛玉蹬着门槛子，嘴里咬着绢子笑呢。宝钗道："你又禁不得风吹，怎么又站在那风口里？"宝玉道："何曾不是在房里来着？只因听见天上一声叫，出来瞧了瞧原来是个呆雁。"宝钗道："呆雁在哪里呢？我也瞧瞧。"黛玉道："我才出来，他就忒儿的一声飞了。"嘴里说着，将手里的绢子一甩，向宝玉脸上甩来。（《红楼梦》第二十八回）

（4）评判力。基于直觉与理性的分析，才是真正的判断力。完全跟从直觉或随意听信别人，没有客观分析的判断往往是不准确的。

【训练】仔细听读下面的一段话。

一个商人刚关上店里的灯，一男子来到店堂并索要钱款。店主打开收银机，收银机内的东西被倒了出来而那个男子逃走了。一位警察很快接到报案。

回答下面的提问，并在“对”“错”和“不确定”三者中判断出你认为正确的答案。

1. 店主将店堂内的灯关掉后，一男子到达。
2. 抢劫者是一男子。
3. 来的那个男子没有索要钱款。
4. 打开收银机的那个男子是店主。
5. 店主倒出收银机中的东西后逃离。
6. 故事中提到了收银机，但没有说里面具体有多少钱。
7. 抢劫者向店主索要钱款。
8. 索要钱款的男子倒出收银机中的东西后，急忙离开。
9. 抢劫者打开了收银机。
10. 店堂灯关掉后，一个男子来了。
11. 抢劫者没有把钱随身带走。
12. 故事涉及三个人物：店主、一个索要钱款的男子、一位警察。

二、交谈

交谈作为社交活动的重要手段，可以达到交流思想、融洽情感、沟通信息、协调行为等目的。交谈能力体现着一个人知识、阅历、智慧、教养和应变能力等综合素质。

（一）交谈的原则

（1）诚恳。诚恳待人是人际交往的基本原则，交谈也是如此。

（2）大方。与任何人交谈都应该是落落大方的，即使在陌生人面前，也要表现得从从容容，不要扭捏不安。即便做不到谈笑风生，也应该不慌不忙，有问必答，切不可躲躲闪闪，慌慌张张。

（3）平等。交谈的双方可能身份地位不同，但交谈的态度应该是坦然平等的。面对达官贵人、名流权威不能唯唯诺诺、手足无措、畏首畏尾；面对地位比自己低的人，也不应该趾高气扬、盛气凌人。

（4）谨慎。古人说要“敏于事而慎于言”，意思是做事要敏捷，说话要谨慎。讲话之前，应该三思，想好了的可以说，还没有想清楚的就不要乱说。如果说话言不及义，文不对题，易给人一种浅薄之感。

（5）朴实。文雅当然是一种美德，但需要渊博的知识做底蕴。如果自己文化修养不深，说话时就不要故意卖弄、装腔作势或乱用一些名词典故，弄不好会贻笑大方。自然朴实自有动人之处。

（二）交谈的技巧

培根说：“真正精于谈话艺术者，其实是善于引导话题的人，同时又是那种善于使无意义的谈话转变方向者。这种人可以称作是社交谈话中的指挥者。”这说明在谈话中，如何选择话题，如何抓住时机提出话题、并自然转移话题是非常重要的。

1. 善于选择话题

好的话题常能使谈话融洽自如，成为初步交谈的媒介，深入细谈的基础，纵情畅谈的开端。好话题的标准是：至少是对方熟悉——能谈，大家感兴趣——爱谈，有展开探讨的余地——好谈。

（1）选择对方感兴趣的事情提出话题。作家黄宗英采访柑橘专家曾敏，感到很难与对方推心置腹交谈。于是，她在进行调查研究的基础上，从这位专家最感兴趣的柑橘说起：“您 1962 年发现了好几种野生柑橘，您创造的枝序修剪法与传统方法的区别在哪儿?”老人听到这里，脸色立即红润起来：“噢，你也懂柑橘?”一下子就有了共同的话题，找到了“切入口”。这说明选择对方感兴趣的事情作为话题的重要性。而这类话题的选择，则需要事先做些了解、调查和准备，做到因人引“话”。

（2）选择对方擅长而自己又熟悉的事情提出话题。如果能选择到这种话题，交谈不仅能够顺利进行，而且双方关系也会迅速融洽，从而产生如鱼得水、相见恨晚的感觉。如刘备与诸葛亮纵论天下大事，三日三夜也毫无倦意，终于合力成就了一番惊天动地的事业。

（3）选择双方共同关心的事情作为话题。

【训练】 同学间日常交谈最多最有话说的话题有哪些?

（4）选择情趣高雅的话题。情调有健康与庸俗之分，趣味有高级与低级之别。情趣健康高雅的话题，谈话双方容易达到畅所欲言、真诚沟通、思想共鸣的效果；而情趣庸俗低级的话题，往往会使谈话者不能以诚相待，导致思想无聊空虚；如果谈话双方情趣迥异，会影响谈话的开展。

（5）选择不落俗套的话题。对一些问题的看法，老生常谈容易让人厌烦，如果换个角度让人有新鲜感，就容易让人听得进去。

【训练】 对于大学生痴迷手机、网游这样的事情，什么样的说法容易让你听得进去?

（6）避开忌讳的话题。不谈对方的生理缺陷、隐私、伤心事、尴尬事，不在失意者面前谈得意事，不非议旁人，不带有倾向错误。总之，注意不要去触碰对方的痛处和他人的是非。

2. 善于提出话题

（1）由此及彼地提出话题。先避开中心问题，从对方熟悉而愿意回答的问题入手，边问边分析对方的反应，再巧妙地引出正题。

（2）因人而异地提出话题。对性格直爽者不妨开门见山，对脾气倔强者要迂回曲折，对平辈或晚辈要真诚坦率，对文化较低者要问得通俗，对心有烦恼者要体贴谅解。

（3）胸有成竹地提出话题。较重要的交谈要想好顺序，先说什么，后说什么，心中要有谱。

（4）彬彬有礼地提出话题。一般的谈话不应该板着面孔，而且要恰当地使用敬语、谦语和委婉语。如“请教”“请问”“请指点”“多谢您提醒”“您的话使我茅塞顿开”“给您添麻烦了”“请允许我打断一下”“这些事您说得很有意思，今后我还想请教，不过我仍希望再谈谈开头提的问题”等。

（5）以闲话漫谈的方式导入正题。采用闲话漫谈的方式导入正题，不仅可以改善交际双方的关系，促进情感的交流，而且自然和谐，无唐突生硬之感。

黄某打算调离本企业，他担心领导不同意并对他留下不良印象，且企业曾送自己去高等学府深造两年。但自己想调往的单位能发挥自己的专业特长，怎么开口呢?他在一次随领导出差的路上提出这个问题：“王经理，咱们单位里有个职工想挪挪地方，您认为可以吗?”经理说：

“什么理由?”职工说：“他要去的地方工作上更对口些，便于发挥作用。”经理说：“行呀，水往低处流，人往高处走，人之常情。”黄某觉得有点投机，接着说：“这个人有点顾虑，他认为企业待他不薄，培养过他，这一走好像有点不够意思，怕领导责怪。”经理笑了，“这是什么话，对人才的合理流动我们是持赞成态度的。”黄某见经理态度中肯，于是进一步说：“如果这个人是我呢?”经理稍一沉思，说：“那也不拦，到哪儿都是为国家服务。”经过这样的交谈，黄某调动之事很快办成了。

【训练】你在与人交谈时常常以怎样的方式开头？请结合自身经历举例说明其效果。

3. 善于转移话题

（1）掌握时机。在交谈过程中，应注意自觉而敏感地观察对方的反应，从其表情、目光、态度上分析并把握其兴趣所在，并不时就某个问题征询对方的看法，以便及时决定是否转换话题或终止谈话。

（2）讲究技巧。在平等关系的闲谈中，可以从一个话题顺势谈到另一个话题，或者抓住对方话语的某一点，承上启下地转入另一个话题。在权势关系的交谈中，也不要完全迎合权威方的兴趣，可根据需要灵活地转移话题。

此外，交谈还需要注意环境的选择和时间的控制。虽说“酒逢知己千杯少”，但实际上交谈仍需要见好就收、适可而止。适可而止的好处，一是可以为大家节省时间，二是使每个参加谈话的人员都有机会发言，三是使大家对交谈意犹未尽，保持美好印象。例如去别人家做客，在交谈过程中，如果主人经常劝你喝茶或提议看看电视时，你就该告辞了。

【训练】请你代替下面材料中的“女画家”回答外国记者的问题，有几种回答法？哪一种更恰当？

几年前，一些青年美术家在中国美术馆举办了一次反响较大的人体油画展。画展期间，有位外国记者采访一位青年女画家时问：“在中国，从事人体模特儿职业会不会受到人们的歧视?”女画家回答：“当人体模特儿是一种为艺术献身的职业，理应得到社会的理解与支持。”外国记者又问：“假如让你当模特儿，您愿意吗?”女画家略一迟疑，即回答道……

【训练】你很想买一台计算机，可是你父母并不支持，你几次提起，他们都把话岔开了。你决定找他们认真地谈一次。请模拟这次交谈，争取达到目的。

（三）电话交谈

打电话和接电话似乎人人都会，但如果不注意礼貌，就会影响双方的通话效果。

1. 打电话的技巧

（1）选好通话时间。通话时要根据受话人的工作、生活习惯选好打电话的时间。如无特殊情况，不在受话人休息的时间通话。与国外的人通话时，还要注意时差问题。

（2）查清电话号码。打电话前应事先查清对方的电话号码后再拨。一旦拨错，应向接电话者表示歉意。

（3）确认对方身份。电话接通后先问对方的单位或户名是否正确，不要冒冒失失地接通就喊我找“×××”。如对方是自己要找的人，应先报上自己的姓名。

（4）使用祈请敬语。打电话时，如果对方的第一受话者不是你要找的人，一定要用请求恭敬的语言，如“麻烦您”“请您帮我叫一下×××”等，而不要理直气壮地像命令似的说：“喂，给我找×××!”这显得极不礼貌，也容易碰钉子。

2. 接电话的技巧

人们对于如何接电话非常敏感，所以，我们在接电话时要做到礼貌、热情、诚恳和亲切。

（1）接电话要迅速及时。尽可能在铃响第二声就能拿起话筒立即打招呼。如果振铃多次才接电话，应立即表示歉意，如“对不起，让您久等了”。

（2）让对方知道你是谁。拿起听筒后先说“您好，我是××”或“您好，这里是××”。

（3）替别人接电话要有礼貌。有时受话人不在，你可向对方做充分的解释。如“很抱歉，小张刚走。”“是让您稍等呢，还是让我告诉他给您回电话？”除非你得到允许，否则最好不要说“他在开会，不能打扰他”或“他不在家，我不知道他在哪儿”。

（4）留言记录要准确。如果来电话的人要留言，就要准确地记下日期、来电的单位、姓名及电话号码。为了准确无误，要将这些内容在电话里重复一遍。

（5）愉快而谨慎地回答问题。如果你不敢确定来电话的人是什么身份，有什么意图，他所需要的信息是否可以提供，那你可以这样回答：“让我查一查再给您回电话，怎样？”“我得跟×先生商量一下才能决定下来。”

（6）对对方所讲的话做出反应。在通话过程中要仔细倾听对方讲话，为了表示已经听懂，应及时地用“嗯”“对”“是”等给对方以积极的反馈。如果没听清楚对方的谈话，应礼貌地请他再讲一遍，如“对不起，我刚才未听清楚，麻烦您再讲一遍，行吗？”

（7）通话完毕不要急于挂断电话。

3. 电话交谈应注意的问题

（1）说话要清晰。在电话中有许多字的发音是相同或相近的，为不使听者产生误解，一定要注意吐字清晰。

（2）音量要适中。声音太大、太小、太粗、太细，都会影响谈话效果。

（3）语调应热情。平淡而单调的声音会拉开与听者的距离，只有热情才会使声音悦耳。

（4）礼貌要到位。习惯性地使用礼貌用语，并注意挂断电话的礼仪。有身份差异时，尊者先挂断；身份平等时，主叫先挂断。

【训练】两人一组，进行通话练习，话题自拟。

课后训练

一、培养自己听课、听讲座、参会等随手带纸笔并做笔记的习惯。

二、养成收听广播、收看电视节目、参与社交活动等随时收集信息的习惯。

三、培养“察言观色”的习惯，综合判断对方的真实意图。

四、根据本课的训练要求，同学们自己选定一个话题，在班内举行一次座谈会。

项目四　自我推销与演讲

训练目标及要求

理解自我推销的意义，掌握自我推销的原则和技巧；理解演讲能力的价值，能够围绕一个话题做不少于3分钟的主题演讲。

一、自我推销

（一）自我推销的意义

早在20世纪60年代，日本著名的“推销大王”齐藤竹之助就有个著名的观点：人人都是自己的推销员，不管你是什么人，从事何种工作，无论你的愿望是什么，若要达到你的目的，就必须具备向社会进行自我推销的能力。能否成功，取决于你如何进行自我推销，以及你能力的大小。

自我推销是一个人通过自身的努力使自己被别人肯定、信任、接受、尊重的过程，是一种有意识地向社会做自我价值的推介和展示，以期实现个人价值最大化的沟通交流技能。快节奏的现代社会不容你慢腾腾地等待机会，一味地等待自己的才能被发现，那样等待你的可能只有“怀才不遇”的哀叹和被淘汰的不幸了。因此，主动地、有意识地甚至有计划地在现代社会环境下推销自我，是我们每一个人都应树立的现代意识。

有关人士分析大学生求职碰壁这一现象后认为，除了就业形势等因素外，大学生缺少自我推销能力也是重要原因。求职的大学生大都比较注重外包装，却不注重对自己职业生涯的设计，常常是见哪个招聘摊位前人多就往哪儿挤，给人一种盲从的感觉。而且几乎每个求职者都抱来一大堆各种证书，递上一份精美的简历，但是却不懂得针对用人单位的需要展示自己的能力。

乔·吉拉德是世界上最伟大的销售员，他连续12年荣登《吉尼斯世界纪录大全》“世界销售第一的宝座”，他所保持的世界汽车销售纪录——连续12年平均每天销售6辆车，至今无人能破。他在《怎样销售你自己》的著作中说：“推销的要点是：你不是在推销商品，而在推销你自己。”

【训练】通过奥巴马、丑女无盐自荐的故事，你怎样评价“毛遂自荐”这一现象。

2002年秋，在伊利诺伊州议会当了不到6年参议员的奥巴马，怀着理想去见新上任的伊利诺伊州参议院民主党领袖E. 琼斯。“他来找我，对我说，‘你现在是参议院民主党领袖了，你有很大的权——力。’他特意强调‘权力’二字。”琼斯后来回忆道。“你觉得我有很大的权——力吗？”琼斯反问奥巴马。“是的。”奥巴马说。“你觉得我的权力在哪里呢？”琼斯问。“你可以为美国新添一位国会议员。”奥巴马说。“这真是个好主意啊，你有合适的人选吗？”“有，我。”

战国时齐国有个丑女叫无盐，奇丑无比，却要当王后，就去自荐，让人禀报说齐国嫁不出去的女人要给他当嫔妃。这事看着荒唐，却让齐王觉得很稀奇，感觉来者不凡，赶紧召见，问她有何本事。无盐说会隐语之术，于是扬眉、切齿、两臂前挥，口称：“殆哉，殆哉。”齐王更是糊涂了，问是什么意思，无盐才说：“赵国陷我鄄邑，大王却闭塞不知，而是身边左俳右优，长夜沉湎酒色，危险呀，危险呀，愿大王尽快驱俳优，逐佞臣，进贤人，治国家。”齐王顿悟，感觉无盐是大人才，真的立她为王后，从此齐国大治。

【训练】查阅中国申办2022年冬奥会的相关材料，说说我们国家是怎样进行自我宣传与推销的？

需要指出的是，自我推销是建立在真正的价值和实力基础上的；自我推销不是“王婆卖瓜——自吹自擂”，也不是不切实际的自我表现，更与虚假包装下的蒙骗行为毫不相干。真实的才智学养、高尚的道德品质和突出的个性魅力，才是自我推销的实际内容。没有内涵的自我推销，推销出去的也许只会是浅薄、低级和粗俗。只有内涵丰富的自我推销，才能帮助我们最大限度地展示个人的风采和魅力，在竞争中脱颖而出，在平凡中活出精彩，在角逐中立于不败。

（二）自我推销应遵循的原则

1. 真诚

真诚是获得别人信任和尊敬的至关重要的态度。你可以凭优雅的风度、社会的低位、丰富的知识和经历等去赢得他人的尊敬，加深留给对方的印象，但是，这些都要建立在真诚之上，虚情假意只会招人反感。

2. 自信

自信是做事成功的前提和保障。在自我推荐中，如果自己对自己都轻视，不自信，说话是不会有底气的。在让别人给自己定位之前，我们每个人内心把自己定位到什么的位置至关重要。

3. 细节

研究发现，人对最先注意到的事物的观察是迅速全面而细致的，人有通过注意细节捕捉观察对象真实信息的本能。比如你衣服上的皱褶、坐在沙发上的姿势、手指的活动、眼神的微妙变化、说话的语调等，都会在不经意间流露出内在的真实信息，成为别人形成对你的第一印象的有力根据。一个人只有在良好习惯成为基本素养后才可能在细节上不出纰漏。

4. 主动

一个人要想把控局面，让一切尽在掌握中，首先就要把握好自己，做自己言行的主人。在推销自己的时候，尤其是在与人接触的初期，把握好主动权，这样才能赢得更多的机会。

5. 恰当

自我推销要充分考虑到场合的性质、对象的身份和自身的条件。比如你本来是一个内向的人，却非要把自己包装成一个活泼豪爽的人，那样做多半是不自然的，甚至是蹩脚的。好莱坞著名导演山姆·伍德说："不能表现本色的人注定是要失败的，而且失败很快。"美国著名新闻工作者安格罗指出："如果你理想中的自己和真正的自己不一样，那就是不幸。"性格没有好坏之分，只有表现的美丑之别，不同的性格各有其独特的魅力，你要做的只是如何让这种魅力显著起来。

（三）自我推销的技巧

自我推销的内容大多属于内在品质，比如能力、道德、思想、人格、精神、个性等，这些东西本身是无法拿给人看的，只有通过自己的言行举止去表现。因此，自我推销最基本的方法，是在社会活动中，特别是在交际活动中，以自己的日常言行为载体，通过有意识的训练和恰当的表现，将自己的内在价值向社会展示，以期获得社会的肯定。

1. 重视第一印象

心理学研究表明，仅仅6秒钟的时间就能形成可能影响人们终生的第一印象。有一位心理学家曾做过一个实验：把被试者分为两组，同看一张照片。对甲组说，这是一位屡教不改的罪犯；对乙组说，这是位著名的科学家。看完后让被试者根据这个人的外貌来分析其性格特征。结果甲组说：深陷的眼睛藏着险恶，高耸的额头表明了他死不改悔的决心。乙组说：深沉的目光表明他思想深邃，高耸的额头表明了他探索的意志。

仅仅是一个词、一句话不同，造成的"第一印象"却截然不同。这个实验表明，若第一印象形成的是肯定的心理定式，会使人在后继了解中多偏向于发掘对方具有美好意义的品质；若第一印象形成的是否定的心理定式，则会使人在后继了解中多偏向于揭露对象令人厌恶的部分。因此，在第一次见面的社交活动中我们必须做精心的准备，内容包括衣着、精神状态、态度、风度、礼仪、谈吐等。

【训练】周总理终生遵守的"容止格言"：面必修，发必理，衣必整，钮必扣；头容正，肩容平，胸容宽，背容直；气象勿傲勿怠，颜色宜和、宜静、宜悦。联系周总理的形象与为人，你受到什么启发？

2. 学会倾听

倾听是了解对方的途径，懂得倾听对方，听懂了对方，了解了对方，才可以让说话更有针对性，也才更易于推销自己。美国财政家巴纳德·巴路克就是位很好的听众，因为他懂得去听，所以他把自己推销给了商人、将军、国王、平民、阁员、总统，甚至做过威尔逊、罗斯福、杜鲁门三届政府的顾问。

3. 运用技巧

（1）自我介绍。自我介绍是目的性和自我表现意识最强的自我推销语言形式，尽管如此，其表达还是相对含蓄的，并非毫无掩饰、露骨的自我吹嘘。自我介绍一般要求简洁、含蓄、热情、自信、富有个性。其中，在求职、应聘时的自我介绍还要求自我推销的内容有针对性。只有风格突出、个性鲜明的自我介绍，才能给人留下深刻的印象。

【训练】分析下面马三立个性化的自我介绍，说说表现了他哪些值得肯定的个性内涵。

我叫马三立。三立，立起来，被人打倒；立起来，又被人打倒；最后，又立了起来（但愿不要再被打倒了）。我这个名字叫得不好，祸也因它，福也因它。

我今年85岁，体重86斤。明年我86岁，体重85斤。我很瘦，但是没有病。从小到大，从大到小，我的体重没有超过100斤。现在，我的脚往后踢，可以踢到自己的屁股蛋儿，我还能做几个“下蹲”。向前弯腰，可以够着自己的脚。头发黑白各占一半。牙好，还能吃黄瓜、胡萝卜，别的老头儿老太太很羡慕我。

我们终于赶上了好年头。托共产党的福，托三中全会的福，我不说了，事情在那儿明摆着，会说的不如会看的。没有三中全会，我肯定还在北闸口农村劳动。

其实种田也并不是坏事，只是我肩不能担，手不能提。生产队长说：马三立，拉车不行，割麦也不行，挖沟更不行。要不，你到场上去，帮帮妇女干点什么，轰轰鸡什么的……惨啦，连个妇女也不如。可也别说，有时候也有点儿用。生产队开个大会什么的，人总是到不齐，队长在喇叭上宣布：今晚开大会，会前，由马三立说一段儿单口相声。立马，人就齐了。

（2）间接自我推销。我们在日常交际中所用的语言几乎都可以附载自我推销的职能。相同意思的话，可以这么说，也可以那么说，交流目的一样，但其附加的效果却不同。相同的话，不同的人说出来，因为流露出的内涵不同，效果也非常不一样，有的人很快被信任、接受和赞同，有的人则相反。

据美国前总统尼克松的回忆录《领袖们》中所记，1972年，他访华到北京时，周恩来在机场迎接他。见面握手时，周恩来说：“您从大洋彼岸伸出手来和我相握，它跨过了最遥远的距离——没有交往的25年。”而江青与尼克松见面握手时则说：“您为什么从前不来中国？”尼克松对此在回忆录中写道：周总理的话给人“友好、机智、高雅”的感觉，而江青“缺乏幽默感”“表现出她的那种令人不悦的好战态度”。

事实上，我们的任何优秀的品质，都可以在最朴素的生活语言中被附带地表达出来，只要有自我推销的意识，再平凡的语言也可以成为自我推销的有力工具。

【训练】分析自己在学习和生活中自我推销是否得体？如果做得还不够好，你打算怎样改进和提高？

二、演讲

（一）演讲的本质

演讲是以有声语言为主、态势语言为辅，在公众面前系统地阐述自己的某种见解和主张，旨在说明和分析事理、说服和感召公众的一种社会活动。成功的演讲需要演讲者把握观众的心理，拥有“自己的”思想，以真诚的态度、热情的表达来感染和影响观众。

（二）演讲的类型

1. 激性演讲

激性演讲多用于政治性的演讲，它追求一种强烈的感染力和驱策力，鼓动号召性强。演讲者在做这种演讲时，语调高昂铿锵，音量起伏度大，语言节奏较快，充满激情。在神情状态上，精神饱满，信心十足。一般说来，能否产生群情激荡的场面效果，是衡量这种演讲成功与否的标志。

2. 知性演讲

知性演讲的主要目的在于给人以知识、经验、信息，使人通晓事理，因此它是一种最注重内容的演讲。这种演讲在进行中如能让听众始终抱有浓厚的兴趣，并真正使他们感到开智，满足求知欲，就是成功的。

3. 礼性演讲

那种依据礼仪以个人名义或代表团体表达某种感情和良好愿望，或带有交际目的在交际场合中进行的演讲，如祝贺迎送、致谢联欢、宴会致辞、各种节目主持、悼词等都属礼性演讲。这类演讲有营造气氛、拉开活动序幕之功用，是现实生活中最常见的一类演讲。它与知性演讲相比，较为讲究表达形式，措辞谨慎，工于修饰，语气、语调颇有讲究。这类演讲以即兴方式进行最受人欢迎。

4. 辩性演讲

辩性演讲在一切有意见分歧或意见不统一又需澄清的情况和场合中最为多见，它一般存在于法庭上、议会里、谈判中、决策时，是演讲类型中最高级的形式。

从上述四类演讲的划分中我们不难发现它们的特征是不同的——激性演讲以情动志，知性演讲启智授知，礼性演讲寄情渲感，辩性演讲纠偏除谬。我们应该在注意把握其总体特征的前提下去体现个人的个性特色。

（三）演讲的准备

林肯说：“即使是有实力的人，若缺乏周全的准备，也无法进行有条理、有吸引力的演讲。”按下面的程序来准备演讲，可以使演讲更容易成功。

（1）弄清演讲目的和类型性质。

（2）明确演讲的中心思想或主题内容。主题角度的选择，往往决定着演讲是否深刻和新颖。如果能从人们司空见惯的现象和认识中翻出新意，就会使人耳目一新。特别是同题比赛性演讲，这样做更容易赢得高分。

（3）根据中心思想和主题内容列出几个题目，从中选择出你最满意的。演讲的标题一要积极，二要适合对象、时间和自己的身份，三要新奇、醒目、简洁。

（4）写出演讲提纲。演讲的提纲要体现出在全文标题之下准备讲的几个问题，至于提纲是粗些还是细些，应视个人实际情况而定。

【训练】教师给出一个演讲题目，请同学们列出演讲提纲，并选择若干位同学介绍自己的提纲，让大家进行比较，然后对自己的提纲进行修改。

（5）查找和组织材料。让头脑里装满所要讲的东西，确信自己已经掌握了所要讲的全部内容。一位经验丰富的演讲者在准备演讲材料时所面临的困难，不是使用哪些材料，而是删掉哪些材料。事实上，发行量大的杂志，其文章都是以纯粹口语文体写成的，文章中穿插许多传闻轶事及对话。将一些有趣的故事引入到演讲中去，实例举证，也会使思想表达清晰明了，引人入胜，听来津津有味，具有说服力。

对于材料的选用，坚持以讲正面事例为主，反面事例宜粗不宜细，有些反面事例需做慎重处理。同时要保证材料的真实可信、与时俱进、有人情味。

那些成功的演讲，大多数是用自己的经历来给听众一种启发，越是触及自己伤疤的演讲越有震撼力。因此，演讲时要尽可能选自己经历过并有较深感悟的事。

（6）提炼出彩的语句，让说出的话亲切、具体。一篇好文章不一定句句精彩，但只要有一两句精彩就会让人觉得不一般。同样的道理，一个好的演讲不一定句句动人，但只要有一两句出彩，就会让听众感动。中国台湾忠信高级工商学校董事长高震东在大陆大学演讲时强调的“天下兴亡，我的责任”，深深强化了青年学子积极负责、勇于担当的使命感。

曾经有人这样说过，当你演讲的时候，请你用从母亲那里学来的语言去和听众交流。母亲对自己的孩子饱含着爱，表露的是一种善。如果我们都怀着这样的心态去演讲，又怎么会不被接受呢？在演讲中对听众的称呼，与其用第三人称，不如用第二人称，如果演讲者是站在高处，改称“我们”或“咱们”会更为亲切。

如果列举的数字证据较大或较长，最好四舍五入，用整数或用具体生动的比喻表达出来。比如“在兽性发狂的一个多月中，日本侵略者在南京屠杀了30万个中国人！30万个人排起来，可以从杭州连到南京！30万个人的肉体，能堆成两座37层高的金陵饭店！30万人的血有1200吨！”

【训练】 试将抽象性的“好、坏，善、恶，美、丑，真、假”等词语用具象性的语言表达出来。

（7）熟记演讲大纲、关键性材料（如数字，主要的字词、词组、人名、地名和实据等）及精彩语句。准备充分，并不意味着将演讲词背诵下来。即使你将演讲稿背得滚瓜烂熟，面临听众时仍然会忘记。如果这些话不是发自你内心，只是记忆的片断，讲出的话便会是机械性的，决不会有感情。

（8）讲前演习，就像真的面对听众演讲一样。

（9）反复修改，直到没有时间再改为止。

在准备的过程中务必要注意两点：

第一是要考虑听众的特点。如果听众文化层次高，文辞要高雅，内容要有深度；反之则应通俗，深入浅出。

第二是设计一个漂亮的开头。好的开头更能一下子吸引听众。

【训练】 记提纲和背稿子对演讲活动来说是各有千秋的，请谈谈你对这个问题的认识。

（四）演讲的格局

演讲的格局就是演讲稿的结构在演讲实施过程中的具体体现，有准备的严格限时式演讲与没有准备的即兴演讲在格局设计上有不同的要求，竞选演讲更有自己的特点。

1. 有准备的严格限时式演讲的格局设计

有准备的限时式演讲一般按“响开头→曲主体→蓄结尾”的格局进行设计。

（1）响开头。所谓响开头，就是要尽最大的努力使开头“炸响”，力求一开始就能吸引听众、控制会场、创造气氛、导入正题，给听众一个良好的第一印象。因此，演讲者要精心设计好开头的第一段话（包括第一个动作的设计），力求一鸣惊人、妙语惊人。

【训练】你认为什么样的演讲开头容易吸引住你？请为《遇不怀才的时候》这个演讲设计3个不同的开头。

（2）曲主体。我们在进行演讲时，除了要让听众听清演讲内容的层次（如“第一”……“第二”……“第三”……）、用艺术化的语言进行表达外，还需讲究演讲的节奏、起伏、高潮，使演讲不时地制造些波澜，以保持听众的心理兴奋。

好的演讲不可无高潮，高潮需要精心设计、精心安排，而且要融进诸多因素。造成高潮的办法就是有意强化有关情感、观念和节奏，在加快有关节奏的同时，吐字要落地有声，从而引起一种综合式的高频、高能效应。对于一个演讲来说，大高潮有一个足矣，而小高潮则应多安排几个，其强度、力度均在大高潮之下，恰如主峰与群岭的关系。很多情形是这样，大高潮消落不久，演讲随即结束，甚至戛然而止，留下无尽回味的余地。

（3）蓄结尾。美国一位名叫约翰·沃尔夫的人说过：“演讲最好在听众兴趣未尽时戛然而止。”如果说开头的“响”是要刺激听众，以惊人妙语使他们兴奋起来，情绪饱满地听取演讲，那么，结尾的“蓄”则是要深入听众的内心，以余音绕耳引起他们对演讲的久久回味。因此，演讲者在演讲时不要总是把话说得“干干净净”，要留一些空间让听众自己去填充。

【训练】请为演讲《遇不怀才的时候》设计3个不同的结尾。

2. 即兴演讲的格局设计

即兴演讲因事先无充足时间准备，站起来就说，因而具有即兴演讲能力的人是现实中最被看重的人。又因即兴演讲具有这样的特殊性，因而常常呈现“淡开头→趣主体→响结尾”的格局。也就是说，进行即兴演讲的人只要站起来有话说就算开了头，但是中间一定要用具体的事情或故事增加趣味性，通过对情况的分析，最后用一个深刻的结论把演讲升华上去。

思路敏捷，并能随时整理思考状态是能随时发表演讲的先决条件，即应当随时假设被指名发表即兴演讲，然后针对这种假设进行准备。只有经常这样强化训练自己，在真的碰到这种特殊情况时才能用冷静的态度、正确的行动来处理。那些即兴演讲十分精彩的人都是这样做的。

（1）“魔术公式”。第一步，说你的事例的细节，生动地说明你想传达的意念。就像高露洁的广告以两个牙齿做对比，一个敲坏了，一个没有坏。第二步，以详细清晰的语言说出你的重点，也就是要听众做什么。就像要使用高露洁牙膏。第三步，说出听众这么做的好处。就像用了高露洁没有蛀牙。卡耐基认为，这种“魔术公式”是“讲求速度的现代最佳演讲法”。

【训练】按“魔术公式”的要求设计一个即兴演讲，话题自定。

（2）金字塔模式。先想出演讲的主题，然后再对主题做较详细的论证和说明，如下图所示。

假如主题是“养狗”，演讲者的脑海中应马上想出几个关键词，如人们喜欢养狗有很多“原因”；买狗的人对狗的“大小”是极为关心的；养狗的“目的”是很多的；使狗生病的“因素”是很多的；一只新狗的到来对家庭中的不同成员会产生不同的“影响”；养狗有四大“弊端”等等，然后选择最合适的一个。

	养狗
主	的原因
题论	1. 为了交际
点的提出	2. 为了护身
论证过程	3. 提高声望

【训练】按“金字塔模式”设计一个即兴演讲，题目由同学们相互随意给出。

3. 竞选演讲

发表竞选演讲的目的，在于使听众了解竞选者的“施政纲领”以及通过“政纲”的阐述过程显现出来的竞选者的能力和素质。竞选演讲要考虑两个方面的效果：一是即时现场效果，二是长远被检效果，要力求做到两者的统一。

【训练】在发表竞选演讲时如何对待自己的竞争对手？是专挑对手的毛病进行指责和批判，借以抬高自己？还是先肯定对方的合理部分或某种能力，继而通过对比，显示自己更高一筹，更细一等？抑或是就问题谈问题，旁若无对手，只陈述自己的计划，从不涉及对手？

竞选演讲后，为进一步了解竞选者的有关情况，往往要安排答辩。这时，群众所提的问题往往很具体，而且这些问题均与问者的切身利益密切相关。竞选者能否通过这种答辩成功地塑造好“自我形象”，即反映出自己良好的管理、政策、说服水平和理智、同情心、人情味等各方面的综合印象，对于能否取得提问者的信任，关系是很大的。因此，不能用假话、大话、空话和敷衍搪塞的话来欺骗群众，应该予以诚答。诚答并非只是直截了当的回答，竞选者应该懂得哪些问题可以并应该实答，哪些问题只能虚答、曲答、简答，甚至回避和转移，但不能不答。

例如，有人问竞选者：“你上任后准备烧哪三把火？”答：“这个问题使我有点忐忑不安。不过，在我看来，我们这里不存在烧三把火的问题，因为我们的前任已经把火烧起来了。现在新班子所面临的工作不是三把火，而是继承与创新的问题。”

【训练】请你试着回答下面的问题：

1. 如果竞选成功，你如何为我们学生进行工作？

2. 假如有人跟你无理取闹，你怎么办？

（五）演讲的控场技巧

演讲，并不是说把准备好的演讲内容讲完就算是成功。演讲时必须一边讲和演，一边观察听众的反应和环境的变化，适时调整演讲的内容和方法，使听众愿意听下去。因此，掌握控场技巧，就显得非常重要。

1. 自控

（1）怯场。怯场产生的原因主要是准备不充分和讲前患得患失。怯场是每个人都存在的心理现象，只有多经历一些场合才会把它减弱到自己能承受的范围之内。

（2）忘稿。演讲中忘记了后面该讲什么常常是因为背稿造成的。一旦出现这种情况，可采取下面的做法：一是提个问题让大家想一想，同时自己也抓紧时间想后面的内容。二是忘掉就忘掉吧，从哪儿想起就从哪儿接着讲下去，这样就没有人知道你忘记了。如果后来又想起来了，而且觉得很必要，在结束前再加进去：“这里值得一提的是，……”

（3）口误。再高明的演讲家也难免出现失误，万一出现了这种情况，如果被你及时发现了，可采取如下的方法挽救：一是重复一遍你讲的内容，把错误更正过来。二是反问“这句话对吗？”三是将错就错，想办法把它再翻转过来。

2. 控场

演讲的控场技巧是指演讲者主动而有效地控制演讲场面的技巧。

（1）给听众良好的“第一印象”。演讲者走上讲台时，要特别注意自己的仪表、举止，服装要整洁、轻便、美观；上下台时要自然、潇洒、大方，一般场合最好面带微笑；在台上站好后不要急于开讲，应先以温和的目光扫视全场，与听众进行目光交流，同时深吸一口气，待场内寂静无声，再抓住最佳时机，提高音量，从容开讲。这样就会使听众对演讲者的演讲能力做出较高的判断，并随之给予高度的注意。

【训练】请部分同学练习上下讲台、目光交流，注意在目光交流的同时要深呼吸，然后很响亮地说一句话。之后由同学们对上台者的表现进行评议。

（2）声情并茂，以情激情，以心换心。演讲者要善于用自己的声音和表情、动作增强演讲的节奏与气势，自始至终保持饱满的情绪，努力把自己设计的高潮体现出来。

（3）灵活的机变处理。对于演讲场合不宁静的情况，演讲者应该能够敏锐察觉并善于做出准确判断，然后紧急应用下述办法进行化解：巧用停顿、变换语调、机巧设问、调整内容结构、插科打诨、索情求理等。这些办法可单用，也可几法综合用。

【训练】以下是几种演讲过程中可能会发生的意外情况，假若你遇到了会怎么办，请说出处理方法。

1. 听众对象发生变化。一到会场，发现听众对象与原来设想的不同。
2. 听众寥寥无几。
3. 听众兴趣变换。本没打算多讲的问题，听众兴趣却很浓厚。
4. 自己的观点和听众的观点对立。
5. 听众反应冷漠。或交头接耳，或东张西望，或打瞌睡，甚至溜号。
6. 受到质疑。
7. 听众起哄。如鼓倒掌、吹口哨等。
8. 意外事故。如停电、话筒不响、室外演讲突然下雨等。

课后训练

一、课外查阅资料，了解乔·吉拉德是怎样成为推销高手的。

二、请写一份个性鲜明的自我介绍发言稿。

三、从普通话水平测试第四题中选择题目，完成3分钟即兴演讲。

四、利用课余团活动时间组织一次班级演讲会。

模块二

人文素养

人文素养的核心是“人文精神”。人文精神是一种普遍的人类自我关怀，表现为对人的尊严、价值、命运的维护、追求和关切，对人类遗留下来的各种精神文化现象的高度珍视，对一种全面发展的理想人格的肯定和塑造。从某种意义上说，人之所以是万物之灵，就在于它有人文，有自己独特的精神文化。是文化把人从动物提升到人的水平，把人同其他动物区别开来。

著名学者金开诚认为，人文素养包含六种精神因素：①对人生意义有较深的认识，对自身的价值有较高的追求。②能以追求科学和进步的态度来看待客观世界及其变化运动。③对国家、民族、社会有责任感和奉献精神，力求在奉献中实现自我价值。④明是非、知进退、善于处理人际关系。⑤对事物的美丑、善恶有分辨力和正义感。⑥不片面追求物欲享受而力求全面提高个人与家庭的生活质量。

著名学者钱伟长指出：“我们培养的学生首先应该是一个全面的人，是一个爱国者，一个辩证唯物主义者，一个有文化艺术修养、道德品质高尚、心灵美好的人；其次，才是一个拥有学科、专业知识的人，一个未来的工程师、专门家。”

据统计，人类的知识80%来自读书。读书是一个人锤炼文化功底和提高人文素养的有力保证，是精神财富的一个重要来源。英国哲学家培根说：“读史使人明智，读诗使人灵秀，数学使人周密，科学使人深刻，伦理学使人庄重，逻辑修辞之学使人善辩，凡有所学，皆成性格。”腹有诗书气自华。读书能使人从野蛮到文明，从庸俗到崇高。读书既可以增加我们思想的广度，也可以增加我们思想的深度。

读书能使人沉静，让人深思，使空虚的心灵变得充实，使痛苦的灵魂获得幸福，使黯淡的人生再现光明，使绝望的生命重燃希望。

一个人的阅读在一定程度上会影响其一生的命运。读书虽然给不了我们想要的一切，但是不读书，我们会发现自己内心荒芜，一片空白，更无法得到我们想要的一切。读书对人的影响是潜移默化的，它影响着我们的思维方式，让我们更智慧，心智更成熟，进而培养起真正属于人的性情和良知，改变着我们的说话谈吐，让我们遇见一个更好的自己。

在这个注重功用的浮躁年代，读图多于读书，影像的发达让我们变得越来越懒惰，看影视就不再读文本，我们甚至懒得都不肯思考和想象了。其实，读书的享受素来被视为有修养的生活中的一种雅事。国学大师、学界泰斗、国宝季羡林说：“读书是天下第一好事。”“好书读后三更月，良朋来时四座春。”读好书、交高人，是人生难得的一种乐趣。把书本知识和社会实践相结合，展现在我们面前的，才是一条铺满鲜花的康庄大道。

我们读书，是一种熏陶。与先贤神交，向宿儒求教，拜大师博学，崇硕德扩境。

我们读书，是一种靠近。近道者德，近规者范，近智者慧，近文者雅，近仁者义，近圣者贤。

我们读书，是一种享受。咀嚼人文之味、情趣之味、德行之味、性致之味。

毛泽东说："饭可以一日不吃，觉可以一日不睡，书不可以一日不读。"读书不在三更五鼓，只怕一曝十寒。年轻的朋友们，让我们以书为友，以书为鉴，让书香伴你我同行！

第一单元　德行天下

《尚书》有言："惟德动天，无远弗届。"只有高尚的德行可以感动上天，不管多远，没有它不到的地方。中国文化自古以来就讲究"以德服人"，而不是"以力服人"，这在很大程度上影响并造就了中华民族的文化性格。立德是为人处世的第一件大事，百善孝为先，孝为德之本。小胜靠智，大胜靠德。遵守道德的动力源于内心的自觉，其最大的评判标准是"慎独"。内不欺己，外不诈人，内外如一，光明磊落。修心养德是己之需、家之需、国之需，是一个人一生中须臾不能懈怠和停顿的必修课。

1　孔子论仁孝

《论　语》

孔子（前551—前479），名丘，字仲尼，鲁国陬邑（今山东曲阜）人。春秋末期著名思想家、教育家，儒家学派的创始人。祖上是宋国贵族。早年贫而贱，做过委吏和乘田等小吏。后收徒讲学，参与政治活动。50岁时任鲁国的司寇。又周游宋、卫、陈、蔡、齐、楚诸国，宣传其学说，终未见用。晚年返回鲁国，倾力于教育事业与典籍整理。孔子思想的核心是"仁"，政治上提倡"仁者爱人""克己复礼"，而"孝悌"为"仁之本"；教育上主张"有教无类""因材施教"。其学说自汉代以来成为中国传统思想的主导，影响极为广泛深远。

《论语》是记录孔子言行的一部儒家经典，由孔子的弟子及再传弟子汇集而成。内容有孔子的谈话、与弟子的问答以及弟子间关于孔子思想的谈论，是研究孔子思想的重要文献。《论语》语句简洁，文辞娴雅，意蕴丰厚，也是一部优秀的语录体散文集。

有子①曰："其为人也孝弟②，而好犯上者③，鲜④矣；不好犯上，而好作乱⑤者，未之有也⑥。君子务本⑦，本立而道⑧生。孝弟也者，其为人之本与?"（《学而》）

子曰："富与贵，是人之所欲⑨也，不以其道⑩得之，不处⑪也。贫与贱，是人之所恶⑫也，

---

① 有子：名若，孔子的弟子。

② 孝弟（tì）：孝指善事父母，弟指尊敬兄长。弟，读音和意义与"悌"相同。

③ 犯上：指冒犯长辈或上位的人。

④ 鲜（xiǎn）：少。

⑤ 作乱：即不守规矩，做出没有道理的事情。

⑥ 未之有也：此为"未有之也"的倒装句型。

⑦ 务本：务，专心，致力于。本，根本。

⑧ 道：此指"仁道"，也就是人与人相处的道理。

⑨ 欲：喜爱。

⑩ 不以其道：不用正当的手段。

⑪ 处：有的本子作"居"，安住的意思。

⑫ 恶：厌恶。

不以其道得之，不去[1]也。君子去仁，恶乎成名[2]？君子无终食之间[3]违仁，造次[4]必于是，颠沛[5]必于是。”（《里仁》）

子曰：“夫仁者，己欲立而立人，己欲达而达人[6]。能近取譬[7]，可谓仁之方[8]也已。”（《雍也》）

厩焚，子退朝，曰：“伤人乎？”不问马。（《乡党》）

子曰：“仁远乎哉？我欲仁，斯仁至矣！”（《述而》）

子曰：“志士仁人，无求生以害仁，有杀身以成仁。”（《卫灵公》）

子曰：“弟子[9]入则孝，出则弟，谨而信，泛[10]爱众，而亲仁[11]。行有余力[12]，则以学文[13]。”（《学而》）

孟懿子[14]问孝。子曰：“无违[15]”。樊迟御[16]，子告之曰：“孟孙问孝于我，我对曰：‘无违。’”樊迟曰：“何谓也？”子曰：“生，事之以礼；死，葬之以礼，祭之以礼。”（《为政》）

孟武伯[17]问孝。子曰：“父母唯其疾之忧[18]。”（《为政》）

子游[19]问孝。子曰：“今之孝者，是谓能养[20]。至于犬马，皆能有养。不敬，何以别乎？”（《为政》）

子夏问孝。子曰：“色难[21]。有事，弟子服其劳[22]；有酒食，先生馔[23]，曾是以为孝乎[24]？”（《为政》）

---

① 去：离开，抛弃。
② 恶乎成名：即如何能成其君子之名。恶，在这里是如何的意思。
③ 终食之间：指一顿饭的时间，片刻。
④ 造次：仓促急忙的意思。
⑤ 颠沛：艰苦的处境。
⑥ 己欲立而立人，己欲达而达人：立，自立于世；达，通达，事事行得通。意谓自己要在世上站得住，同时也使别人站得住，自己要事事行得通，同时也使别人事事行得通。这是“仁”的最高境界。
⑦ 能近取譬：指就近拿己身做例子，来为别人设想。
⑧ 方：即途径、方法。
⑨ 弟子：指为人弟妹或子女的后生晚辈。
⑩ 泛：广泛，普遍。
⑪ 亲仁：亲，近。仁，仁义的人。
⑫ 余力：犹言闲暇。
⑬ 文：指诗书六艺。
⑭ 孟懿子：姓仲孙名何忌，鲁大夫，谥“懿”。
⑮ 无违：遵行礼法没有任何违背。
⑯ 樊迟：姓樊名须，字子迟，孔子的弟子。御：驾车。
⑰ 孟武伯：孟懿子的儿子，名彘，谥“武”。
⑱ 父母唯其疾之忧：其，指子女。子事父母，不能使父母为子忧愁，唯子有疾病时，父母忧之，其余一切不能使父母担忧，这就是孝。另一说，父母看到孩子生病了，那种忧愁、担心，多么深刻，做儿女的你要去体会这种心境。
⑲ 子游：姓言名偃，字子游，孔子的弟子。
⑳ 是谓能养：是，只。只以饮食供养父母。
㉑ 色难：指侍奉父母要一直保持和颜悦色是很难的。
㉒ 服其劳：服侍父母。
㉓ 先生馔：先生指长者或父母。馔（zhuàn），意为饮食、吃喝。
㉔ 曾是以为孝乎：曾，乃的意思。真以为如此便真是尽孝了吗？

子曰："事父母几谏[1]，见志不从，又敬不违，劳[2]而不怨。"（《里仁》）

子曰："父母在，不远游，游必有方。"（《里仁》）

子曰："父母之年不可不知[3]也。一则以喜[4]，一则以惧[5]。"（《里仁》）

课文延伸

1.《孝经》

《孝经》以孝为中心，比较集中地阐发了儒家的伦理思想。它肯定"孝"是上天所定的规范，"夫孝，天之经也，地之义也，人之行也"；孝是诸德之本，"人之行，莫大于孝"，"罪莫大于不孝"；主张把"孝"贯穿于人的一切行为之中，"身体发肤，受之父母，不敢毁伤，孝之始也，立身行德，扬名于后世，以显父母，孝之终也"；国君可以用孝治理国家，"爱敬尽于事亲，而德孝加于百姓，刑于四海"，臣民能够用孝立身理家，保禄位，守祭祀，"谨身节用，以养父母"。《孝经》在中国伦理思想中，首次将孝亲与忠君联系起来，主张"孝"要"始于事亲，中于事君，终于立身"，认为"忠"是"孝"的发展和扩大，并把"孝"的社会作用推而广之，认为"孝悌之至"就能够"通于神明，光于四海，无所不通"。《孝经》在唐代被尊为经书，南宋以后被列为《十三经》之一。在中国自汉代至清代的漫长社会历史进程中，它被看作"孔子述作，垂范将来"的经典，对传播和维护社会纲常、社会太平起了很大作用。

2. 其他论孝五则

世俗所谓不孝者五，惰其四支，不顾父母之养，一不孝也；博弈好饮酒，不顾父母之养，二不孝也；好货财，私妻子，不顾父母之养，三不孝也；从耳目之欲，以为父母戮，四不孝也；好勇斗狠，以危父母，五不孝也。（《孟子·离娄下》）

以敬孝易，以爱孝难；以爱孝易，而忘亲难；忘亲易，使亲忘我难；使亲忘我易，兼忘天下难；兼忘天下易，使天下兼忘我难。（《庄子·天运》）

"孝子之有深爱者，必有和气；有和气者，必有愉色；有愉色者，必有婉容。"（《礼记·祭义》）

曾子曰："若夫慈爱恭敬，安亲扬名，则闻命矣。敢问子从父之令，可谓孝乎？"子曰："是何言与，是何言与！昔者天子有诤臣七人，虽无道，不失其天下；诸侯有诤臣五人，虽无道，不失其国；大夫有诤臣三人，虽无道，不失其家；士有诤友，则身不离于令名；父有诤子，则身不陷于不义。故当不义，则子不可以不诤于父，臣不可以不诤于君；故当不义，则诤之。从父之令，又焉得为孝乎！"（《孝经·谏诤章第十五》）

"要孝敬父母，连父母都不肯孝敬的人，还肯为别人服务吗？不孝敬父母，天理难容！"（毛泽东）

资料链接

---

① 几（jī）谏：指婉言规劝。
② 劳：忧愁的意思。
③ 知：记得。
④ 喜：喜其寿。
⑤ 惧：惧其衰。

1. 刘世荣《聆听圣贤教诲修身立德近仁》: http://video. chaoxing. com/serie_420121038. shtml

2. 王中江《儒家“仁”的真谛及其普世价值》: http://video. chaoxing. com/serie_400006816. shtml

3. 郑宗义《仁爱与兼爱——重探儒墨之是非》: http://video. chaoxing. com/serie_400003618. shtml

4. 韩星《〈孝经〉导读》: http://video. chaoxing. com/serie_400050290. shtml

5. 朱翔非《中华孝道》: http://opencla. cntv. cn/20120118/zhonghuaxiaodao_PLAY10025036

6. 曾仕强《孝就是道》: http://www. youku. com/playlist_show/id_18963850. html

思考与研讨

一、你认为在当今社会应该怎样发扬孔子的仁爱思想?

二、在传统文化中,“善有善报,恶有恶报”的道德信条被普遍信奉。儒家讲“积善之家必有余庆,积不善之家必有余殃”“多行不义,必自毙”;佛家讲“善有善报、恶有恶报,不是不报,时候不到。时候一到,一切全报”;道家讲“祸福无门,唯人自招。善恶之报,如影随形”。你认可这些说法吗?为什么?

三、查阅古代24孝故事和新24孝行动标准。你认为古代的24孝行为是否已经真的过时了?为什么?你怎样评价今天的24孝行动标准?

四、有一篇在网上转载很广的文章《当我们老的时候》,是年老的父母对儿女的“乞求”,读来让人动容。自己查找阅读,谈谈感受。

五、利用团活动时间组织一次“孝亲感恩”的主题活动,内容可包括诗文朗诵与歌曲演唱等。

2 教子日课①

曾国藩

曾国藩(1811—1872),宗圣曾子七十世,初名子城,字伯涵,号涤生,谥文正。湘军的创立者和统帅,洋务派代表人物之一。与李鸿章、左宗棠、张之洞并称“晚清四大名臣”。他从湖南双峰一个偏僻的小山村以一介书生入京赴考,中进士留京师后十年七迁,连升十级,官至两江总督、直隶总督、武英殿大学士,封一等毅勇侯,官居一品。曾国藩通学问,工文章,治家甚严,对儿子时以书信训示。曾国藩居官治军甚严、端正人心,明刑法以清讼,重农事以厚生,崇节俭以养廉。后人辑其所著诗、文、奏章、批牍等为《曾文正公全集》,又有《曾文正公手书日记》等行世。其一生严于治军、治家、修身、养性,实践了立功、立言、立德的封建士大夫的最高追求,被后世视为道德修养的楷模。毛泽东有言:“予于近人,独服曾文正。”

公元1870年11月3日,曾国藩六十大寿。这天同治帝御赐“勋高柱石”匾额以贺寿。在之后的24日,曾国藩又亲自作家训日课四条,记于日记中,并分寄其弟与二子、诸侄,以期自惕并与子侄共勖。这四条日课是:其一,慎独则心安;其二,主敬则身强;其三,求仁则人悦;其四,习劳则神钦。这篇日课四条,相当于曾国藩留给子弟们的最后遗训,至今读来仍大有教益。

---

① 选自《曾文正公全集》。刻本作“日课四条”,据篇末附记,实为教子之用,故改作“教子日课”。

一曰慎独①则心安：自修之道，莫难于养心。心既知有善知有恶，而不能实用其力②，以为善去恶，则谓之自欺。方寸③之自欺与否，盖他人所不及知，而己独知之。故《大学》④之“诚意”章，两言慎独。果能好善如好好色，恶恶如恶恶臭⑤，力去人欲，以存天理⑥，则《大学》之所谓自慊，《中庸》之所谓戒慎恐惧⑦，皆能切实行之；即曾子⑧之所谓自反而缩⑨，孟子之所谓仰不愧俯不怍⑩，所谓养心莫善于寡欲，皆不外乎是。

故能慎独，则内省不疚，可以对天地质鬼神⑪，断无行有不慊于心则馁之时⑫。人无一内愧之事，则天君⑬泰然，此心常快足宽平⑭，是人生第一自强之道，第一寻乐之方，守身之先务也。

二曰主敬⑮则身强：敬之一字，孔门持以教人，春秋士大夫亦常言之，至程朱⑯则千言万语不离此旨。内而专静纯一，外而整齐严肃，敬之工夫也；出门如见大宾⑰，使民如承大祭⑱，

---

① 慎独：本为儒家的修养境界，指在一人独处之时，仍能做到谨慎不苟，后来宋明理学家更将它作为一种修身方式。

② 实用其力：具体地运用自身的力量。

③ 方寸：方寸之地，指人心。

④ 大学：“四书”之一，本为《礼记》篇名。南宋朱熹撰《四书章句集注》，包括《论语》《孟子》及《礼记》中《中庸》《大学》二篇，从此合称四书，从元代起成为参加科考必读书目。

⑤ “好善”两句：第一、第二个“好”字读去声，第三个“好”字读上声，意为喜欢善的如同喜欢美人一样。同样，第一、三个“恶”字读（wù），第二、四个“恶”字读（è），意为讨厌坏事如同讨厌腐臭一样。恶臭（xiù），难闻的气味。《大学·传六》：“如恶恶臭，如好好色，此之谓自慊，故君子必慎其独也。”慊（qiè），满足。

⑥ 力去人欲，以存天理：理学家的极端说教，要求人们排除生活欲望而维持伦理法则。

⑦ 戒慎恐惧：《中庸》：“是故君子戒慎乎其所不睹，恐惧乎其所不闻。”所以君子要注意在别人看不到的地方也检点自己，在别人听不见的时候也怀着警惧之心。

⑧ 曾子（前505—前435）：春秋时期鲁国人，名参，字子舆。孔子著名弟子，以孝闻名。

⑨ 自反而缩：反，反躬自问。缩，直，有理。自己反省自己而觉得自己有理。《孟子·公孙丑上》：“昔者曾子谓子襄曰：‘子好勇乎？吾尝闻大勇于夫子矣：自反而不缩，虽褐宽博，吾不惴焉；自反而缩，虽千万人，吾往矣。’”从前曾子对子襄说，我曾经从孔夫子那里听说大勇的含义：反躬自问，正义不在我一方，对方虽是卑贱的人，我也不去惊吓他；反躬自问，正义在我一方，虽面对千万人，我也勇往直前。褐（hè），粗衣，贱者所穿。

⑩ 仰不愧俯不怍（zuò）：《孟子·尽心上》：“仰不愧于天，俯不怍于人。”上无愧于天，下无愧于人。怍，惭愧。

⑪ 对天地质鬼神：对得起天地，敢于同鬼神对质，即经得起任何考验。

⑫ “断无”句：决不会做事情遇到不顺心时就灰心丧气。行，行事。馁，空虚。

⑬ 天君：指内心。古人认为耳目五官听命于心，故称心为天君，出自《荀子·天论》。

⑭ 快足宽平：愉快，满足，舒坦，平和。

⑮ 主敬：内心恭敬。这是宋代“二程”修养论的核心，具体要求“动容貌，整思虑”，即外貌端肃，举止规范，意念专一。

⑯ 程朱：宋朝程颢（1032—1085）、程颐（1033—1107）、朱熹（1130—1200）的合称。二程是兄弟，二人俱学于周敦颐（1017—1073），创立理学；朱熹则是理学的集大成者。程颢主张天即是理，为学以识“仁”为主，而仁须以“诚敬”存之。

⑰ 大宾：贵宾。

⑱ 大祭：重大祭礼，如祭天地，帝后及其嫡长子的祭礼等。

敬之气象也；修己以安百姓，笃恭[①]而天下平，敬之效验也。程子[②]谓上下一于恭敬，则天地自位[③]，万物自育，气无不和，四灵[④]毕至。聪明睿智，皆由此出，以此事天飨帝[⑤]，盖谓敬则无美不备也。

吾谓敬字切近之效，尤在能固人肌肤之会，筋骸之束[⑥]。庄敬日强[⑦]，安肆日偷[⑧]，皆自然之征应。虽有衰年病躯，一遇坛庙祭献之时，战阵危急之际，亦不觉神为之悚[⑨]，气为之振，斯足知敬能使人身强矣。若人无众寡，事无大小，一一恭敬，不敢懈慢，则身体之强健，又何疑乎？

三曰求仁则人悦：凡人之生，皆得天地之理以成性，得天地之气以成形。我与民物[⑩]，其大本乃同出一源。若但知私己，而不知仁民爱物[⑪]，是于大本一源之道已悖而失之矣。至于尊官厚禄，高居人上，则有拯民溺救民饥之责；读书学古，粗知大义，即有知后知觉后觉[⑫]之责。若但知自了[⑬]，而不知教养庶汇[⑭]，是于天之所以厚我者，辜负甚大矣。

孔门教人，莫大于求仁；而其最切者，莫要于欲立立人、欲达达人数语。立者自立不惧，如富人百物有馀，不假外求；达者四达不悖，如贵人登高一呼，群山四应。人孰不欲己立己达，若能推以立人达人，则与物同春矣。

后世论求仁者，莫精于张子之《西铭》[⑮]。彼其视民胞物与[⑯]，宏济群伦[⑰]，皆事天[⑱]者性分当然之事。必如此，乃可谓之人；不如此，则曰悖德，曰贼。诚如其说，则虽尽立天下之

---

① 笃恭：诚恳、真心实意地尊敬他人。

② 程子：指宋代著名理学家程颐（1033—1107），字正叔，学者称伊川先生。文中一段话引自《河南程氏粹言》卷二，原文为："子曰：上下一于敬，则天地自立，万物自育，气无不和，四灵何所不至？此圣人修己以安百姓之道也。"

③ 天地自位：天和地都处在适当的位置，比喻自然界和谐顺畅。位，处在应有的位置。

④ 四灵：古代指麒麟、凤凰、龟、龙，四灵同时出现，预示着世事康泰，物阜民丰。

⑤ 事天飨帝：祭拜天地祖先。

⑥ "吾谓"句：我认为恭敬的现实功效，尤其在于能使人肌肉强固，筋骨坚韧。切近，现实。效，功效，效能。肌肤之会，肌肉皮肤交会之处。筋骸之束，筋骨密集的枢纽部位。

⑦ 庄敬日强：庄重持敬使人身心日渐强健。

⑧ 安肆日偷：安肆，安逸放纵。偷，怠惰。安逸放任则使人身心日渐怠惰。

⑨ 神为之悚：精神为之一振。神，精神。悚（sǒng），惊惧，引申为振作，振奋。

⑩ 民物：民众与世间万物，泛指整个外部世界。

⑪ 仁民爱物：对民众仁至义尽，珍爱一切外物，相当于今天所说的"博爱"，是儒家仁学的基本要求。

⑫ 知后知觉后觉：帮助后知后觉的人，使他们得到觉悟。《孟子·告子下》："天之生斯民也，使先知觉后知，使先觉觉后觉。"

⑬ 自了：自己管自己，只顾自己。

⑭ 庶汇：平民百姓。

⑮ 张子之《西铭》：张子，即宋代著名理学家张载。《西铭》为《正蒙乾称篇》之一部。张载讲学关中，在学堂两边窗户上张挂教义，东边的叫《砭愚》，西边的称《订顽》。后来程颐分别把它们叫作《东铭》、《西铭》。

⑯ 民胞物与：语出《西铭》："民吾同胞，物吾与也。"意思是说天下的人都是我的同胞手足，天下的物都与我一样是天地父母所生。

⑰ 群伦：所有的同类。

⑱ 事天：敬天；崇拜天。事，侍奉，供奉。

人，尽达天下之人，而曾无善劳之足言①，人有不悦而归之者乎？

四曰习劳则神钦②：凡人之情，莫不好逸而恶劳；无论贵贱智愚老少，皆贪于逸而惮于劳，古今之所同也。人一日所着之衣、所进之食，与一日所行之事、所用之力相称，则旁人韪③之，鬼神许之，以为彼自食其力也。若农夫织妇，终岁勤动，以成数石之粟④，数尺之布；而富贵之家终岁逸乐，不营一业，而食必珍馐⑤，衣必锦绣，酣豢高眠⑥，一呼百诺，此天下最不平之事，鬼神所不许也，其能久乎？

古之圣君贤相，若汤之昧旦丕显⑦，文王日昃不遑⑧，周公夜以继日、坐以待旦，盖无时不以勤劳自励。《无逸》一篇，推之于勤则寿考，逸则夭亡⑨，历历不爽⑩。为一身计，则必操习技艺，磨炼筋骨，困知勉行⑪，操心危虑⑫，而后可以增智慧而长才识。为天下计，则必己饥己溺⑬，一夫不获，引为余辜⑭。大禹之周乘四载⑮，过门不入，墨子之摩顶放踵⑯，以利天下，皆极俭以奉身，而极勤以救民。故荀子好称⑰大禹、墨翟之行，以其勤劳也。

军兴以来，每见人有一材一技、能耐艰苦者，无不见用于人，见称于时⑱。其绝无材技、不惯作劳者，皆唾弃于时，饥冻就毙。故勤则寿，逸则夭；勤则有材而见用，逸则无能而见弃；勤则博济斯民而神祇钦仰，逸则无补于人而神鬼不歆⑲。是以君子欲为人神所凭依，莫大于习劳也。

余衰年多病，目疾日深，万难挽回。汝及诸侄辈，身体强壮者少。古之君子，修己治家，

---

① “曾无”句：曾，副词，用来加强语气。全句意思是没有丝毫表白功劳的自我满足之言。

② 神钦：连神明都会表示钦敬。钦，钦佩，敬重。

③ 韪（wěi）：对，是，这里指肯定，赞成。

④ 数石（dàn）之粟：几百斤粮食。十斗为一石，约合现在的一百斤。

⑤ 珍馐：珍贵的食物。

⑥ 酣豢高眠：全句意谓尽情地寻欢作乐，养尊处优，高枕而卧。形容生活奢华安逸。酣，酣畅。豢，颐养。

⑦ 昧旦丕显：天色还没亮，商汤就早早起身，想着把德行广布于天下，使万民受惠。昧旦，黎明，拂晓。丕显，大明。

⑧ 日昃不遑：整天忙碌于公事，太阳下山还不得闲。语出《尚书·无逸》。昃（zè），太阳偏西。遑，闲暇。

⑨ “《无逸》”句：据《史记·鲁周公世家》载，周公担心周成王“有所淫逸”，遂撰《无逸》篇“以诫成王”。今文《尚书·无逸》强调，君王勤勉就能享国永久。曾氏在此用来兼指人寿命长短。

⑩ 爽：差错。

⑪ 困知勉行：困知，遇上困难再学习然后懂得道理。勉行，在极端困顿的情况下勉力行事，毫不气馁，最后取得成功。参见《礼记·中庸》。

⑫ 操心危虑：呕心沥血，时刻考虑着可能发生的危难。

⑬ 己饥己溺：认为天下有人饥饿、溺水，就像自己使他们遭受苦难一样，急于援救。《孟子·离娄下》：“禹思天下有溺者，由己溺之也；稷思天下有饥者，由己饥之也，是以如是其急也。”

⑭ “一夫”两句：有一个人得不到救助，都归罪于自己。余辜，自身的罪过。

⑮ 周乘四载：出自《尚书·益稷》，大禹治水乘坐四载，后人注为水行乘舟，陆行乘车，泥行乘辖，山行乘樏。周乘，周游巡视。四载，古代四种交通工具。

⑯ 摩顶放踵：从头顶到脚跟都磨伤了。形容不畏劳苦，不顾身体。语出《孟子·尽心上》：“墨子兼爱，摩顶放踵，利天下为之。”

⑰ 称：称道，称引。

⑱ 见称于时：为当时的人们所称道。

⑲ 歆（xīn）：歆羡，赞赏。

必能心安身强而后有振兴之象，必使人悦神钦而后有骈集[①]之祥。今书此四条，老年用自儆惕，以补昔岁之愆[②]。并令二子各自勖勉[③]，每夜以此四条相课，每月终以此四条相稽[④]，仍寄诸侄共守，以期有成焉。

课文延伸

1．“慎独”二则

小人闲居为不善，无所不至。见君子而后厌然，掩其不善，而著其善。人之视己，如见其肺肝然，则何益矣。此谓诚于中，形于外。故君子必慎独也。（《大学》）

道也者不可须臾离也，可离非道也。是故君子戒慎乎其所不睹，恐惧乎其所不闻。莫见乎隐，莫显乎微，故君子慎其独也。（《中庸》）

2.《习近平谈党员干部要慎独：做到台上台下一个样》（新华网：http://news.xinhuanet.com/politics/2015-04/10/c_127676117.htm）

3．曾彦彦《谈慎独》（《人民日报》2014 年 06 月 06 日 24 版）

4．［美］阿历克斯·哈利《列车上的偶然相遇》（http://www.360doc.com/content/13/0926/10/863258_317161535.shtml）

资料链接

1．郦波《百家讲坛之曾国藩家训》：http://kejiao.cntv.cn/C26425/videopage/index.shtml

2．郦波《曾国藩成功之道的现代启示》：http://v.baidu.com/watch/08093053190404486346.html

3．史林《曾国藩从政为官方略》：http://www.youku.com/playlist_show/id_7579538.html

思考与研讨

一、曾国藩的教子之道对今天的人有什么启示意义？

二、1939 年，刘少奇同志在延安所作《论共产党员的修养》演讲中，把“慎独”视为共产党员应该具有的一种美德，时至今日，“慎独”依然有着它的价值和意义。结合曾国藩教子、刘少奇教育共产党员两个事例，谈谈“慎独”的现实意义。

三、查阅资料，了解曾国藩家训对曾氏家族后代的影响。

3　怀大爱心，做小事情

何光沪

何光沪（1950—　），1989 年获中国社会科学院哲学博士学位，1997—1998 年在哈佛大学任访问学者，现为中国人民大学宗教学系教授。主要从事宗教学、宗教哲学、基督教神学等领域的研究。著有《百川归海——走向全球宗教哲学》《天人之际》等。

本文是何光沪为特蕾莎修女写的《活着就是爱》一书的中译本所做的序。特蕾莎修女（Mother Teresa，1910—1997），阿尔巴尼亚族人。印度天主教慈善工作者。生于斯科普里（今

---

① 骈集：成双成对。
② 愆（qiān）：过失；过错。
③ 勖勉（xù）：勉励。
④ 稽：对照检查。

属马其顿共和国)。1928 年加入天主教罗莱特修女会。1931 年被派往印度加尔各答。1948 年加入印度籍。1950 年建立“仁爱传教修女会”，发愿终身为各国贫穷的人民服务。她的高尚行为受到世界性的尊重。1979 年获诺贝尔和平奖。

她创建的组织有四亿多的资产，世界上最有钱的公司都乐意捐款给她；她的手下有七千多名正式成员，还有数不清的追随者和义务工作者分布在一百多个国家；她认识众多的总统、国王、传媒巨头和企业巨子，并受到他们的仰慕和爱戴……

可是，她住的地方，唯一的电器是一部电话；她穿的衣服，一共只有三套，而且自己洗换；她只穿凉鞋，没有袜子……

她把一切都献给了穷人、病人、孤儿、孤独者、无家可归者和垂死临终者；她从 12 岁起，直到 87 岁去世，从来不为自己，而只为受苦受难的人活着……

在这个世界上，古往今来有不少富豪，对穷苦人慷慨解囊，有不少慈善家，开办了不少孤儿院养老院……然而，她不是富豪，因为她没有留给自己一分钱，甚至也不去挣钱，不去募款；她也不是一般的慈善家，因为她的目的，不是仅仅为穷人和鳏寡孤独者提供衣食住处，不是仅仅为病人和遭灾遭难者提供医疗服务，而是要在这一切之中，这一切之外，给这些人带去爱心，让他们感到自己有尊严、感到自己被人爱！为此，她愿意向这些人下跪；她立志要服侍穷人，所以先变成了穷人；她放弃了安适的修女和教师生活，穿上穷人的衣服，一头扎进贫民窟、难民营和各种各样的传染病人之中，五十年如一日；她的追随者们为了让服侍的对象觉得有尊严，也仿效她的榜样，过着穷人的生活，以便成为穷人的朋友。这种远远超过一般慈善事业的宗旨，体现在她的这句话中：“除了贫穷和饥饿，世界上最大的问题是孤独和冷漠……孤独也是一种饥饿，是期待温暖爱心的饥饿。”所以，她的一生，用她自己的话来说，是“怀大爱心，做小事情”。

她，就是被称为“贫民窟的圣人”的特蕾莎（亦译德肋撒或特蕾莎修女）。她也被世人亲切地称为“特蕾莎嬷嬷”。1979 年，诺贝尔委员会从包括促成埃以和谈的美国总统卡特在内的 56 位候选人中，选出了她，把诺贝尔和平奖这项殊荣授予了这位除了爱一无所有的修女。授奖公报说：“她的事业有一个重要的特点：尊重人的个性、尊重人的天赋价值。那些最孤独的人、处境最悲惨的人，得到了她真诚的关怀和照料。这种情操发自她对人的尊重，完全没有居高施舍的姿态。”公报还说：“她个人成功地弥合了富国与穷国之间的鸿沟，她以尊重人类尊严的观念在两者之间建设了一座桥梁。”

她的答词是：“这项荣誉，我个人不配领受，今天，我来接受这项奖金，是代表世界上的穷人、病人和孤独的人。”所以，把这笔巨额奖金全部用来为穷人和受苦受难的人们办事，这对她来说是最最自然不过的事情。一向克己的她还向诺贝尔委员会请求取消照例要举行的授奖宴会。诺贝尔委员会当然答应了这一请求，并且把省下来的 7100 美元赠予了她领导的仁爱修会。与此同时，瑞典全国掀起了向仁爱会捐款的热潮。自此以后，她的事业得到了全世界越来越多的支持。

从“印度伟大女儿奖”到美国总统自由勋章，从卡内基奖到史怀泽奖，全世界至少有八十多个国家的元首、首脑、政府和各大领域的机构以及各个方面的国际组织，都向她颁发过崇高的荣誉和奖项。她的态度从以下两例可见一斑：1964 年，罗马教皇赠给她一辆白色林肯牌轿车，她将车作为抽彩义卖奖品，用所得款项建了一座麻风病医院；1992 年，美国哥伦布骑士团将“喜乐与希望”奖牌授予她，获奖后她立即打听在哪里可以出售奖牌，以便将出售所得和奖金一起交给修女会，用于救助穷人的事业。

特蕾莎1910年生于南斯拉夫境内的一个阿尔巴尼亚族农家，本名阿格尼丝。她的家乡位于现在脱离南联盟独立的马其顿首都斯科普里，那一带至今还为贫穷、混乱和民族矛盾所困扰。她小小年纪就开始思索人生，12岁时感悟到自己的天职是帮助穷人，这决定了她被称为"活圣人"的一生。17岁时，她发了初愿，到爱尔兰的劳莱德修女院学习，随后到印度大吉岭受训，27岁时发终身愿成为修女。结业后在加尔各答修会办的圣马利亚女校教授地理和历史。加尔各答的贫民窟又多又脏，在世界大城市中是出了名的，以至被印度总理尼赫鲁称为"恶梦之城"，特蕾莎所住的修道院就位于其中最贫穷最肮脏的地区。在这位在女子学校和修院高墙内过着优雅的欧式生活的欧洲女子看来，周围那个凄惨破败、可怕肮脏的环境，那些瘦骨嶙峋、皮肤黝黑、衣不蔽体、臭气熏人的乞丐、孤儿、老弱、病人和穷汉，不但是不应逃避的，而且是不能漠视的；不但是不能漠视的，而且是必须帮助的；不但是必须帮助的，而且是值得去爱的！

于是，出于对受苦受难者的爱，出于帮助他们的愿望，她退出了劳莱德修会，成立了一个专门无偿地服侍受苦人的修会，即"仁爱传教会"。她身无分文，只有两名志同道合的修女做帮手，先是到一个美国医护修女会学习医疗护理，然后向加尔各答市政府申请到一间旧神庙中的两个房间，收治被遗弃的危重病人，给予细心的护理，让孤苦的濒死者在修女们的爱抚中得到临终的关怀，最后还按死者自己的宗教信仰和风俗习惯办理后事。这是仁爱传教会创办的第一个机构，被称为"纯洁之心"。随后，她又设立了一所露天学校，收容失学儿童和流浪孤儿，一面给予教育，一面为他们寻找愿意收养的人家。不久之后，她又开始关注麻风病人的境况，这种已可治愈的疾病被人们视为瘟疫，致使病人被周围的人遗弃，心灵的痛远胜于身体的病痛。特蕾莎为此开办了许多麻风病人收容诊疗中心，多年后竟使孟加拉大城市吉大港的麻风病治愈率达到了百分之百。当艾滋病开始被人们视为新瘟疫，一般人对病人避之唯恐不及的时候，特蕾莎又奔走于欧美各国，设立了多家艾滋病患者收容所，在医生治疗的同时，她和她的修女们则给予护理。

在所有这些事情中，特蕾莎不仅仅表现了罕见的组织才能，更重要的是表现了本真的爱心。她细心地从腐烂的伤口捡出蛆虫、亲切地抚摸麻风病人的残肢……所有这些深深地感动了全世界的人们。靠着这种爱心，也仅仅靠着这种爱心，她赢得了成千上万的追随者，在世界上一百多个国家建立了近千个类似的机构，把食物、衣服、住房、药品、医护、教育……送到了千百万穷人、孤儿、灾民、病人和被遗弃者的身边，使他们感到有人在爱着他们。在这些事情中，特蕾莎和她的追随者的爱心已达到自我牺牲的程度，否则我们就不会看到，越是人们的自私自爱之心阻挡人们前往的地方，他们越是要去：大城市里的贫民窟，荒凉贫瘠的高寒山区，饥荒和瘟疫流行的穷国，随时有生命危险的震区和战区……为了这些，有时她甚至得冒险犯难去克服一些政治上的障碍，例如，为了帮助海湾战后的伊拉克人民，她曾同一位神父两位修女前往巴格达；为了到切尔诺贝利核污染地区帮助受害者，她曾到当时禁止宗教团体办慈善事业的苏联去提出建立工作站的愿望，并终于在两年后得到批准……

特蕾莎也曾经上法庭打官司。1984年，她同一个名叫"赞助特蕾莎修女基金会"的组织对簿公堂，目的是要向全世界宣告：她反对任何人以她的名义募捐筹款；她希望人们不要关注她，而只关注她要去帮助的那些人。确实，她散布在世界各地的慈善事业及其资产，都来自她个人的奉献和人们自愿的捐献。她要求手下的人只为受苦的人们服务，绝不要操心金钱问题，因为，要让人感到被爱，需要的只是充满爱心的行动，其余的事听凭上主的安排。她经常对手下的人说："你们不必注重成果数字。凡是有益于穷人和被弃者们的爱的行动，不管怎样微小，在耶稣看来都是重要的。”1969年，被这种精神感动的人们成立了“特蕾莎嬷嬷合作者国际协会”（International Association of Co-workers of Mother Teresa），现有会员数十万人。这个组织不要求会员缴会费，也不筹集资金，只是通过“祈祷、克己和为穷苦人服务”来支持仁爱传教会的工作，被称为“世界上最无组织的组织”。

特蕾莎从少年立志到弥留之际，几十年如一日奔波操劳，身患重病时依然毫不停歇，只是为了世界上最底层、最悲惨的穷苦人们。所以，在另一位以慈爱之心感动千百万人的妇女，英国王妃戴安娜的葬礼正吸引世人目光的时候，特蕾莎去世的噩耗传来，引起了全世界更大的震动：在印度，成千上万的普通人冒着倾盆大雨走上街头，悼念他们敬爱的“特蕾莎嬷嬷”，政府宣布为她举行国葬，全国哀悼两天，总统为此宣布取消官方活动，总理亲往加尔各答敬献花圈、发表吊唁演说；从新加坡到英国，从新西兰到美国，各国元首和政府首脑纷纷发表讲话，为这位“仁慈天使”的逝世感到悲痛；联合国教科文组织专门发表声明向她致敬，罗马教廷专门举行弥撒为她追思；，甚至印度最大的清真寺的伊斯兰教长布哈里也说，她是一位“永生的伟大的圣人”！

为这本书写序，实际上我是不配的，因为我觉得自己的名字不配与特蕾莎的名字放在一起。

我之所以还是写了，不仅是因为无法推却编辑朋友的嘱托，而且更因为这嘱托包含着非常重要的理由，不仅是因为这本书关于特蕾莎的事迹说得太少（因为她从不多说自己），而且更因为我愿意多了解一下她的事迹，并且向读者朋友介绍。

我自信有时能写漂亮的文章，特蕾莎从不夸耀自己（她说：“我微不足道，主才是一切”），却终生做着天底下最美丽的事情。我相信，这篇文章一点儿也不漂亮，恰恰是因为她做的事情太美丽。

漂亮的文章不能给街头的弃儿带来什么东西，但是特蕾莎的仁爱修女会给千千万万的穷苦人带来的，不仅有饮食和被盖，而且有内心的温暖，有做人的尊严，有来自天上的爱！

她在这本书中提醒我们：世界上有那么多的人死于苦难之中，只是因为我们没有伸出援手，将我们可以给出的食物、衣服和爱心带给他们！她更提醒我们：饥饿者需要的不单是食物，受冻者需要的不单是衣服，无家者需要的不单是住房，他们同你我一样，所需要的，还有人与人之间亲切的关系，还有人对人的情谊和关心，还有很少有人愿意给予陌生人的爱心！

读到这些，我们能不羞愧吗？

我们每天从报纸上、杂志上、广播里、电视里看到和听到那么多的人在受难，我们每天在城市里、乡村里、邻里中、家庭中感受到那么多的人在受苦，但是，我们往往无动于衷！

看到特蕾莎的事迹，我们能不羞愧吗？

在一个玩世不恭盛行、贪婪压制人性的时代，特蕾莎，这个来自偏僻乡村的瘦小的妇女，能够挺身出来，走进苦海，释放出如此惊人的能量，感召了如此众多的民众，靠的只是她那份几乎是无限的但却是坚韧的爱……

这份爱，来自何处？为何会有如此巨大的力量？

答案，就在这本书里，就在她那些简洁的话中……

1999年12月23日　于北京西北望斋

课文延伸

1.［印］特蕾莎《活着就是爱》　王丽萍译　四川人民出版社2000年版

2. 特蕾莎《在诺贝尔和平奖颁奖大会上的演讲》（http://www.godoor.net/text/shenghuo/guangyan2.htm）

3. 梁衡《大无大有周恩来——纪念周恩来诞辰一百周年》（人民网 http://www.people.com.cn/GB/shizheng/252/5531/5552/20010624/496107.html）

资料链接

1.《特蕾莎修女》：http://www.tudou.com/listplay/GAv7ZS8SFFo/8_Q7wbRuagA.html

2. 于丹《大爱无疆》：http://v.youku.com/v_show/id_XNzAxMzQ4OTM2.html

思考与研讨

一、特蕾莎修女的去世，全世界曾为之震动，你认为她一生中最感人之处在哪里？作者以为面对特蕾莎的动人事迹，我们不能不感到羞愧，这又是什么道理？

二、特蕾莎的事业不同于一般意义上的慈善事业，你认为其最主要的特点是什么？诺贝尔和平奖的授奖公报说她的成功“弥合了富国与穷国之间的鸿沟”“在两者之间建设了一座桥梁”，对此该作怎样的解读？

4　那一脉蓝色山梁①

梅　洁

梅洁（1945—　），湖北郧阳人，1970年毕业于北京农业大学经济系，现为国家一级专业作家，中国作家协会会员，中国散文学会常务理事，中国报告文学学会理事，1996年获“有突出贡献的中青年专家”称号。出版了《爱的履历》《大血脉之忧思》《苍茫时节》《女儿的情结》《一种诞生》《古河》《并非永生的渴望》《创世纪情愫》《河边的寓言》《生存的悖论》等10部个人专著（集）。40篇作品在中国30余次获奖，其中，散文《童年旧事》于1987年获“第二届作家奖”；中篇报告文学《大血脉之忧思》于1988年获“中国潮”报告文学全国大赛二等奖；长篇报告文学《山苍苍，水茫茫》于1995年获中国报告文学学会颁发的“中国优秀报告文学‘505’奖”和《十月》杂志社颁发的“第五届《十月》文学奖”；长篇报告文学《创世纪情愫》于2001年获中宣部第八届“五个一工程奖”。《在这块土地上》《贺坪峡印象》《大血脉之忧思》《山苍苍，水茫茫》以及散文集《并非永生的渴望》分别获第一、二、三、五、七届河北省文艺振兴奖，她因此荣立五次三等功；散文《那座塔和我们的城市》《擎天向海的风景》《千年夜遐想》分别获人民日报社颁发的优秀作品奖、一等奖；电视散文《女人河》于1993年在上海获首届全国电视散文大赛二等奖；此外，她还荣获《长城》《散文百家》《河北日报》《九州诗文》等报刊的十几种文学奖项。

一

不知那一脉蓝色山梁有多高，不知那一脉蓝色山梁有多远。哀思如一缕淡淡的云，绕山梁忧忧地飘呀飘……

① 选自《散文》1989年第3期。

啊，母亲，母亲的山梁！

一丝丝夜风低诉着，一把把清泪滴落着，山顶的月碎了，凄凉如水。

含泪望母亲的山梁，山顶的月碎了……

扬一扬手吧，母亲！在你高高的山梁上，扬一扬手……

二

我总说四月是春天；我总说四月在故乡很温馨；我总记着四月在母亲的山那边有洋槐花飘淡淡的清香；我总想母亲在四月微笑地走进丝瓜架缠绕的、木槿花纷呈的、莲藕腊菜笼盖的季节；我总想母亲在四月站在蓝色山梁远远望帆，望女儿从江那边归来，故乡四月的风吹拂母亲的浓发，在蓝色山梁高高地扬……

可母亲，你为什么在四月的温馨里突然地走了呢？你不该在四月就孤寞地颓然倒下啊！

家兄急电催我匆匆上路。三千里北方南方，太阳苍茫，月亮苍茫，心苍茫啊！抬头望车窗外蓝色天白色月我高高祈祷：母亲，你等我啊！

三

仓皇四十八小时回到了故乡。母亲，你为什么不等我？

硕大的帆布篷在母亲的屋前搭着母亲的灵堂。母亲，你再睁开眼看看我！

乡亲们打开棺木说还没有“合口”，为的是等我们归来和母亲见最后一面。

狭小的粗糙的棺木挤紧了我的母亲。那苍灰的卷曲的花发，那高高的宽阔的额，那紧闭的坚毅的唇……醒来，我的母亲！

那光明朗澈的眼睛在哪儿？那如春的光辉灿烂的笑在哪儿？那扬一扬手就有一片流向我们的暖色光在哪儿……

起来呀，我的母亲！这粗糙的、狭小的鬼地方何以能容你的宽厚、你的豪爽、你生生息息的劳苦？我母亲宏大的、无边的、细致的感情原本在滚滚流淌，何以凄凉的寂寞的被堵截在这里？坐起来！坐起来！！坐起来！！！我的母亲！你说过了四月五月你到北方去。你起来，我们走。去北方，不去那鬼地方……

我号啕着摇撼着这漆黑的什物。

这漆黑的什物你凭什么只发出一阵阵阴冷的怪笑？

母亲嘴角有血……

四

淡淡的月从蓝色山梁那边悲哀地升起，远处高楼里如魂的灯光孤寞地灭了。我和小妹凄凄地相依守护着母亲的灵，悲苦的泪如注地浸冷了四月的夜。几十幅挽帐在四壁垂挂诉说四月的伤心……

乡下的亲戚来了，乡下善良的农民来了。母亲随负荆的父亲在乡下度过了漫长的岁月；漫长的七千二百个日日夜夜，乡下人没有忘记母亲。

夜，很深重很深重，淡淡的月从榆树的叶隙里寂寂的洒下。善良憨厚的乡下人曾经给予了父亲和母亲生的希望，如今，他们又从遥远的山那边赶来抚慰母亲的亡魂……

含泪向真朴善良的乡下人道一声珍重！

含泪向人类美好的感情道一声珍重！

这世上的至善还该有什么呢？

五

四月如泣的风在母亲的灵前流淌。

再给我说一支山那边的故事呀，母亲！山那边孔雀飞起的地方女孩子变得都很善良都有出息，山那边太阳花盛开的林子里有一条白色路，走过白色路就是太阳升起的地方……再给我说一支山那边的故事呀，母亲！

我真的考上了山那边人们景仰的中学啦，弟弟却没考上。你搂着悲伤的、可怜的弟弟在灶膛边哭了多久！然而，你却已不能为我拿出五元的报名费和每月七元的伙食费。父亲被牢牢钉在“耻辱”与苦难的十字架上已没有工作，只靠每日到30里地外的黑石山上挑炼铁的黑石头养活我们兄妹，父亲一次挑180斤！我不知苦难的父亲何以从知识的讲坛上刚刚走下来就能承受这般的劳苦！我小小的心被父亲巨大的力量震撼着、鼓舞着。母亲，你却每日在哭。为父亲的屈辱父亲的苦难也为我们兄妹四人每天小雏鸡般碗里望着锅里，锅里望着碗里，你喂不饱我们你的心被泪水淹渍着。

后来，山那边要搬迁一座即将被江水淹没的古城，你挖土方去了。母亲你去了。

许多年过去总也忘不了母亲在深深的土壤里弓身挖土方的颤动的身躯；总也忘不了母亲那被汗碱一圈叠一圈满满腌渍了的蓝衣衫；总也忘不了昏昏的月下，母亲担着土筐扛着镢头从蓝色山梁恍恍地归来……

许多年许多年，许多年总也忘不了母亲从枕下拿出两元纸币让我去学校先交十天伙食费时的惆怅；总也忘不了母亲在十分拮据的日子里竟用昂贵的十四元钱买来已故赵爷爷的一条黑布大裆夹裤，黑布夹裤裹着母亲无望的泪水送我到江下边的哥哥那里念书。

“……天气快凉了，到了冬天把夹裤拆开缝成棉裤……到哥哥那里好好念书……”清冷的大江流淌着母亲清冷的泪水。

总也忘不了！总也忘不了！！

这世间最纯挚最宏大最无瑕的爱唯属母亲了！

何样的爱能像母亲的爱更至善更无私更永恒呢？

六

蓝色山梁寂寞地孤立寂寞地孤立，父亲的坟茔已爬满青藤爬满青藤！

傍着父亲的坟茔我们和乡亲们一起掩埋了母亲。一隆冷土和父亲的坟茔接为一体。

一铲铲黄土培在了母亲的坟上，一把把清泪落在了母亲的坟上。我突然心碎欲裂心碎欲裂！我何以变得如此残酷如此残酷？竟用这冰冷的黄土把母亲窒息在另一个世界！倘若母亲活着，我会为母亲的新屋添砖加瓦起椽架檩，那是何样的幸福，何样的慰藉？可现在，我却将一铲铲冷土拥在母亲身上我在干什么？我恨不能扒开这地狱之门还我母亲的笑靥，我怆然扑倒在母亲的墓碑上，蓝色山脉怆然旋转……

母亲活着时，尽管天涯海角尽管十年八年，女儿归来故乡偎母亲床边总可以再做一番女儿，此后呢？生之匆匆死之匆匆，苦之楚楚累之楚楚，我到何方再觅母亲膝下的这份浓福？

谁能再给我这劳顿的心以无边的抚慰？

七

回我的北方。回我几匹长风几抹沙梁的北方。

回眸再望母亲的山梁。母亲的山梁如愁苦如悲恸高高耸立。

华哥痛苦地说几十年都未能让母亲去和他住几日；明弟泪水涔涔说失去了母亲他的家失去了支撑，失去了母亲才懂得了母亲理解了母亲；小妹攥一张汇款单悲恸号啕，她这月寄母亲的钱竟在掩埋了母亲之后才汇到，母亲在最后的日子没能享用小妹的这份情意。我忽也想到我的自私我的不懂事，我何以在父亲受难的年月让母亲南方北方地走了五年……

回眸再望如悲恸如愁苦的母亲的山梁，我问我自己：为什么失去了才感到真正的存在？为什么失去了才感到追悔莫及？为什么失去了才知道应该珍视？这混收人生心灵的慰藉究竟还应该有什么？

回眸再望母亲的山梁，深重地想：在我生命勃勃的年月，我将加倍珍视人世间的一切美好，珍视友谊珍视感情珍视尊重，我定以涌泉之心报人于滴水之恩。需要我做的我生前都做好，倘若生前做不好生后何以补偿？这世上最不能欠下的是感情，我脆弱的女儿的心何以能欠下世间什么？

八

含泪望母亲的山梁，山顶的月碎了，凄凉如水。

扬一扬手吧，母亲。在你高高的山梁上，扬一扬手……

课文延伸

1.《孔子家语·致思第八》

孔子行，闻哭声甚悲。孔子曰："驱，驱，前有贤者。"至，则皋鱼也，被褐拥镰，哭于道旁。孔子辟车与言曰："子非有丧，何哭之悲也？"皋鱼曰："吾失之三矣，少而学，游诸侯，以后吾亲，失之一也；高尚吾志，闲吾事君，失之二也；与友厚而少绝之，失之三也。树欲静而风不止，子欲养而亲不待也。往而不可追者，年也；去而不可得见者，亲也。吾请从此辞矣。"立槁而死。孔子曰："弟子诫之，足以识矣。"于是门人辞归而养亲者十有三人。

2. 白旭初的小小说《寄钱》

3. 六沐雪的长篇小说《妈妈，可不可以等等我》（中国文史出版社，2013 年）

4. 歌曲《酒干倘卖无》（罗大佑、侯德健作词，侯德健作曲）

多么熟悉的声音，陪我多少年风和雨，从来不需要想起，永远也不会忘记。没有天哪有地，没有地哪有家，没有家哪有你，没有你哪有我。假如你不曾养育我，给我温暖的生活，假如你不曾保护我，我的命运将会是什么！是你抚养我长大，陪我说第一句话，是你给我一个家，让我与你共同拥有它，虽然你不能开口说一句话，却更能明白人世间的黑白与真假，虽然你不会表达你的真情，却付出了热忱的生命。远处传来你多么熟悉的声音，让我想起你多么慈祥的心灵，什么时候你再回到我身旁，让我再和你一起唱，酒干倘卖无，酒干倘卖无……

资料链接

1. 卡拉玛·孝篇《子欲养而亲不待》：http://v.qq.com/boke/page/a/9/w/a0128fnzz9w.html?__t=1&ptag=1.sina&_out=1

2. 刘墉《回馈孝顺不要等 子欲养而亲不待》：http://phtv.ifeng.com/yuanchuang/detail_2012_12/29/20659407_0.shtml

3. 陈曦作词、董冬冬作曲的《时间都去哪儿了》

4. 电影《搭错车》：http://www.letv.com/ptv/vplay/1562023.html

思考与研讨

一、比尔·盖茨曾说过这样一句话：在这个世界上，什么事情都可以等待，只有孝顺是不能等待的。史铁生在《我与地坛》中感怀母亲有如下一段文字："有一回我坐在矮树丛中，树丛很密，我看见她没有找到我；她一个人在园子里走，走过我的身旁，走过我经常呆的一些地方，步履茫然又急迫。我不知道她已经找了多久还要找多久，我不知道为什么我决意不喊她——但这绝不是小时候的捉迷藏，这也许是出于长大了的男孩子的倔强或羞涩？但这倔强只留给我痛悔，丝毫也没有骄傲。我真想告诫所有长大了的男孩子，千万不要跟母亲来这套倔强，羞涩就更不必，我已经懂了可我已经来不及了。”也许我们的父母都还年轻，读完本文后你有什么感想？

二、本文多处使用省略号和叹号，这对情感的抒发有什么作用？

第二单元　大学之道

一所大学、一个国家必有其自己的文化，必有其传统和精神。关于大学之道，前任清华校长梅贻琦先生曾说：“所谓大学者，非谓有大楼之谓也，有大师之谓也。”先哲朱熹也说过：“大学者，大人之学也。”大学不是高楼大厦，而是名师大家。大学不仅仅要传播知识、教授技能，更要培养健全、独立、自由的人格。一个合格的大学生，不仅需要过硬的专业技能，更需要健康的心态、独立的人格。正如陈寅恪先生所说：“惟此独立之精神，自由之思想，历千万祀，与天壤而同久，共三光而永光。”

5　大学[①]（节选）

《礼记》

《大学》原为《礼记》中的一篇，北宋程颢、程颐兄弟把它从《礼记》中抽出来，编次章句。南宋朱熹将《大学》《中庸》《论语》《孟子》合编注释，称为“四书”，从此《大学》成为儒家经典，为“初学入德之门也”。至于《大学》的作者，程颢、程颐认为是“孔氏之遗言也”。朱熹把《大学》重新编排整理，分为“经”一章，“传”十章，认为“经一章盖孔子之言，而曾子述之；其传十章，则曾子之意而门人记之也”。宋、元以后，《大学》成为学校官定的教科书和科举考试的必读书，对古代教育产生了极大的影响。《大学》结构完整，文辞简约，逻辑清晰，内涵深刻。

大学之道，在明明德[②]，在亲民[③]，在止于至善。知止[④]而后有定；定而后能静；静而后能安；安而后能虑；虑而后能得[⑤]。物有本末，事有终始，知所先后，则近道矣。古之欲明明德于天下者，先治其国；欲治其国者，先齐其家[⑥]；欲齐其家者，先修其身[⑦]；欲修其身者，先

---

① 选自《中华国粹经典文库》，湖北长江出版集团，2007。“大学”一词在古代有两种含义，一是“博学”的意思，二是相对于小学而言的“大人之学”。古人八岁入小学，学习“洒扫应对退进、礼乐射御书数”等文化基础知识和礼节；十五岁入大学，学习伦理、政治、哲学等“穷理正心，修己治人”的学问。

② 明明德：前一个“明”作动词，有使动的意味，即“使彰明”，也就是发扬、弘扬的意思。后一个“明”作形容词，明德也就是光明正大的品德。

③ 亲民：根据后面的“传”文，“亲”应为“新”，即革新、弃旧图新。亲民，也就是新民，使人弃旧图新、去恶从善。

④ 知止：知道目标所在。

⑤ 得：收获。

⑥ 齐其家：管理好自己的家庭或家族，使家庭或家族和和美美，蒸蒸日上，兴旺发达。

⑦ 修其身：修养自己的品性。

正其心；欲正其心者，先诚其意；欲诚其意者，先致其知①。致知在格物②。物格而后知至；知至而后意诚；意诚而后心正；心正而后身修；身修而后家齐；家齐而后国治；国治而后天下平。自天子以至于庶人③，壹是④皆以修身为本。其本乱而末治者否矣。其所厚者薄，而其所薄者厚⑤，未之有也⑥！

课文延伸

朱子语类·大学（节选）

学问须以大学为先，次论语，次孟子，次中庸。中庸工夫密，规模大。

读书，且从易晓易解处去读。如大学中庸语孟四书，道理粲然。人只是不去看。若理会得此四书，何书不可读！何理不可究！何事不可处！

某要人先读大学，以定其规模；次读论语，以立其根本；次读孟子，以观其发越；次读中庸，以求古人之微妙处。大学一篇有等级次第，总作一处，易晓，宜先看。论语却实，但言语散见，初看亦难。孟子有感激兴发人心处。中庸亦难读，看三书后，方宜读之。

先看大学，次语孟，次中庸。果然下工夫，句句字字，涵泳切己，看得透彻，一生受用不尽。只怕人不下工，虽多读古人书，无益。书只是明得道理，却要人做出书中所说圣贤工夫来。若果看此数书，他书可一见而决矣。

论孟中庸，待大学贯通浃洽，无可得看后方看，乃佳。道学不明，元来不是上面欠却工夫，乃是下面元无根脚。若信得及，脚踏实地，如此做去，良心自然不放，践履自然纯熟。非但读书一事也。

大学与小学

朱熹《大学章句序》云：“《大学》之书，古之大学所以教人之法也。”又云：“大学者，大人之学也。”清王夫之则云：“十五入大学，教以内圣外王之道。”自此，大学与小学相对。凡内圣外王之义理之学，天人之学，圣贤之学，明德之学，修己治平之学，即均称之为大学；凡一般词章之学，考诠之学，训诂之学，技艺之学，记诵之学，言语文字之学，皆成了小学。宋人重在义理，故宋学又称理学；汉人重在训诂，故汉学又称小学，或朴学。皆因大学一名分别而来。

名家论大学

1.《大学》之书，古之大学所以教人之法也。大学者，大人之学也。（朱熹，南宋思想家，程朱理学集大成者）

2. 诸君皆系大学生，然所谓大学者，非校舍之大之谓，非学生年龄之大之谓，亦非教员薪水之大之谓，系道德高尚，学问渊深之谓也。（马相伯，1903 年创办震旦学院，1905 年创办复旦公学，并两度担任该校校长）

3. 大学生当以研究学术为天职，不当以大学为升官发财之阶梯。（蔡元培，1916—1919 年

---

① 致其知：使自己获得知识。

② 格物：认识、研究万事万物。

③ 庶人：指平民百姓。

④ 壹是：都是。

⑤ 厚者薄：该重视的不重视。薄者厚：不该重视的却加以重视。

⑥ 未之有也：即未有之也。没有这样的道理（事情、做法等）。

任北京大学校长，20 世纪初中国现代大学教育制度的创立者）

4. 所谓大学者，非谓有大楼之谓也，有大师之谓也。大学实行通才教育，主张健全人格，由教授治校，有学术自由探讨的风气。（梅贻琦，1931—1948 年任清华大学校长，带领清华走过了第一个黄金时代。同蔡元培同为中国近代教育史上最重要的教育家）

5. 大学教育除了给人以专业知识外，还应让学生拥有一个清楚的头脑，一颗有热情的心。（冯友兰，中国当代哲学家，著有《中国哲学简史》，该书是了解中国哲学的首选读本）

6. 现在中国没有完全发展起来，一个重要原因是没有一所大学能够按照培养科学技术发明创造人才的模式去办学，没有自己独特的创新的东西，老是“冒”不出杰出人才。这是很大的问题。（钱学森，中国科学家，火箭专家，长期担任中国火箭和航天计划的技术领导人，对航天技术、系统科学和系统工程做出了巨大的、开拓性的贡献）

7. 文化重建，价值理想、信仰的重建，本应该是大学的任务。因此，大学生的问题，正是大学教育的问题的折射；用廉价的赞颂来掩盖大学生的问题，其实质就是要掩盖中国大学教育的问题。（钱理群，现为北京大学中文系教授，当代著名学者，理论家，北京大学博士生导师，以中国现当代文学为研究方向）

8.“大楼”不能取代“大师”，这是目前大家谈得比较多的；我想补充的是，“学问”不等于“精神”，办大学，必须有超越技术层面的考虑。学校办得好不好，除了可以量化的论文、专利、获奖等，还得看这所大学教师及学生的精神状态。好大学培养出来的学生，有明显的精神印记。（陈平原，现为北京大学教授，著有《大学何为》）

9. 过去几十年台湾的迅速工业化和商业化已经使我们的大学校园带有一种明显的实用主义气息……如果我们不尽早采取措施，我担心大学所崇尚的人文主义理想和精神会丧失殆尽，大学会降格为一种庸俗的教育场所。（陈维昭，前台湾大学校长，台湾大学医学院教授。1979 年成功地分割“忠仁、忠义连体婴”，是全球第四例）

10. 随着伦理、道德、信仰、哲学、科学的深刻变化，人类开始意识到，未来将不再是过去的重演。这种时代趋势给教育带来深刻的影响。从此，教育的指向不再是重复僵硬的知识或真理，而是创新。而大学最重要的品质也不再是守旧的稳定，而是迎着风险追求进步。（李开复，曾创立微软亚洲研究院。2005 年 7 月加盟 Google，担任中国区总裁一职）

11. 建一所大学，等于毁掉十所监狱。（雨果，19 世纪前期积极浪漫主义文学运动的领袖，法国文学史上卓越的资产阶级民主作家）

12. 大学的根本任务是培养人，即以人为本。不仅要传授学生专业知识，更要培养他们的人文精神。（费希特，德国哲学家，1810 年被推选为柏林大学首任校长）

13. 大学不在训练人力（manpower），而在培育“人之独立性”（manhood）。大学教育在知识以外，更应重视德行的问题。（赫钦斯，被誉为“20 世纪最具人文情怀的大学校长”，1929 年起担任芝加哥大学校长期间，采取了卓有成效的教育改革措施）

14. 学校的目标始终应当是：青年人在离开学校时，是作为一个和谐的人，而不是作为一个专家……教育，是人们遗忘了所有学校灌输的知识后，仍能留存的东西。（爱因斯坦，举世闻名的德裔美国科学家，现代物理学的开创者和奠基人。他创立了代表现代科学的相对论，并为核能开发奠定了理论基础）

15. 大学的目的并不在于教给学生一些知识，而在于为其养成科学的精神，而这种精神无法靠强制，只能在自由中产生。（施莱尔马赫，德国哲学家，著有《论宗教》《基督教信仰》等）

16.《文化教育有双重释义——杨叔子院士谈科学文化教育和人文教育》（http://

view. news. qq. com/a/20060711/000063. htm)

资料链接

1. 范曾《国学开讲·大学》: http://tv. cntv. cn/video/VSET100151406026/2cc6a614478e3ddda49e8f540a4e5c44

2. 梁文道《儒家传统与文化宽容》: http://www. tudou. com/programs/view/a_64-QV5gdY/?union_id=100501_100500_01_01&tpa=dW5pb25faWQ9MTAyMjEzXzEwMDAwMV8wMV8wMQ

思考与讨论

一、解释儒家关于为学的“三纲领”“八条目”，谈谈它们在逻辑上的联系。

二、课外阅读《大学》中“传”的部分，进一步理解儒家“治国平天下”的思想内涵，体会这种思想在我国社会建设中的现实意义。

三、谈谈你理解的高等教育或大学精神。

四、随着社会政治、经济、文化的不断发展，社会对人才的需求也呈现出一个全新态势的二维坐标。一方面，科学的进步、社会的发展需要一大批学有所长的学科型人才；另一方面，经济的腾飞、民族的振兴更需要一大批有所作为的应用型技术人才。高职生活是人生的一个新的起点，站在新的起跑线上，我们应该坚定生活信心、做好人生设计、锻炼职业能力、拥有人文情怀。只有这样，我们才能在未来的竞争中立于不败之地；只有这样，我们才能拥有充实丰富而又绚丽多姿的大学生活。请根据职业理想、生活方式、个人形象等设计的要求，给自己的大学生活做一个规划和设计。

6　道德经的奥秘·知识与知道①

曾仕强

曾仕强，台湾兴国管理学院首任校长，台湾交通大学、台湾师范大学教授，央视《百家讲坛》主讲人。著有《中国管理哲学》《中国式管理》《大易管理》《易经的智慧》《易经的奥秘》《胡雪岩的启示》《孝就是道》《为官之道》《易经中的管理智慧》《解读中国人》《论语的生活智慧》《老板魅力学》《如何在三十六岁以前成功》等数十本著作。

老子所著五千言《道德经》博大精深，是中国文化的宝藏。他的“道法自然”“无为而无不为”“上善若水”“谦下贵柔”“以百姓心为心”的学说，2500多年来一直影响着中国乃至世界人们的思想和行为。

曾仕强教授围绕《道德经》，谈古论今，中外贯通，用诙谐幽默的语言，以古喻今，旁征博引，揭示了道的奥秘、人生的规律、处事的原则、灵魂的定位、人生的使命与责任、人与自然的关系、知识的学习与运用等道理，对人生的启迪、优秀文化的传承具有十分重要的意义。

《道德经》告诉我们，为学日益，为道日损，也就是说，学习的知识越多，反而会离“道”越远。但是现代社会，非常强调学习知识的重要性，人们普遍认为，知识越多，知道的也越多，可是我们是否认真想过，知识和知道是什么关系？知道的这个“道”字，究竟代表着什么意思？而我们又应该以怎样的态度，来看待知识呢？②

---

① 选自曾仕强《道德经的奥秘》(陕西师范大学出版社2012年版)。课文略有删节。

② 这一段话为原文的引言。

《道德经》里面有两句话大家都非常熟悉，但是经常不明白。这两句话就是第四十八章所说的“为学日益，为道日损”。为什么为学日益，而为道会日损呢？这点我们一定要从老子的背景说起。

老子当过周朝的图书馆馆长，他学问好得不得了，不然怎么能写出这么玄妙的《道德经》？因此我们不能说老子不重视学习，不鼓励我们学习，那是不可能的。他只是说我们做学问的时候，要反省自己：为什么读书？为什么做学问？读书是为了明理，做学问是为了提升自己的品德修养，这才是根本。很多人做学问做到最后，学会了很多阴谋诡计、邪门歪道，这些都是用来整人，用来算计别人，用来夺取财富的，这样只会使自己更加堕落，更加不会提升自我。表面上看是在做学问，知识越来越丰富，以前不懂的现在都懂了，当然很开心。但是要小心，因为所学越多，可能“道”就越损。不学这个，就不会做那种事情，品德还是蛮好的。可是学了这个，刚开始说绝不做，最后还是做了。凡是听过的必留下痕迹，非常讨厌的，很可能会变成最喜欢的，这才是事实。

人往往挡不住外界的诱惑，挡不住大量资讯的入侵，因为那些也是道的一部分。在这种情况之下，人必须要把握住自己。“为道日损”，就是说我们不要盲目地去吸收外面的东西，盲目地认为多多益善。看一本书，先看它的目录，如果这个目录不适合自己，那就丢掉，还看它干什么？有人说，不行，一定要看完，不然怎么知道它的好坏呢？这个办法是行不通的。当您要吃鸡蛋的时候，一闻味道不对，难道还要吃完才说这是坏鸡蛋吗？就这么简单。所以，在这种情况之下，我们一看某些东西不对劲，就要赶快筛掉，赶快躲掉，保护自己。

现代社会资讯发达，各种知识都得以传播，但是，老子早在几千年前就提醒我们，如果你不加选择地去学习的话，学得越多，对自己的道德修养损害越大。除此之外，对于修身行道，我们还应该注意些什么呢？

老子接着说：“损之又损，以至于无为，无为而无不为。”我们一再提醒各位，读老子的书不要只去看“无为”这两个字，也不要看见“无为”就真的认为要无为。无为前面还有一个“为”字，叫作“为无为”。这不很奇怪吗？无为前面为什么要“为”呢？就表示要有为。那有为就有为好了，为什么还无为呢？而且后面那句话更奇怪，“无为而无不为”，这更不可能。除非耍诈欺骗，做了说没做。其实这是我们自己搞不清楚而已。老子的无为，是不要违反自然。

更重要的是，老子说：“取天下常以无事，及其有事，不足以取天下。”“取天下”不一定是说要以武力征服天下，那是不可能的事情。“取天下”是说取之于天下，要用之于天下。我们要回馈社会，因为我们从社会中得到的太多了。这就是我们今天所讲的人人都要为社会大众服务。要怎么样服务呢？这个更妙：“以无事”。“无事”不是不做事，不做事怎么服务大众？“无事”就是《易经》里面讲的无咎，即没有后遗症。

“取天下常以无事”，就是说要对社会有所贡献的时候，一定要考虑好，不要留下什么后遗症。如果因为某个人的服务和贡献，搞得天下大乱，人家还得替他收拾，那是干吗呢？我们常常讲：少叫那个人来，他只会添乱。添乱就是有事，添乱就会坏事。一个人做了很多事情，搞得乱七八糟，别人还得花时间去帮他擦屁股，那还不如不做。

所以，“及其有事，不足以取天下”，就是说如果做了事，产生一大堆后遗症，人家还要花更多的时间、更多的精力、更多的金钱来收拾残局，那就是不足以取天下，也根本不是服务的态度。“无事”，用我们今天的话来说，只是变了一个字，叫作没事。现在有很多人，跟他讲什么，他都说没事没事，其实问题一大堆。所以从现在开始，我们要记住，要有那个本领才可以讲没事。没事就是我都做好了，而且不会有后遗症。这是高度困难的事情，一定要小心。

人要生活，就不能不求学，不能不掌握知识。很多人说，老子根本就是反对学习知识的，那老子叫我们不要活下去了吗？如果他没有知识，走掉就算了，写《道德经》干什么呢？可见这种说法不正确。老子只是告诉我们：我很赞成你为学，但是你要记住，为学的目的是要为道，就是我们常讲的，要知“道”。知识和知“道”，人们经常会混为一谈。有人说自己有很多知识，所以他知“道”了，其实不见得。

很多人都认为，知识越多，当然就知道得越多，却从来没有细想过，知识和知道是什么关系，这个知道的“道”，究竟是什么意思？《道德经》告诉我们，为学日益，为道日损，为什么知识越多，会离“道”越远呢？

我们所学的很多知识，都是不知“道”的知识，这是非常可怕的。很多科学家，知识很丰富，可就是不知“道”。因为如果他知“道”，有些事情就不敢做，有些论文就不敢发表，有些实验做一半就应该停止了。所以，我们一定要把知识和知“道”好好地区分一下。

一个人，一定要知“道”。至于知识，最好慎选那些可以帮助我们知“道”，对我们有用的。对于那些不但没有用，而且会阻碍你知“道”的知识，就要摒弃、远离了。知识越多的人，经常越不知“道”，所以闹了很多笑话，种了很多祸因。骂他没有良心，他说我怎么没有良心？可见他更加不知“道”了。

千万要记住，有很多知识，我们把它叫作不知“道”的知识。而不知“道”的知识，会把我们跟“道”隔绝起来，这就叫隔阂，是我们认识道的阻碍。越有知识，越不知“道”，是需要人们时刻警惕的事情。否则学了半天，不仅害自己，也害别人，那有什么意思呢？自然法则是从来不会变的，但是自然法则的应用，却是千变万化的。像这种事情再过一百年、一千年，还是这样。所以我们做学问的时候，千万不要认为时代不同了，现在的想法不应该像以前那样了，以前的都过时了，现在要求新求变了，这种态度是要不得的。我们一定要把道当作一个不可变的根本。这样的话，我们就知道，求学只有一个目的，叫作实。我们先天已有的道要保持住，而不是学很多乱七八糟的东西，把自己和道阻隔起来。

“为学日益”，就是为了增加自己的智能而学习。但是智能增加了，接下来就有了后遗症，就有事了。因为随着智能的增加，人的欲望和心机也增加了。而我们要知道，这种欲望的增加、心机的增加，最后会使自己更加烦恼、更加苦痛。“为道日损”，是告诉我们为道的时候，要把自己后天学的一些东西赶快丢掉，减少自己的忧愁和烦恼。这才叫爱护自己，才叫修道。“损之又损”，就是把后天这些无谓的、会增加自己的烦恼和痛苦的东西，慢慢丢掉，这样才会越来越明白天机。嗜欲多者天机少，说的就是这个道理。人一旦被私欲蒙蔽，所见天机就少了；一旦知识丰富了，创造力就闭塞了。

我们去看那些名牌大学、由名师指导出来的高材生就知道了。他们一毕业，几乎什么都不能做。别人请他们来解决一个问题，他马上上网查看情况。如果别人已经做过了，他们就不想再做；如果别人说这个问题不能解决，他们肯定也不会浪费时间；如果别人说困难重重，他们也不会多费心思。这样的人会有创造力吗？这是很现实的问题。可见，有很多事情我们想错了，现在一定要好好把它调整过来。

中国有句俗话，叫“聪明反被聪明误”，其实就是说有些人，学了很多不知“道”的知识，导致其欲望越来越多，离“道”却越来越远，结果往往是害人害己。既然学习知识，会有这么多的弊端，那我们还要不要学习呢？

在《道德经》的第二十章，有四个字：“绝学无忧”。如果从字面上解释，拒绝学习就可以没有忧愁。这更糟糕，那更赶不上时代，到处都行不通，老子会这样害我们吗？绝不可能。“绝学无忧”就是告诉我们，要放弃一切不合乎“道”的知识，只有这样才能减少忧愁和烦恼。

人类是由无知慢慢走向开悟的，但是这里潜伏着欲速则不达的危险。如果人类说，不急不急，等把所有的情况都搞清楚了，再告诉你们这是什么，反而是人类的万幸。但是我们往往受思维惯性的影响，摸索到一知半解，就认为自己懂了，就开始随便乱讲，那就贻害无穷了。我们所知道的只是皮毛，至于真正情况到底是什么，搞不清楚。所以，为什么一个人自认为什么都知道的时候，突然之间碰到不可解决的事情就傻住了，反问自己：怎么是这样？我以前怎么不知道？这就是自作聪明，最后害人害己。

因此，老子在第二十章告诉我们：“唯之与阿，相去几何？”你看两个人，一个人说是是是，另一个却慎重地说，好吧，我试试看。二者的意思差不多，但是你的感觉却差别很大。这是很糟糕的。“善之与恶，相去何若”，善跟不善，差别在哪里？一份饭菜，好吃不好吃，差别在哪里？一件衣服，好看不好看，又差别在哪里？你说得出来吗？

所以，在这种情况之下，我们应该提醒自己，很多东西原本都是差不多的，因为它们都是从道生出来的，而道是混沌不清的，就是我们今天讲的模模糊糊。非要把它搞清楚，这也无可厚非。最可怕的就是，在还没有搞清楚以前，就说自己清楚了，然后就给它一个名号，有了名号以后，又开始给它定义，把它精确化。这样本来相近的东西就变得越来越远。

每个人都觉得自己是专家，都很专业，其实所看到的东西都是很窄小的，这是非常遗憾的事情。一件事情，本来没有那么多分歧，我们使它分歧变大；本来没有那么极端，我们说得很极端；本来可以互助，我们非要让他们各顾各。让原本可以成为朋友的人，变成敌人。这样下去的结果，只能是同归于尽。

到目前为止，人类对于宇宙自然的认知，不过九牛一毛而已。如果我们用自己浅薄的知识，去给自然中发展变化的万事万物下定义，就只能是自寻烦恼。那么对于学习知识，究竟持怎样的态度，才是正确的呢？

《道德经》第四十一章说：“明道若昧，近道若退，夷道若纇。”一个人，明明对某些事情都很清楚明了，但还是很谦虚地对别人说，自己不太懂。这就表示他很有涵养，懂得“道”的道理。因为道是在不断变化的，谁敢说完全懂了？如果问一个人懂不懂《易经》，他说懂，那就可以判断他一定是不懂的。《易经》“其大无外，其小无内”，每挖一层都能发现新的东西，如果一个人说自己都懂了，那是绝不可能的事情。

所以“明道若昧”，“若”就是好像的意思。一个懂得“道”的人，都会很谦虚地说自己并不是非常明白，甚而请大家多多指教。一个人，心地很光明，并不觉得有啥好表现的，因为这本是题中之意。这样就了不起。

“近道若退”，一个谦虚的人，日有寸进，同时又与世无争。他的学识和涵养越是一日千里，行为举止就越是恭敬有加。越懂得道的人，越觉得跟人家其实没有什么好争的。一个人，就是因为不明白道理，才会去争。

“夷道若纇”，“夷”，就是平易的意思。你看老子的道是非常平易近人的，但是我们大家听起来却觉得怪怪的，心想老子怎么老讲一些奇言怪论，老跟我们不一样？这就对了，他跟我们不一样，就表示我们很有问题。

老子接着说：“上德若谷；大白若辱；广德若不足；建德若偷。”“上德若谷”，那种真正有大德的人是虚怀若谷的，他什么都能容纳得下。“大白若辱”，那种操守很高洁的人，是不会自求表现的。“广德若不足”，明明圣德很圆满了，但是他始终觉得还差很远很远。“建德若偷”，他品德很好，但是他并没有像其他人一样自吹自擂，反而让大家看不出来，觉得这个人好像很懒惰、很不振一样。

老子通过《道德经》告诉我们，由于人类的认知是有限的，所以我们需要特别谦虚，万事万物永远在发展变化之中，我们不能只看到事物的表面，而要学会认知事物的本体。

《道德经》第四十五章讲：“大成若缺，其用不弊。大盈若冲，其用不穷。”最完美的东西，好像还有所欠缺。这叫作道体。道体是大成的，可是没有一个人能够完全把它看清楚、说明白。因此，你才会觉得好像总是少那么一点点。其实，正是因为有所欠缺，它才会变化。如果整全了，就固定了。虽然“大成若缺”，但“其用不弊”，它发挥的作用永远不停息。

“大盈若冲，其用不穷”，道是空虚的，但正因为它是虚的，才能够容纳所有的东西。一个杯子装了酒，就不能装茶；装了茶，就不能装酒。所以，如果杯子是空的，它就可以装任何东西。这样我们才知道，人要谦虚，其道理就在这里。人能谦虚，能虚怀若谷，什么都能容得下。

老子接着说：“大直若屈，大巧若拙，大辩若讷。”“大直若屈”，很正直的人，看起来好像是老好人。看似无所坚持，实际上有大坚持。“大巧若拙”，真正灵巧的人，看起来都是笨笨的，他不会让别人看出他很灵巧。因为如果一旦被别人看出很机巧，人们就会想尽办法对付他，他迟早会输的。“大辩若讷”，真正很会说话、口才非常好的人，看上去是很木讷的。不该他讲话的时候，他一句都不会多讲。

那么，在这些地方，老子所用的“大”字是什么意思呢？大，就代表道。因为老子说，他不知道“道”叫什么，勉强称之为大。《道德经》里面的那个“大”，都是在讲“道”。我们后来经常说的大道，就是从这里演变来的。大，代表一种非常崇高的道，我们要很谨慎地去了解。那从哪里开始呢？最要紧的就是弄清道是如何生成万物的。源头搞清楚了，径流就容易弄明白。

课文延伸

绝学无忧。唯之与阿[①]，相去几何？善之与恶，相去若何？人之所畏，不可不畏，荒兮，其未央哉[②]！众人熙熙[③]，如享太牢[④]，如春登台。我独泊兮[⑤]，其未兆，如婴儿之未孩[⑥]，儽儽兮[⑦]，若无所归！众人皆有余，而我独若遗。我愚人之心也哉，沌沌兮[⑧]！俗人昭昭，我独

---

① 唯之与阿：唯，恭敬地答应。阿，怠慢地答应。唯的声音低，阿的声音高，这是区别尊贵与卑贱的用语。

② 荒兮：广漠、遥远的样子。“荒兮”“泊兮”诸“兮”字均可今译为“啊”。未央，未尽，未完。

③ 熙熙：熙，和乐，用以形容纵情奔欲、兴高采烈的情状。

④ 太牢：即古代帝王祭祀社稷时，牛、羊、豕（shǐ，猪）三牲全备为“太牢”。古代祭祀所用牺牲，行祭前需先饲养于牢，故这类牺牲称为牢；又根据牺牲搭配的种类不同而有太牢、少牢之分。少牢只有羊、豕，没有牛。由于祭祀者和祭祀对象不同，所用牺牲的规格也有所区别：天子祭祀社稷用太牢，诸侯祭祀用少牢。

⑤ 泊：淡泊，恬静。

⑥ 孩：同“咳”，婴儿的笑声。

⑦ 儽儽（lěi）：通“累”，疲倦的样子。

⑧ 沌（dùn）：混沌、不清楚。

昏昏；俗人察察[1]，我独闷闷[2]。澹兮[3]，其若海；飂兮[4]，若无止。众人皆有以，而我独顽似鄙。我独异于人，而贵食母[5]。(《老子·二十章》)

上士闻道，勤而行之；中士闻道，若存若亡；下士闻道，大笑之[6]。不笑不足以为道！故建言有之[7]：明道若昧；进道若退；夷道若纇[8]；上德若谷；大白若辱[9]；广德若不足；建德若偷[10]；质真若渝[11]，大方无隅[12]；大器晚成[13]；大音希声；大象无形；道隐无名。夫唯道，善贷且成[14]。(《老子·四十一章》)

大成若缺，其用不弊。大盈若冲，其用不穷。大直若屈，大巧若拙，大辩若讷。躁胜寒，静胜热。清静为天下正[15]。(《老子·四十五章》)

为学日益，为道日损。损之又损，以至于无为。无为而无不为。取天下常以无事[16]，及其有事，不足以取天下。(《老子·四十八章》)

资料链接

1. 曾仕强《泰学：道德经的奥秘》：http://tv.cntv.cn/videoset/VSET100140675900
2. 方旭东《老子与管理智慧》：http://video.chaoxing.com/serie_400008287.shtml
3. 姚淦铭《老子智慧与成功人生》：http://video.chaoxing.com/serie_400006758.shtml

思考与研讨

一、“知识”与“知道”是什么关系？阅读“课文延伸”提供的几章《老子》原文，对照课文加以体会。

二、文中说，我们所学的很多知识，都是不知“道”的知识，这是非常可怕的。很多科学家，知识很丰富，可就是不知“道”。因为如果他知“道”，有些事情就不敢做，有些论文就

---

① 察察：严厉苛刻的样子。

② 闷闷：满也，懑、愤，义同音近。

③ 澹（dàn）：辽远广阔的意思。

④ 飂（liáo）：急风。

⑤ 贵食母：母用以比喻“道”，道是生育天地万物之母。此句意为以守道为贵。

⑥ 大笑之：“大”是空洞而不切实际，与“勤而行之”是平行的句子。据《牟子》及《抱朴子》所引《老子》，都作“大而笑之”。

⑦ 建言：可能是古代的现成的谚语，或歌谣。

⑧ 夷道若纇：夷，平坦。纇（lèi），崎岖不平，坎坷曲折。

⑨ 大白若辱：辱，参看二十八章“知其白、守其黑；……知其荣，守其辱”。“辱”与白对立，意思是污垢，暗昧。

⑩ 偷：怠惰、松松垮垮。

⑪ 渝：变污。

⑫ 隅（yú）：角落，犄角的地方。

⑬ 大器晚成：马王堆甲本作大器“免成”，与“希声”“无形”为并列，名词之前都是否定词。“大器免成”，是说大器不需要加工。

⑭ 善贷且成：道使万物善始善终，而万物自始至终也离不开道。贷，施与、给予。引申为帮助、辅助之意。

⑮ 躁胜寒：天冷时，跑跑跳跳可以不冷，与下文“静胜热”对照。躁，《说文》作“趮”，疾走叫作“趮”。正：政治上的首领，通“贞”“政”。

⑯ 取：治理，掌握。

不敢发表，有些实验做一半就应该停止了。请举出这方面的例子。

三、曾仕强在文中谈到，老子说：取天下常以无事，及其有事，不足以取天下。又说："取天下"是说取之于天下，要用之于天下。是说，我们要回馈社会，因为我们从社会中得到的太多了。是这个意思吗？

7　秋水（节选）[①]

庄　子

庄子（约前369—前286），名周，战国中期宋国蒙（今河南商丘东北）人。道家思想的代表人物。出身于没落贵族，当过蒙地漆园吏，他一生生活清贫，主要活动是从事著述工作。今存《庄子》分内篇、外篇、杂篇三部分。一般认为，内篇大体为庄子自著，其余则为庄子弟子及其后学所记述。汉代道教出现以后，《庄子》便被尊为《南华经》，且封庄子为南华真人。其书与《周易》《老子》合称"三玄"。至魏晋时人们把他与老子并称为"老庄"。庄子主张"天人合一""清静无为"，鄙视功名利禄。鲁迅先生说："其文则汪洋辟阖，仪态万方，晚周诸子之作，莫能先也。"

本文选自《庄子·外篇·秋水》，无论从哲学思想上，还是从文学艺术上均堪称《庄子》中的佳作，突出地表现出庄子深邃的思想、旷达的胸怀和宏伟的气魄。金人马定国竟称："读漆园书，《秋水》一篇足。"

秋水时至，百川灌河[②]；泾流[③]之大，两涘渚崖之间[④]，不辩[⑤]牛马。于是焉，河伯[⑥]欣然自喜，以天下之美为尽在己。顺流而东行，至于北海；东面而视，不见水端。于是焉，河伯始旋其面目[⑦]，望洋向若而叹曰[⑧]："野语[⑨]有之曰：'闻道百，以为莫己若[⑩]'者，我之谓也。且夫我尝闻少仲尼之闻而轻伯夷之义者[⑪]，始吾弗信，今吾睹子之难穷也，吾非至于子之门，则殆矣[⑫]，吾长见笑于大方之家[⑬]。"

---

① 选自［清］郭庆藩《庄子集释》（中华书局1954年版）。这里节选《秋水》篇开头河伯与海若对话的第一段，"秋水"是本篇开头二字，用作篇题。秋水，雨水生于春而旺于秋，秋天雨季一到，河水暴涨，称为秋水。

② 时：以时，按季节。河：黄河。

③ 泾（jīng）流：河床中径直无阻的水流。

④ 两涘（sì）渚（zhǔ）崖之间：从河的两岸或者从河中沙洲到水边的高岸（隔水远望）。涘，岸。渚，水中小块陆地。崖，河的高岸。

⑤ 辩：通"辨"，分辨。

⑥ 河伯：河神，相传姓冯，名夷。

⑦ 旋其面目：改变他（自得的）神态。

⑧ 望洋向若：抬头仰望着海神若。望洋，仰视的样子。若，海神的名字。

⑨ 野语：俗语。

⑩ 闻道百，以为莫己若：懂得的道理稍微多一些，就以为谁都比不上自己了。若，像，比得上。

⑪ 少仲尼之闻而轻伯夷之义：认为孔子的学问少而伯夷的义气也微不足道。伯夷，商代末年孤竹君长子，古之义士。孤竹君死后，与其弟叔齐互相让位，在周武王灭商后因不食周粟饿死于首阳山。

⑫ 吾非至于子之门，则殆矣：（如果）我不是来到你的门前，那就危险了。意即我还会继续自满下去。

⑬ 大方之家：学问高深，有很高道德修养的人。

北海若曰："井蛙不可以语于海者，拘于虚[①]也；夏虫不可以语于冰者，笃于时[②]也；曲士[③]不可以语于道者，束于教也。今尔出于崖涘，观于大海，乃知尔丑[④]，尔将可与语大理矣。天下之水，莫大于海；万川归之，不知何时止，而不盈[⑤]；尾闾泄之，不知何时已，而不虚[⑥]；春秋不变，水旱不知；此其过江河之流，不可为量数[⑦]。而吾未尝以此自多[⑧]者，自以比形[⑨]于天地而受气于阴阳，吾在天地之间，犹小石小木之在大山也。方存乎见少，又奚以自多[⑩]？计四海之在天地之间也，不似礨空之在大泽乎[⑪]？计中国之在海内，不似稊米[⑫]之在大仓乎？号物之数谓之万[⑬]，人处一焉；人卒九州[⑭]，谷食之所生，舟车之所通，人处一焉。此其比万物也，不似豪末之在于马体乎？五帝之所连，三王之所争[⑮]，仁人之所忧，任士之所劳[⑯]，尽此矣！伯夷辞之以为名，仲尼语之以为博[⑰]，此其自多也。不似尔向之自多于水乎？"

课文延伸

齐物论

庄子认为"天地与我并生，而万物与我为一"。在现实生活中，任何一件物象，从不同的角度去观察会得出不同的印象。在庄子看来，一样事物可以是大，又可以是小，可以是贵，又可以是贱，事物没有确定不变的标准，所以他提出了大小、贵贱、生死、物我等同的观点，即齐大小、齐贵贱、齐生死、齐物我，这就是庄子思想颇具特色的"齐物论"。

鼓盆而歌

庄子妻死，惠子吊之，庄子则方箕踞鼓盆而歌。惠子曰："与人居，长子老身，死不哭亦足矣，又鼓盆而歌，不亦甚乎！"庄子曰："不然。是其始死也，我独何能无慨然！察其始，而本无生，非徒无生也，而本无形，非徒无形也，而本无气。杂乎芒芴之间，变而有气，气变而有形，形变而有生，今又变而之死，是相与为春夏秋冬四时行也。人且偃然寝于巨室，而我嗷嗷然随而哭之，自以为不通乎命，故止也。"

---

① 拘于虚：被锁住的环境所局限。虚，同"墟"，处所，区域。

② 笃于时：被生活的时令所限制。笃，坚定，专一，引申为拘泥，限制。

③ 曲士：见识寡陋的人。

④ 尔丑：你的浅陋。

⑤ 万川归之，不知何时止，而不盈：许多河流都流到大海里，不知道什么时候会停止，但是大海不会满起来。

⑥ 尾闾（lú）泄之，不知何时已，而不虚：海水从海底泄漏出去，不知道什么时候会停止，但是大海不会变空。尾闾，相传为海底泄水之处，位于海的东边。

⑦ 过江河之流，不可为量数：远远超过江河的流水，不可以用数字来计算它的容量。

⑧ 自多：自我夸耀。

⑨ 比形：具备了形体。

⑩ 方存乎见少，又奚以自多：正觉得自己太少，又怎么会以此自满呢？方，正。存，指存有……的想法。

⑪ 不似礨（lěi）空之在大泽乎：这不是像小土堆在大湖泊旁一样吗？礨空，蚁穴或蚁穴旁的小土堆。

⑫ 稊（tí）米：稗粒似的小米粒。

⑬ 号物之数谓之万：用万物来称呼事物的数量。

⑭ 人卒九州：九州所有的人。卒，尽，所有。

⑮ 五帝之所连，三王之所争：五帝禅让皇位，三王用武力争夺政权。五帝，指黄帝、颛顼、帝喾、尧、舜。连，连续统治，指禅让皇位。三王，指夏禹、商汤、周文王。

⑯ 任士：以天下为己任的贤能之士。

⑰ 仲尼语之以为博：孔子以能广论天下事而被人称为学识渊博。

这个看起来有点无情的故事恰恰体现了庄子的生死观。人一旦死去，埋掉、烧掉化为泥土，散为尘垢，甚至连意识也没有，这给人带来了无限的恐惧。而庄子则认为人开始是没有生命的，只有气息形成“形”，“形”变成“生”，“生”又变成“死”，最后又归为气息。这样生来死往的变化就好像春夏秋冬四季的运行一样自然。这样的观点不是让人轻视生命、一心求死，而是要人呵护生命，不因为死亡的到来而忧伤生命。

庄周梦蝶

昔者庄周梦为蝴蝶，栩栩然蝴蝶也，自喻适志欤！不知周也。俄然觉，则蘧蘧然周也。不知周之梦为蝴蝶欤？蝴蝶之梦为周欤？周与蝴蝶，则必有分矣，此之谓“物化”。

庄子的梦奇异、优美，翩翩而飞的小蝴蝶徜徉在大花园中，蝶儿飞舞在花丛间，逍遥在阳光空气下，在这里天地万物与我合二为一，达到了物我相忘的境界。庄子为我们营造了一个精神上无限自由的世界，从整体观察事物，从各个角度做全面的透视，不以人类为中心，不以自我为中心，取消了天地万物和我对立的宇宙观，达到万物合一的境界。

资料链接

1. 于丹《〈庄子〉心得》：http://tv.cntv.cn/video/C18893/d6c5311f7e284e680a467597c648e1ff

2. 陈怡《走进庄子——从寓言看庄子的人生境界》：http://video.chaoxing.com/serie_400053112.shtml

3. 陈鼓应《庄子的智慧（名人演讲选粹）》：http://paper.people.com.cn/rmrbhwb/html/2012-02/03/content_1001575.htm

思考与讨论

一、《秋水》中共设了多少譬喻来说明人类的无知？

二、《庄子》第一篇《逍遥游》中有这样一段反映“小大之辨”的譬喻：“小知不及大知，小年不及大年。奚以知其然也？朝菌不知晦朔，蟪蛄不知春秋：此小年也。楚之南有冥灵者，以五百岁为春，五百岁为秋；上古有大椿者，以八千岁为春，八千岁为秋：此大年也。而彭祖乃今以久特闻，众人匹之，不亦悲乎？”《秋水》正是在此基础上进行了更深一层的推衍。你能从《庄子》一书中再找出反映“小大之辨”的譬喻或寓言吗？

三、你认为庄子的思想在今天具有怎样的现实意义？

8　敬业与乐业[①]

梁启超

梁启超（1873—1929），字卓如，号任公，又号饮冰室主人。广东新会人。清光绪年间举人，康有为弟子，维新变法运动主要人物之一，与康有为并称“康梁”。曾主编《时务报》，编辑《西政丛书》，积极宣传资产阶级改良主义。戊戌变法失败后，逃往日本，先后编辑《清议报》《新民丛报》，宣扬君主立宪，反对孙中山所领导的民主主义革命。晚年在清华大学讲学，并从事著述。他的诗、词、散文都有一定成就。特别是早期的散文，自由奔放，直抒胸臆，流利畅达，自成一体，对当时有很大影响。其著作编为《饮冰室合集》。

① 本文是作者于1922年8月14日在上海中华职业学校的讲演。选自《饮冰室合集》，中华书局1989年版。选入本书时有删改。

我这题目，是把《礼记》里头“敬业乐群”[①] 和《老子》里头“安其居，乐其业”那两句话，断章取义造出来。我所说是否与《礼记》《老子》原意相合，不必深求；但我确信“敬业乐业”四个字，是人类生活的不二法门[②]。

本题主眼，自然是在“敬”字“乐”字。但必先有业，才有可敬、可乐的主体，理至易明。所以在讲演正文以前，先要说说有业之必要。

孔子说：“饱食终日，无所用心，难矣哉[③]！”又说：“群居终日，言不及义，好行小慧，难矣哉！”[④] 孔子是一位教育大家，他心目中没有什么人不可教诲，独独对于这两种人便摇头叹气说道：“难！难！”可见人生一切毛病都有药可医，惟有无业游民，虽大圣人碰着他，也没有办法。

唐朝有一位名僧百丈禅师[⑤]，他常常用两句格言教训弟子，说道：“一日不做事，一日不吃饭。”他每日除上堂说法之外，还要自己扫地、擦桌子、洗衣服，直到八十岁，日日如此。有一回，他的门生想替他服劳，把他本日应做的工悄悄地都做了，这位言行相顾的老禅师，老实不客气，那一天便绝对的不肯吃饭。

我征引儒门、佛门这两段话，不外证明人人都要有正当职业，人人都要不断地劳作。倘若有人问我：“百行什么为先？万恶什么为首？”我便一点不迟疑答道：“百行业为先，万恶懒为首。”没有职业的懒人，简直是社会上的蛀米虫，简直是“掠夺别人勤劳结果”的盗贼。我们对于这种人，是要彻底讨伐，万不能容赦的。有人说：“我并不是不想找职业，无奈找不出来。”我说：职业难找，原是现代全世界普通现象，我也承认。这种现象应该如何救济，别是一个问题，今日不必讨论。但以中国现在情形论，找职业的机会，依然比别国多得多；一个精力充满的壮年人，倘若不是安心躲懒，我敢信他一定能得相当职业。今日所讲，专为现在有职业及现在正做职业上预备的人——学生——说法，告诉他们对于自己现有的职业应采何种态度。

第一要敬业。“敬”字为古圣贤教人做人最简易直捷的法门，可惜被后来有些人说得太精微，倒变了不适实用了。惟有朱子[⑥]解得最好，他说：“主一无适[⑦]便是敬。”用现在的话讲，凡做一件事，便忠于一件事，将全副精力集中到这事上头，一点不旁骛，便是敬。业有什么可敬呢？为什么该敬呢？人类一面为生活而劳动，一面也是为劳动而生活。人类既不是上帝特地制来充当消化面包的机器，自然该各人因自己的地位和才力，认定一件事去做。凡可以名为件事的，其性质都是可敬。当大总统是一件事，拉黄包车也是一件事。事的名称，从俗人眼里看来，有高下；事的性质，从学理上解剖起来，并没有高下。只要当大总统的人，信得过我可以当大总统才去当，实实在在把总统当作一件正经事来做；拉黄包车的人，信得过我可以拉黄

---

① 敬业乐群：对自己的事业很尽职，和朋友相处很融洽。

② 不二法门：佛教用语，“不二”指不是两极端，“法门”指修行入道的门径，常用来比喻最好的或独一无二的方法。

③ “饱食终日”句：引自《论语·阳货》，意思是整天吃饱了饭，不肯动脑筋去做点事，这种人是很难造就的。

④ “群居终日”句：引自《论语·卫灵公》，意思是整天和大家混在一起，不说一句有道理的话，只是卖弄小聪明，这种人是很难造就的。

⑤ 百丈禅师：就是怀海禅师（720—814），唐代禅宗僧人，因为居住在江西百丈山，所以又称百丈禅师，著有《禅门规式》（后称《百丈清规》）。

⑥ 朱子：即朱熹（1130—1200），南宋哲学家、教育家、文学家。

⑦ 主一无适便是敬：引自《论语·学而》“敬事而信”句下的注（见朱熹《论语集注》）。主一无适：专一于某种工作、不旁及其他的事情。

包车才去拉，实实在在把拉车当作一件正经事来做，便是人生合理的生活。这叫作职业的神圣。凡职业没有不是神圣的，所以凡职业没有不是可敬的。惟其如此，所以我们对于各种职业，没有什么分别拣择。总之，人生在世，是要天天劳作的。劳作便是功德，不劳作便是罪恶。至于我该做哪一种劳作呢？全看我的才能何如、境地何如。因自己的才能、境地，做一种劳作做到圆满，便是天地间第一等人。

怎样才能把一种劳作做到圆满呢？惟一的秘诀就是忠实，忠实从心理上发出来的便是敬。《庄子》记佝偻丈人承蜩[①]的故事，说道："虽天地之大，万物之多，而惟吾蜩翼之知。"凡做一件事，便把这件事看作我的生命，无论别的什么好处，到底不肯牺牲我现做的事来和他交换。我信得过我当木匠的做成一张好桌子，和你们当政治家的建设成一个共和国家同一价值；我信得过我当挑粪的把马桶收拾得干净，和你们当军人的打胜一支压境的敌军同一价值。大家同是替社会做事，你不必羡慕我，我不必羡慕你。怕的是我这件事做得不妥当，便对不起这一天里头所吃的饭。所以我做这事的时候，丝毫不肯分心到事外。曾文正说："坐这山，望那山，一事无成。"我从前看见一位法国学者著的书，比较英法两国国民性质，他说："到英国人公事房里头，只看见他们埋头执笔做他的事；到法国人公事房里头，只看见他们衔着烟卷像在那里出神。英国人走路，眼注地下，像用全副精神注在走路上；法国人走路，总是东张西望，像不把走路当一回事。"这些话比较得是否确切，姑且不论；但很可以为敬业两个字下注脚。若果如他所说，英国人便是敬，法国人便是不敬。一个人对于自己的职业不敬，从学理方面说，便亵渎职业之神圣；从事实方面说，一定把事情做糟了，结果自己害自己。所以敬业主义，于人生最为必要，又于人生最为有利。庄子说："用志不分，乃凝于神。"[②] 孔子说："素其位而行，不愿乎其外。"[③] 所说的敬业，不外这些道理。

第二要乐业。"做工好苦呀！"这种叹气的声音，无论何人都会常在口边流露出来。但我要问他："做工苦，难道不做工就不苦吗？"今日大热天气，我在这里喊破喉咙来讲，诸君扯直耳朵来听，有些人看着我们好苦；翻过来，倘若我们去赌钱去吃酒，还不是一样劳神、费力？难道又不苦？须知苦乐全在主观的心，不在客观的事。人生从出胎的那一秒钟起到咽气的那一秒钟止，除了睡觉以外，总不能把四肢、五官都搁起不用。只要一用，不是淘神，便是费力，劳苦总是免不掉的。会打算盘的人，只有从劳苦中找出快乐来。我想天下第一等苦人，莫过于无业游民，终日闲游浪荡，不知把自己的身子和心子摆在哪里才好，他们的日子真难过。第二等苦人，便是厌恶自己本业的人，这件事分明不能不做，却满肚子里不愿意做。不愿意做逃得了吗？到底不能。结果还是皱着眉头，哭丧着脸去做。这不是专门自己替自己开玩笑吗？

我老实告诉你一句话："凡职业都是有趣味的，只要你肯继续做下去，趣味自然会发生。"为什么呢？

第一，因为凡一件职业，总有许多层累、曲折，倘能身入其中，看它变化、进展的状态，最为亲切有味。

第二，因为每一职业之成就，离不了奋斗；一步一步地奋斗前去，从刻苦中将快乐的分量

---

① 《庄子》记佝偻（gōu lóu）丈人承蜩（tiáo）的故事：这个故事见《庄子·达生》，大意说鸡胸驼背的老人虽然残疾，但用竹竿粘蝉，百发百中。孔子问他有什么办法。他说天地虽大，万物虽多，我只知道有蝉翼罢了。这个故事意在说明用心专一，就可以达到目的的道理。佝偻，鸡胸驼背。丈人，对老人的尊称。承蜩，捕蝉。

② 用志不分，乃凝于神：引自《庄子·达生》，大意是做事不分心，精神就能集中。

③ 素其位而行，不愿乎其外：引自《礼记·中庸》，大意是现在只做分内的事，不要希望做分外的事。

加增。

第三，职业性质，常常要和同业的人比较骈进[①]，好像赛球一般，因竞胜而得快感。

第四，专心做一职业时，把许多游思、妄想杜绝了，省却无限闲烦闷。孔子说："知之者不如好之者，好之者不如乐之者。"[②] 人生能从自己职业中领略出趣味，生活才有价值。孔子自述生平，说道："其为人也，发愤忘食，乐以忘忧，不知老之将至云尔。"[③] 这种生活，真算得人类理想的生活了。

我生平受用的有两句话：一是"责任心"，二是"趣味"。我自己常常力求这两句话之实现与调和，又常常把这两句话向我的朋友强聒不舍[④]。今天所讲，敬业即是责任心，乐业即是趣味。我深信人类合理的生活应该如此，我望诸君和我一同受用！

课文延伸

少年中国说（节选）

少年智则国智，少年富则国富；少年强则国强，少年独立则国独立；少年自由则国自由，少年进步则国进步；少年胜于欧洲，则国胜于欧洲；少年雄于地球，则国雄于地球。红日初升，其道大光。河出伏流，一泻汪洋。……纵有千古，横有八荒。前途似海，来日方长。美哉我少年中国，与天不老！壮哉我中国少年，与国无疆！

"中华民族"一词的提出

1901 年，梁启超发表《中国史叙论》一文，首次提出了"中国民族"的概念。在"中国民族"的基础上，1902 年梁启超正式提出了"中华民族"。他在《论中国学术思想变迁之大势》一文中，先对"中华"一词的内涵做了说明，接着在论述战国时期齐国的学术思想地位时正式使用了"中华民族"一词。

1905 年，梁启超又写了《历史上中国民族之观察》一文，从历史演变的角度重点分析了中国民族的多元性和混合性，并断然下结论说："中华民族自始本非一族，实由多民族混合而成。"由此，梁启超真正完成了"中华民族"一词从形式到内容的革命性创造。

"五四运动"之后，"中华民族"一词逐渐普及，专门论述"中华民族"历史的著作不断出现，反对外来侵略、争取民族独立的爱国运动日益高涨。无论是自发的民众运动，还是中国共产党领导的反帝斗争，都提升了民族自觉性，增强了民族团结，壮大了民族力量。尤其在反抗日本侵略的抗日战争中，"中华民族"在焕发出无穷的智慧和力量的过程中融化到了每个中国人的血液中，抗日战争是中华民族取得的近代以来反对外来侵略的第一次完全胜利。

青年在选择职业时的考虑（节选）

马克思

在选择职业时，我们应该遵循的主要指针是人类的幸福和我们自身的完美。不应认为，这两种利益是敌对的，互相冲突的，一种利益必须消灭另一种的。人类的天性本身就是这样的：

---

① 骈进：一同前进。

② "知之者不如好之者"句：引自《论语·雍也》，大意是知道这种道理的人比不上喜爱它的人，喜爱它的人比不上乐意去做的人。

③ "其为人也"句：引自《论语·述而》，大意是他（孔子）发愤读书忘记了吃饭，沉浸在学习的快乐中而忘记了忧愁，甚至不知道自己将要老了，如此而已。云尔，相当于"……罢了"。

④ 强聒（guō）不舍：唠唠叨叨说个没完。强聒，过分啰唆。不舍，不停。

人们只有为同时代人的完美、为他们的幸福而工作，才能使自己也过得完美。

如果一个人只为自己劳动，他也许能够成为著名的学者、大哲人、卓越诗人，然而他永远不能成为完美无瑕的伟大人物。

历史承认那些为共同目标劳动因而自己变得高尚的人是伟大人物，经验赞美那些为大多数人带来幸福的人是最幸福的人。宗教本身也教诲我们，人人敬仰的理想人物，就曾为人类牺牲了自己——有谁敢否定这类教诲呢？

如果我们选择了最能为人类幸福而劳动的职业，那么，重担就不能把我们所压倒，因为这是为人类而献身。那时，我们所感到的就不是可怜的、有限的、自私的乐趣，我们的幸福将属于千百万人。我们的事业是默默的，但她将永恒地存在，并发挥作用。面对我们的骨灰，高尚的人们将洒下热泪。

资料链接

1. 凤凰卫视文献大型人物纪录片《我的中国心·少年中国说——梁启超》：http://tv.cntv.cn/video/C13526/f07f541107b0401d12e75f95cc39ba0f

2. 阿尔伯特·哈伯德《把信送给加西亚》：http://www.tingbook.com/book/2191-2.html

思考与讨论

一、课文说：“事的性质，从学理上解剖起来，并没有高下。”又说：“我信得过我当木匠的做成一张好桌子，和你们当政治家的建设成一个共和国同一价值。”然而，有人却引用拿破仑的话说：“不想当元帅的士兵不是好士兵。”讨论一下，对这个问题究竟应该怎么看？

二、我们身边不乏敬业乐业的事例，从献身国防、隐姓埋名十余年的两弹元勋邓稼先的赤诚之心，到新时期共产党员的典范孔繁森的坦荡胸襟；从“真情为顾客，岗位做奉献”的首都公交售票员李素丽，到“服务万户千家，情系黎民百姓”的水电工徐虎。有人说，先进人物离我们的生活比较遥远，是可望而不可即的，我又不想当先进，是否可以不用那样敬业？何况有些职业本身并不是自己喜欢的，如何才能做到敬业、乐业？再有，怎样看待社会上那么多跳槽的现象？

9 给青年的忠告①

［美］马克·吐温

马克·吐温（Mark Twain 1835—1910）美国著名作家。本名萨缪尔·兰亨·克莱门斯，马克·吐温是其笔名。出生于密西西比河畔小城汉尼拔一个乡村贫穷律师家庭，12岁父亲死后即外出谋生，拜师学徒。当过排字工人，密西西比河水手、南军士兵，经营过木材业、矿业和出版业，业余写作短篇幽默故事。1865年以短篇小说《跳蛙》成名，不久被报馆聘为旅欧记者，归来后写成《海外愚夫》，名声更著。1873—1888年发表《镀金时代》（1874）、《汤姆·索亚历险记》（1876）、《密西西比河上》（1883）、《哈克贝利·费恩历险记》（1884）等小说名著，后期著有长篇《傻瓜威尔逊》（1894）、中篇《败坏了赫德莱堡的人》（1900）等。一生游踪极广，了解社会各阶层情状，作品反映生活既深且广。其散文亦独树一帜，幽默讽刺，尖锐而富哲理，是小说家中的佼佼者。

这篇《忠告》一共六条。名为“忠告”，实乃“反话正说”，淋漓尽致地体现出马克·吐

---

① 选自《美国文化读本》，杨自伍主编，华东师范大学出版社1996年版。

温的幽默风格。将那些批评性的、讽刺性的反向话语，用一种一本正经、堂而皇之的方式说出来，这是本文基本的修辞手段，是其写作上的最大特点。

听说期望我来谈谈，我便询问应该发表什么样的谈话。他们说应当宜于青年的话题——教诲性的、启发性的话题，或者实质上是良言忠告之类的话题。好吧。关于开导青年人，我心里倒是有几件事时常想说的；因为正是在人幼小时，这些事最适合扎根，而且最持久、最有价值。那么，首先呢，我要对你们、我的年轻朋友们说的是——我恳切地、迫切地要说的是——永远服从你们的父母，只要他们在堂的时候。长远看来这是上策，因为你们要是不服从的话，他们也非要你们服从。大多数家长认为比你们懂得多，一般说来你们迁就那种迷信的话，比起你们根据自以为是的判断行事，你们会建树大些。

对待上司要尊重，要是你们有了上司；对待陌生人，有时还有别人，也要尊重。如果有人得罪了你们，你们要犹豫一番，看看是存心的还是无意的，不要采取极端的做法；只要看好机会用砖块打他一下，那就足够了。如果你们发现他并非故意冒犯，那就坦然走出来，承认自己打他不对；像个男子汉认个错，说声不是故意的。况且，永远要避免动武；处于这个仁慈和睦的时代，此类举动的年代已经过去了。“炸药”留给卑下而无教养的人吧。

早睡早起——这是聪明的。有的权威讲，跟着太阳起床；还有的讲，跟着这样东西起床，又有的讲，跟着那样东西起床。其实跟着云雀起床[①]才是再好不过的。这样你就落个好名声，人人都知道你跟着云雀起床；如果弄到一只那种适当的云雀，在它身上花些功夫，你就很容易把它调教到九点半起来，每次都是——这可绝不是欺人之谈。

接着来谈谈说谎的问题。你们可要非常谨慎地对待说谎；否则十有八九会被揭穿。一旦揭穿，在善良和纯洁的眼光看来，你就再也不可能是过去的你了。多少年轻人，因为一次拙劣难圆的谎言，那是由于不完整的教育而导致的轻率的结果，使得自己永远蒙受损害。有些权威认为，年轻人根本不该说谎。当然，这种说法言之过甚，其实未必如此；不过，虽然我可不能把话讲得太过分，我却认定而且相信自己看法正确，那就是，在实践和经验使人获得信心、文雅、严谨之前，年轻人运用这门了不起的艺术时要有分寸，只有这三点才能使得说谎的本领无伤大雅，带来好处。耐性、勤奋、细致入微——这些是必要素质；这些素质日久天长便会使学生变得完善起来；凭借这些，只有凭借这些，他才可能为将来的出类拔萃打下稳固的基础。试想一下，要付出多么漫长的岁月，通过学习、思考、实践、经验，那位盖世无双的前辈大师才具有如此的素养，他迫使全世界接受了“真理是强大的而且终将取胜”这句崇高而掷地有声的格言——这是关于事实的复杂层面道出的最豪迈的话，迄今任何出自娘胎的人都未获得。因为我们人类的历史，还有每个个人的经验，都深深地埋下了这样的证据：一个真理不难扼杀，一个说得巧妙的谎言则历久不衰。波士顿有座发现麻醉法的人的纪念碑；许多人到后来才明白，那个人根本没有发现麻醉法，而是剽窃了另一个人的发现。这个真理强大吗？它终将取胜吗？唉，错哉，听众们，纪念碑是用坚硬材料建造的，而它所晓示的谎言却将比它持久百万年。一个笨拙脆弱而有破绽的谎言是你们应该不断学会避免的东西；诸如此类的谎言比起一个普通事实来，决不具有更加真实的永恒性。嗨，你们倒不如既讲真话又和真理打交道。一个脆弱愚蠢而又荒谬的谎言持续不了两年——除非是对什么人物的诽谤。当然，那种谎言是牢不可破的，不过那可不是你们的光彩。最后说一句：早些开始实践这门优雅美妙的艺术——从现在做起。要是我早些做起，我就能学会门道了。

---

① 英美俗语中有“跟着云雀儿一块儿起床”。

切莫随便摆弄枪支。年轻人无知而又冒失地摆弄枪支，造成了多少悲伤痛苦。就在四天前，就在我度夏的农庄住家的隔壁人家，一位祖母，年老花发一团和气，当地最可爱的一个人物，坐着在干活，这时她的小孙儿悄悄进屋，取下一把破烂生锈的旧枪，多年无人碰过，以为没装子弹，把枪对准了她，哈哈笑了吓唬着要开枪。她惊骇得边跑边叫边求饶，朝屋子对面的门口过去；可是经过身边的时候，小孙儿几乎把枪贴在她的胸口上，扣动了扳机！他以为枪里没有子弹。他猜对了——没装子弹。所以没有造成什么伤害。这是我听到的同类情况中绝无仅有的。因此呢，同样的，你们可不要乱动没装子弹的旧枪支；它们是人所创造的最致命的每发必中的家伙。你们不必在这些东西上花什么功夫；你们不必搞个枪架，你们不必在枪上装什么准星，你们连瞄准都没有必要。算了，你们就挑个相似的东西，砰砰打个几枪，你肯定能打中。三刻钟内用加特林机枪在三十码处不能击中一个教堂的年轻人，却可以站在百码开外，举起一把空膛的旧火枪，趟趟把祖母当靶子击倒。再试想一下，倘若有一支旧火枪武装起来的童子军，大概没有装上子弹，而另一支部队是由他们的女亲戚组成的，那么滑铁卢战役会是什么结局。只要一想到此，就会令人不寒而栗。

图书有许多种类；但好书才是年轻人该读的一类。记住这一点。好书是一种伟大、无价、无言的完善自我的工具。因此，要小心选择，年轻的朋友们；罗伯逊的《布道书》，巴克斯特的《圣者的安息》《去国外的傻瓜》，以及这一类的作品，你们应该只读这些书。

我可是说得不少了。我希望大家会铭记我给你们的言教，让它成为你们脚下的指南和悟性的明灯。用心刻苦地根据这些规矩培养自己的品格，天长日久，培养好了品格，你们将会惊喜地看到，这种品格多么准确而鲜明地类似其他每个人的品格。

课文延伸

《朱子家训》（节选）

1. 一粥一饭，当思来之不易；半丝半缕，恒念物力维艰。
2. 祖宗虽远，祭祀不可不诚；子孙虽愚，经书不可不读。
3. 勿贪意外之财，勿饮过量之酒。
4. 见富贵而生谄容者最可耻，遇贫穷而作骄态者贱莫甚。
5. 轻听发言，安知非人之谮诉？当忍耐三思；因事相争，焉知非我之不是？需平心暗想。
6. 施惠无念，受恩莫忘。
7. 善欲人见，不是真善；恶恐人知，便是大恶。
8. 见色而起淫心，报在妻女；匿怨而用暗箭，祸延子孙。
9. 读书志在圣贤，非徒科第；为官心存君国，岂计身家？

比尔·盖茨的十一条黄金准则

1. 生活是不公平的，你要去适应它。

2. 这个世界并不会在意你的自尊，而是要求你在自我感觉良好之前先有所成就。

3. 刚从学校走出来时你不可能一个月挣六万美元，更不会成为哪家公司的副总裁，拥有一部汽车，直到你将这些都挣到手的那一天。

4. 如果你认为学校里的老师过于严厉，那么等你有了老板再回头想一想。

5. 卖汉堡包并不会有损于你的尊严。你的祖父母对卖汉堡包有着不同的理解，他们称之为“机遇”。

6. 如果你陷入困境，那不是你父母的过错，不要将你理应承担的责任转嫁给他人，而要学着从中吸取教训。

7. 在你出生之前，你的父母并不像现在这样乏味。他们变成今天这个样子是因为这些年来一直在为你付账单、给你洗衣服。所以，在对父母喋喋不休之前，还是先去打扫一下你自己的屋子吧。

8. 你所在的学校也许已经不再分优等生和劣等生，但生活却并不如此。在某些学校已经没有了“不及格”的概念，学校会不断地给你机会让你进步，然而现实生活完全不是这样。

9. 走出学校后的生活不像在学校一样有学期之分，也没有暑假之说。没有几位老板乐于帮你发现自我，你必须依靠自己去完成。

10. 电视中的许多场景绝不是真实的生活。在现实生活中，人们必须埋头做自己的工作，而非像电视里演的那样天天泡在咖啡馆里。

11. 善待你所厌恶的人，因为说不定哪一天你就会为这样的一个人工作。

（选自墨西哥《成绩》周刊，2004）

青春赋

塞缪尔·厄尔曼

青春不是年华，而是心境；青春不是桃面、丹唇、柔膝，而是深沉的意志、恢宏的想象、炽热的恋情；青春是生命的深泉在不息地涌流。

青春气贯长虹，勇锐盖过怯弱，进取压倒苟安。如此锐气。弱冠后生有之，耳顺之年，则亦多见。年岁有加，并非垂老；理想丢弃，方堕暮年。

岁月悠悠，衰微只及肌肤；热忱抛却，颓废必至灵魂。忧烦、惶恐，丧失自信，定使心灵扭曲，意气如灰。

无论年届古稀，抑或二八芳龄，心中皆有生命之欢乐，奇迹之诱惑，孩童般天真久盛不衰。人人心中皆深植一片追求，只要你从天上人间接受美好希望、欢乐、勇气和力量，你就青春永驻、风华常存。

一旦追求消失，锐气如同冰雪覆盖，玩世不恭、自暴自弃油然而生，即使年方二十，实已垂垂老矣；然坚持追求，你就有望在百岁高龄告别尘寰时仍觉年轻。

资料链接

1.《论道之寄语青年：我相信我能飞》：http://v.youku.com/v_show/id_XMjU5NDI0Njg4.html

2.《论道之青春·信仰》：http://www.letv.com/ptv/vplay/1265398.html

思考与讨论

一、本文体现了作者怎样的人生态度？听了马克·吐温的忠告，你有什么样的感悟？

二、中国古人爱给子孙留家训，如《颜氏家训》《朱子家训》《曾国藩家书》等，西方名人名家爱给青年人演讲。通过本课，请比较东西方在培养青年人观念上有何异同？

第三单元　人生至情

冰心曾写过这样的话：“从至情中流出的眼泪，是世界上最神圣的东西。”至情就是真情。古往今来，美好的爱情、友情、亲情，完满的婚姻、家庭，既是人生不倦的追求，也是文学作品永恒的主题。每个人的境遇固然因人、因时、因事、因缘有云泥之别，但好的作品总是用真诚、真挚、真性情激起读者深切、痛切，甚至刻骨的共鸣，热烈圆满，遗憾残缺，失落痛惜，生恨死怨，多少执着，多少痴迷，正是“人生自是有情痴，此恨不关风与月”。人情百态，各有各的理解，各有各的偏好与气度，但追求真、善、美，则是人们共同的愿望。

10 爱情诗词一组

上 邪①

《乐府诗集》

“乐府”原是汉初采诗制乐的官署别称，汉武帝时“立乐府而采歌谣”，魏晋以后就把汉魏时流传的民间歌诗总称为“乐府”。乐府中一部分是祭祀神明祖先时使用的郊庙歌词，一部分则是采自民歌。汉乐府民歌“感于哀乐，缘事而发，亦可以观风俗，知薄厚云”。本篇选自宋人郭茂倩所编的《乐府诗集》，属《鼓吹曲辞·汉铙歌十八曲》，是西汉时所作，既是一首民歌，也是一首情歌。全诗以女主人公第一人称的口吻指天为誓，表明海枯石烂、地老天荒，也无法断绝对爱情的热烈追求。民歌最大的特色是叙事性，直抒胸臆是最常见的手法，而真挚大胆的表白更是最突出的情感特色。清代张玉榖《古诗赏析》卷五评此诗最为细致：“首三，正说，意言已尽，后五，反面竭力申说。如此，然后敢绝，是终不可绝也。迭用五事，两就地维说，两就天时说，直说到天地混合，一气赶落，不见堆垛，局奇笔横。”

上邪！我欲与君相知，长命无绝衰②。山无陵③，江水为竭，冬雷震震④，夏雨雪⑤，天地合，乃敢与君绝⑥。

课文延伸

从《诗经》民歌到汉乐府民歌，是民歌发展的两个高峰。其后比较集中出现的是南北朝时的乐府民歌。至唐代，有文人模仿民歌作的“竹枝词”，也有存于《敦煌曲子词》中的“五更体”民歌，这些口头创作到明清时更加广泛流传。明清辑录的民间小调唱词，还有“田歌”“渔歌”之类对固有民歌的传承，以及流传于各少数民族的民间唱词，共同成为中华民族历久弥新的文化宝库。

菩萨蛮

《敦煌曲子词》

枕前发尽千般愿，要休且待青山烂。水面上秤锤浮，直待黄河彻底枯。　白日参辰现，北斗回南面。休即未能休，且待三更见日头。

有所思

《乐府诗集》

有所思，乃在大海南。何用问遗君，双珠玳瑁簪，用玉绍缭之。闻君有他心，拉杂摧烧

---

① 上邪（yé）：天啊。上，指天。

② “我欲”两句：我愿与你相爱，让我们的爱情永不衰绝。相知，相爱。命，古与“令”字通，使。衰（cuī），衰减、断绝。

③ 陵：山头。

④ 震震：形容雷声。

⑤ 雨（yù）雪：降雪。雨，名词活用作动词。

⑥ 乃敢：才敢。“敢”字是委婉的用语。

之。摧烧之，当风扬其灰。从今以往，勿复相思！相思与君绝，鸡鸣狗吠，兄嫂当知之。妃呼狶！秋风肃肃晨风飔，东方须臾高知之。（注：“妃呼狶”，感叹辞）

饮马长城窟行

《乐府诗集》

青青河畔草，绵绵思远道。远道不可思，宿昔梦见之。梦见在我傍，忽觉在他乡。他乡各异县，展转不相见。枯桑知天风，海水知天寒。入门各自媚，谁肯相为言。客从远方来，遗我双鲤鱼。呼儿烹鲤鱼，中有尺素书。长跪读素书，书中竟何如？上言加餐食，下言长相忆。

资料链接

1. 蒋勋《汉乐府诗·青青河畔草》：http://www.kuwo.cn/yinyue/4954825/

2. 哈辉演唱《上邪》：http://v.ku6.com/show/AxTO7_RbhExFGhFl.html

3. 褚海辰演唱《上邪》：http://www.xiami.com/song/1772413195

4.《品读：“陌上桑”赏析》：http://v.ku6.com/show/3VYihDZL5P25qgHjhrSEIQ...html?from=my

5. 茅威涛、何赛飞版越剧《孔雀东南飞之惜别离》：http://www.tudou.com/programs/view/apq6WENQXyY/isRenhe=1

思考与研讨

一、女主人公指天为誓与古人敬天畏地的思想是否有矛盾，试说说理由。

二、本诗从反面设誓，正话反说，这样表达有什么作用？试举你所读过的经典作品加以说明。

三、“当山峰没有棱角的时候，当河水不再流，当时间停住日月不分，当天地万物化为虚有，我还是不能和你分手……当太阳不再上升的时候，当地球不再转动，当春夏秋冬不再变换，当花草树木全部凋残，我还是不能和你分散……”这是《还珠格格》中的一段歌词，请说说琼瑶在编剧中，把古代民歌（或诗词）用现代流行歌曲的形式再现的方式，是否可以作为传统文化传承的有效方式？请说说理由。

四、有人认为这首民歌中“女主人公这种不顾一切地爱上一个人”，可能使“女人的人生只需谋取一段爱情就够了”，而以“情”压倒一切的观点无论对社会还是对个人都是有害的，请谈谈你的看法。

鹊桥仙[①]（纤云弄巧）

秦　观

秦观（1049—1100），字少游、太虚，号淮海居士，高邮（今属江苏）人。北宋词人。元丰八年（1085）进士。曾任秘书省正字，兼国史院编修官等职。绍圣初年因政治倾向，累遭贬谪。徽宗继位，始得北归，后病逝于滕州。年少时就追随苏轼，是“苏门四学士”之一，擅诗文，尤工于词。有《淮海集》《淮海居士长短句》等作品。

秦观词多写男女之情，风格委婉含蓄，清丽淡雅。《鹊桥仙》原是为咏牛郎、织女的爱情

---

① 鹊桥仙：词调名。此调有两体，56字者始自欧阳修，因其词中有“鹊迎桥路接天津”句，取以为名；88字者始于柳永。此调多咏七夕。古代的神话说：“天河之东，有织女，天帝之女也。年年织杼劳役，织成云锦天衣。天帝怜其独处，许嫁河西牵牛郎。嫁后，遂废织纴。天帝怒，责令归河东，唯每年七月七日夜渡河一会。”（《荆楚岁时记》）“织女七夕当渡河，使鹊为桥。”（《风俗记》）

故事而创作的乐曲。本词的内容也正是咏此神话。上片写佳期相会的盛况，下片则是写依依惜别之情。这首词既没有慨叹会少离多，也没有抒发脉脉的相思，否定了朝欢暮乐的庸俗生活，歌颂了天长地久的忠贞爱情。这在当时是难能可贵的。全词设想奇巧，独辟蹊径，写得自然流畅而又余味绵长。

纤云弄巧①，飞星传恨②，银汉迢迢暗度③。金风玉露一相逢④，便胜却人间无数。
柔情似水，佳期如梦，忍顾鹊桥归路⑤。两情若是久长时，又岂在朝朝暮暮。

课文延伸

踏莎行

秦观

雾失楼台，月迷津渡，桃源望断无寻处。可堪孤馆闭春寒，杜鹃声里斜阳暮。
驿寄梅花，鱼传尺素，砌成此恨无重数。郴江幸自绕郴山，为谁流下潇湘去?

阮郎归

秦观

湘天风雨破寒初，深沉庭院虚。丽谯吹罢小单于，迢迢清夜徂。
乡梦断，旅魂孤，峥嵘岁又除。衡阳犹有雁传书，郴阳和雁无。

长相思

白居易

九月西风兴，月冷露华凝。思君秋夜长，一夜魂九升。二月东风来，草拆花心开。思君春日迟，一日肠九回。妾住洛桥北，君住洛桥南。十五即相识，今年二十三。有如女萝草，生在松之侧。蔓短枝苦高，萦回上不得。人言人有愿，愿至天必成。愿作远方兽，步步比肩行。愿作深山木，枝枝连理生。

蝶恋花

晏几道

喜鹊桥成催凤驾。天为欢迟，乞与初凉夜。乞巧双蛾加意画，玉钩斜傍西南挂。
分钿擘钗凉叶下。香袖凭肩，谁记当时话。路隔银河犹可借，世间离恨何年罢。

资料链接

1. 品读秦观《鹊桥仙》：http://my.tv.sohu.com/us/181813/32446033.shtml
2. 诸葛忆兵《婉约之宗：秦观》：http://video.chaoxing.com/play_400000036_1020.shtml
3. 杨雨《秦观的郴州情结》：http://v.ku6.com/show/31pxmGX7hIRkt6yrI5utgQ...html
4. 苏小妹与秦观的故事：http://www.360doc.com/content/14/0309/16/12739062_359046469.shtml

---

① 纤云弄巧：纤细的云彩变幻出许多美丽的花样。这句写织女织布的情形。阴历七月七日又名“乞巧节”，是夕，妇女们可向织女乞求女红之巧。

② 飞星传恨：谓牛郎、织女二星相互传达终年不得见面之离恨。《古诗十九首》：“迢迢牵牛星，皎皎河汉女。……盈盈一水间，脉脉不得语。”

③ 银汉：银河。迢迢：遥远貌。

④ 金风：秋风。秋，在五行中属金。玉露：晶莹如玉的露珠，指秋露。

⑤ “忍顾”句：言七夕将尽，分手在即，牛郎、织女依依不舍之意。顾，回头看。

5. 中华民族经典爱情故事（1）牛郎织女：http://www.tudou.com/programs/view/PUiEaR-yaSfk/request_from=cpr

思考与研讨

一、请分析这首词的“奇巧”之处。

二、说说秦观与他的老师苏轼“但愿人长久，千里共婵娟”的爱情观有什么不同。

三、了解民间传说秦少游与苏小妹的故事，说说秦少游在“苏门四学士”中何以受到人们的喜爱？

四、宋词题材涉及“牛郎织女”传说的占了近三分之一，请完整讲述该传说故事。

沈园①二首

陆　游

陆游（1125—1210），字务观，号放翁，越州山阴（今浙江绍兴）人。南宋诗人。出生第二年即逢“靖康之变”，很早就立下“上马击狂胡，下马草军书”的壮志。绍兴二十四年（1154）应试，名列秦桧之孙秦埙之前，被秦桧嫉恨，仕途不畅。孝宗即位，赐进士身。后因支持北伐或落职或免官。宋光宗继位后，升为礼部郎中兼实录院检讨官，不久即因“嘲咏风月”罢官归居故里。宋宁宗时诏陆游入京，主持编修史书。书成后，长期蛰居山阴，嘉定二年（1210）与世长辞。生平作诗近万首，题材广泛，风格多样。有《渭南文集》《剑南诗稿》传世。沈园，本是一个普通的园林，如今因陆游唐婉的爱情，成为天下名园。

陆游在宋高宗绍兴十四年（1144），20岁时娶了表妹唐婉为妻，两人感情很好，陆母不喜唐婉，不到三年，迫子休妻，另娶王氏。唐婉也改嫁赵士程。陆游31岁时，到浙江绍兴沈园闲游，与唐婉不期而遇，唐婉以酒肴款待，陆游怅然感慨，遂在沈园壁上题《钗头凤》词，以表情愫。唐婉读后，以词相和，不久抑郁而卒。陆游后来多次重游沈园，此二首是他宋宁宗庆元五年（1199）秋天75岁时所写。诗中表达了作者对前妻刻骨铭心的怀念，本是春意荡漾的美景，却抹上了一层感伤，所见皆是人去楼空、物是人非。前一首重在表达往事难之哀伤，后一首重在表达寄托情思之沉痛。诗句饱含真情，因情写景，借景抒情，转折得宜，自然天成。

其一

城上斜阳画角②哀，沈园非复旧池台。
伤心桥下春波绿，曾是惊鸿③照影来。

其二

梦断香消四十年④，沈园柳老不吹绵⑤。
此身行作稽山土⑥，犹吊遗踪一泫然⑦。

---

① 沈园：故址在今浙江绍兴禹迹寺南。

② 画角：涂有色彩的军乐器，发声凄厉哀怨。

③ 惊鸿：语出三国魏曹植《洛神赋》句“翩若惊鸿”，以喻美人体态之轻盈。这里指唐婉。

④ “梦断”句：作者在禹迹寺遇到唐婉是在高宗绍兴二十五年（1155），作此诗时距那次会面四十四年，这里的“四十”是举其成数。

⑤ 不吹绵：柳絮不再飞扬。

⑥ 行：即将。稽山：会稽山，在今浙江绍兴东南。

⑦ 吊：凭吊。泫然：流泪貌。

课文延伸

对于《沈园二首》，清代诗人陈衍《宋诗精华录》中有评："无此绝等伤心之事，亦无此绝等伤心之诗。就百年论，谁愿有此事；就千秋论，不可无此诗。"

钗头凤

陆游

红酥手，黄縢酒，满城春色宫墙柳。东风恶，欢情薄。一怀愁绪，几年离索。错！错！错！
春如旧，人空瘦，泪痕红浥鲛绡透。桃花落，闲池阁。山盟虽在，锦书难托。莫！莫！莫！

钗头凤

唐婉

世情薄，人情恶，雨送黄昏花易落。晓风干，泪痕残。欲笺心事，独语斜阑。难！难！难！
人成各，今非昨，病魂常似秋千索。角声寒，夜阑珊。怕人寻问，咽泪装欢。瞒！瞒！瞒！

十二月二日夜梦游沈氏园亭

陆游

路近城南已怕行，沈家园里更伤情。
香穿客袖梅花在，绿蘸寺桥春水生。

城南小陌又逢春，只见梅花不见人。
玉骨久沉泉下土，墨痕独锁壁间尘。

春　游

陆游

沈家园里花如锦，半是当年识放翁。
也信美人终作土，不堪幽梦太匆匆。

资料链接

1. 姜嘉锵演唱《沈园二首》：http://www.tudou.com/programs/view/mooq5Ksvi_k
2. 杨雨《侠骨柔情陆放翁》：http://tv.cntv.cn/video/C20766/a726d91b69a74b432e501f9139a475c4
3. 品读《钗头凤·红酥手》：http://v.ku6.com/show/ZRf8q0xLx7MFSNk_Ex8o8g...html
4. 孙丹林《陆游》：http://kejiao.cntv.cn/bjjt/classpage/video/20100408/100548.shtml
5.《沈园情》：http://video.baidu.com/v?word=钗头凤&ie=utf-8
6. 越剧名段《钗头凤·断肠人》：http://tv.cntv.cn/video/C27651/9791cf48e8044b2896d36cb2599a8cba
7. 童丽演唱《钗头凤》：http://www.56.com/u14/v_NTcwNzAzNzk.html

思考与研讨

一、表达对往事的感伤，可以借景抒情，说说《沈园二首》是如何运用此法的。

二、"梦断香消四十年，沈园柳老不吹绵"，这两句运用了什么手法？这种手法有何作用？

三、从陆游和唐婉的爱情悲剧中，后人应吸取些什么教训？如何避免类似悲剧的重演？

四、很多名不见经传的地方，都因文人的吟咏而声名鹊起，甚至成为某种文化符号，请举一两例互相交流。

江城子①

乙卯正月二十日夜记梦

苏　轼

苏轼（1037—1101），字子瞻，号东坡居士，眉山（今四川眉山）人。其诗、词、赋、散文均成就极高，且善书法和绘画，是中国数千年历史上被公认文学艺术造诣最杰出的大家之一。其散文与欧阳修并称“欧苏”；诗与黄庭坚并称“苏黄”，又与陆游并称“苏陆”；词与辛弃疾并称“苏辛”。宋仁宗嘉祐二年（1057）进士。一生受王安石变法影响，仕途坎坷。

这首词是作者于宋神宗熙宁八年（1075）所作。其妻王弗亡故十年，作者以“记梦”为题，道出了对妻子不尽的思念，以白描手法倾诉了梦中相见的喜极而悲，相顾无限感怀，恍若生逢的种种深情，也渗透着沧桑变化、人生多艰的忧思和沉痛。诚后山所谓“有声当彻天，有泪当彻泉”。处处家常语，字字肺腑言，具有扣人心弦之力。

十年生死两茫茫，不思量，自难忘。千里孤坟，无处话凄凉②。纵使相逢应不识，尘满面，鬓如霜。

夜来幽梦忽还乡，小轩窗③，正梳妆。相顾无言，惟有泪千行。料得④年年肠断处，明月夜，短松冈⑤。

课文延伸

悼亡之作，《诗经》中即有，其后西晋潘岳《悼亡诗》、中唐元稹《离思》拓展了此类诗歌境界，韩愈悼亡文感人至深，苏轼则首次将此题材引入词中。

离　思

元稹

曾经沧海难为水，除却巫山不是云。
取次花丛懒回顾，半缘修道半缘君。

鹧鸪天

贺铸

重过阊门万事非，同来何事不同归？
梧桐半死清霜后，白头鸳鸯失伴飞。
原上草，露初晞，旧栖新垅两依依。
空床卧听南窗雨，谁复挑灯夜补衣。

---

① 江城子：词牌名。

② “千里”句：指王弗的坟远在千里之外。据《亡妻王氏墓志铭》，王弗死后“葬于眉之东北彭山县安镇乡可龙里”，作者此时在密州，两地相距很远。

③ 轩窗：居室的窗户。轩，小房子。

④ 料得：料想。

⑤ 短松冈：栽种着矮松树的山冈，这里指王弗的墓地。古人多于墓地种植松树。

浣溪沙

纳兰性德

谁念西风独自凉，萧萧黄叶闭疏窗，沉思往事立残阳。
被酒莫惊春睡重，赌书消得泼茶香，当时只道是寻常。

资料链接

1. 康震《苏轼》：http://kejiao. cntv. cn/C20512/classpage/video/20100712/100682. shtml

2. 走遍中国《苏东坡初恋的地方》：http://www. cctv. com/video/zoubianzhongguo/2007/12/zoubianzhongguo_300_20071218_2. shtml

3. 张鸣《苏轼》：http://v. ku6. com/show/t7wH3y7ULC-jH5fQbspnBA…html

4. 李敬一《苏轼和他的词》：http://v. youku. com/v_show/id_XNDI4MzUyMzky. html? tpa=dW5pb25faWQ9MTAyMjEzXzEwMDAwMl8wMV8wMQ

5. 马兰演唱的黄梅戏《十年生死两茫茫》：http://v. youku. com/vshow/idXMjYxNjEzMDg=. html

6. 陆毅版电视剧《苏东坡》：http://www. tudou. com/albumcover/OpWsGVKFKDw. html

思考与研讨

一、唐圭璋评论道："此首为公悼亡之作。真情郁勃，句句沉痛，而音响凄厉，诚后山所谓'有声当彻天，有泪当彻泉'也。"你认为这种评论是否褒扬过度，试分析其感人之处。

二、请收看视频《苏轼初恋的地方》，说说"小轩窗，正梳妆"在词中的意味?

三、查阅悼亡题材的作品，看看还有哪些感人词句，摘录下来，以小组形式互相分享解说。

四、课外阅读金庸《神雕侠侣》第三十八回"生死茫茫"。

11 惊　梦[①]

汤显祖

汤显祖（1550—1616），字义仍，号海若、若士，晚年号茧翁，自署清远道人，临川（今江西抚州）人。明代著名戏曲家、文学家，被誉为"东方的莎士比亚"。代表作有《牡丹亭》（又名《还魂记》）《紫钗记》《南柯记》《邯郸记》，合称"临川四梦"。

《牡丹亭》是中国戏曲史上影响最大、艺术成就最高的一部杰作。该剧以富家千金杜丽娘与书生柳梦梅的爱情故事为主题，表现了剧作家汤显祖至真、至情、至美的人生与艺术追求。《惊梦》是《牡丹亭》中最富有神韵与表现力的一出，前半部分"游园"描写杜丽娘在春香的引逗下来到后花园游玩，大自然的美景引发了她对青春的觉醒，产生了追求爱情的强烈愿望；后半部分则通过梦幻的情节使闺门千金杜丽娘冲破封建礼教的束缚，体验了刻骨铭心的爱情，"两情和合，真个是千般爱惜，万种温存"，这是她主动追求理想爱情的开始，其间浸润着浪漫主义的感伤之美、追求之美、情爱之美和理想之美，这是对自然、青春和爱情的礼赞。从此，杜丽娘便开始了对爱和美的不懈追求，哪怕历尽千难万险，经过九死一生，她都不会改变，不会退缩，不会放弃。

《惊梦》的唱词文字优美，音律和谐，曲文的绚烂多彩与自然景观的姹紫嫣红共同为表现

---

① 选自徐朔方、杨笑梅校注《牡丹亭》（人民文学出版社 1963 年版）第十出。

杜丽娘的形象起到了强烈的烘托作用。

【绕池游】（旦上）梦回莺啭，乱煞年光遍[①]。人立小庭深院。（贴）炷尽沉烟[②]，抛残绣线，恁[③]今春关情似去年？

【乌夜啼】“（旦）晓来望断梅关[④]，宿妆残[⑤]。（贴）你侧着宜春髻子[⑥]恰凭栏。（旦）剪不断，理还乱，闷无端。（贴）已分付催花莺燕借春看。”（旦）春香，可曾叫人扫除花径？（贴）吩咐了。（旦）取镜台衣服来。（贴取镜台衣服上）“云髻罢梳还对镜，罗衣欲换更添香。”镜台衣服在此。

【步步娇】（旦）袅晴丝[⑦]吹来闲庭院，摇漾春如线。停半晌、整花钿[⑧]。没揣菱花，偷人半面，迤逗的彩云偏[⑨]。（行介）步香闺怎便把全身现！（贴）今日穿插的好。

【醉扶归】（旦）你道翠生生出落的裙衫儿茜[⑩]，艳晶晶花簪八宝填[⑪]，可知我常一生儿爱好是天然[⑫]。恰三春好处[⑬]无人见。不提防沉鱼落雁鸟惊喧[⑭]，则怕的羞花闭月花愁颤。（贴）早茶时了，请行。（行介）你看：“画廊金粉半零星，池馆苍苔一片青。踏草怕泥[⑮]新绣袜，惜花疼煞小金铃[⑯]。”（旦）不到园林，怎知春色如许！

【皂罗袍】原来姹紫嫣红开遍，似这般都付与断井颓垣。良辰美景奈何天[⑰]，赏心乐事谁家院[⑱]！恁般景致，我老爷和奶奶再不提起。（合）朝飞暮卷[⑲]，云霞翠轩；雨丝风片，烟波画船，——锦屏人忒看的这韶光贱[⑳]！（贴）是花都放了，那牡丹还早。

---

① 梦回：梦醒。乱煞年光遍：缭乱人心的春光到处都是。

② 贴：贴旦，扮演次要女角。此指丫鬟春香。炷（zhù）：点燃，焚烧。沉烟：沉香，熏香用的香料。

③ 恁（nèn）：为什么。

④ 梅关：即大庾岭，宋代在这里设置梅关，这是往来广东、江西的重要通道。

⑤ 宿妆残：隔夜的残妆。

⑥ 宜春髻子：一种发式。相传立春那天，妇女剪彩作燕子状，上贴“宜春”二字，戴在髻上。

⑦ 袅晴丝：细长柔软的游丝在晴空中飘荡。袅，飘忽不定。

⑧ 花钿：古代妇女鬓发边的饰物。

⑨ “没揣”句：料不到在镜子里偷偷照见了自己的半面，羞得把发卷也弄歪了。这句写出一个少女含情脉脉的微妙心理，她是连看见镜子里自己的影子也有些不好意思的。没揣，没料到。菱花，代指镜子。古时用铜镜，背面所铸花纹一般为菱花，因此称菱花镜。迤逗，引惹，挑逗。彩云，指漂亮的发髻。

⑩ 翠生生出落的裙衫儿茜（qiàn）：形容衣裙颜色鲜艳。翠生生，极言色彩鲜艳。出落的，显出，衬托出。茜，茜红色。

⑪ 艳晶晶花簪八宝填：指发簪镶嵌着多种宝石，形容头饰光彩夺目。

⑫ 爱好：犹言爱美。天然：天性使然。

⑬ 三春好处：比喻自己的青春美貌。

⑭ 沉鱼落雁鸟惊喧：形容美貌使鱼鸟惊避。出自《庄子·齐物论》：“毛嫱、丽姬，人之所美也。鱼见之深入，鸟见之高飞。”下句“羞花闭月”意同。

⑮ 泥：作动词用，玷污。

⑯ 惜花疼煞小金铃：《开元天宝遗事》：“天宝初，宁王……于后园中纫红丝为绳，密缀金铃，系于花梢之上。每有鸟鹊翔集，则令园吏掣铃索以惊之。盖惜花之故也。”疼煞小金铃，小金铃都被拉得疼煞了。

⑰ “良辰美景”句：意为如此美好的春光艳景竟被闲置、遗忘，不由地让人仰天长叹，徒呼奈何了。

⑱ “赏心乐事”句：赏心悦目、快意当前的事，又在哪一处庭院（去找寻）呢？谁家，哪一家。

⑲ 朝飞暮卷：形容轩阁的高旷。出自唐人王勃《滕王阁》诗：“画栋朝飞南浦云，朱帘暮卷西山雨。”

⑳ 锦屏人：深闺中人，包括在游园的自己。忒（tuī）：太。韶光：春光。

【好姐姐】（旦）遍青山啼红了杜鹃①，荼蘼②外烟丝醉软。春香呵，牡丹虽好，他春归怎占的先③！（贴）成对儿莺燕呵。（合）闲凝眄④，生生燕语明如翦⑤，呖呖莺歌溜的圆⑥。（旦）去罢。（贴）这园子委是观之不足也。（旦）提他怎的！（行介）

【隔尾】观之不足由他缱⑦，便赏遍了十二亭台是枉然。到不如兴尽回家闲过遣。（作到介）（贴）"开我西阁门，展我东阁床。瓶插映山紫⑧，炉添沉水香⑨。"小姐，你歇息片时，俺瞧老夫人去也。（下）（旦叹介）"默地游春转，小试宜春面。"春呵，得和你两留连，春去如何遣，咳，恁般天气，好困人也。春香那里？（作左右瞧介）（又低首沉吟介）天呵，春色恼人，信有之乎！常观诗词乐府，古之女子，因春感情，遇秋成恨，诚不谬矣。吾今年已二八，未逢折桂之夫；忽慕春情，怎得蟾宫之客？昔日韩夫人得遇于郎⑩，张生偶逢崔氏⑪，曾有《题红记》、《崔徽传⑫》二书。此佳人才子，前以密约偷期，后皆得成秦晋⑬。（长叹介）吾生于宦族，长在名门。年已及笄⑭，不得早成佳配，诚为虚度青春，光阴如过隙耳。（泪介）可惜妾身颜色如花，岂料命如一叶乎！

【山坡羊】没乱里春情难遣，蓦地里怀人幽怨。则为俺生小婵娟，拣名门一例、一例里神仙眷⑮。甚良缘，把青春抛的远！俺的睡情谁见？则索因循腼腆。想幽梦谁边，和春光暗流转？迁延，这衷怀那处言！淹煎⑯，泼残生⑰，除问天！身子困乏了，且自隐几而眠。（睡介）（梦生介）（生持柳枝上）"莺逢日暖歌声滑，人遇风情笑口开。一径落花随水入，今朝阮肇到天台⑱。"小生顺路儿跟着杜小姐回来，怎生不见？（回看介）呀，小姐，小姐！（旦作惊起介）（相见介）（生）小生那一处不寻访小姐来，却在这里！（旦作斜视不语介）（生）恰好花园

---

① 啼红了杜鹃：开遍了红色的杜鹃花。从杜鹃（鸟）泣血的传说联想起来的。
② 荼蘼：落叶小灌木，晚春时开放。
③ 他春归怎占的先：（牡丹）春天来时怎么能争得先开呢？意指牡丹开得晚，和杜丽娘（我）一样虚度了许多春光。
④ 凝眄（miǎn）：凝视。眄，斜视，泛指看、望。
⑤ 生生：形容清脆的鸣叫声。明：明快。翦：同剪。此句形容燕语声明快清脆。
⑥ 呖呖：形容声音清脆流利。溜的圆：形容莺声婉转圆润。
⑦ 缱：留恋、缠绵。
⑧ 映山紫：杜鹃花的一种。
⑨ 沉水香：即沉香。
⑩ 韩夫人得遇于郎：唐僖宗时，宫女韩氏以红叶题诗，从御沟中流出宫外，被书生于佑拾得。于佑也以红叶题诗，投入上流，寄给韩氏。后来两人结为夫妇。
⑪ 张生偶逢崔氏：即张生和崔莺莺的爱情故事，见唐人元稹《会真记》，后来传奇《西厢记》演的就是这个故事。
⑫ 崔徽传：写的是妓女崔徽和裴敬中的爱情故事，与崔、张的故事无关，疑为《莺莺传》或《西厢记》的笔误。
⑬ 得成秦晋：结成夫妇。春秋时秦、晋两国世代联姻，后世称联姻为秦晋之好。
⑭ 年已及笄（jī）：指女子已成年，到了婚配的年龄。古代女子15岁开始以笄（簪）束发，叫及笄，见《礼记·内则》。
⑮ "拣名门"句：指杜丽娘的父母为她在名门贵族中择配。
⑯ 淹煎：受煎熬，遭折磨。
⑰ 泼残生：苦命儿。泼，表示厌恶的口气。
⑱ 阮肇到天台：指见到爱人。南朝刘义庆《幽明录》载，东汉时的采药人刘晨和阮肇曾在天台山桃源洞遇到美貌仙女。

内，折取垂柳半枝。姐姐，你既淹通书史，可作诗以赏此柳枝乎？（旦作惊喜，欲言又止介）（背想）这生素昧平生，何因到此？（生笑介）小姐，咱爱杀你哩！

【山桃红】则为你如花美眷，似水流年，是答儿[①]闲寻遍。在幽闺自怜。小姐，和你那答儿讲话去。（旦作含笑不行）（生作牵衣介）（旦低问）那边去？（生）转过这芍药栏前，紧靠着湖山石边。（旦低问）秀才，去怎的？（生低答）和你把领扣松，衣带宽，袖梢儿揾着牙儿苫[②]也，则待你忍耐温存一晌眠。（旦作羞）（生前抱）（旦推介）（合）是那处曾相见，相看俨然，早难道这好处相逢无一言？（生强抱旦下）（末扮花神束发冠，红衣插花上）“催花御史[③]惜花天，检点春工又一年。蘸客伤心红雨下[④]，勾人悬梦彩云边。”吾乃掌管南安府后花园花神是也。因杜知府小姐丽娘，与柳梦梅秀才，后日有姻缘之分。杜小姐游春感伤，致使柳秀才入梦。咱花神专掌惜玉怜香，竟来保护他，要他云雨十分欢幸也。

【鲍老催】（末）单则是混阳烝变[⑤]，看他似虫儿般蠢动把风情搧。一般儿娇凝翠绽魂儿颤。这是景上缘，想内成，因中见[⑥]。呀，淫邪展污[⑦]了花台殿。咱待拈片落花儿惊醒他。（向鬼门[⑧]丢花介）他梦酣春透了怎留连？拈花闪碎的红如片。秀才才到的半梦儿，梦毕之时，好送杜小姐仍归香阁。吾神去也。（下）

【山桃红】（生、旦携手上）（生）这一霎天留人便，草藉花眠。小姐可好？（旦低头介）（生）则把云鬟点，红松翠偏。小姐休忘了呵，见了你紧相偎，慢厮连，恨不得肉儿般团成片也，逗的个日下胭脂雨上鲜。（旦）秀才，你可去呵？（合）是那处曾相见，相看俨然，早难道这好处相逢无一言？（生）姐姐，你身子乏了，将息，将息。（送旦依前作睡介）（轻拍旦介）姐姐，俺去了。（作回顾介）姐姐，你可十分将息，我再来瞧你那。“行来春色三分雨，睡去巫山一片云。”（下）（旦作惊醒，低叫介）秀才，秀才，你去了也？（又作痴睡介）

（老旦上）“夫婿坐黄堂，娇娃立绣窗。怪他裙衩上，花鸟绣双双。”孩儿，孩儿，你为甚瞌睡在此？（旦作醒，叫秀才介）咳也。（老旦）孩儿怎的来？（旦作惊起介）奶奶到此！（老旦）我儿，何不做些针指，或观玩书史，舒展情怀？因何昼寝于此？（旦）孩儿适花园中闲玩，忽值春暄恼人，故此回房。无可消遣，不觉困倦少息。有失迎接，望母亲恕儿之罪。（老旦）孩儿，这后花园中冷静，少去闲行。（旦）领母亲严命。（老旦）孩儿，学堂看书去。（旦）先生不在，且自消停。（老旦叹介）女孩儿长成，自有许多情态，且自由他。正是：“宛转随儿女，辛勤做老娘。”（下）（旦长叹介）

（看老旦下介）哎也，天那，今日杜丽娘有些侥幸也。偶到后花园中，百花开遍，睹景伤情。没兴而回，昼眠香阁。忽见一生，年可弱冠[⑨]，丰姿俊妍。于园中折得柳丝一枝，笑对奴家说：“姐姐既淹通书史，何不将柳枝题赏一篇？”那时待要应他一声，心中自忖，素昧平生，不知名姓，何得轻与交言。正如此想间，只见那生向前说了几句伤心话儿，将奴搂抱去牡丹亭畔，芍药阑边，共成云雨之欢。两情和合，真个是千般爱惜，万种温存。欢毕之时，又送我睡眠，几声

---

① 是答儿：这边。下文“那答儿”即那边。
② 袖梢儿揾（wèn）着牙儿苫（shān）：用衣袖遮掩住草垫子。
③ 催花御史：相传唐穆宗置惜花御史料理盛开的鲜花。
④ 蘸客伤心红雨下：落花如红雨，使客中人伤心。
⑤ 混阳烝变：形容杜丽娘与柳梦梅梦中幽会。
⑥ 景上缘，想内成，因中见：比喻姻缘短暂，是不真实的梦幻。这是佛家的说法。景，同“影”。因，姻缘。
⑦ 展污：沾污，弄脏。
⑧ 鬼门：一作“古门”，戏台上演员的上、下场门。
⑨ 弱冠：古代男子到20岁行冠礼，表示已经成人，见《仪礼·曲礼》。

“将息”。正待自送那生出门，忽值母亲来到，唤醒将来。我一身冷汗，乃是南柯一梦。忙身参礼母亲，又被母亲絮了许多闲话。奴家口虽无言答应，心内思想梦中之事，何曾放怀。行坐不宁，自觉如有所失。娘呵，你教我学堂看书去，知他看那一种书消闷也。(作掩泪介)

【绵搭絮】雨香云片[①]，才到梦儿边。无奈高堂，唤醒纱窗睡不便。泼新鲜冷汗粘煎，闪的俺心悠步亸[②]，意软鬟偏。不争多[③]费尽神情，坐起谁忺[④]？则待去眠。

(贴上)“晚妆销粉印，春润费香篝[⑤]。”小姐，薰了被窝睡罢。

【尾声】(旦)困春心游赏倦，也不索香薰绣被眠。天呵，有心情那梦儿还去不远。

春望逍遥出画堂（张说），间梅遮柳不胜芳（罗隐）。

可知刘阮逢人处（许浑）？回首东风一断肠（韦庄）。

课文延伸

《西厢记·长亭送别》(节选)

王实甫

【端正好】碧云天，黄花地，西风紧，北雁南飞。晓来谁染霜林醉？总是离人泪。

【滚绣球】恨相见得迟，怨归去得疾。柳丝长玉骢难系，恨不倩疏林挂住斜晖。马儿迍迍的行，车儿快快的随，却告了相思回避，破题儿又早别离。听得道一声去也，松了金钏；遥望见十里长亭，减了玉肌：此恨谁知！

西厢记妙词通戏语 牡丹亭艳曲警芳心

曹雪芹

这里林黛玉见宝玉去了，又听见众姊妹也不在房，自己闷闷的。正欲回房，刚走到梨香院墙角上，只听墙内笛韵悠扬，歌声婉转。林黛玉便知是那十二个女孩子演习戏文呢。只是林黛玉素习不大喜看戏文，便不留心，只管往前走。偶然两句吹到耳内，明明白白，一字不落，唱道是：“原来姹紫嫣红开遍，似这般都付与断井颓垣。”林黛玉听了，倒也十分感慨缠绵，便止住步侧耳细听，又听唱道是：“良辰美景奈何天，赏心乐事谁家院。”听了这两句，不觉点头自叹，心下自思道：“原来戏上也有好文章。可惜世人只知看戏，未必能领略这其中的趣味。”想毕，又后悔不该胡想，耽误了听曲子。又侧耳时，只听唱道：“则为你如花美眷，似水流年……”林黛玉听了这两句，不觉心动神摇。又听道：“你在幽闺自怜”等句，亦发如醉如痴，站立不住，便一蹲身坐在一块山子石上，细嚼“如花美眷，似水流年”八个字的滋味。忽又想起前日见古人诗中有“水流花谢两无情”之句，再又有词中有“流水落花春去也，天上人间”之句，又兼方才所见《西厢记》中“花落水流红，闲愁万种”之句，都一时想起来，凑聚在一处。仔细忖度，不觉心痛神痴，眼中落泪。

汤显祖《牡丹亭》简论

陈中凡

汤氏《牡丹亭》式的主人公，既不同于它之前的《孔雀东南飞》式的、《梁山伯与祝英台》式的和《西厢记》式的女性典型，也不同于它之后《红楼梦》式的女性典型。因为前两

---

① 雨香云片：云雨的美称，指梦中的幽会。

② 步亸（duǒ)：脚步偏斜。

③ 不争多：差不多，几乎。

④ 忺（xiān)：高兴，适意。

⑤ 香篝：熏笼。

个主人公——刘兰芝和祝英台——都是在封建势力压迫之下牺牲的悲剧性的人物，第三个崔莺莺在唐代传奇小说中也属于悲剧性的，到金诸宫调和元杂剧中加以改写，才源于失败、幸得到外力的援助、免遭惨痛的厄运。第四个林黛玉虽竭力挣扎，终不免陷于悲剧的结局。只有汤氏在《牡丹亭》中塑造的杜丽娘，能自发自觉地提出她的思想，又由自己努力贯彻她的理想，而使其成为现实，得到喜剧性的胜利结果。这是由时代的不同，以及作家哲学思想、艺术才能和个性的不同所决定的。

论《牡丹亭》

徐朔方

尽管受到严格的曲律的限制，但它所描写的春日园林犹使人如亲历其境一样，以至于我们也不自觉地以杜丽娘的心绪感受着周围的一切。文字的绚烂多彩和它所描写的客观世界是一致的，它具有魅人的力量。请看《寻梦》的曲文：〔懒画眉〕最撩人春色是今年。少甚么低就高来粉画垣，原来春心无处不飞悬。（绊介）哎，睡荼蘼抓住裙衩线，恰便是花似人心好处牵。杜丽娘对爱情的渴望和她周围的景色一起传达出来了。依靠景色的烘托，作家既揭示出杜丽娘内心深处的秘密而又无损于她的身份。写景是为了写情，可见这些描写是为出色地创造典型而服务的。

资料链接

1. 寻访汤显祖与《牡丹亭》：http://www.tudou.com/programs/view/0yFAioBjkbE/?union_id=100501_100500_01_01&tpa=dW5pb25faWQ9MTAyMjEzXzEwMDAwMV8wMV8wMQ

2. 白先勇欲借《牡丹亭》使传统文化“还魂”：http://baidu.v.ifeng.com/watch/308944879656 2772452.html? page=videoMultiNeed

3. 白先勇青春版《牡丹亭》：http://v.youku.com/v_show/id_XNzYzMjMyODg=.html?from=y1.2-1-86.3.3-1.1-1-1-2-0

4. 于丹《昆曲梦幻之美》：http://www.iqiyi.com/w_19rrme4y4p.html

5. 汤显祖与《牡丹亭》：http://v.youku.com/v_show/id_XODkyMzIwOTY=.html? tpa=dW5pb25faWQ9MTAyMjEzXzEwMDAwMl8wMV8wMQ

6. 依空法师《佛教文学家：汤显祖》：http://www.tudou.com/programs/view/ua97zK6iels/?tpa=dW5pb25faWQ9MTAyMjEzXzEwMDAwMl8wMV8wMQ

7. 史红梅《牡丹亭片段》：http://tv.cntv.cn/video/C10361/87079fbd67f041a3bde403069fb71e4a

思考与讨论

一、在《牡丹亭》题词里面，作者写到“天下女子有情，宁有如杜丽娘者乎！”“如丽娘者，乃可谓之有情人耳。情不知所起，一往而深。生者可以死，死可以生。生而不可以死，死而不可复生者，皆非情之至也。”作者在《惊梦》一出中极写杜丽娘青春意识、爱情意识的觉醒，你怎样评价杜丽娘这一艺术形象？

二、细细吟诵开场【步步娇】和【醉扶归】两段曲文，体味词句的优美是怎样与表现人物的千娇百媚之容、柔情似水之态结合起来的。

三、观摩昆曲《牡丹亭·惊梦》一折，体会真实的戏剧表演和文学剧本之间存在的差异。

四、观看《人鬼情未了》影片。

12　娘啊，我的疯子娘[①]

树儿

树儿（1969—　），原名王恒绩，湖北省红安县人。16岁时因家贫失学到武汉做建筑小工，后又做厨师，凭借勤奋自学成为作家。中央电视台、《长江日报》等多家媒体先后报道过他的事迹。他已发表各类作品300多万字，其中多篇获奖或被改编、拍摄为影视作品，现为湖北武汉市作家协会会员，《爱情婚姻家庭》杂志编辑、记者。

2004年度，其作品《疯娘》发表后，被包括美国在内的数十个国家的中文网站转载，创下了有网络以来网上的最高点击率。《新华文摘》《光明日报》《文摘报》《读者》等数百家报刊转载，海内外56家影视公司抢着购买其影视版权。2005年元月，《疯娘》被评为“敬老好文章”最高奖——一等奖。中宣部买走《疯娘》舞台剧版权，2005年在全国各大城市巡回演出。

本文讲述了一个“疯子娘”的故事，“娘”虽遭遇种种不幸，却处处显示出作为母亲的本能。全文娓娓道来，充满真挚、朴实的情感，催人泪下。

序

23年前，有个年轻的女子流落到我们村，蓬头垢面，见人就傻笑。因此，村里的媳妇们常对着那女子吐口水，有的媳妇还上前踹几脚，叫她“滚远些”。可她就是不走，依然傻笑着在村里转悠。那时，我父亲已有35岁。他曾在石料场干活被机器绞断了左手，又因家穷，一直没娶媳妇。奶奶见那女子还有几分姿色，就动了心思，决定收下她给我父亲做媳妇，给我家“续上香火”。父亲虽老大不情愿，但看着家里这番光景，咬咬牙还是答应了。结果，父亲一分未花，就当了新郎。

尽管娘的奶胀得厉害，可我没能吃到娘的半口奶水

娘生下我的时候，奶奶抱着我，瘪着没剩几颗牙的嘴欣喜地说：“这疯婆娘，还给我生了个带把儿的孙子。”只是，我一生下来，奶奶就把我抱走了，而且从不让娘靠近。

娘一直想抱抱我，多次在奶奶面前吃力地喊：“给，给我……”奶奶没理她。我那么小，像个肉嘟嘟，万一娘失手把我掉在地上怎么办？毕竟，娘是个疯子。每当娘有抱我的请求时，奶奶总瞪起眼睛训她：“你别想抱孩子，我不会给你的。要是我发现你偷抱了他，我就打死你。即使不打死，我也要把你撵走。”奶奶说这话时，没有半点儿含糊的意思。娘听懂了，满脸的惶恐，每次只是远远地看着我。尽管娘的奶胀得厉害，可我没能吃到娘的半口奶水，是奶奶一匙一匙把我喂大的。奶奶说娘的奶水里有“神经病”，要是传染给我就麻烦了。

那时，我家依然在贫困的泥潭里挣扎，特别是添了娘和我后。奶奶决定把娘撵走，因为娘不但在家吃“闲饭”，时不时还惹是生非。一天，奶奶煮了一大锅饭，亲手给娘添了一大碗，说：“儿媳妇，这个家太穷了，婆婆对不起你。你吃完这碗饭，就去找个富点儿的人家过日子，以后也不准来了，啊？”娘刚扒拉一大团饭在口里，听了奶奶下的“逐客令”，显得非常吃惊，一团饭就在嘴里凝滞了。娘望着奶奶怀中的我，口齿不清地哀叫：“不，不要……”奶奶猛地沉下脸，拿出威严的家长作风厉声吼道：“你这个疯婆娘，犟什么犟，犟下去没你的好果子吃。你本来就是到处流浪的，我收留你两年了，你还要怎么样？吃完饭就走，听到没有？”说完奶

---

① 选自新华网 http://www.sc.xinhuanet.com/content/2004-03/24/content_1840714.htm。

奶从门后拿出一柄锄，像佘太君的龙头杖似的往地上重重一磕，“咚”地发出一声响。娘吓了一大跳，怯怯地看着婆婆，又慢慢低下头去看面前的饭碗，有泪水落在白花花的米饭上。在奶奶逼视下，娘突然有个很奇怪的举动，她将碗中的饭分了一大半给另一只空碗，然后可怜巴巴地看着奶奶。

奶奶呆了，原来，娘是向奶奶表示，每餐只吃半碗饭，只求别赶她走。奶奶的心仿佛被人狠狠揪了几把，奶奶也是女人，她的强硬态度也是装出来的。奶奶别过头，生生地将热泪憋了回去，然后重新板起了脸说：“快吃快吃，吃了快走。”娘似乎绝望了，连那半碗饭也没吃，踉踉跄跄地出了门，却长时间站在门前不走。奶奶硬着心肠说：“你走，你走，不要回头。”娘反而走拢来，一双手伸向婆婆怀里，原来，娘想抱抱我。奶奶犹豫了一下，还是将襁褓中的我递给了娘。娘第一次将我搂在怀里，咧开嘴笑了，笑得春风满面。奶奶却如临大敌，两手在我身下接着，生怕娘的疯劲一上来，将我像扔垃圾一样丢掉。娘抱我的时间不足三分钟，奶奶便迫不及待地将我夺了过去，然后转身进屋关上了门。

我们之间的交流是以我“吼”为主，娘是绝不敢顶嘴的

当我懵懵懂懂地晓事时，我才发现，除了我，别的小伙伴都有娘。我找父亲要，找奶奶要，他们说，你娘死了。可小伙伴却告诉我：“你娘是疯子，被你奶奶赶走了。”我便找奶奶扯皮，要她还我娘，还骂她是“狼外婆”，甚至将她端给我的饭菜泼了一地。那时我还没有“疯”的概念，只知道非常想念她，她长什么样？还活着吗？没想到，在我 6 岁那年，离家 5 年的娘居然回来了。那天，几个小伙伴飞也似地跑来报信：“小树，快去看，你娘回来了，你的疯娘回来了。”我喜得屁颠屁颠的，撒腿就往外跑，父亲、奶奶随着我也追了出来。这是我有记忆以来第一次看到娘。她还是破衣烂衫，头发上还有些枯黄的碎草末，天知道是在哪个草堆里过的夜。娘不敢进家门，却面对着我家，坐在村前稻场的石磙上，手里还拿着个脏兮兮的气球。当我和一群小伙伴站在她面前时，她急切地从我们中间搜寻她的儿子。娘终于盯住我，死死地盯住我，咧着嘴叫我：“小树……球……球！”她站起来，不停地扬着手中的气球，讨好地往我怀里塞。我却一个劲儿地往后退。我大失所望，没想到我日思夜想的娘居然是这样一副形象。一个小伙伴在一旁起哄说：“小树，你现在知道疯子是什么样了吧？就是你娘这样的。”

我气愤地对小伙伴说：“她是你娘！你娘才是疯子，你娘才是这个样子。”我扭头就跑了。这个疯娘我不要了。奶奶和父亲却把娘领进了门。当年，奶奶撵走娘后，她的良心受到了拷问，随着一天天衰老，她的心再也硬不起来，所以主动留下了娘，而我老大不乐意，因为娘丢了我的面子。

我从没给娘好脸色看，从没跟她主动说过话，更没有喊她一声“娘”，我们之间的交流是以我“吼”为主，娘是绝不敢顶嘴的。

奶奶喃喃地说道：“这个疯婆娘，心里也知道疼爱自己的孩子啊！”

家里不能白养着娘，奶奶决定训练娘做些杂活。下地劳动时，奶奶就带着娘出去“观摩”，稍不听话就要挨打。

过了些日子，奶奶以为娘已被自己训练得差不多了，就叫娘单独出去割猪草。没想到，娘只用了半小时就割了两筐“猪草”。奶奶一看，又急又慌，娘割的是人家田里正生浆拔穗的稻谷。奶奶气急败坏地骂她“疯婆娘谷草不分……”奶奶正想着如何善后时，稻田的主人找来了，竟说是奶奶故意教唆的。奶奶火冒三丈，当着人家的面拿出根棒槌一下敲在娘的后腰上，说：“打死你这个疯婆娘，看你还敢给老娘惹祸？……”

娘虽疯，疼还是知道的，她一跳一跳地躲着奶奶的棒槌，口里不停地发出“别、别……”

的哀号。最后，人家看不过眼，主动说："算了，我们不追究了。以后把她看严点就是……"这场风波平息后，娘歪在地上抽泣着。我鄙夷地对她说："草和稻子都分不清，你真是个猪。"话音刚落，我的后脑勺挨了一巴掌，是奶奶打的。奶奶瞪着眼骂我："小兔崽子，你怎么说话的？再怎么着，她也是你娘啊！"我不屑地嘴一撇："我没有这样的傻疯娘！"

"嗬，你真是越来越不像话了。看我不打你！"奶奶又举起巴掌，这时只见娘像弹簧一样从地上跳起，横在我和奶奶中间，娘指着自己的头，"打我、打我"地叫着。

我懂了，娘是叫奶奶打她，别打我。奶奶举在半空中的手颓然垂下，嘴里喃喃地说道："这个疯婆娘，心里也知道疼爱自己的孩子啊！"我上学不久，父亲被邻村一位养鱼专业户请去守鱼池，每月能赚50元。娘仍然在奶奶带领下出门干活，主要是打猪草，她没再惹什么大的乱子。

记得我读小学三年级时，一个冬日，天空突然下起了雨，奶奶让娘给我送雨伞。娘可能一路摔了好几跤，浑身像个泥猴似的，她站在教室的窗户旁望着我傻笑，口里还叫："树……伞……"一些同学嘻嘻地笑。带头起哄的是小范，当他还在夸张地模仿时，我抓起面前的文具盒，猛地向他砸过去。他冲上前来掐住我的脖子，我俩厮打起来。我个子小，根本不是他的对手，被他轻易压在地上。这时，只听教室外传来"嗷"的一声长啸，娘像个大侠似地飞跑进来，一把抓起小范，拖到了屋外。都说疯子力气大，真是不假。娘双手将欺负我的小范举向半空，他吓得哭爹喊娘，一双胖乎乎的小腿在空中乱踢蹬。娘毫不理会，居然将他丢到了学校门口的水塘里，然后一脸漠然地走开了。

娘为我闯了大祸，她却像没事似的。在我面前，娘又恢复了一副怯怯的神态，讨好地看着我。我明白这就是母爱，即使神志不清，母爱也是清醒的，因为她的儿子遭到了别人的欺负。当时我情不自禁地叫了声："娘！"这是我会说话以来第一次喊她。娘浑身一震，久久地看着我，然后像个孩子似地羞红了脸，咧了咧嘴，傻傻地笑了。那天，我们母子俩第一次共撑一把伞回家。我把这事跟奶奶说了，奶奶吓得跌倒在椅子上，连忙请人去把爸爸叫了回来。爸爸刚进屋，一群拿着刀棒的壮年男人闯进我家，不分青红皂白，先将锅碗瓢盆砸了个稀巴烂。这都是范家请来的人，范父恶狠狠地指着爸爸的鼻子说："我儿子吓出了神经病，现在卫生院躺着。你家要不拿出1000块钱的医药费，我一把火烧了你家的房子。"

1000块？爸爸每月才50块钱啊！看着杀气腾腾的范家人，爸爸的眼睛慢慢烧红了，他用非常恐怖的目光盯着娘，一只手飞快地解下腰间的皮带，劈头盖脸地向娘打去。一下又一下，娘像只惶惶偷生的老鼠，无助地跳着、躲着，她发出的凄厉声以及皮带抽在她身上发出的那种清脆的声响，我一辈子都忘不了。最后还是派出所所长赶来制止了爸爸施暴的手。派出所的调解结果是，双方互有损失，两不亏欠。谁再闹就抓谁！一帮人走后，爸看看满屋狼藉的锅碗碎片，又看看伤痕累累的娘，他突然将娘搂在怀里痛哭起来，说："疯婆娘，不是我硬要打你，我要不打你，这事下不了地，咱们没钱赔人家啊。"爸又看着我说："树儿，你一定要争气。要不，咱们就这样被人欺负一辈子啊！"我懂事地点点头。

娘静静地躺在谷底，手里还紧紧攥着一个桃子

2000年夏，我以优异的成绩考上了高中。积劳成疾的奶奶不幸去世，家里的日子更难了。民政局将我家列为特困家庭，每月补助40元钱，我所在的高中也适当减免了我的学杂费，我这才得以继续读下去。

由于是住读，学习又抓得紧，我很少回家。父亲依旧在为50元打工，为我送菜的担子就责无旁贷地落在娘身上。每次总是隔壁的婶婶帮忙为我炒好咸菜，然后交给娘送来。20公里

的羊肠山路亏娘牢牢地记了下来，风雨无阻。也真是奇迹，凡是为儿子做的事，娘一点儿也不疯。除了母爱，我无法解释这种现象在医学上应该怎么破译。

2003 年 4 月的一个星期天，娘来了，不但为我送来了菜，还带来了十几个野鲜桃。我拿起一个，咬了一口，笑着问她："挺甜的，哪来的？"娘说："我……我摘的……"没想到娘还会摘野桃，我由衷地表扬她："娘，您真是越来越能干了。"娘嘿嘿地笑了。

娘临走前，我照例叮嘱她注意安全，娘"哦哦"地应着。送走娘，我又扎进了高考前最后的复习中。第二天，我正在上课，婶婶匆匆地赶到学校，问我娘送菜来没有，说我娘到现在还没回家。我心一紧，娘该不会走错道吧？婶婶问："你娘没说什么？"我说没有，她给我带了十几个野鲜桃哩。婶婶两手一拍："坏了坏了，可能就坏在这野鲜桃上。"婶婶替我请了假，我们沿着山路往回找，回家的路上确有几棵野桃树，桃树上稀稀拉拉地挂着几个桃子，因为长在峭壁上才得以保存下来。我们同时发现一棵桃树有枝丫折断的痕迹，树下是百丈深渊。婶婶看了看我说："到峭壁底下去看看吧！"我说："婶婶你别吓我……"婶婶不由分说，拉着我就往山谷里走……

娘静静地躺在谷底，周边是一些散落的桃子，她手里还紧紧攥着一个，身上的血早就凝固成了沉重的黑色。我悲痛得五脏俱裂，紧紧地抱住娘，说："娘啊，我的苦命娘啊，儿悔不该说这桃子甜啊，是儿子要了你的命……"我将头贴在娘冰凉的脸上，哭得漫山遍野的石头都陪着落泪……

在娘下葬后的第 100 天，大学录取通知书"飞"进了我的家门

2003 年 8 月 7 日，在娘下葬后的第 100 天，大学烫金的录取通知书穿过娘所走过的路，穿过那几株野桃树，穿过村前的稻场，径直"飞"进了我的家门。我把这份迟到的书信插在娘冷寂的坟头："娘，儿出息了，您听到了吗？您可以含笑九泉了！"

课文延伸

1. 胡适《我的母亲》
2. 老舍《我的母亲》
3. 汪曾祺《多年父子成兄弟》

资料链接

1. 央视读书栏目《父亲母亲》：http://kejiao. cntv. cn/2012/12/10/VIDA1355152508025599. shtml
2. 品读史铁生《合欢树》：http://v. ku6. com/show/tHOZOqbL7TIixtnGBViGuA.html？from = my
3. 史铁生《秋天的怀念》读诵：http://v. ku6. com/show/gJTkz06JvjPSuoiC5xD29w…html？from = my
4. 罗曼·加里（法国）《我的母亲独一无二》读诵：http://baidu. ku6. com/watch/08828425052829105708. html？page = videoMultiNeed
5.《母爱如粥》朗诵：http://www. 56. com/u43/v_OTIxMzI3NzY. html
6. 电视剧《母爱十三宗》：http://video. haosou. com/index. php？kw = 母爱十三宗

思考与讨论

一、疯娘母爱的本能是通过哪些事情表现出来的？

二、"我"从没娘想娘，有娘又不认娘，直到一次次真真切切感受到母爱，最后用实际行动报答了母亲的在天之灵。说说你从故事中得到的生命启示是什么？

三、针对现实中普遍存在的“啃老”现象，谈谈你的看法。

四、《增广贤文》中有一名句：“严父出孝子，慈母多败儿。”你认为这句话有道理吗？为什么？

13　朋友和其他

杏林子

杏林子（1942—2003），原名刘侠，中国台湾著名文学家。出生于陕西省扶风县杏林镇，故以“杏林子”为笔名。7岁离开故乡到中国台湾居住，12岁患类风湿性关节炎，自此身心饱受病痛煎熬。1980年当选中国台湾十大杰出女青年。她积极参加社会活动，创办伊甸社会福利基金会，身体力行，为残障朋友服务。她生前常说：“除了爱，我此生一无所有。”她的作品引人向善，充满单纯的爱、乐观与豁达。作品有《生之歌》《生之颂》《杏林小语》《北极第一家》《行到水穷处》等。

本文是一篇哲理性散文，表现了朋友相处的一份自然、和谐，并阐明了人生在世应不计荣辱得失，只需尽心尽力。语言质朴、清新，娓娓道来，如同朋友对面聊天，在不经意间令人领悟到人生的真谛。

朋友即将远行。

暮春时节，又邀了几位朋友在家小聚。虽然都是极熟的朋友，却是终年难得一见，偶尔电话里相遇，也无非是几句寻常话。一锅小米稀饭，一碟大头菜，一盘自家酿制的泡菜，一只巷口买回的烤鸭，简简单单，不像请客，倒像家人团聚。

其实，友情也好，爱情也好，久而久之都会转化为亲情。

说也奇怪，和新朋友会谈文学、谈哲学、谈人生道理等，和老朋友却只话家常，柴米油盐，细细碎碎，种种琐事。很多时候，心灵的契合已经不需要太多的言语来表达。

朋友新烫了个头，不敢回家见母亲，恐怕惊骇了老人家，却欢天喜地来见我们，老朋友颇能以一种趣味性的眼光欣赏这个改变。

年少的时候，我们差不多都在为别人而活，为苦口婆心的父母活，为循循善诱的师长活，为许多观念、许多传统的约束力而活。年岁逐增，渐渐挣脱外在的限制与束缚，开始懂得为自己活，照自己的方式做一些自己喜欢的事，不在乎别人的批评意见，不在乎别人的诋毁流言，只在乎那一份随心所欲的舒坦自然。偶尔，也能够纵容自己放浪一下，并且有一种恶作剧的窃喜。

也越来越觉得，人生一世，无非是尽心。对自己尽心，对所爱的人尽心，对生活的这块土地尽心。既然尽心了，便无所谓得失，无所谓成败荣辱。很多事情便舍得下，放得开，包括人事的是非恩怨，金钱与感情的纠葛。懂得舍，懂得放，自然春风和煦，月明风清。

就让生命顺其自然，水到渠成吧。犹如窗前的乌桕①，自生自落之间，自有一分圆融丰满的喜悦。春雨轻轻落着，没有诗，没有酒，有的只是一分相知相属的自在自得。

夜色在笑语中渐渐沉落，朋友起身告辞，没有挽留，没有送别，甚至也没有问归期。

已经过了大喜大悲的岁月，已经过了伤感流泪的年华，知道了聚散原来是这样的自然和顺理成章，懂得这点，便懂得珍惜每一次的相聚的温馨，离别便也欢喜。

---

① 乌桕（jiù）：落叶乔木。种子外面包着的一层白色蜡层称“桕脂”，可制蜡烛和肥皂。种子可榨油，叶可制黑色染料，树皮和叶均可入药。

课文延伸

1. 蒲松龄《田七郎》
2. 毕淑敏《友情：这棵树上只有一个果子，叫做信任》
3. 朱光潜《谈交友》
4. 梁实秋《谈友谊》
5. 纪伯伦《我的朋友》

资料链接

1. 品读杏林子《生命生命》：http://v.ku6.com/show/ryrrAd2lzNc1wtiZf6l0PA...html? from=my
2.《潘洗尘：朋友们都丢到了哪里》朗诵：http://www.tudou.com/listplay/63P-LpI19Jc/Rd_MGkN5t8M.html
3. 周华健《朋友》：http://www.iqiyi.com/w_19rr106q9p.html

思考与讨论

一、作者说“友情也好，爱情也好，久而久之都会转化为亲情”，你怎么看?

二、朋友，在不同人的心中有不同的定义，请说说你对朋友、友谊的看法。

第四单元　关爱生命

世上最可宝贵的莫过于生命，人生最应珍爱的也正是生命。司马迁说过，“人固有一死，或重于泰山，或轻于鸿毛。”达·芬奇说：“度过有意义之一天，则带来香甜之睡眠；度过有意义之一生，则带来幸福之长眠。”死并不可怕，可怕的是仅有生命欲望而无生命意识。人类生命的等级之所以高于地球上的其他生命，就在于人能够认识生命的意义，追求生命的价值。因此，真正关爱生命，就要活出自己的价值，活出自己的精神，活出对他人、对社会、对人类的意义来。

中国传统文化都有善待生命的态度，儒家主“乐天”“乐生”，道家主“养生”“尽年”，佛家说“救人一命，胜造七级浮屠”。每个人都有获得爱和施予爱的需要，都具有关爱生命的天性。雅斯贝尔斯认为，爱与交流的行为是人的天性中的重要一维。遵循人道，尊重人权，以人为本，是现代文明所倡导的普适性理念。绝对不能为了自我的欲望和利益去危害、毁灭他人性命。杀人犯、法西斯、恐怖主义分子丧心病狂，违背天良，所以遭到全人类的共同憎恶和一致谴责。而那些为保全、维护、挽救他人生命而尽心尽力，甚至牺牲自我的人，是高尚的人，是纯粹的人，自当受到人们普遍的爱戴和永远的尊敬。

14　黛玉葬花①

曹雪芹

曹雪芹（1710—1764），名霑，字梦阮，号雪芹、芹圃、芹溪，祖籍辽阳。曾祖父曹玺以

---

① 选自《脂砚斋重评石头记甲戌校本》（修订6版），曹雪芹著，脂砚斋评，邓遂夫校订，作家出版社2008年4月第6版。本文节选自第二十六回《蜂腰桥设言传蜜意，潇湘馆春困发幽情》、第二十七回《滴翠亭杨妃戏彩蝶，埋香冢飞燕泣残红》、第二十八回《蒋玉菡情赠茜香罗，薛宝钗羞笼红麝串》，有删节、改动，题目为编者所加。

武功起家，成为顺治、康熙的亲信侍臣，曾祖母是康熙的乳母，祖父曹寅少年时做过康熙的伴读。康熙即位后，任命曹玺为江宁织造，此后约六十年，曹家祖孙三代四人相继担任这一要职。康熙六次南巡，四次驻跸于织造府。雍正即位后，曹家开始失势，终至被抄家。曹雪芹少年时代有过一段锦衣玉食的贵族生活，后举家迁回北京，境遇日趋潦倒艰难，竟至“举家食粥”的境地。曹雪芹一生可谓是“生于繁华，终于沦落”。在凄凉的晚景中，他以坚韧不拔的毅力，专心一志地从事《红楼梦》的写作和修订。《红楼梦》是他“披阅十载，增删五次”“字字看来皆是血，十年辛苦不寻常”的产物。

“黛玉葬花”是宝、黛生活中的一次小小误会，是二人之间的又一次真情表达。其中仿效初唐歌行体的《葬花吟》是林黛玉感叹身世遭遇的全部哀音的代表，其由景而情，由情及景，情生文，文生情，情景相生，情文并茂，人花一体，充分展现了黛玉的诗人气质、奇逸文思和多愁善感的悲剧性格。葬花意在怜花悼花，而怜花实是自怜伤己。怜花说明黛玉爱美，爱春天的美，爱大自然的美；悼花体现了她诗人式的敏感、细腻和聪颖；怜己说明她自尊、自爱，珍爱个性价值。

却说那林黛玉，听见贾政叫了宝玉去了，一日不回来，心中也替他忧虑。至晚饭后，闻得宝玉回来了，心里要找他问是怎么样了。一步步行来，见宝钗进宝玉的院内去了，自己也便随后走了来。刚到了沁芳桥，只见各色水禽都在池中浴水，也认不出名色来，但见一个个文采炫耀，好看异常，因而站住看了一回。再往怡红院来，只见院门关着，黛玉便以手叩门。

谁知晴雯和碧痕正拌了嘴，没好气，忽见宝钗来了，那晴雯正把气移在宝钗身上，正在院内抱怨说：“有事没事跑了来坐着，叫我们三更半夜不得睡觉。”忽听又有人叫门，晴雯越发动了气，也并不问是谁，便说道：“都睡下了，明儿再来吧。”林黛玉素知丫头们的情性，他们彼此顽耍惯了，恐怕院内的丫头没听真是他的声音，只当是别的丫头们了，所以不开门。因而又高声说道：“是我，还不开么！”晴雯偏生还没听出来，便使性子说道：“凭你是谁，二爷吩咐的，一概不准放人进来呢。”

林黛玉听了，不觉气怔在门外。待要高声问他，斗起气来，自己又回思一番：“虽说是舅母家，如同自己家一样，到底是客边①。如今父母双亡，无依无靠，现在他家依栖。如今认真淘气，也觉没趣。”一面想，一面又滚下泪珠来。正是回去不是，站着不是，正没主意，只听里面一阵笑语之声。细听了一听，竟是宝玉、宝钗二人。林黛玉心中亦发动了气。左思右想，忽然想起早起的事来：“必定是宝玉恼我告他的缘故。但只我何尝告你去了，你也不打听打听，就恼我到这步田地。你今儿不叫我进来，难道明儿就不见面了？”越想越伤感，也不顾苍苔露冷，花径风寒，独立墙角边花阴之下，悲悲戚戚呜咽起来。

原来这林黛玉秉绝代姿容，具稀世俊美，不期这一哭，那附近柳枝花朵上的宿鸟栖鸦，一闻此声，俱忒楞楞②飞起远避，不忍再听。真是：

花魂默默无情绪，鸟梦痴痴何处惊！

因有一首诗道：

颦儿才貌世应希，独抱幽芳出绣闺；
呜咽一声犹未了，落花满地鸟惊飞。

林黛玉正自悲泣，忽听院门响处，只见宝钗出来了，宝玉、袭人一群人送了出来。待要上

---

① 客边：以客人身份寄居在别人家里。
② 忒楞楞：象声词，形容鸟飞的声音。

去问着宝玉，又恐当着众人问，羞了他，倒不便。因而闪过一旁，让宝钗去了，宝玉等进去关了门，方转过来。犹望着门洒了几点泪。自觉无味，便转身回来，无精打采的卸了残妆。

紫鹃、雪雁素日知道他的情性，无事闷坐，不是愁眉便是长叹；且好端端的不知为了什么，便常常的就自泪自干。先时还解劝，怕他思父母，想家乡，受了委屈，用话来宽慰解劝。谁知后来一年一月竟常常的如此，把这个样儿看惯了，也都不理论了。所以也没人去理，由他去闷坐，只管睡觉去了。那林黛玉倚着床栏杆，两手抱着膝，眼睛含着泪，好似木雕泥塑的一般。直坐到三更多天，方才睡了。一宿无话。

……

如今且说林黛玉，因夜间失寐，次日起迟了，闻得众姊妹都在园中作饯花会，恐人笑他痴懒，连忙梳洗了出来。刚到了院中，只见宝玉进门来了，笑道："好妹妹，昨儿可告我不曾？叫我悬了一夜心。"林黛玉便回头叫紫鹃道："把屋子收拾了，下一扇纱屉子。看那大燕子回来，把帘子放下来，拿狮子[①]倚住。烧了香，就把炉罩上。"一面说，一面又往外走。宝玉见他这样，还认作是昨日中晌的事，那知晚间的这段公案，还打躬作揖的。黛玉正眼也不看，各自出了院门，一直找别的姊妹去了。宝玉心中纳闷，自己猜疑："看起这个光景来，不像昨日的事；但只昨日我回来的晚了，又没见他，再没有冲撞了他的去处。"一面想，一面走，又由不得从后面追了来。

……

宝玉因不见林黛玉，便知他是躲了别处去了，想了一想，索性迟两日，等他的气消一消再去也罢了。因低头看见许多凤仙、石榴等各色落花，锦重重落了一地。因叹道："这是他心里生了气，也不收拾这花儿了。待我送了去，明儿再问他。"说着，只见宝钗约着他们往外头去。宝玉道："我就来。"说毕，等他二人去远了，便把那花兜了起来，登山渡水，过树穿花，一直奔了那日同林黛玉葬桃花的去处。犹未转过山坡，只听山坡那边有呜咽之声，一行数落着，哭得好不伤感。宝玉心中想道："这不知是那房里的丫头受了委屈，跑到这个地方来哭。"一面想，一面煞住脚步，听他哭道是：

花谢花飞飞满天，红消香断有谁怜？
游丝软系飘春榭，落絮轻沾扑绣帘。
闺中女儿惜春暮，愁绪满怀无释处。
手把花锄出绣帘，忍踏落花来复去。
柳丝榆荚自芳菲，不管桃飘与李飞。
桃李明年能再发，明年闺中知有谁？
三月香巢已垒成，梁间燕子太无情！
明年花发虽可啄，却不道，人去梁空巢也倾。
一年三百六十日，风刀霜剑严相逼。
明媚鲜妍能几时，一朝漂泊难寻觅。
花开易见落难寻，阶前闷死葬花人。
独倚花锄泪暗洒，洒上空枝见血痕。
杜鹃无语正黄昏，荷锄归去掩重门。
青灯照壁人初睡，冷雨敲窗被未温。

---

① 狮子：这里是一种压帘用的带座的石狮。

怪奴底事[①]倍伤神，半为怜春半恼春。
怜春忽至恼忽去，至又无言去不闻。
昨宵庭外悲歌发，知是花魂与鸟魂。
花魂鸟魂总难留，鸟自无言花自羞。
愿奴胁下生双翼，随花飞到天尽头。
天尽头，何处有香丘？
未若锦囊收艳骨，一抔净土掩风流！
质本洁来还洁去，强于污淖陷渠沟。
尔今死去侬收葬，未卜侬身何日丧？
侬今葬花人笑痴，他年葬侬知是谁？
试看春残花渐落，便是红颜老死时。
一朝春尽红颜老，花落人亡两不知！

宝玉听了，不觉痴倒。

林黛玉只因昨夜晴雯不开门一事错疑在宝玉身上，至次日又可巧遇见饯花之期，正是一腔无明正未发泄，又勾起伤春愁思，因把些残花落瓣去掩埋，由不得感花伤己，哭了几声，便随口念了几句。不想宝玉在山坡上，听见是黛玉之声，先不过是点头感叹，听到"侬今葬花人笑痴，他年葬侬知是谁""一朝春尽红颜老，花落人亡两不知"等句，不觉恸倒山坡之上，怀里兜的落花撒了一地。试想：林黛玉的花颜月貌，将来亦到无可寻觅之时，宁不心碎肠断？既黛玉终归无可寻觅之时，推之于他人，如宝钗、香菱、袭人等，亦可以到无可寻觅之时矣！宝钗等终归无可寻觅之时，则自己又安在哉？且自身尚不知何在何往，则斯处、斯园、斯花、斯柳又不知当属谁姓矣！因此一而二、二而三反复推求了去，真不知此时此际欲为何等蠢物，杳无所知；逃大造，出尘网，始可解释这段悲伤。正是：

花影不离身左右，鸟声只在耳东西。

那黛玉正自悲伤，忽听山坡上也有悲声，心下想道："人人都笑我有些痴病，难道还有一个痴子不成？"想着，抬头一看，见是宝玉，林黛玉看见便道："啐！我当是谁，原来是这个狠心短命的。"刚说着"短命"二字上，又把口掩住，长叹了一声，自己抽身便走了。这里宝玉悲恸了一回，见黛玉去了，便知黛玉看见他躲开了。自己也觉无味，抖抖土，起来下山，寻归旧路往怡红院来。

可巧看见林黛玉在前头走，连忙赶上去说道："你且站住。我知道你不理我，我只说一句话，从今以后撂开手。"林黛玉回头见是宝玉，待要不理他，听他说"只说一句话，从今撂开手"这话里有文章，少不得站住，说道："有一句话，请说来。"宝玉笑道："两句话说了你听不听？"黛玉听说，回头就走。宝玉在身后面叹道："既有今日，何必当初！"林黛玉听见这话，由不得站住，回头道："当初怎么样？今日怎么样？"宝玉叹道："当初姑娘来了，那不是我陪着顽笑？凭我心爱的，姑娘要就拿去；我爱吃的，听见姑娘也爱吃，连忙干干净净收着等姑娘吃。一桌子吃饭，一床上睡觉。丫头们想不到的，我怕姑娘生气，我替丫头们想的到。我心里想着：姊妹们从小儿长大，亲也罢，热也罢，和气到了头，才见得比人好。如今谁承望姑娘人大心大，不把我放在眼里。倒把外四路的[②]什么宝姐姐、凤姐姐的放在心坎儿上，倒把我

---

① 底事：什么事。
② 外四路的：指血缘关系疏远的亲戚。

三日不理四日不见的。我又没个亲兄弟亲姊妹——虽然有两个，你难道不知道是和我隔母的？我也和你是独出，只怕同我的心一样。谁知我是白操了这个心，弄的我有冤无处诉！”说着，不觉滴下泪来。林黛玉耳内听了这话，眼内见了这形景，心内不觉灰了大半，也不觉滴下泪来，低头不语。宝玉见他这般形景，遂又说道：“我也知道，我如今不好了。但只凭着怎么不好，万不敢在妹妹跟前有错处。便有一二分错处，你倒是或教导我戒我下次，或骂我两句打我两下，我都不灰心。谁知你总不理我，叫我摸不着头脑，少魂失魄不知怎么样才是。就便死了也是个屈死鬼，任凭高僧高道忏悔也不能超升；还得你申明了缘故，我才得托生呢！”

黛玉听了这话，不觉将昨晚的事都忘在九霄云外了。便说道：“你既这么说，昨儿为什么我去了，你不叫丫头开门？”宝玉诧异道：“这话从那里说起？我要是这么样，立刻就死了！”黛玉啐道：“大清早，死呀活的，也不忌讳！你说有呢就有，没有就没有，起什么誓呢？”宝玉道：“实在没有见你去。就是宝姐姐坐了一坐就出来了。”林黛玉想了一想，笑道：“想必是你的丫头懒怠动，丧声歪气的也是有的。”宝玉道：“想必是这个原故。等我问去，问了是谁，教训教训他们就好了。”林黛玉道：“你的那些姑娘们也该教训教训，只是论理我不该说。今儿得罪了我的事小，明儿宝姑娘来，什么贝姑娘来，也得罪了，事情岂不大了？”说着，抿着嘴笑。宝玉听了，又是咬牙，又是笑。

课文延伸

初见黛玉

宝玉早已看见多了一个姊妹，便料定是林姑妈之女，忙来作揖。厮见毕归坐，细看形容，与众各别：两弯似蹙非蹙罥烟眉，一双似喜非喜含情目。态生两靥之愁，娇袭一身之病。泪光点点，娇喘微微。闲静时如姣花照水，行动处似弱柳扶风。心较比干多一窍，病如西子胜三分。宝玉看罢，因笑道：“这个妹妹我曾见过的。”

（选自《红楼梦》第三回“贾雨村夤缘复旧职　林黛玉抛父进京都”）

《红楼梦》中其他关于葬花情节的描写

那一日正当三月中浣，早饭后，宝玉携了一套《会真记》，走到沁芳闸桥边桃花底下一块石上坐看，展开《会真记》，从头细玩。正看到“落红成阵”，只见一阵风过，把树头上桃花吹下一大半来，落的满身满书满地皆是。宝玉要抖将下来，恐怕脚步践踏了、只得兜了那花瓣，来至池边，抖在池内。那花瓣浮在水面，飘飘荡荡，竟流出沁芳闸去了。回来只见地下还有许多。

宝玉正踟蹰间，只听背后有人说道：“你在这里作什么？”宝玉一回头，却是林黛玉来了，肩上担着花锄，锄上挂着花囊，手内拿着花帚。宝玉笑道：“好，好，来把这个花扫起来，撂在那水里。我才撂了好些在那里呢。”林黛玉道：“撂在水里不好。你看这里的水干净，只一流出去，有人家的地方脏的臭的混倒，仍旧把花遭塌了。那畸角上我有一个花冢，如今把他扫了，装在这绢袋里，拿土埋上，日久不过随土化了，岂不干净。”

（选自《红楼梦》第二十三回“西厢记妙词通戏语　牡丹亭艳曲警芳心”）

相见欢

李煜

林花谢了春红，太匆匆。无奈朝来寒雨晚来风。

胭脂泪，相留醉，几时重。自是人生长恨水长东。

资料链接

1. 蒋勋细说红楼：http://s.music.haosou.com/s/song? page=2&q=蒋勋细说红楼&c=360

2. 蒋勋说红楼之“宝黛之恋”：http://kejiao.cntv.cn/C22924/classpage/video/20110103/100309.shtml

3. 刘心武揭秘《红楼梦》之林黛玉：http://kejiao.cntv.cn/C32968/classpage/video/20100406/100970.shtml

4. 1987年版电视剧《红楼梦》第12集之《埋香冢飞燕泣残红》：http://v.youku.com/v_show/id_XODk3MDg0Mzgw.html? f=23450982

思考与研讨

一、就本课文所节选的文字，你看到的是怎样的一个林黛玉？如果她生活在现代社会又会怎样？

二、清人明义《题红楼梦》诗里说：“伤心一首葬花词，似谶成真不自知。”意思是说，黛玉的这首诗，实际上也是隐示其命运的谶语。对此你有何看法？

三、《红楼梦》中的诗词能和人物、故事紧紧糅合在一起，它们被熔铸在整个艺术形象中，从而对人物性格的塑造，起了相当重要的作用。《葬花吟》突出了林黛玉典型性格中的哪一点？

四、有人说，《红楼梦》像一面镜子，能在其中找到自己的影子。你最欣赏《红楼梦》中的哪个人物？谈谈感受。

15　菉竹山房[①]

吴组缃

吴组缃（1908—1994），原名祖襄，字仲华，安徽泾县人。现代著名作家、学者。1929年秋进入清华大学学习，曾与林庚、李长之、季羡林并称“清华四剑客”。后曾任金陵女子文理学院、清华大学、北京大学教授，中国作协书记处书记、北京市文联副主席、全国《红楼梦》研究会会长。在大学读书时即开始文学创作。初期作品往往以悲剧风格抨击摧残人性的旧社会，后期作品转向对急剧破产的农村社会的描绘。文笔细腻委婉，风格悲凉。著有《宋元文学史稿》，短篇小说集《西柳集》《饭余集》，散文集《拾荒集》，长篇小说《鸭嘴崂》（后更名为《山洪》）等。

阴历五月初十日和阿圆到家，正是家乡所谓“火梅”天气[②]：太阳和淫雨[③]交替迫人，那苦况非身受的不能想象。母亲说，前些日子二姑姑托人传了口信来，问我们到家没有；说“我做姑姑的命不好，连侄儿侄媳也冷淡我”。意思之间，是要我和阿圆到她老人家村上去住些时候。

二姑姑家我只于年小时去过一次，至今十多年了。我连年羁留外乡，过的是电灯电影洋装书籍[④]柏油马路的另一世界的生活。每当想起家乡，就如记忆一个年远的传说一样。我脑中的

---

① 本文选自《中国新文学大系·小说卷》（茅盾编选），上海译文出版社2003年版。

② “火梅”天气：我国长江下游，每年四五月间，梅子黄熟，连日阴雨，被称为梅雨季节。因为太阳和淫雨交替迫人，又叫“火梅”天气。

③ 淫雨：过多的雨。淫，过多。

④ 洋装书籍：用西式的方法（即装订线藏在书皮里面）装订的书。

二姑姑家，到现在更是模糊得如云如烟。那座阴森敞大的三进[①]大屋，那间摊乱着雨蚀虫蛀的古书的学房[②]，以及后园中的池塘竹木，想起来都如依稀的梦境。

二姑姑的故事好似一个旧传奇的仿本[③]。她的红颜时代我自然没有见过，但从后来我所见到的她的风度上看来：修长的身材，清癯白晰的脸庞，狭长而凄清的眼睛，以及沉默少言笑的阴暗调子，都和她的故事十分相称。

故事在这里不必说得太多。其实，我所知道的也就有限；因为家人长者都讳谈[④]它。我所知道的一点点，都是日长月远，家人谈话中偶然流露出来，由零碎摭拾[⑤]起来的。

多年以前，叔祖的学塾中有个聪明年少的门生，是个三代孤子。因为看见叔祖屋里的帐幔[⑥]，笔套，与一幅大云锦上的刺绣，绣的都是各种姿态的美丽蝴蝶，心里对这绣蝴蝶的人起了羡慕之情：而这绣蝴蝶的姑娘因为听叔祖常常夸说这人，心里自然也早就有了这人。这故事中的主人以后是乘一个怎样的机缘相见相识，我不知道，长辈们恐怕也少知道。在我所摭拾的零碎资料中，这以后便是这悲惨故事的顶峰：一个三春天气的午间，冷清的后园的太湖石洞中，祖母因看牡丹花，拿住了一对仓惶失措的系裤带的顽皮孩子。

这幕才子佳人的喜剧闹了出来，人人夸说的绣蝴蝶的小姐一时连丫头也要加以鄙夷。放佚[⑦]风流的叔祖虽从中尽力撮合周旋，但当时究未成功。若干年后，扬子江中八月大潮，风浪陡作，少年赴南京应考，船翻身亡。绣蝴蝶的小姐那时才十九岁，闻耗后，在桂花树下自缢，为园丁所见，救活了，没死。少年家觉得这小姐尚有稍些可风[⑧]之处，商得了女家同意，大吹大擂接小姐过去迎了灵柩；麻衣红绣鞋[⑨]，抱着灵牌参拜家堂祖庙，做了新娘。

这故事要不是二姑姑的，并不多么有趣；二姑姑要没这故事，我们这次也就不致急于要去。

母亲自然怂恿我们去。说我们是新结婚，也难得回家一次。二姑姑家孤寂了一辈子，如今如此想念我们，这点子人情是不能不尽的。但是阿圆却有点怕我们家乡的老太太。这些老太太——举个例，就如我的大伯娘，她老人家就最喜欢搂阿圆在膝上喊宝宝，亲她的脸，咬她的肉，摩挲她的臂膊；又要我和她接吻给她老人家看。一得闲空，就托支水烟袋坐到我们房里来，盯着眼看守着我们作迷迷笑脸，满口反复地说些叫人红脸不好意思的夸羡话。这种种罗唣[⑩]，我倒不大在意；可是阿圆就老被窘得脸红耳赤，不知该往哪里躲。——因此，阿圆不愿去。

我知道弊病之所在，告诉阿圆：二姑姑不是这种善于表现的快乐天真的老太太。而且我会投年轻姑娘之所好，照二姑姑原来的故事又编上了许多的动人的穿插，说得阿圆感动得红了眼

---

① 三进：老式建筑一个宅院内房子分成前后几排，每一排称为一进，三进即三排房屋。

② 学房：即书房。

③ 旧传奇的仿本：仿照古老传奇编写的故事。中国文学史上，传奇作为一种体式，一是指唐宋人所做的文言短篇小说，以情节离奇而得名；二是指明清人所作的主要以南曲演唱的戏曲剧本，由宋元南戏发展而来。

④ 讳（huì）谈：因为有所忌而不说。

⑤ 摭（zhí）拾：拾取。

⑥ 帐幔：绸布做成的上有题字或缀字的帐幕。

⑦ 放佚（yì）：放纵不受约束。

⑧ 可风：值得赞扬，有教育意义。

⑨ 麻衣红绣鞋：指丧事和婚事一起办。麻衣，指丧服。红绣鞋，指新娘子穿的鞋。

⑩ 罗唣：吵闹，纠缠。此处同“唠叨”。

睛叹长气。听说二姑姑决不会给她那种罗唣，她的不愿去的心就完全消除；再听了二姑姑的故事，有趣得如从线装书中看下来的一样；又想到借此可以暂时躲避家下的老太太；而且又知道金燕村中风景好，菉竹山房的屋舍阴凉宽畅：于是阿圆不愿去的心，变成急于要去了。

我说金燕村，就是二姑姑的村；菉竹山房就是二姑姑的家宅。沿着荆溪的石堤走，走的七八里地，回环合抱的山峦渐渐拥挤，两岸葱翠古老的槐柳渐密，溪中暗赭色的大石渐多，哗哗的水激石块声越听越近。这段溪，渐不叫荆溪，而是叫响潭。响潭的两岸，槐树柳树榆树更多更老更葱茏，两面缝合，荫罩着乱喷白色水沫的河面，一缕太阳光也晒不下来。沿着响潭两岸的树林中，疏疏落落点缀着二十多座白垩瓦屋①。西岸上，紧临着响潭，那座白屋分外大；梅花窗的围墙上面探露着一丛竹子；竹子一半是绿色的，一半已开了花，变成槁色。——这座村子便是金燕村，这座大屋便是二姑姑的家宅菉竹山房。

阿圆是外乡生长的，从前只在中国山水画上见过的景子，一朝忽然身历其境，欣跃之情自然难言。我一时回想起平日见惯的西式房子，柏油马路，烟囱，工厂等等，也觉得是重入梦境，作了许多缥缈之想。

二姑姑多年不见，显见得老迈了。

“昨天夜里结了三颗大灯花，今朝喜鹊在屋脊上叫了三四次，我知道要来人。”

那只苍白皱褶的脸没多少表情。说话的语气，走路的步法，和她老人家的脸庞同一调子：阴暗，凄苦，迟钝。她引我们进到内屋里，自己蹒蹒颤颤地到房里去张罗果盘，吩咐丫头为我们打脸水。——这丫头叫兰花，本是我家的丫头，三十多岁了。二姑姑陪嫁丫头死去后，祖父便拨了身边的这丫头来服侍姑姑，和姑姑作伴。她陪姑姑住守这所大屋子已二十多年，跟姑姑念诗念经，学姑姑绣蝴蝶，她自己说不要成家的。

二姑姑说没指望我们来得如此快，房子都没打扫。领我们参观全宅，顺便叫我们自己拣一间合意的住。四个人分作三排走，姑姑在前，我俩在次，兰花在最后。阿圆蹈着姑姑的步子走，显见得拘束不自在，不时昂头顾我，作有趣的会意之笑。我们都无话说。

屋子高大，阴森，也是和姑姑的人相谐调的。石阶，地砖，柱础，甚至板壁上，都染涂着一层深深浅浅的黯绿，是苔尘。一种与陈腐的土木之气混合的霉气扑满鼻官。每一进屋的梁上都吊有淡黄色的燕子窝，有的已剥落，只留着痕迹；有的正孵着雏儿，叫得分外响。

我们每走到一进房子，由兰花先上前开锁；因为除姑姑住的一头两间的正屋而外，其余每一间房，每一道门都是上了锁的。看完了正屋，由侧门一条巷子走到花园中。邻着花园有座雅致的房，门额上写着“邀月”两个八分字②。百叶窗，古瓶式的门，门上也有明瓦纸的册叶小窗。我爱这地方近花园，较别处明朗清新得多，和姑姑说，我们就住这间房。姑姑叫兰花开了锁，两扇门一推开，就噗噗落下三只东西来：两只是壁虎，一只是蝙蝠。我们都怔了一怔。壁虎是悠悠地爬走了；兰花拾起那只大蝙蝠，轻轻放到墙隅里，呓语③着似地念了一套怪话：“福公公，你让让房，有贵客要在这里住。”

阿圆惊惶不安的样子，牵一牵我的衣角，意思大约是对着这些情景，不敢在这间屋里住。二姑姑年老还不失其敏感，不知怎样她老人家就窥知了阿圆的心事：“不要紧。——这

---

① 白垩（è）瓦屋：用白色涂料粉饰过的瓦房。

② 八分字：一种书体，即汉代流行的隶书字体。

③ 呓语：含混不清的梦话般的语言。

些房子，每年你姑爹回家①时都打扫一次。停会，叫兰花再好好来收拾。福公公虎爷爷都会让出去的。”

又说：“这间邀月庐是你姑爹最喜欢的地方；去年你姑爹回来，叫我把它修葺②一下。你看看，里面全是新崭崭的。”

我探身进去张看，兜了一脸蜘蛛网。里面果然是新崭崭的。墙上字画，桌上陈设，都很整齐。只是蒙上一层薄薄的灰尘罢了。

我们看兰花扎了竹叶把，拿了扫帚来打扫。二姑姑自回前进去了。阿圆用一个小孩子的神秘惊奇的表情问我说：“怎么说姑爹？……”

兰花放下竹叶把，瞪着两只阴沉的眼睛低幽地告诉阿圆说：“爷爷灵验得很啦！三朝两天来给奶奶托梦。我也常看见的，公子帽，宝蓝衫，常在这园里走。”

阿圆扭着我的袖口，只是向着兰花的两只眼睛瞪看。兰花打扫好屋子，又忙着抱被褥毯子席子为我们安排床铺。里墙边原有一张檀木榻，榻几上面摆着一套围棋子，一盘瓷制的大蟠桃。把棋子蟠桃连同榻几拿去，铺上被席，便是我们的床了。二姑姑蹒蹒颤颤地走来，拿着一顶蚊帐给我们看，说这是姑爹用的帐，是玻璃纱制的；问我们怕不怕招凉。我自然愿意要这顶凉快帐子；但是阿圆却望我瞪着眼，好像连这顶美丽的帐子也有可怕之处。

这屋子的陈设是非常美致的，只看墙上的点缀就知道。东墙上挂着四幅大锦屏，上面绣着《菉竹山房唱和诗》③，边沿上密密齐齐地绣着各色的小蝴蝶，一眼看上去就觉得很灿烂。西墙上挂着一幅彩色的《钟馗捉鬼图》④，两边有洪北江⑤的“梅雪松风清几榻，天光云影护琴书”的对子。床榻对面的南墙上有百叶窗子可以看花园，窗下一书桌，桌上一个朱砂古瓶，瓶里插着马尾云拂⑥。

我觉得这地方好。陈设既古色古香；而窗外一丛半绿半黄的修竹，和墙外隐约可听的响潭之水，越衬托得闲适恬静。

不久吃晚饭，我们都默然无话。我和阿圆是不知在姑姑面前该说些什么好；姑姑自己呢，是不肯多说话的。偌大屋子如一大座古墓，没一丝人声；只有堂厅里的燕子啾啾地叫。兰花向天井檐上张一张，自言自语地说：“青姑娘还不回来呢！”

二姑姑也不答话，点点头。阿圆偷眼看看我。——其实我自己也正在纳罕着的。吃了饭，正洗脸，一只燕子由天井飞来，在屋里绕了一道，就钻进檐下的窝里去了。兰花停了碗，把筷子放在嘴沿上，低低地说：“青姑娘，你到这时才回来。”悠悠地长叹一口气。

我释然，向阿圆笑笑；阿圆却不曾笑，只瞪着眼看兰花。

我说邀月庐清新明朗，那是指日间而言。谁知这天晚上，大雨复作，一盏三支灯草的豆油

---

① 姑爹回家：此指姑爹的灵魂回家。

② 修葺（qì）：修补。

③ 唱和（hè）：以诗词互相酬答。唱，指某人首先作诗词。和，指别的人根据他的题目和体式作诗词应答。

④ 钟馗（kuí）：传说中捉鬼驱邪的神，据沈括《梦溪笔谈》记载，唐玄宗曾梦见一大鬼捕食一小鬼，问大鬼何人，对曰：“臣钟馗，即武举不捷之士也，誓与陛下除天下之妖孽。”后世遂图其形以除邪驱祟。一说系从“终葵”演化而来。唐代大画家吴道子有《钟馗捉鬼图》。

⑤ 洪北江：即洪亮吉（1746—1809），字君直，一字稚存，号北江，江苏阳湖（今常州）人，清学者、文学家，乾隆五十五年（1790）进士，官编修。有《春秋左传诂》《洪北江全集》。

⑥ 马尾云拂：用马尾做成的一种除灰尘的掸帚。

檠[①]摇晃不定，远远正屋里二姑姑和兰花低幽地念着晚经，听来简直是“秋坟鬼唱鲍家诗”[②]；加以外面雨声虫声风弄竹声合奏起一支凄戾的交响曲，显得这周遭的确鬼气殊多。也不知是循着怎样的一个线索，很自然地便和阿圆谈起《聊斋》的故事来。谈一回，她越靠紧我一些，两眼只瞪着西墙上的《钟馗捉鬼图》，额上鼻上渐渐全渍着汗珠。钟馗手下按着的那个鬼，披着发，撕开血盆口，露出两支大獠牙，栩栩欲活。我偶然瞥一眼，也不由得一惊。这时觉得那钟馗，那恶鬼，姑姑和兰花，连同我们自己俩，都成了鬼故事中的人物了。

阿圆瑟缩地说：“我想睡。”

她紧紧靠住我，我走一步，她走一步。睡到床上，自然很难睡着。不知辗转了多少时候，雨声渐止，月亮透过百叶窗，映照得满屋凄幽。一阵飒飒的风摇竹声后，忽然听得窗外有脚步之声。声音虽然轻微，但是入耳十分清楚。

“你……听见了……没有?”阿圆把头钻在我的腋下，喘息地低声问。

我也不禁毛骨悚然。

那声音渐听渐近，没有了；换上的是低沉的戚戚声，如鬼低诉。阿圆已浑身汗濡。我咳了一声，那声音突然寂止；听见这突然寂止，想起兰花日间所说的话，我也不由得不怕了。半晌没有声息，紧张的心绪稍稍平缓，但是两人的神经都过分紧张，要想到梦乡去躲身，究竟不能办到。为要解除阿圆的恐怖，我找了些快乐高兴的话和她谈说。阿圆也就渐渐敢由我的腋下伸出头来了。我说：“你想不想你的家?”

“想。”

“怕不怕了?”

“还有点怕。”

正答着话，她突然尖起嗓子大叫一声，搂住我，嚎啕，震抖，迫不成声：“你……看……门上！……”

我看门上——门上那个册叶小窗露着一个鬼脸，向我们张望；月光斜映，隔着玻璃纱帐看得分外明晰。说时迟，那时快。那个鬼脸一晃，就沉下去不见了。我不知从那里涌上一股勇气，推开阿圆，三步跳去，拉开门。

门外是两个女鬼！

一个由通正屋的小巷窜远了；一个则因逃避不及，正在我的面前蹲着。

“是姑姑吗?”

“唔——”幽沉的一口气。

我抹着额上的冷汗，不禁轻松地笑了。我说：“阿圆，莫怕了，是姑姑。”

一九三二，十一，二十六。

课文延伸

吴组缃写“人的命运”，首先是反抗命运者的命运，至少是不安于命运者的命运。似乎这种不只痛苦着，而且在痛苦中辗转挣扎着的人们，更足以引发他的创作热情。这种选择中所包

---

① 豆油檠（qíng）：豆油灯。檠，灯台。

② “秋坟”句：这是唐诗人李贺《秋来》诗中的第七句，意思是秋天坟地里众鬼吟唱着鲍照的诗。形容声音很凄切。鲍，指鲍照（约414—466），字明远，东海（今山东郯城北）人，南朝宋文学家，官临海王前军参军，世称“鲍参军”，有《鲍参军集》。鲍家诗，似指鲍照的《代蒿里行》《代挽歌》之类作品。

含的社会意识和道德评价，决不是仅仅属于吴组缃一个人的。

——赵园《吴组缃及其同时代作家——兼析〈菉竹山房〉》

在吴组缃小说中充斥着萧条、衰败的景象，就表现出了他面对农村破产的深沉的内在感情体验和历史责任感。他直面惨淡的人生，通过冷静的观察和刻画，把悲怆凝重的愤懑之情注入艺术形象之中，铸成“近乎无事的悲剧”，以获得振聋发聩的效果……二三十年代吴组缃开始小说创作时，各种文学流派争奇斗胜。吴组缃在摸索中前进，当然也受到了这些流派的影响。他的小说既兼收并蓄，又别出心裁，在一定程度上可以说是“五四”以来诸多小说流派的汇合。

——刘勇强《吴组缃小说的艺术个性》

张爱玲《金锁记》概述

《金锁记》是张爱玲的代表作，里面的曹七巧也是一个如《菉竹山房》中二姑姑一样病态的角色。七巧做过残疾人的妻子，欲爱而不能爱，几乎像疯子一样在姜家被折磨了 30 年。在长期被压抑状态下，她的性格被扭曲，行为变得乖戾，不但破坏儿子的婚姻，致使儿媳被折磨而死，还拆散女儿的爱情。自己成为迫害别人幸福的刽子手。《金锁记》将人生的荒诞与荒凉诠释到极致。七巧就像一头困兽，一生都在欲望的牢狱中挣扎。“三十年来她戴着黄金的枷锁。她用那沉重的枷角劈杀了几个人，没死的也送了半条命。”——其实套在人生上的何止是“黄金的枷”，人性的无形枷锁才是永远无法解除的桎梏。

资料链接

电视剧《金锁记》：http://www.360kan.com/tv/PLpraaPbSzXsNH.html

思考与研讨

一、二姑姑当年的相貌、性情如何？恋爱时多大年龄？现在的年龄是多大？请根据小说情节理出线索，由此而理解人物的性格特点和性格变化。

二、对二姑姑当年后花园与少年幽会、桂花树下自缢，以及后来夜间偷窥的行为，你如何评价？如果二姑姑的故事发生在 21 世纪的时代背景下，你觉得会有怎样的结局？

三、二姑姑作为一个多年寡居、没有爱情的妇女，她的压抑和变态是在最后才得以显露出来的。但其实，作者在前面是有所铺垫、留有伏笔的。仔细阅读作品，找出这类描写。

四、课外阅读张爱玲的《金锁记》，分析二姑姑和曹七巧两个人物形象，她们在个人命运、悲剧根源及面对悲剧命运态度上有何异同？

五、人类历史生生不息，“爱”的长河亦滔滔不绝。爱情题材的作品在文学家的笔下，灿若星辰，就像英国布朗宁夫人《请再说一遍我爱你》诗中所言“谁会嫌星星太多/每颗星星都在太空中转动/谁会嫌鲜花太多/每朵鲜花都洋溢着春意”。“问世间，情为何物？直教生死相许”，这，是个亘古难解的奇问。奇就奇在把星星鲜花般浪漫绮丽的“爱情”与“生死”这个现实关联起来。于是就有了“我愿意是激流”“爱，先于生命”“罗密欧和朱丽叶”等超越生死的爱情咏叹和追求；有了“两情若是久长时，又岂在朝朝暮暮”的达观，“挥手自兹去”是为“重比翼，和云翥”的信念；也有了爱情遭遇生存的阻击而幻灭，爱情被礼教枷锁而畸变；随着斗转星移，爱情又虚化在流行歌曲、网络中，亦真亦幻。无怪乎人们常常说，相爱总是简单，相处太难。精神的“爱”与现实的“相处”纠缠，剪不断理还乱。但是，虽然我们身处大地，可能身陷泥沼，我们却时时抬起头来，仰望那头顶的星空灿烂。请以“爱情是……的”

为话题，拟出正反辩题，组织一次辩论会。

16　苦恼[1]——我向谁去诉说我的悲伤[2]

［俄］安东·契诃夫

安东·契诃夫（1860—1904），俄国著名小说家、戏剧家。出身于破产的商人家庭，毕业于莫斯科大学医学系，早期以“契洪特”的笔名写过200多篇短小作品，质量参差不齐，有为适应当时一些资产阶级报纸和市民趣味的读者而写的平庸之作，也有暴露黑暗、针砭社会弊病的佳作，如《一个小官员之死》《变色龙》《苦恼》等。1886年后，他思想剧变，作品中的批判因素增强，创作风格日趋成熟。这一时期他又写了100余篇中短篇小说，较有名的有《草原》《第六病室》《带阁楼的房子》《新娘》等。契诃夫的小说简练冷峻，风格独特。他的戏剧创作在戏剧史上也有重要地位，剧作有《万尼亚舅舅》《三姊妹》《樱桃园》等。

暮色昏暗。大片的湿雪绕着刚点亮的街灯懒洋洋地飘飞，落在房顶、马背、肩膀、帽子上，积成又软又薄的一层。车夫姚纳·波达波夫周身雪白，像是一个幽灵。他在赶车座位上坐着，一动也不动，身子往前伛[3]着，伛到了活人的身子所能伛到的最大限度。即使有一个大雪堆倒在他的身上，仿佛他也会觉得不必把身上的雪抖掉似的。……他那匹小马也是一身白，也是一动都不动。它那呆呆不动的姿态、它那瘦骨棱棱的身架、它那棍子般直挺挺的腿，使它活像那种花一个戈比[4]就能买到的马形蜜糖饼干。它多半在想心思。不论是谁，只要被人从犁头上硬拉开，从熟悉的灰色景致里硬拉开，硬给丢到这儿来，丢到这个充满古怪的亮光、不停的喧嚣、熙攘的行人的漩涡当中来，那他就不会不想心事……

姚纳和他的瘦马已经有很久停在那个地方没动了。他们还在午饭以前就从大车店里出来，至今还没拉到一趟生意。可是现在傍晚的暗影已经笼罩全城。街灯的暗淡的光已经变得明亮生动，街上也变得热闹起来了。

“赶车的，到维堡区[5]去！”姚纳听见了喊声。“赶车的！”

姚纳猛地哆嗦了一下，从粘着雪花的睫毛里望出去，看见一个军人，穿一件带风帽的军大衣。

“到维堡区去！”军人又喊了一遍，“你睡着了还是怎么的？到维堡区去！”

为了表示同意，姚纳就抖动一下缰绳，于是从马背上和他的肩膀上就有大片的雪撒下来。……那个军人坐上了雪橇。车夫吧哒着嘴唇叫马往前走，然后像天鹅似的伸长了脖子，微微欠起身子，与其说是由于必要，不如说是出于习惯地挥动一下鞭子。那匹瘦马也伸长脖子，弯起它那像棍子一样的腿，迟疑地离开原地走动起来了。……“你往哪儿闯，鬼东西！”姚纳立刻听见那一团团川流不息的黑影当中发出了喊叫声。

“鬼把你指使到哪儿去啊？靠右走！”

“你连赶车都不会！靠右走！”军人生气地说。

一个赶轿式马车的车夫破口大骂。一个行人恶狠狠地瞪他一眼，抖掉自己衣袖上的雪，行人刚刚穿过马路，肩膀撞在那匹瘦马的脸上。姚纳在赶车的座位上局促不安，像是坐在针尖上

---

① 选自《契诃夫小说全集（第6卷）》，汝龙译，上海译文出版社2000年版。

② 引自宗教诗《约瑟夫的哭泣和往事》。

③ 伛（yǔ）：曲背躬腰的样子。

④ 戈比：俄国货币单位，一百戈比为一卢布。

⑤ 维堡区：彼得堡一个区的名字。

似的，往两旁撑开胳膊肘，不住转动眼珠，就跟有鬼附了体一样，仿佛他不明白自己是在什么地方，也不知道为什么在那儿似的。

“这些家伙真是混蛋！”那个军人打趣地说。“他们简直是故意来撞你，或者故意要扑到马蹄底下去。他们这是互相串通好的。”

姚纳回过头去瞧着乘客，努动他的嘴唇。……他分明想要说话，然而从他的喉咙里却没有吐出一个字来，只发出咝咝的声音。

“什么？”军人问。

姚纳撇着嘴苦笑一下，嗓子眼用一下劲，这才沙哑地说出口：“老爷，那个，我的儿子……这个星期死了。”

“哦！……他是害什么病死的？”

姚纳掉转整个身子朝着乘客说：

“谁知道呢，多半是得了热病吧。……他在医院里躺了三天就死了。……这是上帝的旨意哟。”

“你拐弯啊，魔鬼！”黑地里发出了喊叫声。“你瞎了眼还是怎么的，老狗！用眼睛瞧着！”

“赶你的车吧，赶你的车吧……”乘客说。“照这样走下去，明天也到不了。快点走！”

车夫就又伸长脖子，微微欠起身子，用一种稳重的优雅姿势挥动他的鞭子。后来他有好几次回过头去看他的乘客，可是乘客闭上眼睛，分明不愿意再听了。他把乘客拉到维堡区以后，就把雪橇赶到一家饭馆旁边停下来，坐在赶车座位上伛下腰，又不动了。……湿雪又把他和他的瘦马涂得满身是白。一个钟头过去，又一个钟头过去了。……人行道上有三个年轻人路过，把套靴踩得很响，互相诟骂，其中两个人又高又瘦，第三个却矮而驼背。

“赶车的，到警察桥去！”那个驼子用破锣般的声音说，“一共三个人。……二十戈比！”

姚纳抖动缰绳，吧哒嘴唇。二十戈比的价钱是不公道的，然而他顾不上讲价了。……一个卢布也罢，五戈比也罢，如今在他都是一样，只要有乘客就行。……那几个青年人就互相推搡着，嘴里骂声不绝，走到雪橇跟前，三个人一齐抢到座位上去。这就有一个问题需要解决：该哪两个坐着，哪一个站着呢？经过长久的吵骂、变卦、责难以后，他们总算做出了决定：应该让驼子站着，因为他最矮。

“好，走吧！”驼子站在那儿，用破锣般的嗓音说，对着姚纳的后脑壳喷气。“快点跑！嘿，老兄，瞧瞧你的这顶帽子！全彼得堡也找不出比这更糟的了。……”

“嘻嘻……嘻嘻……”姚纳笑着说。“凑合着戴吧……”

“喂，你少废话，赶车！莫非你要照这样走一路？是吗？要给你一个脖儿拐吗？……”

“我的脑袋痛得要炸开了……”一个高个子说。“昨天在杜克玛索夫家里，我跟瓦斯卡一块儿喝了四瓶白兰地。”

“我不明白，你何必胡说呢？”另一个高个子愤愤地说。“他胡说八道，就跟畜生似的。”

“要是我说了假话，就叫上帝惩罚我！我说的是实情。……”

“要说这是实情，那么，虱子能咳嗽也是实情了。”

“嘻嘻！”姚纳笑道。“这些老爷真快活！”

“呸，见你的鬼！……”驼子愤慨地说。“你到底赶不赶车，老不死的？难道就这样赶车？你抽它一鞭子！唷，魔鬼！唷！使劲抽它！”

姚纳感到他背后驼子的扭动的身子和颤动的声音。他听见那些骂他的话，看到这几个人，孤单的感觉就逐渐从他的胸中消散了。驼子骂个不停，诌出一长串稀奇古怪的骂人话，直骂得透不过气来，连连咳嗽。那两个高个子讲起一个叫娜杰日达·彼得罗芙娜的女人。姚纳不住地回过头去看他们。正好他们的谈话短暂地停顿一下，他就再次回过头去，嘟嘟哝哝说：“我的……那个……我的儿子这个星期死了！”

“大家都要死的……”驼子咳了一阵，擦擦嘴唇，叹口气说。“得了，你赶车吧，你赶车吧！诸位先生，照这样的走法我再也受不住了！他什么时候才会把我们拉到呢？”

“那你就稍微鼓励他一下……给他一个脖儿拐！”

“老不死的，你听见没有？真的，我要揍你的脖子了！……跟你们这班人讲客气，那还不如索性走路的好！……你听见没有，老龙[①]？莫非你根本就不把我们的话放在心上？”

姚纳与其说是感到，不如说是听到他的后脑勺上啪的一响。

“嘻嘻……”他笑道。“这些快活的老爷……愿上帝保佑你们！”

“赶车的，你有老婆吗？”高个子问。

“我？嘻嘻，……这些快活的老爷！我的老婆现在成了烂泥地罗。……哈哈哈！……在坟墓里！……现在我的儿子也死了，可我还活着。……这真是怪事，死神认错门了。……它原本应该来找我，却去找了我的儿子。……”姚纳回转身，想讲一讲他儿子是怎样死的，可是这时候驼子轻松地呼出一口气，声明说，谢天谢地，他们终于到了。

姚纳收下二十戈比以后，久久地看着那几个游荡的人的背影，后来他们走进一个黑暗的大门口，不见了。他又孤身一人，寂静又向他侵袭过来。……他的苦恼刚淡忘了不久，如今重又出现，更有力地撕扯他的胸膛。姚纳的眼睛不安而痛苦地打量街道两旁川流不息的人群：在这成千上万的人当中有没有一个人愿意听他倾诉衷曲呢？然而人群奔走不停，谁都没有注意到他，更没有注意到他的苦恼。……那种苦恼是广大无垠的。如果姚纳的胸膛裂开，那种苦恼滚滚地涌出来，那它仿佛就会淹没全世界，可是话虽如此，它却是人们看不见的。这种苦恼竟包藏在这么一个渺小的躯壳里，就连白天打着火把也看不见。……

姚纳瞧见一个扫院子的仆人拿着一个小蒲包，就决定跟他攀谈一下。

“老哥，现在几点钟了？”他问。

“九点多钟。……你停在这儿干什么？把你的雪橇赶开！”

姚纳把雪橇赶到几步以外去，伛下腰，听凭苦恼来折磨他。……他觉得向别人诉说也没有用了。……可是五分钟还没过完，他就挺直身子，摇着头，仿佛感到一阵剧烈的疼痛似的；他拉了拉缰绳。……他受不住了。

“回大车店去，”他想。“回大车店去！”

那匹瘦马仿佛领会了他的想法，就小跑起来。大约过了一个半钟头，姚纳已经在一个肮脏的大火炉旁边坐着了。炉台上，地板上，长凳上，人们鼾声四起。空气又臭又闷。姚纳瞧着那些睡熟的人，搔了搔自己的身子，后悔不该这么早就回来。……

“连买燕麦[②]的钱都还没挣到呢，”他想。“这就是我会这么苦恼的缘故了。一个人要是会料理自己的事……让自己吃得饱饱的，自己的马也吃得饱饱的，那他就会永远心平气和。……”

墙角上有一个年轻的车夫站起来，带着睡意嗽一嗽喉咙，往水桶那边走去。

“你是想喝水吧？”姚纳问。

“是啊，想喝水！”

---

① 老龙：原文是“高雷内奇龙”，俄国神话中的一条怪龙。在此用作骂人的话。

② 燕麦：马的饲料。

“那就痛痛快快地喝吧。……我呢，老弟，我的儿子死了。……你听说了吗？这个星期在医院里死掉的。……竟有这样的事！”

姚纳看一下他的话产生了什么影响，可是一点影响也没看见。那个青年人已经盖好被子，连头蒙上，睡着了。老人就叹气，搔他的身子。……如同那个青年人渴望喝水一样，他渴望说话。他的儿子去世快满一个星期了，他却至今还没有跟任何人好好地谈一下这件事。……应当有条有理，详详细细地讲一讲才是。……应当讲一讲他的儿子怎样生病，怎样痛苦，临终说过些什么话，怎样死掉。……应当描摹一下怎样下葬，后来他怎样到医院里去取死人的衣服。他有个女儿阿尼霞住在乡下……关于她也得讲一讲。……是啊，他现在可以讲的还会少吗？听的人应当惊叫，叹息，掉泪。……要是能跟娘们儿谈一谈，那就更好。她们虽然都是蠢货，可是听不上两句就会哭起来。

“去看一看马吧，”姚纳想。“要睡觉，有的是时间。……不用担心，总能睡够的。”

他穿上衣服，走到马房里，他的马就站在那儿。他想起燕麦、草料、天气。……关于他的儿子，他独自一人的时候是不能想的。……跟别人谈一谈倒还可以，至于想他，描摹他的模样，那太可怕，他受不了。……

“你在吃草吗？”姚纳问他的马说，看见了它的发亮的眼睛。“好，吃吧，吃吧。……既然买燕麦的钱没有挣到，那咱们就吃草好了。……是啊。……我已经太老，不能赶车了……该由我的儿子来赶车才对，我不行了。……他才是个地道的马车夫。……只要他活着就好了。……”姚纳沉默了一忽儿，继续说：“就是这样嘛，我的小母马……库兹玛·姚内奇不在了。……他下世了……他无缘无故死了。……比方说，你现在有个小驹子，你就是这个小驹子的亲娘。……忽然，比方说，这个小驹子下世了。……你不是要伤心吗？”

那匹瘦马嚼着草料，听着，向它主人的手上呵气。

姚纳讲得入了迷，就把他心里的话统统对它讲了。……

课文延伸

需要晓得自己的尊严：契诃夫有一次接到弟弟的信，信上自称是“你的渺小无闻的弟弟”。他立刻提笔在回信上写道：“你为什么自称是‘你的渺小无闻的弟弟’？你承认自己渺小吗？在人们当中需要自己的尊严。你又不是个骗子，你是个正直的人，对吧？那就尊敬自己是个正直的人吧！”要知道契诃夫不仅这样教育弟弟，他的许多作品中也提倡“人的尊严”，这对我们不也是很深刻的启示吗？

“简直无法理解，从一篇如此简单、平淡、甚至可以说是贫乏的小说中，怎么弄到最后竟会浮现这样不可抗拒的深刻庞大的具有人类意义的思想……我深受震惊，无限神往……您是一位多么了不起的大力士。”——列宾《契诃夫作品、书信全集》第8卷

资料链接

1. 人物——安东·契诃夫：http://tv.cntv.cn/video/C10366/40f1c0830d064491967586144a2a6353

2. 许还山朗诵契诃夫的《生活是美好的》：http://v.ku6.com/show/AUmqRDhLSHlz-VSzSsYjZsw...html?from=my

思考与研讨

一、马车夫姚纳为什么要再三对别人，甚至对小母马叙说他儿子死了的事？

二、小说是怎样将“人与人”的关系和“人与马”的关系进行对比的？这样对比有何

作用？

三、对照本文，阅读契诃夫小说《胖子和瘦子》《小公务员之死》，谈谈作者表现“小人物”生活题材的作品有何共性与差异。

四、试比较鲁迅的《祝福》、余华的《我没有自己的名字》和契科夫的《苦恼》，说说三者在主题思想、表现手法上有何异同。

17　西西弗的神话[①]

［法］加缪

加缪（1913—1960），法国著名小说家、哲学家和戏剧家。生于阿尔及利亚，父亲是农工，死于一战。早年生活在贫民区，靠奖学金和半工半读获哲学学位。后从事戏剧创作和新闻、写作事业。二战期间，他积极投身于抗击法西斯的活动中。自20世纪40年代开始，他在文坛上声名鹊起，其作品对当代西方文化产生过重大影响。主要作品有小说《局外人》《鼠疫》《堕落》和短篇小说集《流放和王国》，哲学随笔《西西弗神话》，剧本《卡里古拉》《正义者》等。他的哲学思想集中表现在《西西弗的神话》这部著作中，强调从精神上反抗不可避免的荒诞，从苦难中体认充实和幸福。1957年获诺贝尔文学奖，两年后遇车祸离世。

诸神处罚西西弗不停地把一块巨石推上山顶，而石头由于自身的重量又滚下山去。诸神认为再也没有比进行这种无效无望的劳动更为严厉的惩罚了[②]。

荷马说，西西弗是最终要死的人中最聪明最谨慎的人。但另有传说说他屈从于强盗生涯。我看不出其中有什么矛盾。各种说法的分歧在于是否要赋予这地狱中的无效劳动者的行为动机以价值。人们首先以某种轻率的态度把他与诸神放在一起进行谴责，并历数他们的隐私。阿索玻斯[③]的女儿埃癸娜被朱庇特[④]劫走。父亲对女儿的失踪大为震惊并且怪罪于西西弗。深知内情的西西弗对阿索玻斯说，他可以告诉他女儿的消息，但必须以给柯兰特城堡供水为条件。他宁愿得到水的圣浴，而不是天火雷电。他因此被罚下地狱，荷马告诉我们西西弗曾经扼住过死神的喉咙。普洛托[⑤]忍受不了地狱王国的荒凉寂寞，他催促战神把死神从其战胜者手中解放出来。

还有人说，西西弗在临死前冒失地要检验他妻子对他的爱情。他命令她把他的尸体扔在广场中央，不举行任何仪式。西西弗于是重堕地狱。他在地狱里对那恣意践踏人类之爱的行径十分愤慨，他获得普洛托的允诺重返人间以惩罚他的妻子。但当他又一次看到这大地的面貌，重新领略流水、阳光的抚爱，重新触摸那火热的石头、辽阔的大海的时候，他就再也不愿回到阴森的地狱中去了。冥王的诏令、气愤和警告都无济于事。他又在地球上生活了多年，面对起伏

---

① 据北京三联书店1987年3月版杜小真译《西西弗的神话》。西西弗，希腊神话中科林斯的创造者。荷马史诗说他十分狡诈，死后受到惩罚。在冥府，他朝山顶推一巨石，刚到山顶，巨石又滚回山下，他只得重新开始，如此反复不停。关于他受惩罚的原因，后世作家有各种说法，如泄露众神的计划；抢劫行人；告诉河神阿索玻斯是宙斯抢走他的女儿和藏匿的去处。有神话说，死神曾被他捆绑拘禁，几年之内无人死亡，后来阿瑞斯救出死神，也将他一起带走。他禁止妻子为他举行葬礼，到冥土后请准重回尘世。关于他的神话常出现于希腊、罗马的文学艺术作品中。“西西弗式的工作”比喻沉重、无休止、无结果的工作或苦难。

② 无效无望：点明诸神对西西弗采用这种惩罚方式的原因。

③ 阿索玻斯：希腊神话中的河神，埃癸娜是他的女儿。

④ 朱庇特：希腊神话中的主神。

⑤ 普洛托：罗马神话中的冥王。

的山峦、奔腾的大海和大地的微笑他又生活了多年。诸神于是进行干涉。墨丘利[①]跑来揪住这冒犯者的领子，把他从欢乐的生活中拉了出来，强行把他重新投入地狱，在那里，为惩罚他而设的巨石已准备就绪。

我们已经明白：西西弗是个荒谬的英雄。他之所以是荒谬的英雄，还因为他的激情和他所经受的磨难。他藐视神明，仇恨死亡，对生活充满激情，这必然使他受到难以用言语尽述的非人折磨：他以自己的整个身心致力于一种没有效果的事业。而这是为了对大地的无限热爱必须付出的代价。人们并没有谈到西西弗在地狱里的情况。创造这些神话是为了让人的想象使西西弗的形象栩栩如生。在西西弗身上，我们只能看到这样一幅图画：一个紧张的身体千百次地重复一个动作：搬动巨石，滚动它并把它推至山顶；我们看到的是一张痛苦扭曲的脸，看到的是紧贴在巨石上的面颊，那落满泥土、抖动的肩膀，沾满泥土的双脚，完全僵直的胳膊，以及那坚实的满是泥土的人的双手。经过被渺渺空间和永恒的时间限制着的努力之后，目的就达到了。西西弗于是看到巨石在几秒钟内又向着下面的世界滚下，而他则必须把这巨石重新推向山顶。他于是又向山下走去[②]。

正是因为这种回复、停歇，我对西西弗产生了兴趣。这一张饱经磨难近似石头般坚硬的面孔已经自己化成了石头！我看到这个人以沉重而均匀的脚步走向那无尽的苦难。这个时刻就像一次呼吸那样短促，它的到来与西西弗的不幸一样是确定无疑的，这个时刻就是意识的时刻。在每一个这样的时刻中，他离开山顶并且逐渐地深入到诸神的巢穴中去，他超出了他自己的命运。他比他搬动的巨石还要坚硬[③]。

如果说，这个神话是悲剧的，那是因为它的主人公是有意识的。若他走的每一步都依靠成功的希望所支持，那他的痛苦实际上又在哪里呢？今天的工人终生都在劳动，终日完成同样的工作，这样的命运并非不比西西弗的命运荒谬。但是，这种命运只有在工人变得有意识的偶然时刻才是悲剧性的。西西弗，这诸神中的无产者，这进行无效劳役而又进行反叛的无产者，他完全清楚自己所处的悲惨境地：在他下山时，他想到的正是这悲惨的境地。造成西西弗痛苦的清醒意识同时也就造就了他的胜利。不存在不通过蔑视而自我超越的命运[④]。

如果西西弗下山推石在某些天里是痛苦地进行着的，那么这个工作也可以在欢乐中进行。这并不是言过其实。我还想象西西弗又回头走向他的巨石，痛苦又重新开始。当对大地的想象过于着重于回忆，当对幸福的憧憬过于急切，那痛苦就在人的心灵深处升起：这就是巨石的胜利，这就是巨石本身[⑤]。巨大的悲痛是难以承担的重负。这就是我们的客西马尼[⑥]之夜。但是，雄辩的真理一旦被认识就会衰竭。因此，俄狄浦斯不知不觉首先屈从命运。而一旦他明白了一切，他的悲剧就开始了。与此同时，两眼失明而又丧失希望的俄狄浦斯认识到，他与世界之间的惟一联系就是一个年轻姑娘鲜润的手。他于是毫无顾忌地发出这样震撼人心的声音：“尽管我历尽艰难困苦，但我年逾不惑，我的灵魂深邃伟大，因而我认为我是幸福的。”索福克勒斯

---

① 墨丘利：罗马神话中的商业神。

② 通过对西西弗推石上山图景的想象与勾勒，向读者展示了一个加缪心目中的荒谬英雄形象。

③ 命运的残酷、荒谬和西西弗的坚定、清醒形成鲜明的对照。这正是加缪对西西弗的兴趣所在。

④ 本文借助西西弗的故事，目的是对当代人的生活有所启迪，让人们像西西弗一样通过挑战命运，从而战胜命运。

⑤ 强调人的主观意志对人的生活感受的决定性作用。

⑥ 客西马尼：福音书中所说的耶稣被犹大出卖而遭大祭司抓捕前所在的地方，位于橄榄山下。耶稣在此作最后的祷告，而门徒们都在沉睡。

的俄狄浦斯与陀思妥耶夫斯基的基里洛夫都提出了荒谬胜利的法则。先贤的智慧与现代英雄主义汇合了①。

人们要发现荒谬，就不能不想到要写某种有关幸福的教材。“哎，什么！就凭这些如此狭窄的道路……？”但是，世界只有一个。幸福与荒谬是同一大地的两个产儿。若说幸福一定是从荒谬的发现中产生的，那可能是错误的。因为荒谬的感情还很可能产生于幸福。“我认为我是幸福的”，俄狄浦斯说，而这种说法是神圣的。它回响在人的疯狂而又有限的世界之中。它告诫人们一切都还没有也从没有被穷尽过。它把一个上帝从世界中驱逐出去，这个上帝是怀着不满足的心理以及对无效痛苦的偏好而进入人间的。它还把命运改造成为一件应该在人们之中得到安排的人的事情②。

西西弗无声的全部快乐就在于此。他的命运是属于他的。他的岩石是他的事情。同样，当荒谬的人深思他的痛苦时，他就使一切偶像哑然失声。在这突然重又沉默的世界中，大地升起千万个美妙细小的声音。无意识的、秘密的召唤，一切面貌提出的要求，这些都是胜利必不可少的对立面和应付的代价。不存在无阴影的太阳，而且必须认识黑夜。荒谬的人说“是”，但他的努力永不停息。如果有一种个人的命运，就不会有更高的命运，或至少可以说，只有一种被人看作是宿命的和应受到蔑视的命运。此外，荒谬的人知道，他是自己生活的主人。在这微妙的时刻，人回归到自己的生活之中，西西弗回身走向巨石，他静观这一系列没有关联而又变成他自己命运的行动，他的命运是他自己创造的，是在他的记忆的注视下聚合而又马上会被他的死亡固定的命运。因此，盲人从一开始就坚信一切人的东西都源于人道主义，就像盲人渴望看见而又知道黑夜是无穷尽的一样，西西弗永远行进。而巨石仍在滚动着③。

我把西西弗留在山脚下！我们总是看到他身上的重负。而西西弗告诉我们，最高的虔诚是否认诸神并且搬掉石头。他也认为自己是幸福的。这个从此没有主宰的世界对他来讲既不是荒漠，也不是沃土。这块巨石上的每一颗粒，这黑黝黝的高山上的每一颗矿砂惟有对西西弗才形成一个世界。他爬上山顶所要进行的斗争本身就足以使一个人心里感到充实。应该认为，西西弗是幸福的④。

课文延伸

《西西弗的神话》译后记（杜小真）（节选）

《西西弗的神话》（1943）是一部哲学随笔，副题是“论荒谬”。在加缪的哲学思想中，荒谬是作为起点而提出的。加缪的荒谬实际上就是一种感受，是一种人的主观意识对外部世界的领悟。荒谬是“人与世界之间的唯一联系”。人一旦在平庸无奇、习以为常的生活中提出“为什么”的问题，那就是意识到了荒谬，荒谬就开始了，而人也就清醒了。一方面，人看到了这毫无意义、杂乱无章的非人的世界，它是希望的对立面；另一方面，人自身中又深含着对幸福与理性的希望，荒谬就产生于“这种对人性的呼唤和世界不合理的沉默之间”的对抗……

---

① 俄狄浦斯是希腊悲剧家索福克勒斯在同名悲剧中塑造的悲剧英雄，他在不自知的情况下，成为杀父娶母的罪人，因此，他自己处罚自己，弄瞎了双眼。基里洛夫是陀思妥耶夫斯基小说《群魔》中的人物，他经常思考的问题是“上帝离去后谁能担起拯救者的重任”。

② 进一步论述在荒谬的世界中，人的幸福感和人的主观选择之间密不可分的关系。

③ 再次从西西弗的行为和他的选择出发，说明荒谬英雄的内涵，西西弗不停息的劳作就是他对命运的最好回答。

④ 最终得出结论“西西弗是幸福的”，是因为他蔑视诸神，他面对命运的捉弄，没有叹息、没有逃避，这样诸神对他的惩罚也就失去了意义，他就成为自己命运的主人。

加缪对严肃的人生问题做出了这样的回答：要对生活回答“是”，要对未来回答“不”！加缪决不同意把希望寄托于未来，不希求什么永恒与舒适，不惧怕飞跃产生的危险。穷尽现在——不欲其所无，穷尽其所有，重要的不是生活得最好，而是生活得最多，这就是荒谬的人的生活准则。完全没有必要消除荒谬，关键是要活着，是要带着这种破裂去生活。人有精神，但还有至关重要的身体，精神依靠身体去穷尽现在的一切。正如法国人格主义代表人物莫尼埃所说，还没有人曾像加缪那样歌颂身体的伟大：身体、爱抚、创造、行动，人类的高贵于是在这毫无意义的世界里重新获得其地位。在加缪看来，没有任何一种命运是对人的惩罚，只要竭尽全力去穷尽它就应该是幸福的。对生活说“是”，这实际上就是一种反抗，就是在赋予这荒谬的世界以意义。因而，自杀是错误的，它决不应是荒谬的必然结果。自杀实质上是一种逃避，它是反抗的对立面，它想消除荒谬，但荒谬永远不会被消除。加缪反对自杀，他对生活充满爱恋，和西西弗一样，他迷恋蔚蓝的天空、辽阔的大海……他要穷尽这一切，他要对生活回答“是”……

加缪不相信来世，他认为，没有什么明天，没有什么来世，要义无反顾地生活。这就是人的深刻自由的理由。荒谬的人则是在清醒地认识到荒谬之后，最后投入到人类反抗的熊熊火焰之中。加缪就这样从荒谬推论出我的反抗、我的自由和我的激情。总之，加缪所推崇的荒谬的人是追求自我穷尽，追求穷尽既定一切的人。这就像戏剧演员不间断地穷尽他们的各式各样的角色一样，就像他们在两小时的短暂时间内享尽他们扮演的角色的全部光荣一样。

《西西弗的神话》出版到现在，已经过去了几十年。但加缪在其中提出的问题仍是引人注目的。加缪曾是战后一代青年的精神导师。这不仅仅因为他是法国最年轻的诺贝尔奖获得者，也不仅仅因为他在文学、戏剧、哲学上的成就，更重要的是他以独特而清晰的思维提出了一代人关心的问题，而他明知不能根除世上的邪恶仍以西西弗下山的坚定步伐走向荒谬的精神，如此更加强烈地激励着受到严重心灵创伤的战后一代。

古希腊神话

古希腊神话是世界古典文明中一颗璀璨的明珠，在世界文化史上占有十分重要的地位。马克思说：希腊神话是“通过人民的幻想用一种不自觉的艺术方式加工过的自然和社会形式本身”。它起源于原始社会的口头文学，在各部落流传了几百年，后来成为极为复杂的神话系统。它最早的传世书面文献当推《荷马史诗》，之后有古希腊诗人赫西奥德的长诗《神谱》。它记述了许多神话故事，并力图把故事谱系化。

希腊神话包括神的故事和英雄传说两个部分。神的故事主要包括开天辟地、神的产生、神的谱系、人类的起源和神的日常活动等故事，其中又分前奥林匹斯神系和奥林匹斯神系两大阶段。英雄传说起源于对祖先的崇拜。传说中的主人公大都是神与人的后代，半神半人的英雄。他们体力过人、英勇非凡，体现了人类征服自然的豪迈气概和顽强意志，成为古代人民集体力量和智慧的化身。

希腊神话中的神与人同形同性，既有人的体态美，也有人的七情六欲。神与人的区别仅仅在于前者永生，无死亡期，后者生命有限，有生老病死。希腊神话中的神个性鲜明，没有禁欲主义因素，也很少有神秘主义色彩。古希腊悲剧的题材基本都是取材于神话，是作家对那些神话故事的现实理解的戏剧体现。因此，希腊神话不仅是希腊文学的土壤，而且对后来的欧洲文学有着深远的影响。

中国古人的苦难观

天将降大任于斯人也，必先苦其心志，劳其筋骨，饿其体肤，空乏其身。行拂乱其所为，所以动心忍性，增益其所不能。——《孟子·告子下》

盖文王拘而演《周易》；仲尼厄而作《春秋》；屈原放逐，乃赋《离骚》；左丘失明，厥有《国语》；孙子膑脚，《兵法》修列；不韦迁蜀，世传《吕览》；韩非囚秦，《说难》《孤愤》；《诗》三百篇，大底圣贤发愤之所为作也。——司马迁《报任安书》

资料链接

俞敏洪经典演讲：西西弗的故事的启示：http://v.xdf.cn/1_1996.html

思考与研讨

一、文章最后说“他爬上山顶所要进行的斗争本身就足以使一个人心里感到充实。应该认为，西西弗是幸福的”，你怎样理解这句话？你怎样看待西西弗这一形象？

二、在西方哲学中，有三个终极命题：“我是谁？从哪来？到哪去？”你认为人生下来有命里注定的意义吗？那人生意义是什么？

三、中国的神话故事里也有一个与西西弗极相似的人物——吴刚也被罚在月中伐桂，每次砍伐，桂树的砍口都会合起来，他一样不会看到自己劳动的任何成效，也一样看不到希望。试用你的理解诠释中国古代的这则神话。

四、二战期间，在波兰维尔那集中营里，一个名叫大卫·博格的犹太人，在被纳粹杀害之前的最后一封信里写道：“我希望有人记得，一个名叫大卫·博格的人，曾经活在这个世界上。”1953 年，自以色列大屠杀纪念馆建成伊始，就开始在全世界范围内，致力搜集在大屠杀中每一位死难者的个人资料，到现在，他们共搜集到 6200 万份各类和大屠杀有关的文件、档案，近 27 万张照片，以及数千份影音资料。他们提出的目标是：“直到每个人都有名字”——那些死去的人，不能仅仅作为一个冰冷的统计数字被记住，更要作为有自己名字、有自己面孔、有自己尊严的人而被记住。2004 年 11 月 22 日，“犹太人大屠杀遇难者姓名中央数据库”建成，全世界的人都可以通过互联网，用这个数据库查询到 300 万左右死于纳粹屠杀的遇难者的个人资料，如姓名、出生地、职业、国籍、父母及配偶的名字、战前的居住地、遇难地点等。它的意义，不仅在于记住一段历史，记住一个教训，记住一个人曾作为人在这个世界上活过，而且还更在于记住每个生命都不容忽视，每个生命都不可践踏，每个生命都有尊严。请以《每个生命都有尊严》为题作文，在主题活动中交流分享。

第五单元　洞明世事

《红楼梦》云：“世事洞明皆学问，人情练达即文章。”为人处世，身处困境，如何应对方为洞察世事者？不同于顺应时势、全身远害的处世态度而毅然抉择有所为有所不为的立场，取“举世独浊我独清，众人皆醉我独醒”的人生态度，坚守信念，宁为玉碎，这是中国人千百年来所激赏的文人的耿直与傲骨；善解矛盾、深谋远虑，为君避祸，为己立身，深谙谋虑又重情重义，这是儒家所倡导的“修齐治平”的出仕之道；《易经》曰：“天行健，君子以自强不息。”真正的勇者就是敢于接受命运的拷问而永不停息地追寻生存的终极意义，即生命过程大于一切；在“很多想要设置别人生活的人，还有对被设置的生活安之若素的人”中间，“敢于如此无视对生活的设置”特立独行，坚持自己，张扬个性，“终于由别人选择变成由自己选择”，这是千人一面、千人一声的人群中勇敢呐喊、发出自己声音的强者。

无论是否洞明世事，人情练达，对人格独立的渴望，对思想自由的向往，对生命意义的追寻，都已经融入我们的民族血液之中，承传下来。

18　楚辞·渔父[①]

屈　原

屈原（约前339—约前278），名平，字原，又名正则，字灵均。战国时期楚国著名文学家、政治家，我国第一位伟大的爱国主义诗人。在楚怀王时期，任过左徒、三闾大夫等官，遭谗去职。后因对楚国政治感到绝望，投汨罗江而死。

本篇中的渔父身份看似卑微，与屈原偶然相逢，言语不合之后，又悠然远去，颇有神龙见首不见尾的神秘感。正是有了这一“棋逢对手”的对比映衬，本文才得以完美地展现出不同价值观的冲突，成为千古名篇。

屈原既放[②]，游于江潭，行吟泽畔，颜色憔悴，形容[③]枯槁。渔父见而问之曰：“子非三闾大夫[④]与？何故至于斯？”屈原曰：“举世皆浊我独清，众人皆醉我独醒，是以见放。”渔父曰：“圣人不凝滞于物[⑤]，而能与世推移[⑥]。世人皆浊，何不淈其泥而扬其波[⑦]？众人皆醉，何不餔其糟而歠其醨[⑧]？何故深思高举，自令放为？”屈原曰：“吾闻之，新沐者必弹冠，新浴者必振衣。安能以身之察察[⑨]，受物之汶汶[⑩]乎？宁赴湘流，葬于江鱼之腹中，安能以皓皓之白，而蒙世俗之尘埃乎？”渔父莞尔而笑，鼓枻[⑪]而去。歌曰：“沧浪之水清兮，可以濯吾缨；沧浪之水浊兮，可以濯吾足。”遂去，不复与言。

课文延伸

卜　居

屈　原

屈原既放，三年不得复见，竭知尽忠，而蔽鄣於谗，心烦虑乱，不知所从。乃往见太卜郑詹尹曰：“余有所疑，愿因先生决之。”詹尹乃端策拂龟，曰：“君将何以教之？”

屈原曰：“吾宁悃悃款款，朴以忠乎？将送往劳来，斯无穷乎？宁诛锄草茅，以力耕乎？将游大人，以成名乎？宁正言不讳，以危身乎？将从俗富贵，以偷生乎？宁超然高举，以保真乎？将哫訾栗斯，喔咿儒儿，以事妇人乎？宁廉洁正直，以自清乎？将突梯滑稽，如脂如韦，以洁楹乎？宁昂昂若千里之驹乎？将氾氾若水中之凫乎，与波上下，偷以全吾躯乎？宁与骐骥亢轭乎？将随驽马之迹乎？宁与黄鹄比翼乎？将与鸡鹜争食乎？此孰吉孰凶？何去何从？世溷浊而不清：蝉翼为重，千钧为轻；黄钟毁弃，瓦釜雷鸣；谗人高张，贤士无名。吁嗟默默兮，谁知吾之廉贞？”

---

① 选自《屈原集校注》，金开诚、高路明、董洪利著，中华书局1981年版。
② 放：放逐，流放。
③ 形容：体态容貌。
④ 三闾大夫：战国时期楚国的官职。主管楚国屈、景、昭三姓王族的事务。
⑤ 凝滞于物：凝固停滞，受外物的束缚。凝滞，拘泥，执着。
⑥ 与世推移：随从世俗不断做出相应的改变。
⑦ 淈（gǔ）其泥而扬其波：意为把水进一步搅浑。淈，搅浑。
⑧ 餔（bǔ）：食。糟：酒滓。歠：同“啜”，饮。醨（lí）：薄酒。
⑨ 察察：清晰的样子，这里指清洁。
⑩ 汶（mén）汶：不明的样子，这里指污秽。
⑪ 鼓枻（yì）：敲打船桨。枻即楫，船桨。

詹尹乃释策而谢曰："夫尺有所短，寸有所长，物有所不足，智有所不明，数有所不逮，神有所不通。用君之心，行君之意，龟策诚不能知此事。"

（选自《屈原集校注》，金开诚、高路明、董洪利著，中华书局1981年版）

资料链接

1. 陈引驰《屈原》：http://video.chaoxing.com/play_400050448_80384.shtml
2. 徐志啸《非同凡响的伟大诗人》：http://video.chaoxing.com/serie_400000118.shtml
3. 郑承志《世界的品牌　人民的选择——屈原文化与端午习俗》：http://video.chaoxing.com/play_400007153_62170.shtml
4. 电影《屈原》：http://v.youku.com/v_show/id_XOTU0ODU3MzI=.html?from=s1.8-1-1.1
5. 纪录片《屈原》：http://jishi.cntv.cn/2014/05/30/VIDA1401437027113667.shtml

思考与研讨

一、本文通过自设问答的形式表现内心的矛盾，你认为这种方式与直抒胸臆相比，优点在哪里？

二、在屈原的执着与渔父的旷达之间，你更欣赏哪一个？理由是什么？当你面对理想与现实的矛盾时，你会采取怎样的态度？

三、有人说过：屈原的自沉，既是对物欲横流功利时代的最后反抗，也是对人格独立的渴望，更是对思想自由的向往，他真正代表着我们民族的"心"。对此，你怎么理解？

四、对比《卜居》，看二者的表现手法有何异同。

五、中国历史上有许多爱国主义诗人，查找他们的诗歌，利用社团活动时间组织一场爱国主义诗歌朗诵会。

19　冯谖客孟尝君①

《战国策》

《战国策》又名《国策》《国事》等，作者不止一人。西汉末年，刘向对其进行了整理编订，仿《国语》体例，分国编次，将全书分为12策，共33篇，定名为《战国策》。主要记叙战国时期一些策士、谋臣游说诸侯、互相辩难、鼓吹合纵连横的活动与言辞，反映了各国有关政治、军事、外交等方面的史实。作为国别体杂史著作，它文笔恣肆，语言流畅，写人记事生动传神，善用寓言和比喻说理，具有浓郁的艺术魅力和文学趣味。

齐人有冯谖者，贫乏不能自存②，使人属③孟尝君，愿寄食门下④。孟尝君曰："客何好⑤？"曰："客无好也。"曰："客何能？"曰："客无能也。"孟尝君笑而受之曰："诺。"

---

① 选自《战国策·齐策四》。冯谖（xuān），齐国游说之士。谖，一作"煖"，《史记》又作"驩"，音同。客，做门客。孟尝君，姓田，名文，齐国的贵族、相国，孟尝君是封号，薛是封地。战国末期，各诸侯国贵族为了维护岌岌可危的统治地位，风行养士（食客）之风，齐国的孟尝君、赵国的平原君、魏国的信陵君、楚国的春申君（以上号称"战国四公子"）及吕不韦，均以养士闻名。

② 存：生活、生存。

③ 属（zhǔ）：音义与"嘱"相同，嘱托，请托。

④ 寄食门下：在孟尝君门下做食客。

⑤ 好：爱好、擅长、喜好。

左右以君贱之也，食以草具[①]。居有顷，倚柱弹其剑，歌曰：“长铗[②]归来乎！食无鱼。”左右以告。孟尝君曰：“食之，比门下之鱼客[③]。”居有顷，复弹其铗，歌曰：“长铗归来乎！出无车。”左右皆笑之，以告。孟尝君曰：“为之驾[④]，比门下之车客。”于是乘其车，揭[⑤]其剑，过[⑥]其友曰：“孟尝君客我[⑦]。”后有顷，复弹其剑铗，歌曰：“长铗归来乎！无以为家[⑧]。”左右皆恶之，以为贪而不知足。孟尝君问：“冯公有亲乎？”对曰：“有老母。”孟尝君使人给其食用，无使乏。于是冯谖不复歌。

后孟尝君出记[⑨]，问门下诸客：“谁习计会[⑩]，能为文收责[⑪]于薛者乎？”冯谖署[⑫]曰：“能。”孟尝君怪之，曰：“此谁也？”左右曰：“乃歌夫长铗归来者也。”孟尝君笑曰：“客果有能也，吾负[⑬]之，未尝见也。”请而见之，谢[⑭]曰：“文倦于事[⑮]，愦于忧[⑯]，而性懧[⑰]愚，沉[⑱]于国家之事，开罪[⑲]于先生。先生不羞，乃有意欲为收责于薛乎？”冯谖曰：“愿之。”于是约车治装[⑳]，载券契[㉑]而行，辞曰：“责毕收，以何市而反[㉒]？”孟尝君曰：“视吾家所寡有者。”

驱而之薛，使吏召诸民当偿者，悉来合券。券遍合，起，矫命[㉓]，以责赐诸民。因烧其券。民称万岁。

长驱到齐，晨而求见。孟尝君怪其疾也，衣冠而见之，曰：“责毕收乎？来何疾也！”曰：“收毕矣。”“以何市而反？”冯谖曰：“君云‘视吾家所寡有者’。臣窃计，君宫[㉔]中积珍宝，狗马实外厩，美人充下陈[㉕]。君家所寡有者，以义耳！窃以为君市义。”孟尝君曰：“市义奈何？”

---

① 食（sì）以草具：即“食（之）以草具”的省略。“食”通“饲”。草具，指粗劣的饭菜。
② 铗（jiá）：剑。
③ 鱼客：原作“客”，今从一本增“鱼”字，与下文的车客照应。孟尝君分食客为上中下三等，下客住传舍，食菜；中客住幸舍，食鱼，故又称鱼客；上客住代舍，食肉，出有舆车，故又称车客。
④ 为之驾：为他配车。
⑤ 揭：举。
⑥ 过：拜访。
⑦ 客我：待我以客，厚待我。
⑧ 无以为家：没有能力养家。
⑨ 出记：出了一个文告。记，古代一种公文文种。
⑩ 习计会：习，熟悉。计会，即会计。
⑪ 责：通“债”。
⑫ 署：署名、签名。
⑬ 负：辜负，对不起。这里指没有发现冯谖的才干。
⑭ 谢：道歉。
⑮ 倦于事：忙于事务，疲劳不堪。
⑯ 愦（kuì）于忧：忧愁思虑太多，心思烦乱。愦，通“溃”，乱。
⑰ 懧（nuò）：通“懦”。
⑱ 沉：沉浸，埋头于……之中。
⑲ 开罪：得罪。
⑳ 约车治装：准备车马、整理行装。约，缠束，这里指把马套上车。
㉑ 券（quàn）契：指放债的凭证。券分为两半，双方各执其一，履行契约时拼而相契合，即下文所说“合券”。
㉒ 市：购买。反：同“返”。
㉓ 矫命：假托（孟尝君）的命令。
㉔ 宫：屋室。上古房屋无论尊卑都叫宫，秦汉以后专指帝王居住的地方。
㉕ 下陈：堂下，台阶之下。

曰："今君有区区之薛，不拊爱子其民①，因而贾利之②。臣窃矫君命，以责赐诸民，因烧其券，民称万岁。乃臣所以为君市义也。"孟尝君不说③，曰："诺，先生休矣！"

后期年④，齐王⑤谓孟尝君曰："寡人不敢以先王之臣为臣⑥。"孟尝君就国⑦于薛，未至百里，民扶老携幼，迎君道中。孟尝君顾谓冯谖："先生所为文市义者，乃今日见之。"

冯谖曰："狡兔有三窟⑧，仅得免其死耳；今君有一窟，未得高枕而卧也。请为君复凿二窟。"孟尝君予车五十乘⑨，金五百斤⑩，西游于梁⑪，谓惠王⑫曰："齐放⑬其大臣孟尝君于诸侯，诸侯先迎之者，富而兵强。"于是梁王虚上位⑭，以故相为上将军，遣使者黄金千斤，车百乘，往聘孟尝君。冯谖先驱，诫孟尝君曰："千金，重币⑮也；百乘，显使⑯也。齐其闻之矣。"梁使三反，孟尝君固辞⑰不往也。

齐王闻之，君臣恐惧，遣太傅赍黄金千斤⑱、文车⑲二驷，服剑⑳一，封书谢孟尝君曰："寡人不祥㉑，被于宗庙之祟㉒，沉于谄谀之臣㉓，开罪于君。寡人不足为㉔也；愿君顾先王之宗庙，姑反国统万人乎！"冯谖诫孟尝君曰："愿请先王之祭器㉕，立宗庙于薛㉖。"庙成，还报孟尝君曰："三窟已就，君姑高枕为乐矣。"

---

① 拊爱子其民：抚爱百姓，视民如子。拊，通"抚"。子其民，视民如子。

② 贾（gǔ）利之：做买卖获利。贾，做买卖。

③ 说：同"悦"。

④ 期（jī）年：满一年。

⑤ 齐王：齐湣（mǐn）王。

⑥ "寡人"句：我不敢把先王的臣作为自己的臣。《史记·孟尝君列传》："齐（湣）王惑于秦、楚之毁，以为孟尝君名高其主，而擅齐国之权，遂废孟尝君。"所谓"不敢以先王之臣为臣"是托词。

⑦ 就国：回自己的封地。

⑧ 狡兔有三窟：狡猾的兔子有三个窝，比只有两个窝的一般兔子多一条出路。

⑨ 乘（shèng）：古代四马一车为一乘，泛指车。

⑩ 金：战国时期的一种铜质货币。斤：战国时期的货币单位，与今天的"斤"不同。

⑪ 梁：大梁，魏国都城。

⑫ 惠王：魏武侯之子。

⑬ 放：放逐。

⑭ 虚上位：把上位（宰相之位）空出来。

⑮ 重币：厚重的礼物。重，厚。币，聘币。古代聘请人的时候赠送的礼物。

⑯ 显使：地位显要的使臣。

⑰ 固辞：坚决辞谢。

⑱ 太傅：春秋时晋国始置，其职为辅弼国君。赍（jī），送。

⑲ 文车：文饰华美的车辆。

⑳ 服剑：佩剑。

㉑ 祥：通"详"，审慎。

㉒ 被于宗庙之祟（suì）：受到祖宗降下的灾祸、处罚。被，通"披"，遭受。宗庙，古代祭祀祖先的处所，这里借指祖先。祟，灾祸。

㉓ 沉于谄谀（chǎnyú）之臣：被谄媚阿谀的臣子所惑。沉，迷惑。谄谀，巴结逢迎。

㉔ 不足为：不值得你看重并辅助。

㉕ "愿请"句：希望你向齐王请求先王传下来的祭器。

㉖ 立宗庙于薛：在薛地建立齐王的宗庙。孟尝君与齐王同族，请求分给先王传下来的祭器，在薛地建立宗庙，将来齐就不便夺毁其国，如果有他国来侵，齐亦不能不相救。这是冯谖为孟尝君所定的安身之计，为"三窟"之一。

孟尝君为相数十年，无纤介[①]之祸者，冯谖之计也。

课文延伸

辑　评

《战国策》，叛经离道之书也。然而，天下传焉，后世述焉，何也？李子曰：策有四尚，尚一足传。传斯述矣，况四者乎？四者何也？录往者迹其事，考世者证其变，攻文者模其辞，好谋者袭其智。（明·李梦阳《刻战国策序》）

战国者，纵横之世也。纵横之学，本于古者行人之官，观《春秋》之辞命，列国大夫聘问诸侯，出使专对，盖欲文其言以达旨而已。至战国抵掌揣摩，腾说以取富贵，其辞敷张扬厉，变其本而加恢奇焉，不可谓非行人辞命之极也。孔子曰："诵诗三百，授之以政，不达；使于四方，不能专对，虽多奚为！"是则比兴之旨，讽喻之义，固行人之所肄也。（清·章学诚《文史通义·诗教上》）

文之快者每不沈，沈者每不快，《国策》乃沈而快；文之隽者每不雄，雄者每不隽，《国策》乃雄而隽。《国策》明快无如虞卿之折楼缓，慷慨无如荆卿之辞燕丹。（清·刘熙载《艺概》）

三番弹铗，想见豪士一时冷落，胸中块垒，勃不自禁。通篇写来，波澜层出，姿态横生，能使冯公须眉浮动纸上；沦落之士，遂尔顿增气色。（清·吴楚材、吴调侯《古文观止》卷四）

此文之妙，全在立意之奇，令人读一段想一段，真有武夷九曲，步步引人入胜之致……谋篇之妙，殊属奇绝。若其句调之变换，摹写之精工，顿挫跌宕，关锁照应，亦无不色色入神。变体快笔，皆以为较《史记》更胜。（清·余诚《重订古文释义新编》卷四）

战国时代的养士之风与士人独特的社会地位

士阶层是伴随着春秋战国时期剧烈的社会变革而发展壮大起来的一个新的社会阶层，他们积极活跃于当时的政治、外交舞台，是推动社会变革的重要力量，同时也是战国文化的主要创造者。作为知识与智慧的代表，士人受到了各国统治者的高度重视。当时，"强者务并吞，弱者患不能守，天下方争于战胜攻取"，刚刚掌握政权的新兴地主阶级面对激烈的兼并战争和瞬息万变的政治斗争局面，迫切需要大批人才来辅佐自己，以图存、图强并进而统一天下。得士则兴，失士则败，成为时人的共识，因而养士之风大盛。无论私门、公室，都以优厚待遇招揽各种人才，如战国四公子——孟尝君、春申君、平原君、信陵君各养士上千人，秦相吕不韦养士多达 3000 人，而齐宣王设置的稷下学宫更成为当时学者荟萃的中心。一时间，士人见重，他们奔走游说，一语相投，立取卿相，在政治、外交舞台上占有越来越重要的位置。一士之得，可使国家转危为安；一士之失，又可能导致兵临城下，以至于"一怒而天下惧，安居而天下熄"的地步。战国士人这种独特的社会地位，在中国历史上是绝无仅有的。

士人独特的社会地位，还体现在他们具有较少的人身依附关系，所谓"上无君上之事，下无耕田之难"。他们以知识与智慧为资本，几乎可不受本国或他国统治者的制约，自由地四方游说，此国不用，另投他国，正所谓"邦无定交，士无定主"。这种独特的社会地位使得士人有恃无恐、放言无惮。这一点，我们从冯谖身上就可以看到。

---

① 纤（xiān）介：纤丝与草籽，比喻极微小。介，通"芥"。

史记·孟尝君列传（节选）

孟尝君在薛，招致诸侯宾客及亡人有罪者，皆归孟尝君。孟尝君舍业厚遇之，以故倾天下之士。食客数千人，无贵贱一与文等。孟尝君待客坐语，而屏风后常有侍史，主记君所与客语，问亲戚居处。客去，孟尝君已使使存问，献遗其亲戚。孟尝君曾待客夜食，有一人蔽火光。客怒，以饭不等，辍食辞去。孟尝君起，自持其饭比之。客惭，自刭。士以此多归孟尝君。孟尝君客无所择，皆善遇之。人人各自以为孟尝君亲己。

孟尝君过赵，赵平原君客之。赵人闻孟尝君贤，出观之，皆笑曰："始以薛公为魁然也，今视之，乃眇小丈夫耳。"孟尝君闻之，怒。客与俱者下，斫击杀数百人，遂灭一县以去。

（选自《史记选注集说》，韩兆琦选注，江西人民出版社 1982 年版）

读孟尝君传

王安石

世皆称孟尝君能得士，士以故归之，而卒赖其力以脱于虎豹之秦。嗟乎！孟尝君特鸡鸣狗盗之雄耳，岂足以言得士？不然，擅齐之强，得一士焉，宜可以南面而制秦，尚何取鸡鸣狗盗之力哉？夫鸡鸣狗盗之出其门，此士之所以不至也。

资料链接

1. 刘兴林《战国策专题》：http://video.chaoxing.com/play_400007711_80046.shtml

2. 谁言三窟，报得仁心——阅读《战国策·冯谖客孟尝君》：http://v.youku.com/v_show/id_XNDM4ODkzMzQ0.html?from=s1.8-1-1.2

思考与讨论

一、如果说冯谖初为门客时频频争地位、争待遇是自信的表现，那么他的自信形成的原因是什么？你如何看待这种自信？今天你该如何展示出你的自信？

二、查阅战国四公子的故事，谈谈你如何评价战国四公子与其门客之间的关系？正确认识他们之间的关系是否会对你以后在职场与领导、与下属和谐相处有启发意义？

三、利用社团活动时间组织排演《冯谖客孟尝君》的故事。

20 命若琴弦[①]

史铁生

史铁生（1951—2010），祖籍河北涿县（今涿州市），生于北京，当代著名作家。曾任北京作家协会副主席、驻会作家，中国作家协会第五、六、七届全国委员会委员，中国残疾人作家协会副主席。1958 年入北京东城区王大人胡同小学读书，1967 年毕业于清华大学附属中学，1969 年到陕西延川插队落户，1972 年回北京，1974—1981 年在北京新桥街道工厂做工，后因瘫痪而停薪留职，回家养病。后来又患肾病并发展到尿毒症，需要靠透析维持生命。2010 年12 月 31 日凌晨 3 点 46 分因突发脑溢血逝世。著有短篇小说《午餐半小时》《我们的角落》《我的遥远的清平湾》《奶奶的星星》《命若琴弦》《第一人称》《别人》《老屋小记》；中篇小说《关于詹牧师的报告文学》《插队的故事》《礼拜日》《原罪·宿命》《一个谜语的几种简单的猜法》《小说三篇》《中篇 1 或短篇 4》等；散文《好运设计》《我与地坛》《墙下短记》《足

① 选自《现代人》1985 年第 2 期。

球内外》；长篇小说《务虚笔记》《我的丁一之旅》。曾先后获全国优秀短篇小说奖、鲁迅文学奖，以及多种全国文学刊物奖。多部作品被译为日、英、法、德等文字在海外出版。

《命若琴弦》通过老瞎子和小瞎子的悲剧命运，以一种寓言的方式触及了人类的生存、死亡、困境、超越困境等重大主题。老瞎子和小瞎子与命运的抗争，揭示了人类不屈服于命运的顽强与伟大。

莽莽苍苍的群山之中走着两个瞎子，一老一少，一前一后，两顶发了黑的草帽起伏攒动，匆匆忙忙，象是随着一条不安静的河水在漂流。无所谓从哪儿来，也无所谓到哪儿去，每人带一把三弦琴，说书为生。

方圆几百上千里这片大山中，峰峦叠嶂，沟壑纵横，人烟稀疏，走一天才能见一片开阔地，有几个村落。荒草丛中随时会飞起一对山鸡，跳出一只野兔、狐狸、或者其它小野兽。山谷中常有鹞鹰盘旋。

寂静的群山没有一点阴影，太阳正热得凶。

“把三弦子抓在手里。”老瞎子喊，在山间震起回声。

“抓在手里呢。”小瞎子回答。

“操心身上的汗把三弦子弄湿了。弄湿了晚上弹你的肋条!”

“抓在手里呢。”

老少二人都赤着上身，各自拎了一条木棍探路，缠在腰间的粗布小褂已经被汗水湿润了一大片。蹚起来的黄土干得呛人。这正是说书的旺季。天长，村子里的人吃罢晚饭都不呆在家里；有的人晚饭也不在家吃，捧上碗到路边去，或者到场院里。老瞎子想赶着多说书，整个热季领着小瞎子一个村子一个村子紧走，一晚一晚紧说。老瞎子一天比一天紧张、激动，心理算定：弹断一千根琴弦的日子就在这个夏天了，说不定就在前面的野羊坳。

暴躁了一整天的太阳这会儿正平静下来，光线开始变得深沉。远远近近的蝉鸣也舒缓了许多。

“小子！你不能走快点吗?”老瞎子在前面喊，不回头也不放慢脚步。

小瞎子紧跑几步，吊在屁股上的一只大挎包叮啷哐啷地响，离老瞎子仍有几丈远。

“野鸽子都在窝里飞啦。”

“什么?”小瞎子又紧走几步。

“我说野鸽子都回窝了，你还不快走!”

“噢。”

“你又鼓捣我那电匣子呢。”

“噫——！鬼动来。”

“那耳机子快让你鼓捣坏了。”

“鬼动来!”

老瞎子暗笑：你小子才活了几天?“蚂蚁打架我也听得着。”老瞎子说。

小瞎子不争辩了，悄悄把耳机子塞到挎包里去，跟在师父身后闷闷地走路，无尽无休的无聊的路。

走了一阵子，小瞎子听见有只獾在地里啃庄稼，就使劲学狗叫，那只獾连滚带爬地逃走了，他觉得有点开心，轻声哼了几句小调儿，哥哥呀妹妹的。师父不让他养狗，怕受村里的狗欺负，也怕欺负了别人家的狗，误了生意。又走了一会，小瞎子又听见不远处有条蛇在游动，弯腰摸了块石头砍过去，“哗啦啦”一阵子高粱叶子响。老瞎子有点可怜他了，停下来等他。

“除了獾就是蛇。”小瞎子赶忙说，担心师父骂他。

“有了庄稼地了，不远了。”老瞎子把一个水壶递给徒弟。

“干咱们这营生的，一辈子就是走。”老瞎子又说，“累不？”

小瞎子不回答，知道师父最讨厌他说累。

“我师父才冤呢。就是你师爷，才冤呢，东奔西走一辈子，到了儿没弹够一千根琴弦。”

小瞎子听出师父这会儿心绪好，就问：“什么是绿色的长乙（椅）？”

“什么？噢，八成是一把椅子吧。”

“曲折的油狼（游廊）呢？”

“油狼？什么油狼？”

“曲折的油狼。”

“不知道。”

“匣子里说的。”

“你就爱瞎听那些玩艺儿。听那些玩艺儿有什么用？天底下的好东西多啦，跟咱们有什么关系？”

“我就没听您说过，什么跟咱们有关系。”小瞎子把“有”字说得重。

“琴！三弦子！你爹让你跟了我来，是为了让你弹好三弦子，学会说书。”

小瞎子故意把水喝得咕噜噜响。

再上路时小瞎子走在前头。

大山的阴影在沟谷里铺开来，地势也渐渐的平缓，开阔。

接近村子的时候，老瞎子喊住小瞎子，在背阴的山脚下找到一个小泉眼，细细的泉水从石缝里往外冒，淌下来，积成脸盆大小的水洼，周围的野草长的茂盛，水流出去几十米便被干涸的土地吸干。

“过来洗洗吧，洗洗你那身臭汗味。”

小瞎子拨开野草在水洼边蹲下，心里还猜想着“曲折的油狼”。

“把浑身都洗洗。你那样儿准像个小叫花子。”

“那您不就是个老叫花子了？”小瞎子把手按在水里，嘻嘻地笑。

老瞎子也笑，双手捧起水来往脸上泼。“可咱们不是叫花子，咱们有手艺。”

“这地方咱们好像来过。”小瞎子侧耳听着四周的动静。

“可你的心思总不在学艺上。你这小子心太野。老人的话你从不着耳朵听。”

“咱们准是来过这儿。”

“别打岔！你那三弦子弹得还差着远呢。咱这命就在几根琴弦上，我师父当年就这么跟我说。”

泉水清凉凉的。小瞎子又哥哥妹妹的哼起来。

老瞎子挺来气：“我说什么你听见了吗？”

“咱这命就在这几根琴弦上，您师父我师爷说的。我都听过八百遍了。您师父还给您留下一张药方，您得弹断一千根琴弦才能去抓那副药，吃了药您就能看见东西了。我听您说过一千遍了。”

“你不信？”

小瞎子不正面回答，说：“干嘛非得弹断一千根琴弦才能去抓那副药呢？”

“那是药引子。机灵鬼儿，吃药得有药引子！”

“一千根断了的琴弦还不好弄？”小瞎子忍不住嗤嗤地笑。

“笑什么笑！你以为你懂得多少事？得真正是一根一根弹断了的才成。”

小瞎子不敢吱声了，听出师父又要动气。每回都是这样，师父容不得对这件事有怀疑。

老瞎子也没再做声，显得有些激动，双手搭在膝盖上，两颗骨头一样的眼珠对着苍天，像是一根一根地回忆着那些弹断的琴弦。盼了多少年了呀，老瞎子想，盼了五十年了！五十年中翻了多少架山，走了多少里路哇。挨了多少回晒，挨了多少回冻，心里受了多少委屈呀。一晚上一晚上地弹，心里总记着，得真正是一根一根尽心地弹断了才成。现在快盼到了，绝出不了这个夏天了。老瞎子知道自己又没什么能要命的病，活过这个夏天一点不成问题。“我比我师父可运气多了，”他说，“我师父到了儿没能睁开眼睛看一回。”

“咳！我知道这地方是哪儿了！”小瞎子忽然喊起来。

老瞎子这才动了动，抓起自己的琴来摇了摇，叠好的纸片碰在蛇皮上发出细微的响声，那张药方就在琴槽里。

“师父，这儿不是野羊岭吗？”小瞎子问。

老瞎子没搭理他，听出这小子又不安稳了。

“前头就是野羊坳，是不是，师父？”

“小子，过来给我擦擦背。”老瞎子说，把弓一样的脊背弯给他。

“是不是野羊坳，师父？”

“是！干什么？你别又闹猫似的。”

小瞎子的心扑通扑通跳，老老实实给师父擦背。老瞎子觉出他擦得很有劲。

“野羊坳怎么了？你别又叫驴似的会闻味儿。”

小瞎子心虚，不吭声，不让自己显出兴奋。

“又想什么呢？别当我不知道你这心思。”

“又怎么了，我？”

“怎么了你？上回你在这儿疯得不够？那妮子是什么好货！”老瞎子心想，也许不该再带他到野羊坳来。可是野羊坳是个大村子，年年在这儿生意都好，能说上半个多月。老瞎子恨不能立刻弹断最后几根琴弦。

小瞎子嘴上嘟嘟囔囔的，心却飘飘的，想着野羊坳里那个尖声细气的小妮子。

“听我一句话，不害你。”老瞎子说，“那号事靠不住。”

“什么事？”

“少跟我贫嘴。你明白我说的什么事。”

“我就没听您说过，什么事靠得住。”小瞎子又偷偷地笑。

老瞎子没理他，骨头一样的眼珠又对着苍天。那儿，太阳正变成一汪血。

两面脊背和山是一样的黄褐色。一座已经老了，嶙峋瘦骨像是山根下裸露的基石。另一座正年青。老瞎子七十岁，小瞎子才十七。

小瞎子十四岁上父亲把他送到老瞎子这儿来，为的是让他学说书，这辈子好有个本事，将来可以独自在世上活下去。

老瞎子说书已经说了五十多年。这一片偏僻荒凉的大山里的人们都知道他：头发一天天变白，背一天天变驼，年年月月背一把三弦琴满世界走，逢上有愿出钱的地方就拨动琴弦唱一晚上，给寂寞的山村带来欢乐。开头常是这么几句：“自从盘古分天地，三皇五帝到如今，有道君王安天下，无道君王害黎民。轻轻弹响三弦琴，慢慢稍停把歌论，歌有三千七百本，不知哪本动人心。”于是听书的众人喊起来，老的要听董永卖身葬父，小的要听武二郎夜走蜈蚣岭，女人们想听秦香莲。这是老瞎子最知足的一刻，身上的疲劳和心里的孤寂全忘却，不慌不忙地喝几口水，待众人的吵嚷声鼎沸，便把琴弦一阵紧拨，唱到：“今日不把别人唱，单表公子小罗成。”或者：“茶也喝来烟也吸，唱一回哭倒长城的孟姜女。”满场立刻鸦雀无声，老瞎子也全心沉到自己所说的书中去。

他会的老书数不尽。他还有一个电匣子，据说是花了大价钱从一个山外人手里买来，为的是学些新词儿，编些新曲儿。其实山里人倒不太在乎他说什么唱什么。人人都称赞他那三弦子弹得讲究，轻轻曼曼的，飘飘洒洒的，疯癫狂放的，那里头有天上的日月，有地上的生灵。老瞎子的嗓子能学出世上所有的声音，男人，女人，刮风下雨，兽啼禽鸣。不知道他脑子里能呈现出什么景象，他一落生就瞎了眼睛，从没见过这个世界。

小瞎子可以算见过世界，但只有三年，那时还不懂事。他对说书和弹琴并无多少兴趣，父亲把他送来的时候费尽了唇舌，好说歹说连哄带骗，最后不如说是那个电匣子把他留住。他抱着电匣子听得入神，甚至没发觉父亲什么时候离去。

这只神奇的匣子永远令他着迷，遥远的地方和稀奇古怪的事物使他幻想不绝，凭着三年朦胧的记忆，补充着万物的色彩和形象。譬如海，匣子里说蓝天就象大海，他记得蓝天，于是想象出满天排开的水锅。再譬如漂亮的姑娘，匣子里说就象盛开的花朵，他实在不相信会是那样，母亲的灵柩被抬到远山上去的时候，路上正开遍着野花，他永远记得却永远不愿意去想。但他愿意想姑娘，越来越愿意想；尤其是野羊坳的那个尖声细气的小妮子，总让他心里荡起波澜，直到有一回匣子里唱道，“姑娘的眼睛就像太阳”，这下他才找到了一个贴切的形象，想起母亲在红透的夕阳中向他走来的样子。其实人人都是根据自己的所知猜测着无穷的未知，以自己的感情勾画出世界。每个人的世界就都不同。

也总有一些东西小瞎子无从想象，譬如“曲折的油狼”。

这天晚上，小瞎子跟着师父在野羊坳说书。又听见那小妮子站在离他不远处尖声细气地说笑。书正说到紧要处——“罗成回马再交战，大胆苏烈又兴兵。苏烈大刀如流水，罗成长枪似腾云，好似海中龙吊宝，犹如深山虎争林。又战七日并七夜，罗成清茶无点唇……”老瞎子把琴弹得如雨骤风疾，字字句句唱得铿锵，小瞎子却心猿意马，手底下早乱了套数……

野羊岭上有一座小庙，离野羊坳村二里地，师徒二人就在这里住下。石头砌的院墙已经残断不全，几间小殿堂也歪斜欲倾百孔千疮，唯正中一间尚可遮蔽风雨，大约是因为这一间中毕竟还供奉着神灵。三尊泥像早脱尽了尘世的彩饰，还一身黄土本色返朴归真了，认不出是佛是道。院里院外、房顶墙头都长满荒藤野草，蓊蓊郁郁倒有生气。老瞎子每回到野羊坳说书都住在这儿。

散了书已经不早，老瞎子在正殿里安顿行李，小瞎子在侧殿的檐下生火烧水。去年砌下的灶稍加修整就可以用。小瞎子撅着屁股吹火，柴草不干，呛得他满院里转着圈咳嗽。

老瞎子在正殿里数叨他：“我看你能干好什么。”

“柴湿嘛。”

“我没说这事。我说的是你的琴，今儿晚上的琴你弹成了什么。”

小瞎子不敢接这话茬，吸足了几口气又跪到灶火前去，鼓着腮帮子一通猛吹。“你要是不想干这行，就趁早给你爹捎信把你领回去。老这么闹猫闹狗的可不行，要闹回家闹去。”

小瞎子咳嗽着从灶火边跳开，几步蹿到院子另一头，呼哧呼哧大喘气，嘴里一边骂。

“说什么呢?”

“我骂这火。”

“有你那么吹火的?”

“那怎么吹?”

“怎么吹？哼，”老瞎子顿了顿，又说，“你就当这灶火是那妮子的脸!”

小瞎子又不敢搭腔了，跪到灶火前去再吹，心想：真的，不知道兰秀儿的脸什么样。那个尖声细气的小妮子叫兰秀儿。

“那要是妮子的脸，我看你不用教也会吹。”老瞎子说。

小瞎子笑起来，越笑越咳嗽。

“笑什么笑!”

“您吹过妮子的脸?”

老瞎子一时语塞。小瞎子笑得坐在地上。“日他妈。”老瞎子骂道，笑笑，然后变了脸色，再不言语。

灶膛里腾的一声，火旺起来。小瞎子再去添柴，一心想着兰秀儿。才散了书的那会儿，兰秀儿挤到他跟前来小声说：“哎，上回你答应我什么来?”师父就在旁边，他没敢吭声。人群挤来挤去，一会儿又把兰秀儿挤到他身边。“噫，上回吃人家的煮鸡蛋倒白吃了?”兰秀儿说，声音比上回大。这时候师父正忙着跟几个老汉拉话。他赶紧说：“嘘——，我记着呢。”兰秀儿又把声音压低：“你答应给我听电匣子你还没给我听。”“嘘——，我记着呢。”幸亏那会儿人声嘈杂。

正殿里好半天没有动静。之后，琴声响了，老瞎子又上好了一根新弦，他本来应该高兴的，来野羊坳头一晚就又弹断一根琴弦。可是那琴声却低沉、零乱。

小瞎子渐渐听出琴声不对，在院里喊：“水开了，师父。”

没有回答。琴声一阵紧似一阵了。

小瞎子端了一盆热水进来，放在师父跟前，故意嘻嘻笑着说：“您今儿晚还想弹断一根是怎么着?”

老瞎子没听见，这会儿他自己的往事都在心中。琴声烦躁不安，像是年年旷野里的风雨，像是日夜山谷中的溪流，像是奔奔忙忙不知所归的脚步声。小瞎子有点害怕了：师父很久不这样了，师父一这样就要犯病，头疼、心口疼、浑身疼，会几个月爬不起炕来。

“师父，您先洗脚吧。”

琴声不停。

“师父，您该洗脚了。”小瞎子的声音发抖。

琴声不停。

“师父!”

琴声戛然而止，老瞎子叹了口气。小瞎子松了口气。

老瞎子洗脚，小瞎子乖乖地坐在他身边。

“睡去吧，”老瞎子说，“今儿格够累的了。”

“您呢?”

“你先睡，我得好好泡泡脚。人上了岁数毛病多。”老瞎子故意说得轻松。

“我等您一块儿睡。”

山深夜静，有一点风，墙头的草叶子响。夜猫子在远处哀哀地叫。听得见野羊坳里偶尔有几声狗吠，又引得孩子哭。月亮升起来，白光透过残损的窗棂进了殿堂，照见两个瞎子和三尊神像。

“等我干嘛，时候不早了。”

“你甭担心我，我怎么也不怎么，”老瞎子又说。

“听见没有，小子？”

小瞎子到底年轻，已经睡着。老瞎子推推他让他躺好，他嘴里咕囔了几句倒头睡去。老瞎子给他盖被子时，从那身日渐发育的筋肉上觉出，这孩子到了要想那些事的年龄，非得有一段苦日子过不可了。唉，这事谁也替不了谁。

老瞎子再把琴抱在怀里，摩挲着根根绷紧的琴弦，心里使劲念叨：又断了一根了，又断了一根了。再摇摇琴槽，有轻微的纸和蛇皮的磨擦声，唯独这事能为他排忧解烦。一辈子的愿望。

小瞎子做了一个好梦，醒来吓了一跳，鸡已经叫了。他一骨碌爬起来听听，师父正睡得香，心说还好。他摸到那个大挎包，悄悄地掏出电匣子，蹑手蹑脚出了门。

往野羊坳方向走了一会儿，他才觉出不对头，鸡叫声渐渐停歇，野羊坳里还是静静的没有人声。他愣了一会儿，鸡才叫头遍吗？灵机一动扭开电匣子，电匣子里也是静悄悄。现在是半夜。他半夜里听过匣子，什么都没有。这匣子对他来说还是个表，只要扭开一听，便知道是几点钟，什么时候有什么节目都是一定的。

小瞎子回到庙里，老瞎子正翻身。

“干嘛哪？”

“撒尿去了。”小瞎子说。

一上午，师父逼着他练琴。直到晌午饭后，小瞎子才瞅机会溜出庙来，溜进野羊坳。鸡也在树荫下打盹，猪也在墙根下说着梦话，太阳又热得凶，村子里很安静。

小瞎子踩着磨盘，扒着兰秀儿家的墙头轻声喊：“兰秀儿——兰秀儿——”

屋里传出雷似的鼾声。

他犹豫了片刻，把声音稍稍抬高：“兰秀儿——！兰秀儿——！”

狗叫起来。屋里鼾声停了，一个闷声闷气的声音问：“谁呀？”

小瞎子不敢回答，把脑袋从墙头上缩下来。

屋里吧唧了一阵嘴，又响起鼾声。

他叹口气，从磨盘上下来，怏怏地往回走。忽听见身后嘎吱一声院门响，随即一阵细碎的脚步声向他跑来。

“猜是谁？”尖声细气。小瞎子的眼睛被一双柔软的小手捂上了。——这才多余呢。兰秀儿不到十五岁，认真说还是个孩子。

“兰秀儿！”

“电匣子拿来没？”

小瞎子掀开衣襟，匣子挂在腰上。“嘘——，别在这儿，找个没人的地方听去。”

“咋啦？”

“回头招好些人。”

“咋啦？”

“那么多人听，费电。”

两个人东拐西弯，来到山背后那眼小泉边。小瞎子忽然想起件事，问兰秀儿：“你见过曲折的油狼吗?”

“啥?”

“曲折的油狼。”

“曲折的油狼?”

“知道吗?”

“你知道?”

“当然。还有绿色的长椅。就是一把椅子。”

“椅子谁不知道。”

“那曲折的油狼呢?”

兰秀儿摇摇头，有点崇拜小瞎子了。小瞎子这才郑重其事地扭开电匣子，一支欢快的乐曲在山沟里飘荡。

这地方又凉快又没有人来打扰。

“这是‘步步高’。”小瞎子说，跟着哼。

一会儿又换了支曲子，叫“旱天雷”，小瞎子还能跟着哼。兰秀儿觉得很惭愧。

“这曲子也叫‘和尚思妻’。”

兰秀儿笑起来：“瞎骗人!”

“你信不信?”

“不信。”

“爱信不信。这匣子里说的古怪事多啦。”小瞎子玩着凉凉的泉水，想了一会儿。“你知道什么叫接吻吗?”

“你说什么叫?”

这回轮到小瞎子笑，光笑不答。兰秀儿明白准不是好话，红着脸不再问。

音乐播完了，一个女人说：“现在是讲卫生节目。”

“啥?”兰秀儿没听清。

“讲卫生。”

“是什么?”

“嗯——，你头发上有虱子吗?”

“去——，别动!”

小瞎子赶忙缩回手来，赶忙解释：“要有就是不讲卫生。”

“我才没有。”兰秀儿抓抓头，觉得有些刺痒，“噫——，瞧你自个儿吧!”兰秀儿一把搬过小瞎子的头，“看我捉几个大的。”

这时候听见老瞎子在半山上喊：“小子，还不给我回来！该做饭了，吃罢饭还得去说书!”他已经站在那儿听了好一会儿了。

野羊坳里已经昏暗，羊叫、驴叫、狗叫、孩子们叫，处处起了炊烟，野羊岭上还有一线残阳，小庙正在那淡薄的光中，没有声响。

小瞎子又蹶着屁股烧火。老瞎子坐在一旁淘米，凭着听觉他能把米中的砂子捡出来。

“今天的柴挺干。”小瞎子说。

“嗯。”

“还是焖饭?”

“嗯。”

小瞎子这会儿精神百倍，很想找些话说，但是知道师父的气还没消，心说还是少找骂。

两个人默默地干着自己的事，又默默地一块儿把饭做熟。岭上也没了阳光。

小瞎子盛了一碗小米饭，先给师父："您吃吧。"声音怯怯的，无比驯顺。

老瞎子终于开了腔："小子，你听我一句行不？"

"嗯。"小瞎子往嘴里扒拉饭，回答得含糊。

"你要是不愿意听，我就不说。"

"谁说不愿意听了？我说'嗯'！"

"我是过来人，总比你知道的多。"

小瞎子闷头扒拉饭。

"我经过那号事。"

"什么事？"

"又跟我贫嘴！"老瞎子把筷子往灶台上一摔。

"兰秀儿光是想听听电匣子。我们光是一块儿听电匣子来。"

"还有呢？"

"没有了。"

"没有了？"

"我还问她见过曲折的油狼。"

"我没问你这个。"

"后来，后来，"小瞎子不那么气壮了，"不知怎么一下就说起了虱子……"

"还有呢？"

"没了，真没了！"

两个人又默默地吃饭。老瞎子带了这徒弟好几年，知道这孩子不会撒谎，这孩子最让人放心的地方就是诚实、厚道。

"听我一句话，保准对你没坏处。以后离她远点好。早年你师爷这么跟我说，我也不相信……"

"师爷？说兰秀儿？"

"什么兰秀儿，那会儿还没她呢，那会儿还没有你们呢……"老瞎子阴郁的脸又转向暮色浓重的天际，骨头一样白色的眼珠不住地转动，不知道在那儿他能"看"见什么。

许久，小瞎子说："今儿晚上您多半又能弹断一根琴弦。"想让师父高兴些。

这天晚上师徒在野羊坳说书。"上回说到罗成死，三魂七魄赴幽冥，听歌君子莫嘈嚷，列位听我道下文。罗成阴魂出地府，一阵旋风就起身，旋风一阵来得快，长安不远面前存……"老瞎子的琴声也乱，小瞎子的琴声也乱。小瞎子回忆着那双柔软的小手捂在自己脸上的感觉，还有自己的头被兰秀儿搬过去的滋味。老瞎子想起的事情更多……

夜里老瞎子翻来覆去睡不安稳，多少往事在他耳边喧嚣，在他心头动荡，身体里仿佛有什么东西要爆炸。坏了，要犯病，他想。头昏，胸口憋闷，浑身紧巴巴的难受。他坐起来，对自己叨咕："可别犯病，一犯病今年就甭想弹够那些琴弦了。"他又摸到琴。要能叮叮当当随心所欲地疯弹一阵，心头的忧伤或许就能平息，耳边的往事或许就会消散。可是小瞎子正睡得香甜。

他只好再全力去想那张药方和琴弦：还剩下几根，还只剩最后几根了。那时就可以去抓药了，然后就能看见这个世界——他无数次爬过的山，无数次走过的路，无数次感到过她的温暖和炽热的太阳，无数次梦想着的蓝天、月亮和星星……还有呢？突然间心里一阵空，空得深重。就只为了这些？还有什么？他朦胧中所盼望的东西似乎比这要多得多……

夜风在山里游荡。

猫头鹰又在凄哀地叫。

不过现在他老了，无论如何没几年活头了，失去的已经永远失去了，他像是刚刚意识到这一点。七十年中所受的全部辛苦就为了最后能看一眼世界，这值得吗？他问自己。

小瞎子在梦里笑，在梦里说："那是一把椅子，兰秀儿……"

老瞎子静静地坐着，静静地坐着的还有那三尊分不清是佛是道的泥像。

鸡叫头遍的时候老瞎子决定，天一亮就带这孩子离开野羊坳。否则这孩子受不了，他自己也受不了。兰秀儿不坏，可这事会怎么结局，老瞎子比谁都"看"得清楚。鸡叫二遍，老瞎子开始收拾行李。

可是一早起来小瞎子病了，肚子疼，随即又发烧。老瞎子只好把行期推迟。

一连好几天，老瞎子无论是烧火、淘米、捡柴，还是给小瞎子挖药、煎药，心里总在说："值得，当然值得。"要是不这么反反复复对自己说，身上的力气几乎就全要垮掉。"我非要最后看一眼不可。""要不怎么着？就这么死了去？""再说就只剩下最后几根了。"后面三句都是理由。老瞎子又冷静下来，天天晚上还到野羊坳去说书。

这一下小瞎子倒来了福气。每天晚上师父到岭下去了，兰秀儿就猫似的轻轻跳进庙里来听匣子。兰秀儿还带来熟的鸡蛋，条件是得让她亲手去扭那匣子的开关。"往哪边扭？""往右。""扭不动。""往右，笨货，不知道哪边是右哇？""咔哒"一下，无论是什么便响起来，无论是什么俩人都爱听。

又过了几天，老瞎子又弹断了三根弦。

这一晚，老瞎子在野羊坳里自弹自唱："不表罗成投胎事，又唱秦王李世民。秦王一听双泪流，可怜爱卿丧残身，你死一身不打紧，缺少扶朝上将军……"

野羊坳上的小庙里这时更热闹。电匣子的音量开得挺大，又是孩子哭，又是大人喊，轰隆隆地又响炮，嘀嘀哒哒地又吹号。月光照进正殿，小瞎子躺着啃鸡蛋，兰秀儿坐在他旁边。两个人都听得兴奋，时而大笑，时而稀里糊涂莫名其妙。

"这匣子你师父哪买来？"

"从一个山外头的人手里。"

"你们到山外头去过？"兰秀儿问。

"没。我早晚要去一回就是，坐坐火车。"

"火车？"

"火车你也不知道？笨货。"

"噢，知道知道，冒烟哩是不是？"

过了一会儿兰秀儿又说："保不准我就得到山外头去。"语调有些栖惶。

"是吗？"小瞎子一挺坐起来，"那你到底瞧瞧曲折的油狼是什么。"

"你说是不是山外头的人都有电匣子？"

"谁知道。我说你听清楚没有？曲、折、的、油、狼，这东西就在山外头。"

"那我得跟他们要一个电匣子。"兰秀儿自言自语地想心事。

"要一个？"小瞎子笑了两声，然后屏住气，然后大笑："你干嘛不要俩？你可真本事大。你知道这匣子几千块钱一个？把你卖了吧，怕也换不来。"

兰秀儿心里正委屈，一把揪住小瞎子的耳朵使劲拧，骂道："好你个死瞎子。"

两个人在堂殿里扭打起来。三尊泥像袖手旁观帮不上忙。两个年青的正在发育的身体碰撞在一起，纠缠在一起，一个把一个压在身下，一会儿又颠倒过来，骂声变成笑声。匣子在一边唱。

打了好一阵子，两个人都累得住了手，心怦怦跳，面对面躺着喘气，不言声儿，谁却也不愿意再拉开距离。

兰秀儿呼出的气吹在小瞎子的脸上，小瞎子感到了诱惑，并且想起那天吹火时师父说的话，就往兰秀儿脸上吹气。兰秀儿并不躲。

“嘿，”小瞎子小声说，“你知道接吻是什么了吗？”

“是什么？”兰秀儿的声音也小。

小瞎子对着兰秀儿的耳朵告诉她。兰秀儿不说话。老瞎子回来之前，他们试着亲了嘴儿，滋味真不坏……

就是这天晚上，老瞎子弹断了最后两根琴弦。两根弦一齐断了。他没料到，他几乎是连跑带爬地上了野羊岭，回到小庙里。

小瞎子吓了一跳：“怎么了，师父？”

老瞎子喘吁吁地坐在那儿，说不出话。

小瞎子有些犯嘀咕：莫非是他和兰秀儿干的事让师父知道了？

老瞎子这才相信，一切都是值得的。一辈子的辛苦是值得的。能看一回，好好看一回，怎么都是值得的。

“小子，明天我就去抓药。”

“明天？”

“明天。”

“又断了一根了？”

“两根。两根都断了。”

老瞎子把那两根弦卸下来，放在手里揉搓了一会儿，然后把他们并到另外的九百九十八根中去，绑成一捆。

“明天就走？”

“天一亮就动身。”

小瞎子心里一阵发凉。老瞎子开始剥琴槽上的蛇皮。

“可我的病还没好利索。”小瞎子小声叨咕。

“噢，我想过了，你就先留在这儿，我用不了十天就回来。”

小瞎子喜出望外。

“你一个人行不？”

“行！”小瞎子紧忙说。

老瞎子早忘了兰秀儿的事。“吃的、喝的、烧的全有。你要是病好利索了，也该学着自个儿出去说回书。行吗？”

“行。”小瞎子觉得有点对不住师父。

蛇皮剥开了，老瞎子从琴槽中取出一张叠得方方正正的纸条。他想起这药方放进琴槽时，自己才二十岁，便觉得浑身上下都好像冷。

小瞎子也把那药方放在手里摸了一会儿，也有了几分肃穆。

“你师爷一辈子才冤呢。”

“他弹断了多少根?”

“他本来能弹够一千根，可他记成了八百。要不然他能弹断一千根。”

天不亮老瞎子就上路了。他说最多十天就回来。谁也没想到他竟去了那么久。

老瞎子回到野羊坳时已经是冬天。漫天大雪，灰暗的天空连接着白色的群山。没有声息，处处也没有生气，空旷而沉寂。所以老瞎子那顶发了黑的草帽就尤其蹭动得显著。他蹒蹒跚跚地爬上野羊岭，庙院中衰草瑟瑟，蹿出一只狐狸，仓惶逃远。

村里人告诉他，小瞎子已经走了些日子。

“我告诉他等我回来。”

“不知道他干嘛就走了。”

“他没说去哪儿，留下什么话没?”

“他说让您甭找他。”

“什么时候走的?”

人们想了好久，都说是在兰秀儿嫁到山外去的那天。

老瞎子心里便一切全都明白。

众人劝老瞎子留下来，这么冰天雪地的上哪去?不如在野羊坳说一冬天书。老瞎子指指他的琴，人们见琴柄上空荡荡已经没了琴弦。老瞎子面容也憔悴，呼吸也孱弱，嗓音也沙哑了，完全变了个人。他说得去找他的徒弟。

若不是还想着他的徒弟，老瞎子就回不到野羊坳。那张他保存了五十年的药方原来是一张无字的白纸。他不信，请了多少识字而又诚实的人帮他看，人人都说那果真是一张无字的白纸。老瞎子在药铺前的台阶上坐了一会儿，他以为是一会儿，其实已经几天几夜，骨头一样的眼珠在询问苍天，脸色也变成骨头一样的苍白。有人以为他是疯了，安慰他，劝他。老瞎子苦笑：七十岁了再疯还有什么意思?他只是再不想动弹，吸引着他活下去、走下去、唱下去的东西骤然间消失干净。就像一根不能拉紧的琴弦，再难弹出悦耳的曲子。老瞎子的心弦断了。现在发现那目的原来是空的。老瞎子在一个小客店里住了很久，觉得身体里的一切都在熄灭。他整天躺在炕上，不弹也不唱，一天天迅速地衰老。直到花光了身上所有的钱，直到忽然想起他的徒弟，他知道自己的死期将至，可那孩子在等他回去。

茫茫雪野，皑皑群山，天地之间蹭动着一个黑点。走近时，老瞎子的身影弯得如一座桥。他去找他的徒弟。他知道那孩子目前的心情、处境。

他想自己先得振作起来，但是不行，前面明明没有了目标。

他一路走，便怀恋起过去的日子，才知道以往那些奔奔忙忙兴致勃勃的翻山、走路、弹琴，乃至心焦、忧虑都是多么欢乐!那时有个东西把心弦扯紧，虽然那东西原是虚设。老瞎子想起他师父临终时的情景。他师父把那张自己没用上的药方封进他的琴槽。“您别死，再活几年，您就能睁眼看一回了。”说这话时他还是个孩子。他师父久久不言语，最后说：“记住，人的命就像这琴弦，拉紧了才能弹好，弹好了就够了。”……不错，那意思就是说：目的本来没有。老瞎子知道怎么对自己的徒弟说了。可是他又想：能把一切都告诉小瞎子吗?老瞎子又试着振作起来，可还是不行，总摆脱不掉那无字的白纸……

在深山里，老瞎子找到了小瞎子。

小瞎子正跌倒在雪地里，一动不动，想那么等死。老瞎子懂得那绝不是装出来的悲哀。老瞎子把他拖进一个山洞，他已无力反抗。

老瞎子捡了些柴，打起一堆火。

小瞎子渐渐有了哭声。老瞎子放了心，任他尽情尽意地哭。只要还能哭就还有救，只要还能哭就有哭够的时候。

小瞎子哭了几天几夜，老瞎子就那么一声不吭地守着。火光和哭声惊动了野兔子、山鸡、野羊、狐狸和鹞鹰……

终于小瞎子说话了："干嘛咱们是瞎子!"

"就因为咱们是瞎子。"老瞎子回答。

终于小瞎子又说："我想睁开眼看看，师父，我想睁开眼看看！哪怕就看一回。"

"你真那么想吗?"

"真想，真想——"

老瞎子把篝火拨得更旺些。

雪停了。铅灰色的天空中，太阳像一面闪光的小镜子，鹞鹰在平稳地滑翔。

"那就弹你的琴弦，"老瞎子说，"一根一根尽力地弹吧。"

"师父，您的药抓来了?"小瞎子如梦方醒。

"记住，得真正是弹断的才成。"

"您已经看见了吗？师父，您现在看得见了?"

小瞎子挣扎着起来，伸手去摸师父的眼窝。老瞎子把他的手抓住。

"记住，得弹断一千二百根。"

"一千二?"

"把你的琴给我，我把这药方给你封在琴槽里。"老瞎子现在才懂了他师父当年对他说的话——咱的命就在这琴弦上。

目的虽是虚设的，可非得有不行，不然琴弦怎么拉紧，拉不紧就弹不响。

"怎么是一千二，师父?"

"是一千二。我没弹够，我记成了一千。"老瞎子想：这孩子再怎么弹吧，还能弹断一千二百根？永远扯紧欢跳的琴弦，不必去看那无字的白纸……

这地方偏僻荒凉，群山不断。荒草丛中随时会飞起一对山鸡，跳出一只野兔、狐狸，或者其它小野兽。山谷中鹞鹰在盘旋。

现在让我们回到开始：

莽莽苍苍的群山之中走着两个瞎子，一老一少，一前一后，两顶发了黑的草帽起伏蹿动，匆匆忙忙，象是随着一条不安静的河水在漂流。无所谓从哪儿来，到哪儿去，也无所谓谁是谁……

课文延伸

辑 评

史铁生是当代中国最令人敬佩的作家之一。他的写作与他的生命完全同构在了一起，在自己的"写作之夜"，他用残缺的身体，说出了最为健全而丰满的思想。他体验到的是生命的苦难，表达出的却是存在的明朗和欢乐，他睿智的言辞，照亮的反而是我们日益幽暗的内心。他的《病隙碎笔》作为2002年度中国文学最为重要的收获，一如既往地思考着生与死、残缺与爱情、苦难与信仰、写作与艺术等重大问题，并解答了"我"如何在场、如何活出意义来这些普遍性的精神难题。当多数作家在消费主义时代里放弃面对人的基本状况时，史铁生却居住在自己的内心，仍旧苦苦追索人之为人的价值和光辉，仍旧坚定地向存在的荒凉地带进发，坚定地与未明事物做斗争，这种勇气和执着，深深地唤起了我们对自身所处境遇的警醒和关怀。——华语文学传媒大奖2002年度杰出成就奖得主史铁生授奖词

铁生对生命的解读，对宗教精神的阐释，对文学和自然的感悟，构成了真正的哲学。他幻想脚踩在软软的草地上的感觉，踢一颗路边的石子的感觉。——贾平凹

史铁生语录

在《命若琴弦》之前我写的是残疾人，这是一个个体的问题，是我个人的问题；《命若琴弦》之后，我发现所有人都是残疾的，我开始写人的残疾，这是一个社会性的问题，是整个人类面临的困境。

人有三种根本的困境，第一，人生来只能注定是自己，人生来注定是活在无数他人中间并且是无法与他人彻底沟通。这意味着孤独。第二，人生来就有欲望，人实现欲望的能力永远赶不上他欲望的能力，这是一个永恒的距离。第三，人生来不想死，可是人生来就是在走向死，这就意味着恐惧。上帝用这三种东西来折磨我们。不过有可能我们理解错了，上帝原是要给我们三种获得欢乐的机会。

其实每时每刻我们都是幸运的，因为任何灾难的面前都可能再加上一个“更”字。

心灵的房间，不打扫就会落满灰尘。蒙尘的心，会变得灰色和迷茫。我们每天都要经历很多事情，开心的，不开心的，都在心里安家落户。心里的事情一多，就会变得杂乱无序，然后心也跟着乱起来。有些痛苦的情绪和不愉快的记忆，如果充斥在心里，就会使人萎靡不振。所以，扫地除尘，能够使黯然的心变得亮堂；把事情理清楚，才能告别烦乱；把一些无谓的痛苦扔掉，快乐就有了更多更大的空间。

苦乐全凭自己判断，这和客观环境并不一定有直接关系，正如一个不爱珠宝的女人，即使置身在极其重视虚荣的环境，也无伤她的自尊。拥有万卷书的穷书生，并不想去和百万富翁交换钻石或股票。满足于田园生活的人也并不艳羡任何学者的荣誉头衔，或高官厚禄。

微笑着，去唱生活的歌谣。不要抱怨生活给予了太多的磨难，不必抱怨生命中有太多的曲折。大海如果失去了巨浪的翻滚，就会失去雄浑，沙漠如果失去了飞沙的狂舞，就会失去壮观，人生如果仅去求得两点一线的一帆风顺，生命也就失去了存在的魅力。

不要在人我是非中彼此摩擦。有些话语称起来不重，但稍有不慎，便会重重地压到别人心上；当然，也要训练自己，不要轻易被别人的话扎伤。不能决定生命的长度，但你可以扩展它的宽度；不能改变天生的容貌，但你可以时时展现笑容；不能企望控制他人，但你可以好好把握自己；不能全然预知明天，但你可以充分利用今天；不能要求事事顺利，但你可以做到事事尽心。

资料链接

1. 电影《边走边唱》：http://v.youku.com/v_show/id_XMTYwODYzODQ=.html?from=s1.8-1-1.2

2. 电影《死神与少女》：http://www.1905.com/vod/play/85857.shtml?__hz=55a7cf9c71f1c9c4&ref=baidu1905com#themeFilm

3. 电视散文《秋天的怀念》史铁生：http://v.youku.com/v_show/id_XMjMzNjI2MzE2.html?from=s1.8-1-1.2

4. 书香北京《史铁生：从未走远》：http://v.youku.com/v_show/id_XNDkxMjIwNjcy.html?from=s1.8-1-1.2；http://v.youku.com/v_show/id_XNDkxNTc4NzE2.html?from=s1.8-1-1.2

思考与讨论

一、你认为生存的意义是什么？请结合课文探讨对这一问题的看法。

二、人生应该追求什么？现在的年轻人中流行一种“及时行乐、得过且过”的思想，对此你是怎么看的？

三、查阅张海迪的人生故事。谈谈对身残志坚这种意志品质的认识。

四、课外阅读鲁迅的《过客》，谈谈它与史铁生的《命若琴弦》在立意上有哪些相同之处？

21　一只特立独行的猪[①]

王小波

王小波（1952—1997），当代著名学者、作家，被誉为中国的乔伊斯兼卡夫卡，亦是唯一一位两次获得世界华语文学界的重要奖项“台湾联合报系文学奖中篇小说大奖”的中国大陆作家。生于北京，“文革”中“上山下乡”，在云南、山东农村插队劳动，后回北京当工人。1978 年考入中国人民大学，1984—1988 年赴美国匹兹堡大学东亚研究中心求学，获得硕士学位后回国。先后任教于北京大学和中国人民大学。1992 年 9 月辞职专事写作。1997 年 4 月 11 日病逝。

王小波无论为人、为文都颇有特立独行的意味，其写作自称师承现代著名诗人、翻译家穆旦，标举“智慧”“自然的人性爱”“有趣”，别具一格，深具批判精神。代表作品有小说四部曲《黄金时代》《白银时代》《青铜时代》《黑铁时代》等，散文随笔集《我的精神家园》《沉默的大多数》《思维的乐趣》等。他的唯一一部电影剧本《东宫西宫》获阿根廷国际电影节最佳编剧奖，并且入围 1997 年的戛纳国际电影节。

插队[②]的时候，我喂过猪，也放过牛。假如没有人来管，这两种动物也完全知道该怎样生活。它们会自由自在地闲逛，饥则食渴则饮，春天来临时还要谈谈爱情；这样一来，它们的生活层次很低，完全乏善可陈。人来了以后，给它们的生活做出了安排：每一头牛和每一口猪的生活都有了主题。就它们中的大多数而言，这种生活主题是很悲惨的：前者的主题是干活，后者的主题是长肉。我不认为这有什么可抱怨的，因为我当时的生活也不见得丰富了多少，除了八个样板戏[③]，也没有什么消遣。有极少数的猪和牛，它们的生活另有安排。以猪为例，种猪和母猪除了吃，还有别的事可干。就我所见，它们对这些安排也不大喜欢。种猪的任务是交配，换言之，我们的政策准许它当个花花公子。但是疲惫的种猪往往摆出一种肉猪（肉猪是阉过的）才有的正人君子架势，死活不肯跳到母猪背上去。母猪的任务是生崽儿，但有些母猪却要把猪崽儿吃掉。总的来说，人的安排使猪痛苦不堪。但它们还是接受了：猪总是猪啊。

---

① 选自《沉默的大多数——王小波散文随笔全编》，中国青年出版社 1997 年版。

② 插队：“文化大革命”时期，我国经济发展和教育状况长期不正常，广大城市知识青年（主要是初高中毕业生）无处上学，也无法就业，国家便让他们到农村去落户劳动，称为“知青”“上山下乡”“插队”。“文革”结束后陆续“返城”。

③ 八个样板戏：“文化大革命”时期，文化艺术生产也不正常，很长一段时间全国只允许演出京剧《红灯记》《智取威虎山》《沙家浜》《海港》《奇袭白虎团》，芭蕾舞剧《红色娘子军》《白毛女》和交响音乐《沙家浜》，并称为“江青同志”亲自培育的八个“革命艺术样板”或“革命现代样板作品”。后来还创作了现代京剧《杜鹃山》《平原作战》《龙江颂》等。样板即学习的榜样。由于当时其他文艺作品被限制传播，所以样板戏和样板作品是当时中国人的主要精神食粮。

对生活做种种设置是人特有的品性。不光是设置动物，也设置自己。我们知道，在古希腊有个斯巴达，那里的生活被设置得了无生趣，其目的就是要使男人成为亡命战士，使女人成为生育机器，前者像些斗鸡，后者像些母猪。这两类动物是很特别的，但我以为，它们肯定不喜欢自己的生活。但不喜欢又能怎么样？人也好，动物也罢，都很难改变自己的命运。

以下谈到的一只猪有些与众不同。我喂猪时，它已经有四五岁了，从名分上说，它是肉猪，但长得又黑又瘦，两眼炯炯有光。这家伙像山羊一样敏捷，一米高的猪栏一跳就过；它还能跳上猪圈的房顶，这一点又像是猫——所以它总是到处游逛，根本就不在圈里呆着。所有喂过猪的知青都把它当宠儿来对待，它也是我的宠儿——因为它只对知青好，容许他们走到三米之内，要是别的人，它早就跑了。它是公的，原本该劁掉。不过你去试试看，哪怕你把劁[①]猪刀藏在身后，它也能嗅出来，朝你瞪大眼睛，噢噢地吼起来。我总是用细米糠熬的粥喂它，等它吃够了以后，才把糠对到野草里喂别的猪。其他猪看了嫉妒，一起嚷起来。这时候整个猪场一片鬼哭狼嚎，但我和它都不在乎。吃饱了以后，它就跳上房顶去晒太阳，或者模仿各种声音。它会学汽车响、拖拉机响，学得都很像；有时整天不见踪影，我估计它到附近的村寨里找母猪去了。我们这里也有母猪，都关在圈里，被过度的生育搞得走了形，又脏又臭，它对它们不感兴趣；村寨里的母猪好看一些。它有很多精彩的事迹，但我喂猪的时间短，知道得有限，索性就不写了。总而言之，所有喂过猪的知青都喜欢它，喜欢它特立独行的派头儿，还说它活得潇洒。但老乡们就不这么浪漫，他们说，这猪不正经。领导则痛恨它，这一点以后还要谈到。我对它则不止是喜欢——我尊敬它，常常不顾自己虚长十几岁这一现实，把它叫做“猪兄”。如前所述，这位猪兄会模仿各种声音。我想它也学过人说话，但没有学会——假如学会了，我们就可以做倾心之谈。但这不能怪它。人和猪的音色差得太远了。

后来，猪兄学会了汽笛叫，这个本领给它招来了麻烦。我们那里有座糖厂，中午要鸣一次汽笛，让工人换班。我们队下地干活时，听见这次汽笛响就收工回来。我的猪兄每天上午十点钟总要跳到房上学汽笛，地里的人听见它叫就回来——这可比糖厂鸣笛早了一个半小时。坦白地说，这不能全怪猪兄，它毕竟不是锅炉，叫起来和汽笛还有些区别，但老乡们却硬说听不出来。领导上因此开了一个会，把它定成了破坏春耕的坏分子，要对它采取专政手段——会议的精神我已经知道了，但我不为它担忧——因为假如专政是指绳索和杀猪刀的话，那是一点门都没有的。以前的领导也不是没试过，一百人也捉不住它。狗也没用：猪兄跑起来像颗鱼雷，能把狗撞出一丈开外。谁知这回是动了真格的，指导员带了二十几个人，手拿五四式手枪；副指导员带了十几人，手持看青的火枪，分两路在猪场外的空地上兜捕它。这就使我陷入了内心的矛盾：按我和它的交情，我该舞起两把杀猪刀冲出去，和它并肩战斗，但我又觉得这样做太过惊世骇俗——它毕竟是只猪啊；还有一个理由，我不敢对抗领导，我怀疑这才是问题之所在。总之，我在一边看着。猪兄的镇定使我佩服之极：它很冷静地躲在手枪和火枪的连线之内，任凭人喊狗咬，不离那条线。这样，拿手枪的人开火就会把拿火枪的打死，反之亦然；两头同时开火，两头都会被打死。至于它，因为目标小，多半没事。就这样连兜了几个圈子，它找到了一个空子，一头撞出去了；跑得潇洒之极。以后我在甘蔗地里还见过它一次，它长出了獠牙，还认识我，但已不容我走近了。这种冷淡使我痛心，但我也赞成它对心怀叵测的人保持距离。

我已经四十岁了，除了这只猪，还没见过谁敢于如此无视对生活的设置。相反，我倒见过很多想要设置别人生活的人，还有对被设置的生活安之若素的人。因为这个原故，我一直怀念

---

① 劁（qiāo）：割去牲畜的生殖器。

这只特立独行的猪。

课文延伸

个狗主义

韩少功

有一种说法，称国门打开，个人主义这类东西从西方国家传进来，正污染着我们的社会风气。这种说法其实有点可疑。我们大唐人的老祖宗在国门紧缩的朝代，是不是各个都不贪污、不盗窃、不走后门？那叫什么主义？

欧美国家确实以个人主义为主潮，让一些博爱而忧世的君子扼腕叹息，大呼精神危机，不过，这一般情形来说，大多数欧美人自利，同时辅以自尊；行个人主义，还是把自己看作人。比方说签合同守信用，不作伪证，不随地吐痰，有时候还跟着“票一票”绿色环保运动抗议核弹或热爱海鲸。欧美式个人主义我们尽可以看不起，但可惜的是，在我们周围，我们看到更多的是签合同不守信用，是毫不犹豫地作伪证，是有痰偏往地毯上吐，是不吃国家珍稀动物就觉得宴席不够档次。更为严重的，是一个村子一个村子在干部的率领下制造假药——你说这叫什么主义？恐怕连个人主义也算不上，充其量只能叫“个狗主义”——不把别人当人，也不把自己当人。

有些人一辈子想有钱，却没想怎么当一个有钱“人”。

人和狗有什么区别呢？如果说人活着不过就是饮食男女，那么狗也能够“食色性也”，并无差别。细想人与狗的不同，无非是人还多一点理智、道德、审美、社会理想等等。一句话，人多一点精神。西方的现代化绝不是一场狗们的纯物质运动，从文艺复兴开始，到启蒙运动，到宗教改革，他们以几个世纪文化的精神准备来铺垫现代化，推动和塑造现代化。有些西方人即使沦为乞丐，也不失绅士派头的尊严或牛仔风度的侠义，这就足见他们的骨血中人文传统的深厚和强大。与此相反，我们的现代化则是在十年文化大破坏的废墟上开始的，在很多人那里，不仅毛泽东思想不那么香了，连仁义道德、因果报应也所剩无多，精神重建的任务更为艰巨。我们不常看到乞丐，但不时可以看到一些腰缠万贯者，专干制造假药之类的禽兽勾当。

没有一种精神的规范和秩序——哪怕是一种个人主义的规范和秩序——势必侵蚀和瓦解法制，造成经济政治方面的动乱或乱动，就像打球没有规则，这场球最终是打不好的，打不下去的。以“社会”为主义的国家，欲昭公道和正义于世，理应比西方国家更具精神优势，能为经济建设提供更优质的精神能源——起码应少一些狗眼看人、狗胆包天、狗尾摇摇以邀宠之类的狗态。我想应该是这样的。

（选自人民文学出版社2008年版《韩少功系列：在后台的后台》）

王小波语录

1. 对一位知识分子来说，成为思维的精英，比成为道德精英更为重要。

2. 我认为低智、偏执、思想贫乏是最大的邪恶。当然我不想把这个标准推荐给别人，但我认为，聪明、达观、多知的人，比之别样的人更堪信任。

3. 人在写作时，总是孤身一人。作品实际上是个人的独白，是一些发出的信。我觉得自己太缺少与人交流的机会——我相信，这是写严肃文学的人共同的体会。但是这个世界上除了有自己，还有别人；除了身边的人，还有整个人类。写作的意义，就在于与人交流。因为这个缘故，我一直在写。

4. 在冥想中长大以后，我开始喜欢诗。我读过很多诗，其中有一些是真正的好诗。好诗描述过的事情各不相同，韵律也变化无常，但是都有一点相同的东西。它有一种水晶般的光辉，好像来自星星……真希望能永远读下去，打破这个寂寞的大海。我希望自己能写这样的诗。我希望自己也是一颗星星。

5. 生活是天籁，需要凝神静听。

6. 我总以为，有过雨果的博爱，萧伯纳的智慧，罗曼·罗兰又把什么是美说得那么清楚，人无论如何也不该再是愚昧的了。肉麻的东西无论如何也不应该被赞美了。人们没有一点深沉的智慧无论如何也不成了。

辑　评

为什么国人缺乏特立独行的人生态度？这是由于我们的文化出了问题。（萧功秦）

如果用一句话概括王小波的人生及创作，那就是：星光照彻黑夜。（张伯存《王小波新论》）

王小波的随笔以其所坚持的理性、自由的文化立场和活泼生动的文风，而在 20 世纪 90 年代颇受关注。他的短文更近于“杂文”，“问题意识”很强，往往针对具体的文化思想问题进行写作，并在戏谑笑骂之中表现自己的态度。他的思路十分独特，往往通过一个故事或个人的有趣经历，进入到对于问题的讨论，并随时机敏而生动地插入对相关问题的评点与论述。王小波特别强调写作的“有趣”，其文章语句幽默，经常夹杂一些北京口语，而形成一种独特的叙述方式。（洪子诚《中国当代文学史》，北京大学出版社 1999 年版）

在他生命最后的日子里，他都在工作，1997 年 4 月 10 日，他在网络上给地球另一面的朋友发信说：我正在出着一本杂文集，名为《沉默的大多数》。大体意思是说：自从我辈成人以来，所见到的一切全是颠倒着的。在一个喧嚣的话语圈下面，始终有个沉默的大多数……这是小波生命中的最后一天，这封信，是他生前发出的最后一封电子邮件。小波把工作的使命留给了我们——我们所有这些忆念他，热爱他的同龄人；他把面向未来、取得成就的目标留给了我们——我们这些活着的人。（艾晓明《世纪之交的文学心灵（代序）》，《浪漫骑士——记忆王小波》，中国青年出版社 1997 年版）

资料链接

1. 王小波访谈：http://v.youku.com/v_show/id_XODIwODc1NDY4.html? from = y1.2-1-103.3.4-2.1-1-1-3-0

2. 王小波谈《黄金时代》：http://v.youku.com/v_show/id_XMTkyNTk2OTI =.html?from = s1.8-1-1.2

3. 好久不见：怀念王小波、史铁生、海子 http://v.youku.com/v_show/id_XMzc0ODAwNzQ0.html? from = s1.8-1-1.2

4. 电影《东宫西宫》：http://v.youku.com/v_show/id_XMTQ3MTU1Mzg4.html? from = y1.6-96.1.1.cc00ef58962411de83b1

思考与讨论

一、文中那只特立独行的猪，主要有哪些特点？在它身上寄寓了作者怎样的人生理想？

二、当下年轻人都在崇尚一种充满个性、与众不同的另类的生活方式，这与王小波倡导的特立独行一样吗？区别在哪里？

三、王小波是一位生前被冷落、死后被怀念的作家。他的作品虽然富有争议，但是有一个不变的主题就是一如既往的对自由的向往与追求。请谈谈你对自由是如何理解的？

四、王小波的小说《黄金时代》是以“文革”时期为背景的作品。请查阅这篇小说，谈谈你的阅读感受。

22 当众人都哭时，应该允许有的人不哭[1]

莫 言

莫言（1955—），原名管谟业，山东高密人。当代著名作家。先后毕业于解放军艺术学院文学系和北京师范大学鲁迅文学院研究生班，获文学硕士学位。中国作协第八届副主席，中国艺术研究院文学院院长。1981 年开始发表作品。主要作品有长篇小说《红高粱家族》《丰乳肥臀》《檀香刑》《生死疲劳》《蛙》，中短篇小说集《透明的红萝卜》《爆炸》《姑妈的宝刀》等。已出版《莫言文集》12 卷。作品以农村为背景，根植于齐鲁民间文化，汲取西方文学营养，将现实与幻想结合起来，想象丰富，风格独特，既展现了中国人的复杂经验，又传达出共通的人类精神。作品被译成多国文字，广为流传。先后获得中外多种文学奖项。2012 年 10 月获诺贝尔文学奖。

近年来，国家拿出了基金，向海外推介中国的文学，好像已成立了好几个专门的班子，选出了一批向外推介的书目。终于由被别人选择变成由自己选择。任何选择都是偏颇的。鲁迅先生曾说："选本所显示的，往往并非作者的特色，倒是选者的眼光。"一个人的选择必受到他的审美偏好的左右，一个班子的选择也必受到某种价值观念的左右，因此多一个班子就多一种眼光，多一种眼光就多一些发现，多一些发现就可能让海外的读者较为全面地了解中国文学的面貌。我看到有些报道里说我是被翻译成外文最多的中国当代作家，也是在海外知名度较高的中国当代作家之一，我想这个事实的形成有复杂的原因。这很可能是个历史性的错误。我深知中国当代有许多比我优秀的作家，我向西方翻译家推荐过的作家不少于二十人，我盼望着他们的作品尽快地更多地被翻译出去，将我这样的老家伙尽快覆盖。

文学作品被翻译成外文，在海外出版，实际上才是传播的真正开始。书被阅读，被感悟，被正读，被误读，被有的读者捧为圭臬[2]、被有的读者贬为垃圾，在有的国家洛阳纸贵，在有的国家无人问津，对于一个作家，想象一下这种情景，既感到欣慰快乐，又感到无可奈何。俗话说："儿大不由爷"，书被翻译出去，就开始了它独自的历险，就像一个人有自己的命运一样，一本书也有自己的命运。上世纪 30 年代有人讽刺鲁迅，说拿了他的《呐喊》到露台上去大便。鲁迅说《呐喊》的纸张太硬，只怕有伤先生的尊臀，将建议书局，下次再版时，用柔软的纸张。

我这样的作家，自然不具备鲁迅的雅量。听说别人用我的小说当厕纸，嘴里不敢说，但心里还是不高兴。听到别人赞扬自己的小说，嘴里不好意思说，心里还是很舒坦。尽管我作为一个作者，根本无法干预西方读者对自己小说的解读，但总还是心存着一线希望，希望读者能从纯粹文学和艺术的角度来解读自己的作品。米兰·昆德拉[3]他的新书《相遇》在台湾出版，特意写给台湾读者一封信，他说："所有我小说的故事都发生在欧洲，也就是在一个台湾人所不能了解太多的政治与社会状况当中。但我更感幸运能由你们的语言出版，因为一个小说家最深的意图并不在于一个历史状况的描写。对他来说，没有比读者在他的小说中寻找对一个政治制度的批评来得更糟的。吸引小说家的是人，是人的谜，和他在无法预期的状态下的行为，直到

---

① 本文选自 2010 年 4 月 3 日《文汇周末·书缘》。

② 圭臬（guī niè）：比喻把某些言论或事当成自己的准则。圭，测日影器。臬，射箭的靶子。

③ 米兰·昆德拉（1929—）：捷克小说家。生于捷克布尔诺市，1975 年移居法国，主要作品有《生命里不能承受之轻》《不朽》《被背叛的遗嘱》以及《小说的艺术》等。作品充满人生智慧。曾获得多种国际文学奖，并多次被提名为诺贝尔文学奖候选人。

存在迄今未知的面相浮现出来。这就是小说家为什么每每在远离他小说所设定的国家的地方得到最佳的理解。”

我不敢说在米兰·昆德拉之前我说过类似的话，尽管我确实说过类似的话。我不敢说米兰·昆德拉说出了我的心里话，只能说我同意米兰·昆德拉的话。我多次说过，文学不能脱离政治，但好的文学应该大于政治。好的文学能够大于政治的最重要的原因，就是因为好的文学是写人的，人的情感，人的命运，人的灵魂中的善与美，丑与恶，只有这样的东西才能引发读者的共鸣。政治问题能够激发作者的创作灵感，但作者最终关注的是在这个特殊的环境中的人。我知道有一些国外的读者希望从中国作家的小说里读出中国社会的政治、经济等种种现实，这是他们的自由，我们无权干涉。但我也相信，肯定会有很多的读者，是用文学的眼光来读我们的作品，如果我们的作品写得足够好，这些海外的读者会忘记我们小说中的环境，他们会从我们小说的人物身上，读到他自己的情感和思想。

推介是选择，翻译是选择，阅读也是选择。尽管作为作者我对读者有自己的希望，但也仅仅是希望而已。尊重别人的选择，是社会进步的一种表现。

我想讲一个小小的关于选择的故事。新年的时候，我回故乡去看我的父亲。我父亲告诉我，我的一个小学同学，因为跳到冰河里救一头小猪，自己却被淹死了。这个同学的死让我感到十分难过，因为我曾伤害过他。那是 1964 年春天，学校组织我们去公社驻地参观阶级教育展览馆，一进展览馆，一个同学带头号哭，所有的同学都跟着大放悲声。有的同学跺着脚哭，有的同学拍着胸膛哭。我哭出了眼泪，舍不得擦掉，希望老师们能够看到。在这个过程中，我偶一回头，看到我那位同学，瞪着大眼，不哭，用一种冷冷的目光在观察着我们。当时，我感到十分愤怒：大家都泪流满面，哭声震天，他为什么不流泪也不出声呢？参观完后，我把这个同学的表现向老师做了汇报。老师召集班会，对这个同学展开批评。你为什么不哭？你的阶级感情到哪里去了？你如果出身于地主富农家庭，不哭还可以理解，但你出身于贫农家庭啊！任我们怎么质问，这位同学始终一言不发。过了不久这位同学就退学了。我后来一直为自己告密行为感到愧疚，并向老师表达过这种愧疚。老师说，来反映这件事的，起码有二十个同学。因此这行为不能算告密，而是一种觉悟。老师还说，其实，有好多同学，也哭不出来，他们偷偷地将唾沫抹在脸上冒充眼泪。

我想说这个不哭的人就是作家的人物原型。就像我小说《生死疲劳》里所描写的那个单干户蓝脸一样，当所有的人都加入了人民公社，只有他坚持单干，任何威逼、利诱、肉体打击、精神折磨都不能改变他。这两个人物，不哭的人和单干的人，都处在政治的包围之中，但他们战胜了政治，也战胜了那些骂他、打他、往他脸上吐唾沫的人。

文学可以告诉人们的很多，我想通过我的文学告诉读者的是：当众人都哭时，应该允许有的人不哭。

课文延伸

谈《蛙》

《蛙》是莫言酝酿十余年、笔耕四载、三易其稿、潜心打造的一部触及国人灵魂最痛处的长篇力作，2011 年获第八届茅盾文学奖。小说由剧作家蝌蚪写给日本作家杉谷义人的四封长信和一部话剧构成，讲述了姑姑——一个乡村妇产科医生的人生经历，在用生动感人的细节展示乡土中国 60 年波澜起伏的生育史的同时，毫不留情地剖析了当代知识分子卑微的灵魂。与其以往小说更注重历史幻想色彩不同的是，《蛙》是更接近历史现实的书写，主要讲述的是乡村医生“姑姑”的一生。“姑姑”的父亲是八路军的军医，在胶东一带名气很大。“姑姑”继承衣钵，开始在乡村推行新法接生，很快取代了“老娘婆”们在妇女们心中的地位，用新法接生了一个又一个婴儿。“姑姑”接生的婴儿遍布高密东北乡，可丧生于“姑姑”之手的未及出世的婴儿也遍布高密东北乡。姑姑一面行医，一面带领着自己的徒弟们执行计划生育政策。让已经生育的男人结扎，让已经生育的怀孕妇女流产，成了“姑姑”的两件大事。

整部小说的核心词语是“计划生育”，在这背后，隐藏着的是莫言对生命（生殖、繁衍）的由衷敬畏和顶礼膜拜。《蛙》里的一切无不指向“生命”二字，主要人物的名字、故事情节，都在为生命歌唱。寓言式、象征式的写作手法，把小说推向一个更高的层面，即关照生命、敬畏生命。

谈《丰乳肥臀》

《丰乳肥臀》是莫言写给他去世的母亲的一部作品。作者在写作中肆无忌惮地使用了与母亲的亲身经历有关的素材，但书中的母亲情感方面的经历则是虚构或取材于高密东北乡诸多母亲的经历。小说热情讴歌了生命最原初的创造者（母亲）的伟大、朴素与无私，生命的沿袭的无与伦比的重要意义，并且在这一幅生命的流程图中，弥漫着历史与战争的硝烟，真实，不带任何偏见，再现了一段时期内的历史。母亲是一种意象符号，是对他作品中“我奶奶”式女人的集合，也涵盖了“作为老百姓的写作”的莫言对民间苦难及其承受者的爱戴、同情和关怀。

《丰乳肥臀》中的母亲有八个女儿，分别叫来弟、招弟、领弟、想弟、盼弟、念弟、求弟和玉女。老大、老二是母亲与母亲的亲姑父的私生女，老三是母亲与卖小鸭外乡人的私生女，老四是母亲与江湖郎中的私生女。老五是母亲与光棍汉的私生女，老六是母亲与和尚的私生女，老七是母亲被四个败兵强奸后所生，老八是母亲与瑞典洋牧师的私生女。老大、老二、老三、老四、老五、老六分别嫁给了土匪、国民党、共产党、窑子、共产党和美国人，老七、老八找不到自己想嫁的人，就自己寻死。女儿们成了各自丈夫的坚定同路人，只有老大略有不同。瑞典洋牧师给他的私生子，姐姐们的小弟弟取名叫上官金童，他有一个高智商的大脑和一个英俊阳刚的外表，却是一个什么办法都想不出，什么事都不会做的人。但是他是一个大孝子，是他陪伴老母走完最后一程，并亲手掩埋了老母亲。虽然母亲刚下丧，就有政府有关人员逼其再挖出来。但这大孝子内心已决定，要背着将被挖出来的老母的尸体，跳入旁边的沼泽地里去，让一直欺负他们娘俩的人再也找不到他们……母亲的“肥臀”生了这些女儿，母亲的“丰乳”哺育了这些女儿。这些女儿长大后，连同她们的丈夫，所带给母亲的只有无穷尽的灾难和痛苦。作家把母亲描绘成一位承载苦难的民间女神，她生养的众多女儿构成的庞大家族与20世纪中国的各种社会势力发生了枝枝蔓蔓的联系，并被卷入20世纪中国的政治舞台。而这些形态各异的力量之间的角逐是围绕自己家庭展开的，造成了母亲独自承受苦难的现实。

纵观整篇小说，这是一部具有相当力度与厚度的作品，它蕴含了作家对生命、母亲、历史的深沉思索，对于社会历史与时代问题的独特、新颖的思考与探索，具有很强的思想性与独创性。

资料链接

1. 侯运华《众声喧哗 何若莫言——莫言小说创作的多维阐释之一》：http://video.chaoxing.com/play_400053461_270535.shtml

2. 於可训《莫言与当代中国文学》：http://video.chaoxing.com/play_400051775_210263.shtml

3. 陈晓明《莫言与当代中国文学的变革》：http://video.chaoxing.com/play_400051895_140251.shtml

4. 王本朝《莫言不孤独：中国文学的诺贝尔情结》：http://video.chaoxing.com/play_400051650_290055.shtml

5. 童庆炳《莫言的硕士论文与他的高密东北乡文学王国》：http://video.chaoxing.com/play_400051934_140022.shtml

6. 莫言《中国作家北大行：语言与历史》：http://video.chaoxing.com/play_400001116_11780.shtml

思考与讨论

一、本文中莫言提出“尊重别人的选择，是社会进步的一种表现”，你是否同意这种观点？为什么？

二、文中那个参观阶级教育展览馆的小故事，不仅鲜明生动，而且含蓄多蕴。请你具体分析一下，看看其中究竟有哪几个方面的含义。

三、作者说：“好的文学应该大于政治。”又说：“好的文学是写人的。”谈谈你对这两个观点及其相互关系的看法。

四、利用社团活动时间组织观看由莫言编剧的北京人艺话剧《我们的荆轲》，谈谈观感。

第六单元　体悟自然

老子在《道德经》中说：“人法地，地法天，天法道，道法自然。”中国人自古就善于从自然中寻找智慧，在天地间发现诗意。《周易·系辞下》曾记载八卦之产生：“古者包牺氏之王天下也，仰则观象于天，俯则观法于地，观鸟兽之文与地之宜，近取诸身，远取诸物，于是始作八卦，以通神明之德，以类万物之情。”中国古代的哲学、艺术、文学都来源于自然的启迪，铸成于天地之间。虽然“天人合一”是中国传统文化的核心概念，但是随着社会发展，越来越多的人脱离土地劳动，人与自然的关系渐行渐远，甚至有时矛盾相向。当现代人于荒原上迷茫游荡，寻找灵魂皈依时，答案其实早已存在于天地自然之间。

人之为人，在于灵性，以灵性观万物，万物皆为灵性。

水是大地的肌肤，水是大地的血脉；水冰清不失玉洁，水幽蓝透出安详；忧郁是涟漪，微笑也是涟漪；愤怒是波涛，欢乐也是波涛；涟漪不绝，波涛不绝。

“方其圆时，即其缺时”，是写实，也是哲理；“月有阴晴圆缺，人有悲欢离合”，是哲理，更是人生。爱圆月，是一种常态，爱缺月，更是一种境界。

自然中含有不尽之理，我们应该多去体悟。

23　乾坤之象[①]

《周易》

《周易》被誉为“群经之首”，是中华文化的总源头，是解开宇宙人生密码的一部宝典。它分

① 出自《周易》中的《乾》卦、《坤》卦之《象传》。《象传》简称《象》，解释64卦每一卦的卦画、卦象、卦辞、爻辞，大约形成于战国后期。《象传》一般总是以简明扼要的字句指出每一卦的卦义，这部分文字被称为“大象”，而对每一爻的解释则称为“小象”。《象传》解说善于从自然万物的运行规律中探求哲学之道、为人之道，从而获得“天人合一”的理想范式，反映了中国古代哲学智慧的特点，成为中国古代审美观的最高境界。

《易经》和《易传》两部分。《易经》指卦爻辞，共64卦，每一卦由卦画、标题、卦辞和爻辞组成。64个卦画由乾（天）、坤（地）、震（雷）、巽（xùn，风）、坎（水）、离（火）、艮（gèn，山）、兑（沼泽）八卦重叠演变而来。每个卦有六爻。爻分为阳性（—）和阴性（--），从下向上排列成6行。64个卦画共有384爻。《易经》产生的时代约在西周初年，文辞简洁难懂，形式上虽是占筮（shì）之书，但内容上广泛记录了西周社会生活的各个方面，具有重要的史料价值、思想价值和文学价值。《易传》是对《周易》卦爻辞的注释，包括《彖（tuàn）传》《象传》《文言》和《系辞传》等，约产生于战国至西汉前期。《易传》是对《易经》的哲学化解释，不一定合乎《易经》的原意，但其阐发的思想博大精深，达到了先秦哲学的最高水平。

天行健；君子以自强不息①。
地势坤；君子以厚德载物②。

课文延伸

梁启超在清华大学任教时曾作《论君子》演讲，以“自强不息”“厚德载物”激励清华学子，后来，这八个字成为清华大学的校训。

“昔我往矣，杨柳依依；今我来思，雨雪霏霏。”《诗经》中大量使用的“比、兴”修辞手法与《易经》由自然到人生的哲学思考同出一源，这种感悟方式是中华民族的智慧特点。

八卦歌诀

乾三连，坤六断，震仰盂，艮覆碗，离中虚，坎中满，兑上缺，巽下断。

八卦《象传》补充

随风巽，君子以申命行事（巽卦）
渐雷震，君子以恐惧修省（震卦）
善如水，君子以作事谋始（坎卦）
火同人，君子以类族辨物（离卦）
步泽履，君子以辨民安志（兑卦）
艮山谦，君子以裒多益寡（艮卦）

资料链接

1. 曾仕强《易经的奥秘》：http://www.iqiyi.com/w_19rrbm98dd.html#vfrm=2-3-0-1
2. 崔波《〈周易〉与创新思维》：http://video.chaoxing.com/serie_400060213.shtml
3. 陈洪《〈周易〉的现代意义》：http://video.chaoxing.com/serie_400001238.shtml
4. 王三山《〈周易〉其书及占筮方法》：http://video.chaoxing.com/serie_400001343.shtml
5. 鲁洪生《〈周易〉解读》：http://video.chaoxing.com/serie_400000395.shtml

---

① 天行：既可指天体的运行，也可理解为“天道”。健：刚健。此句讲乾卦的意义：天体以巨大的动能运行不已，洋溢着无限活力和生机。人的精神、品质和行为应与天道相一致，所以应该体现为自强不息。刚健为《周易》之魂，崇尚阳刚精神反映了先人强烈的进取精神。

② 坤：顺，即顺应天道。此句讲坤卦的意义：大地无比深厚、广阔、辽远，持载、养育万物，功德无量，仍然顺承于天，才使世界呈现一派生机。君子要效法大地，用深厚的德泽来化育万物。厚德载物，既强调个人修身，又重视造福周围社会。德，指道德，是《周易》中强调的一种崇高的精神境界，又是一种智慧，更是无比强大的精神力量。

思考与讨论

一、张岱年先生说：自强不息、厚德载物是中华民族凝聚力的基础，是民族自尊心的依据，也是中国文化自我更新向前发展的内在契机。在现在的国际、国内形势下，自强不息对中华民族的繁荣昌盛有何现实意义？

二、联系以前学过的古代及现代文学作品，谈谈《周易》对中国人思维意识的影响。

三、请查阅出自《易经》中的词语及姓名、年号，体认《周易》的丰富内涵。

24　《老子》论水三章

老　子

老子（约前580—前500年），姓李名耳，字聃，楚国苦县厉乡曲仁里（今河南省鹿邑县太清宫镇）人。春秋时期伟大的思想家、哲学家，道家学派的创始人。曾做过东周王朝的守藏吏，晚年辞官隐居。相传孔子曾向他请教，受益颇多。其经典之作《老子》（又称《道德经》）五千言，文字简约而深奥、思想丰富而深刻，内容博大而精深，不仅对中国产生了深远影响，同时也走向世界，为越来越多的西方学者所推崇。

老子主张“无为”，以“道”解释宇宙万物的演变，以水或与水有关的物象来比喻、阐发“道”的精深和妙用，甚至水还一度被老子推崇为“道”的象征（水“几于道”）。水是老子文化思想框架中一个非常重要的标记，也是中国文化中一个重要的组成部分。

上善若水[①]，水善利万物而不争，处众人之所恶[②]，故几[③]于道。居善地，心善渊[④]，与[⑤]善仁，言善信，政善治，事善能，动善时。夫唯不争，故无尤[⑥]。（《老子·第八章》）

江海之所以能为百谷王者[⑦]，以其善下之，故能为百谷王。是以圣人欲上[⑧]民，必以言下之；欲先民，必以身后之。是以圣人处上而民不重[⑨]，处前而民不害，是以天下乐推[⑩]而不厌。以其不争，故天下莫能与之争。（《老子·第六十六章》）

天下莫柔弱于水，而攻坚强者莫之能胜，以其无以易之[⑪]。弱之胜强，柔之胜刚，天下莫不知，莫能行。是以圣人云：“受国之垢[⑫]，是谓社稷主；受国不祥[⑬]，是谓天下王。”正言若反[⑭]。（《老子·第七十八章》）

---

① 上善若水：上善之人，如水之性。上，最好的。善，名词。上善指最好的美德。这里老子认为水接近于“道”，同时也意在说明真正的圣人像水一样滋润万物而不争私利。

② 处众人之所恶：处，作“居”讲。所恶，所厌恶的地方。

③ 几：接近。

④ 心善渊：心，心志。善，形容词。渊，本意是清澈见底的深潭，这里形容人沉静无私，清廉可鉴。

⑤ 与：和人相处。

⑥ 尤：通“忧”，忧患，过失。

⑦ 江海之所以能为百谷王者：江海之所以能成为天下河流汇注之地。百谷，指百川，即众多的河流。

⑧ 上：指地位处在……上面，即统治之意。

⑨ 重：压迫、负担。

⑩ 推：推崇、爱戴。

⑪ 易：替代。

⑫ 受国之垢：承担国家屈辱。受，承受。垢，污垢，耻辱，罪责。

⑬ 不祥：不吉祥，不吉利，即灾难。

⑭ 正言若反：正话反说，反话正说。即正面的话听起来好像是反话，肯定的话说得好像否定的话。

课文延伸

子曰："知者乐水，仁者乐山。知者动，仁者静。知者乐，仁者寿①。"（《论语·雍也》）

孔子问礼

老聃居周日久，学问日深，声名日响。春秋时称学识渊博者为"子"，以示尊敬，因此，人们皆称老聃为"老子"。

公元前523年的一天，孔子对弟子南宫敬叔说："周之守藏室史老聃，博古通今，知礼乐之源，明道德之要。今吾欲去周求教，汝愿同去否？"南宫敬叔欣然同意，随即报请鲁君。鲁君准行。遣一车二马一童一御，由南宫敬叔陪孔子前往。老子见孔丘千里迢迢而来，非常高兴，教授之后，又引孔丘访大夫苌弘。苌弘善乐，授孔丘乐律、乐理；引孔丘观祭神之典，考宣教之地，察庙会礼仪，使孔丘感叹不已，获益不浅。逗留数日，孔丘向老子辞行。老聃送至馆舍之外，赠言道："吾闻之，富贵者送人以财，仁义者送人以言。吾不富不贵，无财以送汝；愿以数言相送。当今之世，聪明而深察者，其所以遇难而几至于死，在于好讥人之非也；善辩而通达者，其所以招祸而屡至于身，在于好扬人之恶也。为人之子，勿以己为高；为人之臣，勿以己为上，望汝切记。"孔丘顿首道："弟子一定谨记在心！"

行至黄河之滨，见河水滔滔，浊浪翻滚，其势如万马奔腾，其声如虎吼雷鸣。孔丘伫立岸边，不觉叹曰："逝者如斯夫，不舍昼夜！黄河之水奔腾不息，人之年华流逝不止，河水不知何处去，人生不知何处归？"闻孔丘此语，老子道："人生天地之间，乃与天地一体也。天地，自然之物也；人生，亦自然之物；人有幼、少、壮、老之变化，犹如天地有春、夏、秋、冬之交替，有何悲乎？生于自然，死于自然，任其自然，则本性不乱；不任自然，奔忙于仁义之间，则本性羁绊。功名存于心，则焦虑之情生；利欲留于心，则烦恼之情增。"孔丘解释道："吾乃忧大道不行，仁义不施，战乱不止，国乱不治也，故有人生短暂，不能有功于世、不能有为于民之感叹矣。"

老子道："天地无人推而自行，日月无人燃而自明，星辰无人列而自序，禽兽无人造而自生，此乃自然为之也，何劳人为乎？人之所以生、所以无、所以荣、所以辱，皆有自然之理、自然之道也。顺自然之理而趋，遵自然之道而行，国则自治，人则自正，何须津津于礼乐而倡仁义哉？津津于礼乐而倡仁义，则违人之本性远矣！犹如人击鼓寻求逃跑之人，击之愈响，则人逃跑得愈远矣。"

稍停片刻，老子手指浩浩黄河，对孔丘说："汝何不学水之大德欤？"孔丘曰："水有何德？"老子说："上善若水：水善利万物而不争，处众人之所恶，此乃谦下之德也；故江海所以能为百谷王者，以其善下之，则能为百谷王。天下莫柔弱于水，而攻坚强者莫之能胜，此乃柔德也；故柔之胜刚，弱之胜强坚。因其无有，故能入于无间，由此可知不言之教、无为之益也。"孔丘闻言，恍然大悟道："先生此言，使我顿开茅塞也：众人处上，水独处下；众人处

---

① 知：同"智"。知者：明理的人。乐（一说读yào）。仁者：全德的人。第二个乐（lè）：快乐。这句话的意思是，天下有明理之人，有仁德之人。人品不同性情也不同，大凡智者的喜好常在于水，仁者的喜好常在于山。所以智者能把天下之理看得明白，其圆融活泼，无一些凝滞，就像水的流动一般。仁者意在把自己品性中的"德"养得纯粹，其端凝厚重，不可摇夺，就似山之镇静一般。人的忧愁在于心有所拘系，智者流动不拘，所以心胸宽广，遇事能摆脱，凡世间可忧之事，皆不足以累之矣！岂不乐乎！人惟嗜欲无节，所以损寿。仁者既安静寡欲，则精神完固，足以养寿命之源。凡伐性丧生之事，皆不足以挠之，所以长寿。

易，水独处险；众人处洁，水独处秽。所处尽人之所恶，夫谁与之争乎？此所以为上善也。”老子点头说：“汝可教也！汝可切记：与世无争，则天下无人能与之争，此乃效法水德也。水几於道：道无所不在，水无所不利，避高趋下，未尝有所逆，善处地也；空处湛静，深不可测，善为渊也；损而不竭，施不求报，善为仁也；圜必旋，方必折，塞必止，决必流，善守信也；洗涤群秽，平准高下，善治物也；以载则浮，以鉴则清，以攻则坚强莫能敌，善用能也；不舍昼夜，盈科后进，善待时也。故圣者随时而行，贤者应事而变；智者无为而治，达者顺天而生。汝此去后，应去骄气于言表，除志欲于容貌。否则，人未至而声已闻，体未至而风已动，张张扬扬，如虎行于大街，谁敢用你？”孔丘道：“先生之言，出自肺腑而入弟子之心脾，弟子受益匪浅，终生难忘。弟子将遵奉不怠，以谢先生之恩。”说完，告别老子，与南宫敬叔上车，依依不舍地向鲁国驶去。

回到鲁国，众弟子问道：“先生拜访老子，可得见乎？”孔子道：“见之！”弟子问：“老子何样？”孔子道：“鸟，我知它能飞；鱼，吾知它能游；兽，我知它能走。走者可用网缚之，游者可用钩钓之，飞者可用箭取之，至于龙，吾不知其何以？龙乘风云而上九天也！吾所见老子也，其犹龙乎？学识渊深而莫测，志趣高邈而难知；如蛇之随时屈伸，如龙之应时变化。老聃，真吾师也！”

智者乐水 仁者乐山

刘 向

“夫智者何以乐水也？”曰：“泉源溃溃，不释昼夜，其似力者；循理而行，不遗小间，其似持平者；动而之下，其似有礼者；赴千仞之壑而不疑，其似勇者；障防而清，其似知命者；不清以人，鲜洁而出，其似善化者；众人取平，品类以正，万物得之则生，失之则死，其似有德者；淑淑渊渊，深不可测，其似圣者。通润天地之间，国家以成，是知之所以乐水也。诗云：‘思乐泮水，薄采其茆；鲁侯戾止，在泮饮酒。’乐水之谓也。”

“夫仁者何以乐山也？”曰：“夫山宠嵸礧嶵（lòng sǒng lěi zuì），万民之所观仰。草木生焉，众木立焉，飞禽萃焉，走兽休焉，宝藏殖焉，奇夫息焉，育群物而不倦焉，四方并取而不限焉。出云风，通气于天地之间，国家以宁，是仁者所以乐山也。诗曰：‘太山岩岩，鲁侯是瞻。’乐山之谓矣。”（《说苑·杂言》）

资料链接

1. 张雷《老子的人生智慧》：http://v.163.com/movie/2012/10/J/T/M8E4VBLC6_M8E589EJT.html

2. 徐克谦《道法自然 上善若水》：http://v.163.com/movie/2012/6/U/E/M8E4JSPGM_M8EV51MUE.html

3. 刘克明《科技国学——老子思想及其对现代科技的贡献》：http://video.chaoxing.com/serie_400001226.shtml

思考与讨论

一、谈谈老子“上善若水”哲学思想对你的启发。

二、陈柱在《中国散文史》中说：“孔、老之学，同本于《易》。《易》言天地阴阳吉凶祸福，皆两端相对者。孔子则执其两端而用其中，老子则审其两端而用其反。”结合前面学习的儒家思想和道家思想的内容，谈谈老子和孔子在阐释“水性”上的异同点。

25　春江花月夜①

张若虚

张若虚，生卒年不详，扬州（今江苏扬州）人，曾任兖州（今属山东）兵曹。初、盛唐之交的诗人，与贺知章、张旭、包融并称“吴中四士”。其诗在《全唐诗》仅存二首：《代答闺梦还》和《春江花月夜》，尤以后者著名。此诗描写细腻，音节和谐，清丽开宕，富有情韵。

“春江花月夜”本为六朝乐府旧题，所作均为宫廷艳曲。张若虚此诗虽沿用乐府旧题，内容也属于传统的游子思妇题材，但在内涵和形制方面都显示出空前的创造性，与梁、陈以来的宫体彻底划清了界限，超脱了宫廷文学拘狭的形制，首次把这一旧题改造为长篇七言歌行，把春、江、花、月、夜五种意象融合在一起，将画境、诗情与对宇宙人生的哲理体察融为一体，形成如梦似幻般的美好意境，抒写了离人相思之情和人生宇宙哲理。清人王闿运称张若虚《春江花月夜》“孤篇横绝，竟为大家”，闻一多誉之为“诗中的诗，顶峰上的顶峰，孤篇压全唐”。

春江潮水连海平，海上明月共潮生。
滟滟②随波千万里，何处春江无月明！
江流宛转绕芳甸③，月照花林皆似霰④；
空里流霜⑤不觉飞，汀⑥上白沙看不见。
江天一色无纤尘，皎皎空中孤月轮。
江畔何人初见月？江月何年初照人？
人生代代无穷已，江月年年只相似。
不知江月待何人，但见长江送流水。
白云一片去悠悠，青枫浦⑦上不胜愁。
谁家今夜扁舟子？何处相思明月楼⑧？
可怜楼上月徘徊，应照离人妆镜台。
玉户帘中卷不去，捣衣砧上拂还来⑨。
此时相望不相闻，愿逐月华⑩流照君。

---

① 选自《全唐诗》，上海古籍出版社 1986 年版。
② 滟（yàn）滟：波光粼粼的样子。
③ 芳甸：花草遍生的郊野。
④ 霰（xiàn）：小雪珠。形容月光下春花晶莹洁白。
⑤ 空里流霜：空中好像有霜在流动，指照射下来的月光。
⑥ 汀（tīng）：水中或水边的平地，小洲。
⑦ 青枫浦：地名，在今湖南浏阳市，此处泛指分别的地方。
⑧ “谁家”两句：互文的手法。扁（piān）舟子：指漂泊江湖的游子。明月楼：月夜下的闺楼，这里指闺中思妇。
⑨ “玉户”二句：想把照在门帘上的月光卷走却卷不了，想把照在捣衣石上的月光抹掉却抹不掉。玉户，华美的房屋。捣衣砧，捣衣时用的垫石。
⑩ 逐月华：追随月光。

鸿雁长飞光不度，鱼龙潜跃水成文①。
昨夜闲潭②梦落花，可怜春半不还家。
江水流春去欲尽，江潭落月复西斜。
斜月沉沉藏海雾，碣石潇湘③无限路。
不知乘月几人归，落月摇情满江树④。

课文延伸

辑 评

此诗如连环锁子骨，节节相生，绵绵不断，使读者眼光正射不得，斜射不得，无处寻其端绪。“春江花月夜”五个字，个个照顾有情。诗真绝诗，才真绝才也。（清·徐增《而庵说唐诗》）

这里一番神秘而又亲切的、如梦境的晤谈，有的是强烈的宇宙意识、被宇宙意识升华过的纯洁的爱情，又由爱情辐射出来的同情心，这是诗中的诗，顶峰上的顶峰。从这边回头一望，连刘希夷都是过程了，不用说卢照邻和他的配角骆宾王，更是过程的过程。至于那一百年间梁、陈、隋、唐四代宫廷所遗下的那份最黑暗的罪孽，有了《春江花月夜》这样一首宫体诗，不也就洗净了吗？向前替宫体诗赎清了百年的罪，因此，向后也就和另一个顶峰陈子昂分工合作，清除了盛唐的路，——张若虚的功绩是无从估计的。（闻一多《唐诗杂论·宫体诗的自赎》）

梁启超说它像是“虎跑泉里泡的雨前龙井，望去连颜色也没有，但吃下去几点钟，还有余香留在舌上”。(《中国韵文里头所表现的感情》)

《白头吟》是以“善为从军闺情诗，词旨悲苦”闻名于世的刘希夷的代表作，是一首用乐府旧题写的七言歌行体诗。诗歌以花落比容颜之易老，继而以桑田变海比人事之数变，发出了“年年岁岁花相似，岁岁年年人不同”的感慨，人生易老、红颜易逝，与诗歌“荣华不可恃”的主题相吻合。这些诗歌，足以使那些恣意纷华的少年幡然醒悟，难怪要引人注目了。把诗情和哲理结合起来，不仅更有助于抒发个人情感，也会因道出了“先得人心之所同然”而引起更多人的共鸣。这样的诗歌，必然会成为传世名作的。（陈文华《刘希夷的〈白头吟〉与张若虚的〈春江花月夜〉为什么成为名篇》）

春江花月夜

杨广

暮江平不动，春花满正开。流波将月去，潮水带星来。
夜露含花气，春潭漾月晖。汉水逢游女，湘川值二妃。

---

① “鸿雁”二句：意为尽管鱼雁可以传书，但鸿雁飞不出月光，鱼龙难以跃出水面，以此喻指游子、思妇难通音信。《汉书·苏武传》记有鸿雁为被扣留的苏武传递书信之事。光不度，谓鸿雁飞得再远，也不能逾越月光。古诗《饮马长城窟行》：“客从远方来，遗我双鲤鱼。呼儿烹鲤鱼，中有尺素书。”文，同“纹”，即波纹。又有双关义，指文字。

② 闲潭：幽静的水潭。

③ 碣石潇湘：碣石，山名，故址在今河北省乐亭县西南。潇湘，水名，湖南境内的潇水与湘水，汇合于零陵。碣石、潇湘连用，意为天各一方、路途遥远。

④ “落月”句：意谓缭乱不宁的离情别绪，伴随着残月余辉散落在江边的树林里。

望月怀远

张九龄

海上生明月，天涯共此时。情人怨遥夜，竟夕起相思。
灭烛怜光满，披衣觉露滋。不堪盈手赠，还寝梦佳期。

资料链接

1. 康怀远《诗化时空的绝唱——张若虚〈春江花月夜〉新解》:《名作欣赏》2005年第19期

2. 向明瑞《真善美的统一——谈张若虚〈春江花月夜〉的文化价值》:《名作欣赏》2005年第22期

3. 莫砺锋《诗歌唐朝》: http: //kejiao. cntv. cn/shigetangchao/videopage/

4. 骆玉明《春江花月夜：唐诗中的爱情》: http: //www. tudou. com/programs/view/VAMt8GFbJFw/

5. 李敬一《壮哉唐诗·〈春江花月夜〉与初唐诗人的人生感悟》: http: //v. youku. com/v_show/id_ XNDcwNDk5NTI4. html? tpa = dW5pb25faWQ9MTAyMjEzXzEwMDAwMl8wMV8wMQ

6. 民乐合奏《春江花月夜》: http: //www. 56. com/u77/v_ MTM2OTYzNDQy. html

7. 王健填词童丽演唱的诗词歌曲《春江花月夜》: http: //www. 1ting. com/player/54/player_91570. html

思考与讨论

一、一首《春江花月夜》奠定了张若虚在唐代诗歌史上的地位，闻一多称“这是诗中的诗，顶峰上的顶峰”“孤篇压全唐”。《春江花月夜》何以能够获得这样的美誉？文学创作的数量和质量有什么关系？

二、尝试梳理诗中体现出来的唐人对宇宙、空间、生命的思考，并谈谈对你的启发。

三、《毛诗序》中说：“诗者，志之所之也。在心为志，发言为诗，情动于中而形于言。言之不足，故嗟叹之。嗟叹之不足，故咏歌之。咏歌之不足，不知手之舞之足之蹈之也。”欣赏与本诗同名的曲目、舞蹈，思考同名诗、乐、舞之间的关系与异同点。

26 秋 声 赋

欧阳修

欧阳修（1007—1072），字永叔，号醉翁，晚年号六一居士。官至翰林学士、枢密副使、参知政事，谥号文忠，世称欧阳文忠公。庐陵（今江西吉安）人。北宋文学家、史学家，与韩愈、柳宗元、王安石、苏洵、苏轼、苏辙、曾巩合称“唐宋八大家”。欧阳修是在宋代文学史上最早开创一代文风的文坛领袖，领导了北宋诗文革新运动，反对“西昆体”与“太学体”，继承并发展了韩愈“文道并重”的古文理论。在散文、诗、词、史传等方面都有杰出成就，尤以散文成就最高，影响最大。著作有《新五代史》《欧阳文忠公集》，词集有《欧阳文忠公近体乐府》和《醉翁琴趣外篇》，诗歌理论著作有《六一诗话》。

本文写于作者53岁时，即宋仁宗嘉祐四年。作者早年热心政治改革，正直敢言，支持范仲淹的“庆历新政”，屡遭贬谪。晚年虽又身居高位，但回首往事，屡次遭贬，内心隐痛难消，面对朝廷内外的污浊黑暗，眼见国家日益衰弱，改革无望，不免产生郁闷心情，对人生短暂、造化无情感伤于怀，所以他对秋天的季节感受特别敏感，《秋声赋》就是在此背景下写就的。

欧阳子[①]方夜读书，闻有声自西南来者，悚然[②]而听之，曰："异哉!"初淅沥以萧飒，忽奔腾而砰湃[③]，如波涛夜惊，风雨骤至。其触于物也，鏦鏦铮铮[④]，金铁皆鸣；又如赴敌之兵，衔枚[⑤]疾走，不闻号令，但闻人马之行声。予谓童子："此何声也？汝出视之。"童子曰："星月皎洁，明河[⑥]在天，四无人声，声在树间。"

余曰："噫嘻悲哉！此秋声也，胡为而来哉？盖夫秋之为状[⑦]也：其色惨淡[⑧]，烟霏云敛[⑨]；其容清明，天高日晶[⑩]；其气栗冽[⑪]，砭[⑫]人肌骨；其意萧条，山川寂寥[⑬]。故其为声也，凄凄切切，呼号愤发。丰草绿缛[⑭]而争茂，佳木葱茏而可悦；草拂之而色变，木遭之而叶脱。其所以摧败零落者，乃其一气之余烈[⑮]。夫秋，刑官[⑯]也，于时为阴；又兵象[⑰]也，于行为金[⑱]，是谓天地之义气，常以肃杀而为心。天之于物，春生秋实，故其在乐也，商声[⑲]主西方之音，夷则[⑳]为七月之律。商，伤也[㉑]，物既老而悲伤；夷，戮也，物过盛而当杀。"

嗟乎！草木无情，有时[㉒]飘零。人为动物，惟物之灵；百忧感[㉓]其心，万事劳其形；有动于中，必摇其精[㉔]。而况思其力之所不及，忧其智之所不能；宜其渥然丹者为槁木[㉕]，黟然黑

---

① 欧阳子：作者自称。
② 悚然：惊恐的样子。
③ 淅沥：雨声。萧飒（sà）：风声。砰湃：同"澎湃"，波涛汹涌的声音。
④ 鏦鏦（cōng）铮铮：金属相击的声音。
⑤ 衔枚：古代军队秘密行动时，让兵士口中横衔着枚（像筷子的东西），防止说话与出声，以免敌人发觉。
⑥ 明河：银河。
⑦ 秋之为状：秋天所表现出来的意气容貌。状，情状，指下文所说的"其色""其容""其气""其意"。
⑧ 惨淡：黯然无色。
⑨ 烟霏云敛：烟气浓重，云雾密聚。霏，散扬。敛，收、聚。
⑩ 晶：明亮。
⑪ 栗冽：刺骨的寒冷。
⑫ 砭（biān）：古代用来治病的石针，这里引用为刺的意思。
⑬ 寂寥：寂静冷落。
⑭ 缛：繁茂。
⑮ 一气：这里指秋气。余烈：余威。
⑯ 刑官：执掌刑狱的官。《周礼》把官职与天、地、春、夏、秋、冬相配，称为六官。就时令来说，秋季属阴，肃杀万物，所以司寇为秋官，执掌刑法，称刑官。
⑰ 兵象：古代打仗多在秋天。
⑱ 于行为金：古人以五行分属四季，秋季属金。
⑲ 商声：五声（宫、商、角、徵、羽）之一。古人以五声分配四时，宫声在中央。春角、夏徵、秋商、冬羽。同时，五声与五行相配时，商属金，主西方之音。
⑳ 夷则：古代乐律名。古乐分十二律（从低到高依次为：黄钟、大吕、太簇、夹钟、姑洗、仲吕、蕤宾、林钟、夷则、南吕、无射、应钟），用来确定音阶的高下，人们把十二个律与十二月相配，夷则配七月。此时万物开始被阴气侵犯。
㉑ 商，伤也：古代以商为五音中的金音，声调凄厉，与肃杀的秋气相应。
㉒ 有时：有固定时限。
㉓ 感：同"撼"，动摇。
㉔ 摇：摇荡，撼动。精：人的精神、情绪。
㉕ 渥（wò）然丹者：颜色红润的，指年轻人。槁木：枯木，指年纪大而衰老的人。

者为星星[①]。奈何以非金石之质，欲与草木而争荣？念谁为之戕贼[②]，亦何恨乎秋声！”

童子莫对，垂头而睡。但闻四壁虫声唧唧，如助予之叹息。

课文延伸

六一居士传

六一居士初谪滁山，自号醉翁。既老而衰且病，将退休于颍水之上，则又更号六一居士。

客有问曰：“六一，何谓也？”居士曰：“吾家藏书一万卷，集录三代以来金石遗文一千卷，有琴一张，有棋一局，而常置酒一壶。”客曰：“是为五一尔，奈何？”居士曰：“以吾一翁，老于此五物之间，是岂不为六一乎？”客笑曰：“子欲逃名者乎？而屡易其号，此庄生所诮畏影而走乎日中者也，余将见子疾走大喘渴死，而名不得逃也。”居士曰：“吾固知名之不可逃，然亦知夫不必逃也，吾为此名，聊以志吾之乐尔。”客曰：“其乐如何？”居士曰：“吾之乐可胜道哉！方其得意于五物也，太山在前而不见，疾雷破柱而不惊；虽响九奏于洞庭之野，阅大战于涿鹿之原，未足喻其乐且适也。然常患不得极吾乐于其间者，世事之为吾累者众也。其大昔有二焉，轩裳珪组劳吾形于外，忧患思虑劳吾心于内，使吾形不病而已悴，心未老而先衰，尚何暇于五物哉。虽然，吾自乞其身于朝者三年矣，一日天子恻然哀之，赐其骸骨，使得与此五物皆返于田庐，庶几偿其夙愿焉。此吾之所以志也。”客复笑曰：“子知轩裳珪组之累其形，而不知五物之累其心乎？”居士曰：“不然。累于彼者已劳矣，又多忧；累于此者既佚矣，幸无患。吾其何择哉！”于是与客俱起，握手大笑曰：“置之，区区不足较也。”

已而叹曰：“夫士少而仕，老而休，盖有不待七十者矣。吾素慕之，宜去一也。吾尝用于时矣，而讫无称焉，宜去二也。壮犹如此，今既老且病矣，乃以难强之筋骸，贪过分之荣禄，是将违其素志而自食其言，宜去三也。吾负三宜去，虽无五物，其去宜矣，复何道哉！”

熙宁三年九月七日，六一居士自传。

辑　评

模写之工，转折之妙，悲壮顿挫，无一字尘涴。（宋·楼昉《崇古文诀》卷十八）

赋每伤于俳俪，如此又简峭，又精练，又径直，又波折，真是后学作文之点金神丹也。（清·金圣叹《天下才子必读书》卷十三）

秋声，无形者也，却写的形色宛然，变态百出。末归于人之忧劳自老至少，犹物之受变自春而秋，凛乎悲秋之意，溢于言表。结尾虫声唧唧，亦是从声上发挥，绝妙点缀。（清·吴楚材、吴调侯《古文观止》卷十）

秋声本无可写，却借其色、其容、其气、其意，引出其声。一种感慨悲凉之致，凄然欲绝。末归到感心劳形，自为戕贼，无时非秋，真令人不堪回首。（清·过珙《古文评注》卷八）

欧阳修：“富养”出来的文人（节选）

嘉祐二年（1057 年）二月，已届知天命之年的欧阳修做了礼部贡举的主考官，以翰林学士身份主持进士考试，提倡平实文风，录取苏轼、苏辙、曾巩等人，对北宋文风转变有很大影响。

当时有个文学派别“太学体”，领袖刘几是一名太学生，最大的特长就是常玩弄古书里的

---

① 黟（yī）然黑者：头发乌黑的，指年轻健壮。星星：鬓发花白的样子。

② 戕（qiāng）贼：残害。

生僻字词。欧阳修的古文向来是通达平易的，最反对“太学体”的文风。批阅试卷时，欧阳修看到一份试卷，开头写道：“天地轧，万物茁，圣人发。”用字看似古奥，其实很别扭，意思无非是说，天地交合，万物产生，然后圣人就出来了。欧阳修便就着他的韵脚，风趣而又犀利地续道：“秀才剌（音同‘辣’，意为乖张），试官刷！”意思是这秀才学问不行，试官不会录取！

在这次考试中，欧阳修也看到一份较好的答卷，文章语言流畅，说理透彻。欧阳修估计是自己学生曾巩的，这种文风需要鼓励，但毕竟是“自己人”，不好取第一，就把这份卷子取成第二。结果试卷拆封后，才发现这份卷子的作者是苏轼。与苏轼一同被欧阳修录取的，还有他的弟弟苏辙，以及北宋文坛上的一批重要人物。欧阳修以其卓越的识人之明，为北宋朝廷及整个文学史做了一份突出的贡献。

苏轼考中进士后，给欧阳修写了一封感谢信。欧阳修称赞苏轼文章写得好，说读着他的信“不觉汗出”，感觉自己也该避让这后生三分。他对苏轼奖掖有加，苏轼也没有辜负欧阳修的期许，最终成为继欧阳修之后的又一位文化巨人。欧阳修晚年，还经常拿出自己年轻时写的文章来修改。夫人心疼地规劝道：“这么大岁数了，还费这个心。难道还是小孩子，怕先生骂你吗？”欧阳修笑道：“不怕先生骂，却怕后生笑。”正是这种文学史意识和认真的态度，成就了一代文学巨匠。

放榜的时候，那些写“太学体”而自高自大的考生发现自己居然没有被取中，纷纷闹事，甚至有人说要到街上截住欧阳修痛打。但皇帝充分相信欧阳修的人品和判断力，给予了他极大的支持。历史也最终证明了欧阳修的选择是正确的，北宋文风自此一振。就连“太学体”的领袖刘几，也改过自新，更名刘辉，重新参加考试，并获取了功名。

资料链接

1. 欧明俊《欧阳修〈秋声赋〉的文化解读》:《文史知识》2006 年第 10 期

2. 袁培尧《宋代文赋出现的原因及〈秋声赋〉的意义》:《现代语文（文学研究）》2007 年第 7 期。

3. 康震《唐宋八大家之欧阳修》: http://tv. cntv. cn/videoset/C21616

4. 王小舒《欧阳修与北宋诗文革新》: http://video. chaoxing. com/play_400015868_270093. shtml

思考与讨论

一、举例说明第 2 自然段是怎样渲染“秋”的特征的。

二、思考作者是如何将人的情感与秋之风貌结合在一起，从而实现寓情于景的？

三、对于《秋声赋》的主题，有两种不同的看法。一种认为这是一篇典型的悲秋之作，另一种认为同以往的许多悲秋之作相比，本文既无失意的惆怅，又无身世的感伤，体现了作者豁达超然的情怀。你认为哪一种观点能够成立？

第七单元　历史回眸

我国是一个历史悠久的文明古国，自有文字记载以来便有了历史。历史是人类的基因图谱，它保存着人类的身世和所有生存记忆。正因为人类拥有历史，才拥有了远远超过其生命限度的智慧。“历史上写着中国的灵魂，指示着将来的命运”（鲁迅）。了解和学习历史，具有重大的现实意义，是人类共同的追求。“以史为鉴，可以知兴替。”历史不但可以给人以学识，重要的是可以给人以智慧。它教人用具有历史纵深感的深邃眼光去看待过去，品读现在，观照未来。只有深刻地认识过去，才能不被眼前所发生的光怪陆离的现象所迷惑，进而从容地做出判断和选择，寻找出符合历史规律和发展的前进道路。

27 西塞山怀古①

刘禹锡

刘禹锡（772—842），字梦得，洛阳（今河南洛阳）人，自称汉代中山王刘胜的后人。贞元九年（795）中进士，又中博学鸿词科。十一年，授太子校书。后入杜佑幕任掌书记，调渭南县主簿，入朝为监察御史。王叔文革新失败，被贬为朗州（今湖南常德）司马，后迁任连州、夔州、和州等刺史。入朝历主客郎中、礼部郎中、集贤殿学士，又出为苏州、汝州、同州刺史。后官至检校礼部尚书兼太子宾客，世称刘宾客。刘禹锡是唐代古文运动的积极参加者，尤工于诗，与白居易齐名，世称“刘白”。他的诗歌，多有政治讽刺和怀古咏史之作，与社会现实关联密切；艺术上清新明朗，善用比兴手法寄托政治内容。《竹枝词》等组诗，富有民歌特色。有《刘宾客集》。

《西塞山怀古》是刘禹锡咏史怀古诗的代表作。唐穆宗长庆四年（824），刘禹锡由夔州（今重庆奉节）刺史调任和州（今安徽和县）刺史，在沿江东下赴任的途中，经西塞山时，触景生情，抚今追昔，写下了这首著名的七律诗。

王濬楼船下益州②，金陵王气黯然收③。
千寻铁锁沉江底④，一片降幡出石头⑤。
人世几回伤往事⑥，山形依旧枕寒流⑦。
今逢四海为家日⑧，故垒萧萧芦荻秋⑨。

课文延伸

长庆中，元微之、刘梦得、韦楚客同会白乐天之居，论南朝兴废之事。乐天曰：“古者言之不足，故嗟叹之；嗟叹之不足，故咏歌之。今群公毕集，不可徒然，请各赋《金陵怀古》一篇，韵则任意择用。”时梦得方在郎署，元公已在翰林。刘骋其俊才，略无逊让，满

---

① 选自《唐诗鉴赏辞典》，上海辞书出版社1983年版。西塞山：位于今湖北省黄石市，又名道士洑，山体突出到长江中，因而形成长江弯道，站在山顶犹如身临江中。

② 王濬：西晋益州刺史。益州：晋时郡治在今成都。晋武帝太康元年（280）奉命伐吴，造大船，出巴蜀，船上以木为城，起楼，每船可容二千余人。

③ 金陵：今江苏省南京市，当时是东吴的国都。王气：指象征帝王的瑞祥之气。

④ 千寻铁锁沉江底：东吴末帝孙皓命人在江中轧铁锥，又用大铁索横于江面，拦截晋船，晋军用麻油火炬烧断铁链。寻：古代长度单位，一寻为八尺。

⑤ 一片降幡（fān）出石头：王濬率船队从武昌顺流而下，直到金陵，攻破石头城，吴主孙皓到营门投降。降幡，表示投降的旗帜。石头：即石头城，故址在今南京市清凉山，这里借指吴国都城。

⑥ 人世几回伤往事：是说建都金陵，雄踞江东而亡国的不止东吴一个王朝，东晋，南朝宋、齐、梁、陈也曾建都金陵，后来都相继灭亡了。

⑦ 山形：指西塞山。枕：依傍。寒流：深秋的长江。

⑧ 四海为家：即四海归于一家，指全国统一。

⑨ 故垒：旧时的营垒。

斟一巨杯，请为首唱。饮讫，不劳思忖，一笔而成。白公览诗曰："四人探骊，吾子先获其珠，所余鳞甲何用?"三公于是罢唱。但取刘诗吟味竟日，沉醉而散。（五代·何光远《鉴诫录》）

劈将王濬下益州起，加"楼船"二字，何等雄壮！随手接云"金陵王气黯然收"，下一"收"字，何等惨溃！……看他前四句单写吴主孙皓，"五"忽转云"人世几回伤往事"，直将六朝人物变迁、世代兴废俱收在七字中，"六"又接云"山形依旧枕寒流"，何等高雅，何等自然！末将无数衰飒字样写当今四海为家，于极感慨中却极壮丽，何等气度，何等结构！此真唐人怀古之绝唱也。（清·钱朝鼎《唐诗鼓吹笺注》）

资料链接

1. 童海波《千古兴亡多少事，叹人叹己叹人生——咏史怀古诗的鉴赏》:《中学语文》（下旬·大语文论坛）2010 年第 7 期

2. 任秀馨《硬汉刘禹锡》：http://my.tv.sohu.com/us/63285692/30205123.shtml

3. 《正气贯古今——傲骨铮铮刘禹锡》：http://baidu.ku6.com/watch/3959273369830035648.html?page=videoMultiNeed

4. 《酬乐天扬州初逢席上见赠》：http://baidu.ku6.com/watch/242262779859402057.html?&recFrom=site&list=1&&page=videoMultiNeed

思考与讨论

一、本诗对当时社会现实有何针对性?

二、诗人是如何将史、景、情巧妙地糅合在一起的?

三、诗中"黯然"一词有的版本作"漠然"，你认为哪个更好？谈谈理由。

四、作者随后的《金陵怀古》诗中有"兴废由人事，山川空地形"之句，它与本诗的内涵有没有联系？如有，是什么联系?

28　谏逐客书[①]

李　斯

李斯（？—前 208），战国末年楚国上蔡（今河南驻马店上蔡县）人，秦朝丞相，中国历史上著名的政治家、文学家和书法家。李斯早年从荀卿学帝王之术，后被秦王任为客卿，协助秦王嬴政统一六国，官至丞相。李斯提出并且主持了文字、车轨、货币、度量衡的统一。李斯实行郡县制等政治主张，奠定了中国两千多年政治制度的基本格局。秦始皇死后，他与赵高合谋立少子胡亥为帝。后为赵高所忌，于秦二世二年（前 208）被腰斩于咸阳。

据《史记》记载，韩国派水工郑国游说秦王嬴政，倡言凿渠溉田，企图耗费秦国人力而不能攻韩，以实施"疲秦计划"。事被发觉，秦王嬴政听信宗室大臣的进言，认为来秦的客卿大抵都想游间于秦，就下令驱逐客卿。李斯也在被驱逐之列，尽管惶恐不安，但他在临行前主动上书劝说秦王不要逐客，写下流传千古的《谏逐客书》。

---

① 选自《古文观止》，清吴楚材、吴调侯编，上海古籍出版社 2006 年版。谏：规劝君王或尊长采纳意见或改正错误的用语。客：客卿，这里指当时在秦国做官的别国人员。书：上书。是古代臣子向君王陈述意见的一种文体。

臣闻吏议逐客，窃以为过矣。昔穆公①求士，西取由余于戎②，东得百里奚于宛③，迎蹇叔于宋④，求邳豹、公孙支于晋⑤。此五子者，不产于秦，而穆公用之，并国二十⑥，遂霸西戎。孝公用商鞅⑦之法，移风易俗，民以殷盛⑧，国以富强，百姓乐用，诸侯亲服，获楚、魏⑨之师，举地千里，至今治强。惠王用张仪之计⑩，拔三川之地⑪，西并巴、蜀⑫，北收上郡⑬，南取汉中⑭，包九夷⑮，制鄢、郢⑯，东据成皋⑰之险，割膏腴之壤，遂散六国之从⑱，使之西面事秦，功施⑲到今。昭王得范雎⑳，废穰侯㉑，逐华阳㉒，强公室，杜私门，蚕食诸侯，使秦成帝业。此四君者，皆以客之功。由此观之，客何负于秦哉！向使㉓四君却客而不内㉔，疏士而不用，是使国无富利之实，而秦无强大之名也。

---

① 穆公：秦穆公，姓嬴，名任好，前659—前621年在位，春秋五霸之一。

② 由余于戎：由余，原为晋国人，后亡入戎，出使秦国，得到秦穆公的赏识，穆公多次派人设法招他入秦，最终成为穆公的谋臣。穆公采用他的计谋攻打西戎，获地千里，称霸西戎。戎，古代对中原之外西方部族的统称。

③ 百里奚于宛：百里奚，原为虞国大夫，虞被晋所灭，他也被晋俘虏，作为晋献公之女嫁给秦穆公的奴仆入秦，后逃至楚国，秦穆公设法以五张黑羊皮将他赎回，任为相。宛，楚地名，在今河南南阳市。

④ 蹇（jiǎn）叔：岐州人，游于宋，百里奚将蹇叔推荐给秦穆公，秦穆公使人执厚礼迎之于宋，聘为上大夫。

⑤ 邳豹、公孙支：邳豹，晋大夫邳郑之子，邳郑被晋惠公杀害，邳豹逃到秦国，秦穆公任用为将，后邳豹率军攻晋，俘晋惠公。公孙支，字子桑，先游于晋，后归秦，为秦大夫。

⑥ 并国二十：指秦国吞并西戎各部族。

⑦ 孝公：秦孝公，姓嬴名渠梁，前361—前338年在位。商鞅：姓公孙，名鞅，本为卫国庶公子。西入秦，被孝公任为相，以法家之术实行变法，使秦国富强。秦孝公封之于商於之地，号曰商君。

⑧ 殷盛：指百姓众多而且富裕。殷，多。

⑨ 获楚、魏之师：指秦孝公二十二年，即前340年，商鞅率秦军与魏军交战俘魏公子卬，魏割让河西之地求和。同年，秦军侵楚，卫鞅正因此而受封于商於。

⑩ 惠王：秦惠王，姓嬴名驷，前337—前311年在位。张仪：魏国人，战国时代著名的纵横家，秦惠王十年始作秦相，主张连横，瓦解由苏秦主导的六国合纵。

⑪ 三川：指黄河、洛水和伊水。

⑫ 巴、蜀：均为古国名，巴在今四川省东部，蜀在今天四川省西部。秦占领巴蜀是在前316年。

⑬ 上郡：魏地，在今陕西省北部。

⑭ 汉中：楚郡名，在今陕西省南部汉中一带。

⑮ 九夷：此指楚国境内西北部的少数部族，在今陕西、湖北、四川三省交界地区。

⑯ 鄢（yān）、郢（yǐng）：均为楚地。秦国曾攻取大片楚地。

⑰ 成皋：邑名，在今河南荥阳市汜水镇，地势险要，是著名的军事重地。

⑱ 六国之从：六国合纵的同盟。六国，指韩、魏、燕、赵、齐、楚六国。从，通“纵”。

⑲ 施（yì）：蔓延，延续。

⑳ 昭王：秦昭王，姓嬴名则，前306—前251年在位。范雎（jū）：魏国人，字叔，昭王时任秦相。

㉑ 穰（rǎng）侯：楚国人，名魏冉，昭王母宣太后的同母弟，先后四次任秦相，封于穰邑。

㉒ 华阳：楚国人，名芈戎，宣太后的同父弟，封于华阳。他与穰侯擅权，范雎劝秦昭王除穰侯职务，逐华阳君出秦国。

㉓ 向使：假使，倘若。

㉔ 内：同“纳”，接纳。

今陛下致昆山之玉[①]，有随和之宝[②]，垂明月之珠，服太阿之剑[③]，乘纤离[④]之马，建翠凤之旗[⑤]，树灵鼍[⑥]之鼓。此数宝者，秦不生一焉，而陛下说[⑦]之，何也？必秦国之所生然后可，则是夜光之璧，不饰朝廷；犀象之器[⑧]，不为玩好；郑、卫之女不充后宫[⑨]，而骏良駃騠不实外厩[⑩]，江南[⑪]金锡不为用，西蜀丹青[⑫]不为采。所以饰后宫，充下陈[⑬]，娱心意，说耳目者，必出于秦然后可，则是宛珠之簪，傅玑之珥，阿缟之衣[⑭]，锦绣之饰不进于前，而随俗雅化[⑮]，佳冶窈窕[⑯]，赵女[⑰]不立于侧也。夫击瓮叩缶弹筝搏髀[⑱]，而歌呼呜呜快耳者，真秦之声也；《郑》、《卫》、《桑间》、《韶虞》、《武象》[⑲] 者，异国之乐也。今弃击瓮叩缶而就郑卫，退弹筝而取韶虞，若是者何也？快意当前，适观而已矣。今取人则不然。不问可否，不论曲直，非秦者去，为客者逐。然则是所重者在乎色乐珠玉，而所轻者在乎人民也。此非所以跨海内、制诸侯之术也。

臣闻地广者粟多，国大者人众，兵强则士勇。是以太山不让土壤[⑳]，故能成其大；河海不择细流[㉑]，故能就其深；王者不却[㉒]众庶，故能明其德。是以地无四方，民无异国，四时充美，鬼神降福，此五帝三王[㉓]之所以无敌也。今乃弃黔首[㉔]以资敌国，却宾客以业[㉕]诸侯，使天下之

---

① 今陛下致昆山之玉：如今陛下得到了昆仑山的宝玉。
② 随和之宝：指随珠与和氏璧。随珠，相传随侯救了一条被斩断的大蛇，一年多后，大蛇衔来明珠相报，此珠直径一寸，纯白色，熠熠闪光，故名随珠。和氏璧，相传楚人卞和从山中得到一块石头，断定其中有美玉，故献之楚厉王，厉王使玉工鉴定，玉人说是石头，卞和因此被砍掉了左脚；武王即位，献之，又被砍掉了右脚；文王即位，卞和抱玉哭于荆山之下，王使人琢其石，果得美玉，故名和氏璧。
③ 太阿（ē）之剑：宝剑名，吴国名匠干将和欧冶子合铸三把剑，其一名太阿。
④ 纤离：骏马名。
⑤ 翠凤之旗：用翠羽拼成的有凤形装饰的旗子。
⑥ 鼍（tuó）：亦称扬子鳄，俗称猪婆龙，皮可蒙鼓。
⑦ 说：通“悦”，喜悦。
⑧ 犀象之器：用犀牛角和象牙做成的器物。
⑨ 郑、卫之女：郑、卫均为东周时国名，郑、卫女子以善于歌舞著称。
⑩ 駃騠（jué tí）：骏马名。外厩（jiù），宫外的马圈。
⑪ 江南：长江以南地区。此指长江以南的楚地，素以出产金、锡著名。
⑫ 丹青：丹砂和青，绘画的颜料。
⑬ 下陈：殿堂下婢妾站立的地方，代指后宫姬妾。
⑭ 宛珠之簪：以宛地产的珍珠所饰的簪子。傅玑之珥（ěr）：缀有珠子的耳环。阿缟之衣：东阿产的缟绢做成的衣服。
⑮ 随俗雅化：随合时俗而雅致不凡。
⑯ 佳冶窈窕：妖冶美好的佳丽。佳，美好，美丽。冶，妖冶，艳丽。窈窕（yǎo tiǎo），美好的样子。
⑰ 赵女：赵国的女子。传说古代燕赵一带多美女。
⑱ 击瓮叩缶（fǒu）：将瓮、缶作为打击乐器。缶，瓦罐。搏髀（bì）：拍打大腿，以此掌握音乐的节奏。
⑲ 郑、卫：指郑、卫两国的乐曲。桑间：指卫国濮水滨的音乐。韶虞：相传是舜时的乐曲。武象：指周武王时的乐舞曲。
⑳ 太山：即泰山。让：辞让，拒绝。
㉑ 择：舍弃，抛弃。细流：小水。
㉒ 却：推却，拒绝。
㉓ 五帝：指黄帝、颛顼、帝喾、尧、舜。三王：夏禹、商汤和周武王。
㉔ 黔首：秦时对百姓的称呼。黔，黑色。
㉕ 业诸侯：使诸侯成就功业。

士退而不敢西向，裹足不入秦，此所谓“藉寇兵而赍盗粮[①]”者也。

夫物不产于秦，可宝者多；士不产于秦，而愿忠者众。今逐客以资敌国，损民以益仇[②]，内自虚而外树怨于诸侯[③]，求国无危，不可得也。

课文延伸

李斯之止逐客，并顺情入机，动言中务，虽批逆鳞，而功成计合，此上书之善说也。（南朝梁·刘勰《文心雕龙·论说》）

李斯上秦皇帝书，文中之诗也；子美《北征篇》，诗中之父也。（宋·陈善《扪虱新话》）

文字起句发意最好。李斯上秦皇逐客书起句，至矣尽矣，不可以加矣。……中间论物不出于秦而秦用之，独人才不出于秦而秦不用，反复议论，痛快，深得作文之法。（宋·李淦《文章精义》）

由现存者而言，秦之文章，李斯一人而已。（鲁迅《汉文学史纲要》）

《谏逐客书》作为一篇不足千字的短文，能够传两千余年而不衰，实属不可多得的名篇美文。自古至今的名篇佳作，有意境深远文字婀娜者，有平中见奇意在言外者，有思想深邃文辞缜密者，《谏逐客书》当属后者。（余雨阳《〈谏逐客书〉中的理性力量》）

资料链接

1. 高明《〈谏逐客书〉杂考》《西南民族大学学报·哲学社会科学版》2009 年第 2 期：http://www.doc88.com/p-665151423075.html

2. 高永征《〈谏逐客书〉思想内涵及现实意义之我见》《陕西广播电视大学学报》：http://wenku.baidu.com/view/9fd4444f852458fb770b5607.html

3.《浅析〈谏逐客书〉的公文写作特点》：http://www.lw54.com/html/lunwenxiezuozhidao/20150605/4713762.html

4.《品读·谏逐客书》：http://v.pps.tv/play_38850A.html

5. 从《〈谏逐客书〉看劝说技巧》：http://v.youku.com/v_show/id_XNjkwMjgwODA4.html

思考与讨论

一、清人李兆洛在《骈体文钞》中尊《谏逐客书》为“骈体之祖”，你认同这一说法吗？请结合文本略作阐析。

二、一篇不足千字的上书，为什么能说服刚愎自用的君王？其成功的主要原因有哪些？你从中受到怎样的启发？请结合实际生活谈谈其中蕴含的公关艺术。

三、具体分析本文正反论证、利害对举的说理方法，并请用最精练的语言概括出本文的写作特色。

四、中国政法大学教授龙卫球在《法家人物李斯评议》中说：“这篇为‘游士’一辩的谏文，并非‘惜才’之论，而是‘功利’之言说，他的那些机巧的比喻，包括如果不纳外国女子便后宫无‘佳冶窈窕赵女’的形象说法，都透着一股浓烈的‘利好’气味。他建议用外国人才，用他自己的表白来说不过是一种‘跨海内，制诸侯之术也’。正是因为这样，在他早期

---

① 藉：借。赍（jī）盗粮：把武器粮食供给寇盗。赍，送给。

② 损民以益仇：减少本国的人口而增加敌国的人力。益，增益，增多。

③ 外树怨于诸侯：指宾客被驱逐出外必投奔其他诸侯，从而构树新怨。

为秦王所用担任长史时，就献出了‘买士杀士之计’，对凡为他国所用的人才，建议秦王要么贿买要么杀掉，即‘厚遗结之；不肯者，利剑刺之’。”对此你如何看？

五、查阅李斯生平资料，以“人格、能力、命运”为主题词写一篇小论文。

29 垓下之围[①]

司马迁

司马迁（前145—前90），字子长，夏阳（今陕西韩城）人，西汉伟大的史学家和文学家。被鲁迅誉为“史家之绝唱，无韵之离骚”的《史记》，第一次以人物传记的形式，反映了上自黄帝下至汉武帝间中华民族的奋斗史，塑造了众多栩栩如生的历史人物形象，既开创了中国纪传体史学，又开创中国传记文学。本文节选自《史记·项羽本纪》

《垓下之围》主要表现了项羽失败时的英雄风采。司马迁不以成败论英雄，既肯定项羽起兵灭秦的重大历史功绩，又批评他缺乏政治远见、以武力经营天下的致命错误。本文抓住生死关口，通过三个场面描写，塑造了一个个性鲜明的悲剧英雄形象。

项王军壁[②]垓下，兵少食尽，汉军及诸侯兵围之数重。夜闻汉军四面皆楚歌[③]，项王乃大惊曰：“汉皆已得楚乎？是何楚人之多也！”项王则夜起，饮帐中。有美人名虞，常幸从[④]；骏马名骓[⑤]，常骑之。于是项王乃悲歌忼慨[⑥]，自为诗曰：“力拔山兮气盖世，时不利兮骓不逝[⑦]。骓不逝兮可奈何，虞兮虞兮奈若何[⑧]！”歌数阕[⑨]，美人和之。项王泣数行下，左右皆泣，莫能仰视[⑩]。

于是项王乃上马骑[⑪]，麾下[⑫]壮士骑从者八百余人，直夜溃围[⑬]南出，驰走。平明[⑭]，汉军乃觉之，令骑将灌婴以五千骑追之。项王渡淮，骑能属者[⑮]，百余人耳。项王至阴陵[⑯]，迷失道，问一田父，田父绐[⑰]曰：“左。”左，乃陷大泽中，以故汉追及之。项王乃复引兵而东，至东城[⑱]，乃有二十八骑。汉骑追者数千人。项王自度[⑲]不得脱，谓其骑曰：“吾起兵至今八岁

---

① 选自《史记·项羽本纪》，题目为编者所加。垓（gāi）下：地名，故址在今安徽灵璧县南沱河北岸。
② 壁：壁垒，营垒；此处用作动词，即扎营、驻扎。
③ 四面皆楚歌：四面八方都响起用楚方言所唱的歌曲。喻指楚人多已降汉。
④ 幸从：受宠爱跟在身边。幸，宠幸、宠爱。
⑤ 骓（zhuī）：毛色黑白相间的马。这里是以毛色为马命名。
⑥ 忼慨：同“慷慨”。
⑦ 逝：奔驰。
⑧ 奈若何：将你怎么办，即如何安置你。若，你。
⑨ 阕：乐曲每终了一次叫一阕。“数阕”就是几遍。
⑩ 莫：没有人。
⑪ 骑（jì）：单乘叫骑，即一人乘一匹马。
⑫ 麾（huī）下：即部下。麾是古代军中用的旗子。
⑬ 直夜：当夜。直，同“值”，当，趁。溃围：突破重围。
⑭ 平明：天亮时。
⑮ 骑能属者：能跟从而来的骑兵。属，随从。
⑯ 阴陵：秦时地名，在今安徽定远县西北。
⑰ 绐（dài）：古同“诒”，欺骗、诈骗。
⑱ 东城：秦时地名，在今安徽定远县东南。
⑲ 度（duó）：揣测，估计。

矣，身[①]七十余战，所当[②]者破，所击者服，未尝败北[③]，遂霸有天下。然今卒[④]困于此，此天之亡我，非战之罪也。今日固决死[⑤]，愿为诸君快战[⑥]，必三胜之，为诸君溃围，斩将，刈旗[⑦]，令诸君知天亡我，非战之罪也。”乃分其骑以为四队，四向[⑧]。汉军围之数重。项王谓其骑曰：“吾为公取彼一将。”令四面骑驰下，期山东为三处[⑨]。于是项王大呼驰下，汉军皆披靡[⑩]，遂斩汉一将。是时，赤泉侯[⑪]为骑将，追项王，项王瞋目而叱之[⑫]，赤泉侯人马俱惊，辟易数里[⑬]。与其骑会为三处。汉军不知项王所在，乃分军为三，复围之。项王乃驰，复斩汉一都尉，杀数十百人。复聚其骑，亡其两骑耳。乃谓其骑曰：“何如?”骑皆伏[⑭]曰：“如大王言。”

于是项王乃欲东渡乌江[⑮]。乌江亭长舣船待[⑯]，谓项王曰：“江东虽小，地方千里，众数十万人，亦足王也。愿大王急渡。今独臣有船，汉军至，无以渡。”项王笑曰：“天之亡我，我何渡为！且籍与江东子弟八千人渡江而西，今无一人还，纵江东父兄怜而王我[⑰]，我何面目见之?纵彼不言，籍独不愧于心乎?”乃谓亭长曰：“吾知公长者[⑱]。吾骑此马五岁，所当无敌，尝一日行千里，不忍杀之，以赐公。”乃令骑皆下马步行，持短兵接战。独籍所杀汉军数百人。项王身亦被十余创[⑲]，顾见汉骑司马[⑳]吕马童，曰：“若非吾故人[㉑]乎?”马童面之[㉒]，指王翳曰[㉓]：“此项王也。”项王乃曰：“吾闻汉购我头千金，邑万户，吾为若德[㉔]。”乃自刎而死。王翳取其头，余骑相蹂践争项王，相杀者数十人。最其后，郎中骑杨喜，骑司马吕马童，郎中吕胜、杨武各得其一体。五人共会其体，皆是，故分其地为五：封吕马童为中水侯，封王翳为杜衍侯，封杨喜为赤泉侯，封杨武为吴防侯，封吕胜为涅阳侯。

---

① 身：这里指亲自参加。
② 当：面对，遇上。
③ 尝：曾。败北：战败，败走。
④ 卒：最终。
⑤ 固决死：一定必死无疑。
⑥ 快战：痛痛快快地打一仗。
⑦ 刈（yì）：割，砍。
⑧ 四向：朝四个方向。
⑨ 期山东为三处：相约在山的东面三个地方会合。期：约定。山：指四溃山，在今安徽和县北。
⑩ 披靡：如草随风而倒，形容惊溃散乱的样子。
⑪ 赤泉侯：即汉将杨喜，因破项羽有功封赤泉侯。赤泉，地名，在今河南淅川西。
⑫ 瞋（chēn）目：瞪大眼睛。叱（chì）：大声呵斥。
⑬ 辟易：倒退。
⑭ 伏：伏身，通“服”，表示敬佩状。
⑮ 乌江：地名，即今安徽和县东北之乌江浦。
⑯ 亭长：乡官名。秦汉时制度，十里一亭，设亭长一人，类似后来的里正之类。舣（yǐ）：移船靠岸。
⑰ 王（wàng）我：立我为王。王，作动词用。
⑱ 长者：性情谨厚之人。
⑲ 被：受。创：创伤。
⑳ 顾：回头。骑司马：官名，骑兵队伍的司马。
㉑ 故人：旧相识。
㉒ 面之：面对着项王。
㉓ 指王翳（yì）曰：指着项王对王翳说。
㉔ 吾为若德：我为你做件好事吧。德，恩惠。

……[①]

太史公[②]曰：吾闻之周生[③]曰，舜目盖重瞳子[④]，又闻项羽亦重瞳子。羽岂其苗裔邪[⑤]？何兴之暴[⑥]也！夫秦失其政，陈涉首难，豪杰蜂起，相与并争，不可胜数。然羽非有尺寸[⑦]，乘势起陇亩[⑧]之中，三年，遂将五诸侯灭秦[⑨]，分裂天下，而封王侯，政[⑩]由羽出，号为“霸王”，位虽不终[⑪]，近古以来未尝有也。及羽背关怀楚[⑫]，放逐义帝而自立[⑬]，怨王侯叛己，难矣[⑭]。自矜功伐[⑮]，奋其私智而不师古[⑯]，谓霸王之业，欲以力征经营[⑰]天下，五年卒亡其国，身死东城，尚不觉悟，而不自责，过矣[⑱]。乃引“天亡我，非用兵之罪也[⑲]”，岂不谬哉！

课文延伸

不以成败论英雄，是太史公一生主见。文虽抑扬相半，然意思但是惜其不悟，非罪羽也。看其名曰本纪，冠于汉首，视羽为何许人哉！（过珙《古文评注全集》卷四）

毛泽东评项羽

一、项羽粗恶无比。毛泽东在农民运动讲习所讲《农民问题报告》时说：“项羽入关，粗恶无比，不得一般人之信仰，一至咸阳便大焚秦王故宫，遂大失地上阶级之信仰，此其失败之主要原因也。”

二、项羽犯了三个错误。“项羽有三个错误，如鸿门宴不听范增的话，放跑了刘邦；（楚汉相争）鸿沟协定，他认真了；建都徐州，那时叫彭城。”鸿沟，是古代的运河，楚汉相争时，两军协定以鸿沟为界，彼此不得超越。项羽执行得太认真了，对刘邦放松了警惕。

三、项羽不是政治家。毛泽东在读《史记·高祖本纪》时批注：“项王政治家，汉王则为一位高明政治家。”他在读《辩证法唯物论教程》时批注：“非战之罪，乃天亡我”的说法是

---

① 此处略过项羽死后葬于鲁国、汉王赐诸项刘姓而分封之事。
② 太史公：即太史令，司马迁自称。《史记》每篇传记文后均设“太史公曰”一段文字，以抒发他对传主一生行事、遭遇的总结性意见。
③ 周生：汉初儒者，姓周，其名不详。
④ 盖：表示推测的语气，可能、大概。重瞳子：旧说指一只眼睛里有两个瞳子。
⑤ 苗裔：后代。
⑥ 何兴之暴：怎么起来得这么突然。暴，骤然，突然。
⑦ 尺寸：很小的地方，极言项羽可以依靠的外在条件之少。
⑧ 陇亩：田间，指项羽自民间下层起事。
⑨ 将：率领。五诸侯：齐、赵、汉、魏、燕五国。此处泛指楚以外的各路义军。
⑩ 政：政令。
⑪ 不终：没有持续下去，指没有取得较好的结果。
⑫ 背关怀楚：放弃关中，怀归楚地。指项羽灭秦之后放弃扼守关中要地，怀念楚地而定都彭城。
⑬ 放逐义帝：项羽之叔项梁起兵时，立楚王后代熊心为怀王，灭秦后项羽尊其为义帝。后项羽自立为西楚霸王，徙义帝往长沙郴县，并密令于途中杀之。
⑭ 难矣：意思是说，项羽在这种情况下还想成大事，那就太困难了。
⑮ 自矜：自夸，自负。功伐：指武力征伐之功业。
⑯ 奋：振，这里有极力施展的意思。私智：一己之能。师古：以古代成功立业的帝王为师。
⑰ 力征：以武力征伐。经营：治理，整顿。
⑱ 过矣：实在是太错了。
⑲ 乃：竟然。引：援引，以……为理由。

错误的。

四、项羽缺乏群众路线。1952 年 10 月 29 日上午，毛泽东在游览云龙山下来的路上，对随行人员说：楚汉相争，刘邦取得成功而项羽失败了，最主要的原因是他缺乏群众路线。刘邦的用人之道比他好，所以才有萧何、张良、韩信、曹参、樊哙、陈平等文武百官跟随左右，而项羽仅有一个范增，也用不好，最后成为孤家寡人了。

历代咏项羽诗

《乌江亭》（杜牧）；《夏日绝句》（李清照）；《项羽》（陆游）；《乌江亭》（王安石）；《乌江》（胡曾）

梁启超指定的《史记》十大名篇

《项羽本纪》（大江东去楚王流芳）、《信陵君列传》（礼贤下士威服九州）、《廉颇蔺相如列传》（文武双雄英风伟概）、《鲁仲连邹阳列传》（功成不居不屈权贵）、《淮阴侯列传》（旷世奇才悲凉收场）、《魏其武安侯列传》（官场显形栩栩如生）、《李将军列传》（戎马一生终难封侯）、《匈奴列传》（汉匈和亲文化交融）、《货殖列传》（商道货殖安邦定国）、《太史公自序》（史公记史千古传颂）

资料链接

1. 李清泉《英雄项羽》：http://tv.cntv.cn/video/C26115/198bc485bdbb4510f9794f91039cae42

2. 王立群《汉代风云人物之项羽》：http://tansuo.cntv.cn/handaifengyunrenwuzhixiangyu/classp-age/video/20100401/100785.shtml

3. 《中国古代名将之西楚霸王项羽》：http://www.iqiyi.com/jilupian/20130415/43f762701c3994bf.html#curid=462320_9fb9ab02a38247ed90da5568d9e8f679

4. 《西楚霸王项羽》：http://v.youku.com/v_show/id_XNjI2MjE0NDEy.html

思考与讨论

一、本文主要描述了垓下之围中的哪三个场面？这三个场面各表现了项羽怎样的性格？

二、在项羽身上既有重义、知耻的一面，又有恃勇自负的性格弱点。请在课文中找出表现项羽这些性格特点的句子。

三、结合文中“太史公曰”一段评议，以及古往今来的人物兴衰成败，谈谈你对项羽一生功过及其失败原因的思考与得到的启示。

四、课外阅读《项羽本纪》和《高祖本纪》，理解司马迁对二人的态度与情感有何不同。

五、课外欣赏京剧艺术大师梅兰芳表演的《霸王别姬》和陈凯歌导演的电影《霸王别姬》。

30　苏东坡突围[①]

余秋雨

余秋雨（1946—），浙江省余姚市人，中国著名文化学者、理论家、文化史学家、散文家。1966 年毕业于上海戏剧学院戏剧文学系。1985 年成为当时中国大陆最年轻的文科教授。曾任上海戏剧学院院长，现任澳门科技大学人文艺术学院院长。曾被授予“上海十大学术精英”和

① 原载《收获》1993 年第 4 期。

“国家级突出贡献专家”的荣誉称号。学术著作有《戏剧理论史稿》《中国戏剧文化史述》《戏剧审美心理学》《艺术创造工程》等。散文集有《文化苦旅》《山居笔记》《霜冷长河》《千年一叹》《行者无疆》《借我一生》等。他凭借自己丰厚的文史知识功底，优美的文辞，引领读者泛舟于千年文明长河之中，作品不但揭示了中国文化巨大的内涵，而且也为当代散文领域提供了崭新的范例。

苏东坡留给大家的是什么？是他一生的传奇经历，还是他那流传千古的诗文？不是，都不是，他留给大家的是一种精神，一种身处困境的大气与潇洒，一种面对凄苦的挣扎与超脱。我们读不懂他的内心，他却洞察了整个人世。他突围了，从尔虞我诈的官场融入清净圣洁的自然。他突围了，从对世事的无知走向了成熟，走向了老道。学习东坡，重塑东坡精神。

一

住在这远离闹市的半山居所里，安静是有了，但寂寞也来了，有时还来得很凶猛，特别在深更半夜。只得独个儿在屋子里转着圈，拉下窗帘，隔开窗外壁立的悬崖和翻卷的海潮，眼睛时不时地瞟着床边那乳白色的电话。它竟响了，急忙冲过去，是台北《中国时报》社打的，一位不相识的女记者，说我的《文化苦旅》一书在台湾销售情况很好，因此要作越洋电话采访。问了我许多问题，出身、经历、爱好，无一遗漏。最后一个问题是：“在中国文化史上，您最喜欢哪一位文学家?”我回答：苏东坡。她又问：“他的作品中，您最喜欢哪几篇?”我回答：在黄州写赤壁的那几篇。记者小姐几乎没有停顿就接口道：“您是说《念奴娇·赤壁怀古》和前、后《赤壁赋》?”我说对，心里立即为苏东坡高兴，他的作品是中国文人的通用电码，一点就着，哪怕是半山深夜、海峡阻隔、素昧平生①。

放下电话，我脑子中立即出现了黄州赤壁。去年夏天刚去过，印象还很深刻。记得去那儿之前，武汉的一些朋友纷纷来劝阻，理由是著名的赤壁之战并不是在那里打的，苏东坡怀古怀错了地方，现在我们再跑去认真凭吊，说得好听一点是将错就错，说得难听一点是错上加错，天那么热，路那么远，何苦呢?

我知道多数历史学家不相信那里是真的打赤壁之战的地方，他们大多说是在嘉鱼县打的。但最近几年，湖北省的几位中青年历史学家持相反意见，认为苏东坡怀古没怀错地方，黄州赤壁正是当时大战的主战场。对于这个争论我一直兴致勃勃地关心着，不管争论前景如何，黄州我还是想去看看的，不是从历史的角度看古战场的遗址，而是从艺术的角度看苏东坡的情怀。大艺术家即便错，也会错出魅力来。好像王尔德说过，在艺术中只有美丑而无所谓对错。

于是我还是去了。

这便是黄州赤壁。赭红②色的陡峭石坡直逼着浩荡东去的大江，坡上有险道可以攀登俯瞰，江面有小船可供荡桨仰望，地方不大，但一俯一仰之间就有了气势，有了伟大与渺小的比照，有了视觉空间的变异和倒错，因此也就有了游观和冥思的价值。客观景物只提供一种审美可能，而不同的游人才使这种可能获得不同程度的实现。苏东坡以自己的精神力量给黄州的自然景物注入了意味，而正是这种意味，使无生命的自然形式变成美。因此不妨说，苏东坡不仅是黄州自然美的发现者，而且也是黄州自然美的确定者和构建者。

但是，事情的复杂性在于，自然美也可倒过来对人进行确定和构建。苏东坡成全了黄州，黄州也成全了苏东坡，这实在是一种相辅相成的有趣关系。苏东坡写于黄州的那些杰作，既宣

---

① 素昧（mèi）平生：向来不认识。素，平素、向来。

② 赭（zhě）红：红褐色。

告着黄州进入了一个新的美学等级，也宣告着苏东坡进入了一个新的人生阶段，两方面一起提升，谁也离不开谁。

苏东坡走过的地方很多，其中不少地方远比黄州美丽，为什么一个僻远的黄州还能给他如此巨大的惊喜和震动呢？他为什么能把如此深厚的历史意味和人生意味投注给黄州呢？黄州为什么能够成为他一生中最重要的人生驿站呢？这一切，决定于他来黄州的原因和心态。

他从监狱里走来，他带着一个极小的官职，实际上以一个流放罪犯的身份走来，他带着官场和文坛泼给他的浑身脏水走来，他满心侥幸又满心绝望地走来。他被人押着，远离自己的家眷，没有资格选择黄州之外的任何一个地方，朝着这个当时还很荒凉的小镇走来。

他很疲倦，他很狼狈，出汴梁、过河南、渡淮河、进湖北、抵黄州，萧条的黄州没有给他预备任何住所，他只得在一所寺庙中住下。他擦一把脸，喘一口气，四周一片静寂，连一个朋友也没有，他闭上眼睛摇了摇头。他不知道，此时此刻，他完成了一次永载史册的文化突围。黄州，注定要与这位伤痕累累的突围者进行一场继往开来的壮丽对话。

二

人们有时也许会傻想，像苏东坡这样让中国人共享千年的大文豪，应该是他所处的时代的无上骄傲，他周围的人一定会小心地珍惜他，虔诚地仰望他，总不愿意去找他的麻烦吧？事实恰恰相反，越是超时代的文化名人，往往越不能相容于他所处的具体时代。中国世俗社会的机制非常奇特，它一方面愿意播扬和轰传一位文化名人的声誉，利用他、榨取他、引诱他，另一方面从本质上却把他视为异类，迟早会排拒他、糟践他、毁坏他。起哄式的传扬，转化为起哄式的贬损，两种起哄都起源于自卑而狡黠[①]的觊觎[②]心态，两种起哄都与健康的文化氛围南辕北辙。

苏东坡到黄州来之前正陷于一个被文学史家称为“乌台诗狱”的案件中，这个案件的具体内容是特殊的，但集中反映了文化名人在中国社会的普遍遭遇，很值得说一说。搞清了这个案件中各种人的面目，才能理解苏东坡到黄州来究竟是突破了一个什么样的包围圈。

为了不使读者把注意力耗费在案件的具体内容上，我们不妨先把案件的底交代出来。即便站在朝廷的立场上，这也完全是一个莫须有的可笑事件。一群大大小小的文化官僚硬说苏东坡在很多诗中流露了对政府的不满和不敬，方法是对他诗中的词句和意象作上纲上线的推断和诠释，搞了半天连神宗皇帝也不太相信，在将信将疑之间几乎不得已地判了苏东坡的罪。在中国古代的皇帝中，宋神宗绝对是不算坏的，在他内心并没有迫害苏东坡的任何企图，他深知苏东坡的才华，他的祖母光献太皇太后甚至竭力要保护苏东坡，而他又是非常尊重祖母意见的，在这种情况下，苏东坡不是非常安全吗？然而，完全不以神宗皇帝和太皇太后的意志为转移，名震九州、官居太守的苏东坡还是下了大狱。这一股强大而邪恶的力量，就很值得研究了。

这件事说来话长。在专制制度下的统治者也常常会摆出一种重视舆论的姿态，有时甚至还设立专门在各级官员中找岔子、寻毛病的所谓谏官，充当朝廷的耳目和喉舌。乍一看这是一件好事，但实际上弊端甚多。这些具有舆论形象的谏官所说的话，别人无法申辩，也不存在调查机制和仲裁机制，一切都要赖仗于他们的私人品质，但对私人品质的考察机制同样也不具备，因而所谓舆论云云常常成为一种歪曲事实、颠倒是非的社会灾难。这就像现代的报纸如果缺乏足够的职业道德又没有相应的法规制约，信马由缰，随意褒贬，受伤害者无处可以说话，不知

---

① 狡黠（xiá）：聪明而狡猾。
② 觊觎（jì yú）：非分的希望或企图。

情者却误以为白纸黑字是舆论所在，这将会给人们带来多大的混乱！苏东坡早就看出这个问题的严重性，认为这种不受任何制约的所谓舆论和批评，足以改变朝廷决策者的心态，又具有很大的政治杀伤力（“言及乘舆，则天子改容，事关廊庙，则宰相罪”），必须予以警惕，但神宗皇帝由于自身地位的不同无法意识到这一点。没想到，正是苏东坡自己尝到了他预言过的苦果，而神宗皇帝为了维护自己尊重舆论的形象，当批评苏东坡的言论几乎不约而同地聚合在一起时，他也不能为苏东坡讲什么话了。

那么，批评苏东坡的言论为什么会不约而同地聚合在一起呢？我想最简要的回答是他弟弟苏辙说的那句话：“东坡何罪？独以名太高。”他太出色、太响亮，能把四周的笔墨比得十分寒伧[①]，能把同代的文人比得有点狼狈，引起一部分人酸溜溜的嫉恨，然后你一拳我一脚地糟践，几乎是不可避免的。在这场可耻的围攻中，一些品格低劣的文人充当了急先锋。

例如舒亶[②]。这人可称之为“检举揭发专业户”，在揭发苏东坡的同时他还揭发了另一个人，那人正是以前推荐他做官的大恩人。这位大恩人给他写了一封信，拿了女婿的课业请他提意见、辅导，这本是朋友间非常正常的小事往来，没想到他竟然忘恩负义地给皇帝写了一封莫名其妙的检举揭发信，说我们两人都是官员，我又在舆论领域，他让我辅导他女婿总不大妥当。皇帝看了他的检举揭发，也就降了那个人的职。这简直是东郭先生和狼的故事。就是这么一个让人恶心的人，与何正臣等人相呼应，写文章告诉皇帝，苏东坡到湖州上任后写给皇帝的感谢信中“有讥切时事之言”。苏东坡的这封感谢信皇帝早已看过，没发现问题，舒亶却苦口婆心地一款一款分析给皇帝听，苏东坡正在反您呢，反得可凶呢，而且已经反到了“流俗翕然[③]，争相传诵，忠义之士，无不愤惋”的程度！“愤”是愤苏东坡，“惋”是惋皇上。有多少忠义之士在“愤惋”呢？他说是“无不”，也就是百分之百，无一遗漏。这种数量统计完全无法验证，却能使注重社会名声的神宗皇帝心头一咯噔。

又如李定。这是一个曾因母丧之后不服孝而引起人们唾骂的高官，对苏东坡的攻击最凶。他归纳了苏东坡的许多罪名，但我仔细鉴别后发现，他特别关注的是苏东坡早年的贫寒出身、现今在文化界的地位和社会名声。这些都不能列入犯罪的范畴，但他似乎压抑不住地对这几点表示出最大的愤慨。说苏东坡“起于草野垢贱之余”，“初无学术，滥得时名”，“所为文辞，虽不中理，亦足以鼓动流俗”，等等。苏东坡的出身引起他的不服且不去说它，硬说苏东坡不学无术、文辞不好，实在使我惊讶不已。但他不这么说也就无法断言苏东坡的社会名声和世俗鼓动力是“滥得”。总而言之，李定的攻击在种种表层动机下显然埋藏着一个最深秘的原素：妒忌。无论如何，诋毁苏东坡的学问和文采毕竟是太愚蠢了，这在当时加不了苏东坡的罪，而在以后却成了千年笑柄。但是妒忌一深就会失控，他只会找自己最痛恨的部位来攻击，已顾不得哪怕是装装样子的可信性和合理性了。

又如王珪。这是一个跋扈[④]和虚伪的老人。他凭着资格和地位自认为文章天下第一，实际上他写诗作文绕来绕去都离不开“金玉锦绣”这些字眼，大家暗暗掩口而笑，他还自我感觉良好。现在，一个后起之秀苏东坡名震文坛，他当然要想尽一切办法来对付。有一次他对皇帝说：“苏东坡对皇上确实有二心。”皇帝问：“何以见得？”他举出苏东坡一首写桧树的诗中有

---

① 寒伧（chen）：丑，难看。
② 亶（dǎn）。
③ 翕（xī）然：一致称颂的意思。
④ 跋扈（bá hù）：骄傲而专横。

“蛰龙”二字为证，皇帝不解，说：“诗人写桧树，和我有什么关系?”他说：“写到了龙还不是写皇帝吗?”皇帝倒是头脑清醒，反驳道：“未必，人家叫诸葛亮还叫卧龙呢!”这个王珪用心如此低下，文章能好到哪儿去呢？更不必说与苏东坡来较量了。几缕白发有时能够冒充师长、掩饰邪恶，却欺骗不了历史。历史最终也没有因为年龄把他的名字排列在苏东坡的前面。

又如李宜之。这又是另一种特例，做着一个芝麻绿豆小官，在安徽灵璧县听说苏东坡以前为当地一个园林写的一篇园记中有劝人不必热衷于做官的词句，竟也写信给皇帝检举揭发，并分析说这种思想会使人们缺少进取心，也会影响取士。看来这位李宜之除了心术不正之外，智力也大成问题，你看他连诬陷的口子都找得不伦不类。但是，在没有理性法庭的情况下，再愚蠢的指控也能成立，因此对散落全国各地的李宜之们构成了一个鼓励。为什么档次这样低下的人也会挤进来围攻苏东坡？当代苏东坡研究者李一冰先生说得很好：“他也来插上一手，无他，一个默默无闻的小官，若能参加一件扳倒名人的大事，足使自己增重。”从某种意义上说，他的这种目的确实也部分地达到了，例如我今天写这篇文章竟然还会写到李宜之这个名字，便完全是因为他参与了对苏东坡的围攻，否则他没有任何理由被哪怕是同一时代的人写在印刷品里。我的一些青年朋友根据他们对当今世俗心理的多方位体察，觉得李宜之这样的人未必是为了留名于历史，而是出于一种可称作“砸窗了”的恶作剧心理。晚上，一群孩子站在一座大楼前指指点点，看谁家的窗子亮就拣一块石子扔过去，谈不上什么目的，只图在几个小朋友中间出点风头而已。我觉得我的青年朋友们把李宜之看得过于现代、也过于城市化了。李宜之的行为主要出于一种政治投机，听说苏东坡有点麻烦，就把麻烦闹得大一点，反正对内不会负道义责任，对外不会负法律责任，乐得投井下石，撑顺风船。这样的人倒是没有胆量像李定、舒亶和王珪那样首先向一位文化名人发难，说不定前两天还在到处吹嘘在什么地方有幸见过苏东坡、硬把苏东坡说成是自己的朋友甚至老师呢。

又如——我真不想写出这个名字，但再一想又没有讳避的理由，还是写出来吧：沈括。这位在中国古代科技史上占有不小地位的著名科学家也因忌妒而陷害过苏东坡，用的手法仍然是检举揭发苏东坡诗中有讥讽政府的倾向。如果他与苏东坡是政敌，那倒也罢了，问题是他们曾是好朋友，他所检举揭发的诗句，正是苏东坡与他分别时手录近作送给他留作纪念的。这实在太不是味道了。历史学家们分析，这大概与皇帝在沈括面前说过苏东坡的好话有关，沈括心中产生了一种默默的对比，不想让苏东坡的文化地位高于自己。另一种可能是他深知王安石与苏东坡政见不同，他投注投到了王安石一边。但王安石毕竟也是一个讲究人品的文化大师，重视过沈括，但最终却得出这是一个不可亲近的小人的结论。当然，在人格人品上的不可亲近，并不影响我们对沈括科学成就的肯定。

围攻者还有一些，我想举出这几个也就差不多了，苏东坡突然陷入困境的原因已经可以大致看清，我们也领略了一组有可能超越时空的“文化群小”的典型。他们中的任何一个人要单独搞倒苏东坡都是很难的，但是在社会上没有一种强大的反诽谤、反诬陷机制的情况下，一个人探头探脑的冒险会很容易地招来一堆凑热闹的人，于是七嘴八舌地组合成一种伪舆论，结果连神宗皇帝也对苏东坡疑惑起来，下旨说查查清楚，而去查的正是李定这些人。

苏东坡开始很不在意。有人偷偷告诉他，他的诗被检举揭发了，他先是一怔，后来还潇洒、幽默地说：“今后我的诗不愁皇帝看不到了。”但事态的发展却越来越不潇洒，1079 年 7 月 28 日，朝廷派人到湖州的州衙来逮捕苏东坡，苏东坡事先得知风声，立即不知所措。文人终究是文人，他完全不知道自己犯了什么罪，从气势汹汹的样子看，估计会处死，他害怕了，躲在后屋里不敢出来，朋友说躲着不是办法，人家已在前面等着了，要躲也躲不过。正要出来他又犹豫了，出来该穿什么服装呢？已经犯了罪，还能穿官服吗？朋友说，什么罪还不知道，还是穿官服吧。苏东坡终于穿着官服出来了，朝廷派来的差官装模作样地半天不说话，故意要演一个压得人气都透不过来的场面出来。苏东坡越来越慌张，说："我大概把朝廷惹恼了，看来总得死，请允许我回家与家人告别。"差官说"还不至于这样"，便叫两个差人用绳子捆扎了苏东坡，像驱赶鸡犬一样上路了。家人赶来，号啕大哭，湖州城的市民也在路边流泪。

长途押解，犹如一路示众，可惜当时几乎没有什么传播媒介，沿途百姓不认识这就是苏东坡。贫瘠①而愚昧的国土上，绳子捆扎着一个世界级的伟大诗人，一步步行进。苏东坡在示众，整个民族在丢人。

全部遭遇还不知道半点起因，苏东坡只怕株连亲朋好友，在途经太湖和长江时都想投水自杀，由于看守严密而未成。当然也很可能成，那么，江湖淹没的将是一大截特别明丽的中华文明。文明的脆弱性就在这里，一步之差就会全盘改易，而把文明的代表者逼到这一步之境地的则是一群小人。一群小人能做成如此大事，只能归功于中国的独特国情。

小人牵着大师，大师牵着历史。小人顺手把绳索重重一抖，于是大师和历史全都成了罪孽的化身。一部中国文化史，有很长时间一直捆押在被告席上，而法官和原告大多是一群群挤眉弄眼的小人。

究竟是什么罪？审起来看！

怎么审？打！

一位官员曾关在同一监狱里，与苏东坡的牢房只有一墙之隔，他写诗道：

遥怜北户吴兴守，
诟辱通宵不忍闻。

通宵侮辱、摧残到了其他犯人也听不下去的地步，而侮辱、摧残的对象竟然就是苏东坡！

请允许我在这里把笔停一下。我相信一切文化良知都会在这里颤栗。中国几千年间有几个像苏东坡那样可爱、高贵而有魅力的人呢？但可爱、高贵、魅力之类往往既构不成社会号召力也构不成自我卫护力，真正厉害的是邪恶、低贱、粗暴，它们几乎战无不胜、攻无不克、所向无敌。现在，苏东坡被它们抓在手里搓捏着，越是可爱、高贵、有魅力，搓捏得越起劲。温和柔雅如林间清风、深谷白云的大文豪面对这彻底陌生的语言系统和行为系统，不可能作任何像样的辩驳，他一定变得非常笨拙，无法调动起码的言语，无法完成简单的逻辑。他在牢房里的应对，绝对比不过一个普通的盗贼。因此审问者们愤怒了也高兴了，原来这么个大名人竟是草包一个，你平日的滔滔文辞被狗吃掉了？看你这副熊样还能写诗作词？纯粹是抄人家的吧？接着就是轮番扑打，诗人用纯银般的嗓子哀号着，哀号到嘶哑。这本是一个只需要哀号的地方，你写那么美丽的诗就已荒唐透顶了，还不该打？打，打得你淡妆浓抹，打得你乘风归去，打得你密州出猎！

开始，苏东坡还试图拿点儿正常逻辑顶几句嘴，审问者咬定他的诗里有讥讽朝廷的意思，他说："我不敢有此心，不知什么人有此心，造出这种意思来。"一切诬陷者都喜欢把自己打扮成某种"险恶用心"的发现者，苏东坡指出，他们不是发现者而是制造者。那也就是说，诬陷者所推断出来的"险恶用心"，可以看作是他们自己的内心，因此应该由他们自己来承担。我想一切遭受诬陷的人都会或迟或早想到这个简单的道理，如果这个道理能在中国普及，诬陷的事情一定会大大减少。但是，在牢房里，苏东坡的这一思路招来了更凶猛的侮辱和折磨，当诬

---

① 贫瘠（jí）：土地不肥沃。

陷者和办案人完全合成一体、串成一气时，只能这样。终于，苏东坡经受不住了，经受不住日复一日、通宵达旦的连续逼供，他想闭闭眼，喘口气，唯一的办法就是承认。于是，他以前的诗中有“道旁苦李”，是在说自己不被朝廷重视；诗中有“小人”字，是讽刺当朝大人；特别是苏东坡在杭州做太守时兴冲冲去看钱塘潮，回来写了咏弄潮儿的诗“吴儿生长狎涛渊”，据说竟是在影射皇帝兴修水利！这种大胆联想，连苏东坡这位浪漫诗人都觉得实在不容易跳跃过去，因此在承认时还不容易“一步到位”，审问者有本事耗时间一点点逼过去。案卷记录上经常出现的句子是：“逐次隐讳，不说情实，再勘方招。”苏东坡全招了，同时他也就知道必死无疑了。试想，把皇帝说成“吴儿”，把兴修水利说成玩水，而且在看钱塘潮时竟一心想着写反诗，那还能活？

他一心想着死。他觉得连累了家人，对不起老妻，又特别想念弟弟。他请一位善良的狱卒带了两首诗给苏辙，其中有这样的句子：“是处青山可埋骨，他时夜雨独伤神。与君世世为兄弟，又结来生未了因。”埋骨的地点，他希望是杭州西湖。

不是别的，是诗句，把他推上了死路。我不知道那些天他在铁窗里是否抱怨甚至痛恨诗文。没想到，就在这时，隐隐约约地，一种散落四处的文化良知开始汇集起来了，他的诗文竟然在这危难时分产生了正面回应，他的读者们慢慢抬起了头，要说几句对得起自己内心的话了。很多人不敢说，但毕竟还有勇敢者；他的朋友大多躲避，但毕竟还有侠义人。

杭州的父老百姓想起他在当地做官时的种种美好行迹，在他入狱后公开做了解厄道场，求告神明保佑他；狱卒梁成知道他是大文豪，在审问人员离开时尽力照顾生活，连每天晚上的洗脚热水都准备了；他在朝中的朋友范镇、张方平不怕受到牵连，写信给皇帝，说他在文学上“实天下之奇才”，希望宽大；他的政敌王安石的弟弟王安礼也仗义执言，对皇帝说：“自古大度之君，不以言语罪人”，如果严厉处罚了苏东坡，“恐后世谓陛下不能容才”。最有趣的是那位我们上文提到过的太皇太后，她病得奄奄一息，神宗皇帝想大赦犯人来为她求寿，她竟说：“用不着去赦免①天下的凶犯，放了苏东坡一人就够了！”最直截了当的是当朝左相吴充，有次他与皇帝谈起曹操，皇帝对曹操评价不高，吴充立即接口说：“曹操猜忌心那么重还容得下祢衡，陛下怎么容不下一个苏东坡呢？”

对这些人，不管是狱卒还是太后，我们都要深深感谢。他们比研究者们更懂得苏东坡的价值，就连那盆洗脚水也充满了文化的热度。

据王巩《甲申杂记》记载，那个带头诬陷、调查、审问苏东坡的李定，整日得意洋洋，有一天与满朝官员一起在崇政殿的殿门外等候早朝时向大家叙述审问苏东坡的情况，他说：“苏东坡真是奇才，一二十年前的诗文，审问起来都记得清清楚楚！”他以为，对这么一个轰传朝野的著名大案，一定会有不少官员感兴趣，但奇怪的是，他说了这番引逗别人提问的话之后，没有一个人搭腔，没有一个人提问，崇政殿外一片静默。他有点慌神，故作感慨状，叹息几声，回应他的仍是一片静默。这静默算不得抗争，也算不得舆论，但着实透着点儿高贵。相比之下，历来许多诬陷者周围常常会出现一些不负责任的热闹，以嘈杂助长了诬陷。

就在这种情势下，皇帝释放了苏东坡，贬谪黄州。黄州对苏东坡的重要性，不言而喻。

三

我非常喜欢读林语堂先生的《苏东坡传》，前后读过多少遍都记不清了，但每次总觉得语堂先生把苏东坡在黄州的境遇和心态写得太理想了。语堂先生酷爱苏东坡的黄州诗文，因此由

---

① 赦（shè）免：免除刑罚。

诗文渲染开去，由酷爱渲染开去，渲染得通体风雅、圣洁。其实，就我所知，苏东坡在黄州还是很凄苦的，优美的诗文，是对凄苦的挣扎和超越。

苏东坡在黄州的生活状态，已被他自己写给李端叔的一封信描述得非常清楚。信中说：

得罪以来，深自闭塞，扁舟草履，放浪山水间，与樵渔杂处，往往为醉人所推骂，辄自喜渐不为人识。平生亲友，无一字见及，有书与之亦不答，自幸庶几免矣。

我初读这段话时十分震动，因为谁都知道苏东坡这个乐呵呵的大名人是有很多很多朋友的。日复一日的应酬，连篇累牍①的唱和，几乎成了他生活的基本内容，他一半是为朋友们活着。但是，一旦出事，朋友们不仅不来信，而且也不回信了。他们都知道苏东坡是被冤屈的，现在事情大体已经过去，却仍然不愿意写一两句哪怕是问候起居的安慰话。苏东坡那一封封用美妙绝伦、光照中国书法史的笔墨写成的信，千辛万苦地从黄州带出去，却换不回一丁点儿友谊的信息。我相信这些朋友都不是坏人，但正因为不是坏人，更让我深长地叹息。总而言之，原来的世界已在身边轰然消失，于是一代名人也就混迹于樵夫渔民间不被人认识。本来这很可能换来轻松，但他又觉得远处仍有无数双眼睛注视着自己，他暂时还感觉不到这个世界对自己的诗文仍有极温暖的回应，只能在寂寞中惶恐。即便这封无关宏旨的信，他也特别注明不要给别人看。日常生活，在家人接来之前，大多是白天睡觉，晚上一个人出去溜达，见到淡淡的土酒也喝一杯，但绝不喝多，怕醉后失言。

他真的害怕了吗？也是也不是。他怕的是麻烦，而绝不怕大义凛然地为道义、为百姓，甚至为朝廷、为皇帝捐躯。他经过“乌台诗案”已经明白，一个人蒙受了诬陷即便是死也死不出一个道理来，你找不到慷慨陈词的目标，你抓不住从容赴死的理由。你想做个义无反顾的英雄，不知怎么一来把你打扮成了小丑；你想做个坚贞不屈的烈士，闹来闹去却成了一个深深忏悔的俘虏。无法洗刷，无处辩解，更不知如何来提出自己的抗议，发表自己的宣言。这确实很接近有的学者提出的“酱缸文化”，一旦跳在里边，怎么也抹不干净。苏东坡怕的是这个，没有哪个高品位的文化人会不怕。但他的内心实在仍有无畏的一面，或者说灾难使他更无畏了。他给李常的信中说：

吾侪虽老且穷，而道理贯心肝，忠义填骨髓，直须谈笑于死生之际。……虽怀坎壈于时，遇事有可尊主泽民者，便忘躯为之，祸福得丧，付与造物。

这么真诚的勇敢，这么洒脱的情怀，出自天真了大半辈子的苏东坡笔下，是完全可以相信的，但是，让他在何处做这篇人生道义的大文章呢？没有地方，没有机会，没有观看者也没有裁决者，只有一个把是非曲直忠奸善恶染成一色的大酱缸。于是，苏东坡刚刚写了上面这几句，支颐一想，又立即加一句：此信看后烧毁。

这是一种真正精神上的孤独无告，对于一个文化人，没有比这更痛苦的了。那阙著名的《卜算子》，用极美的意境道尽了这种精神遭遇：

缺月挂疏桐，漏断人初静。谁见幽人独往来？缥缈孤鸿影。

惊起却回头，有恨无人省。拣尽寒枝不肯栖，寂寞沙洲冷。

正是这种难言的孤独，使他彻底洗去了人生的喧闹，去寻找无言的山水，去寻找远逝的古人。在无法对话的地方寻找对话，于是对话也一定会变得异乎寻常。像苏东坡这样的灵魂竟然寂然无声，那么，迟早总会突然冒出一种宏大的奇迹，让这个世界大吃一惊。

然而，现在他即便写诗作文，也不会追求社会轰动了。他在寂寞中反省过去，觉得自己以

---

① 连篇累牍（dú）：一篇接一篇的文字。形容篇幅多，文章长。牍，古代写字用的木版。

前最大的毛病是才华外露，缺少自知之明。一段树木靠着瘿瘤取悦于人，一块石头靠着晕纹取悦于人，其实能拿来取悦于人的地方恰恰正是它们的毛病所在，它们的正当用途绝不在这里。我苏东坡三十余年来想博得别人叫好的地方也大多是我的弱项所在，例如从小为考科举学写政论、策论，后来更是津津乐道于考论历史是非、直言陈谏曲直，做了官以为自己真的很懂得这一套了，洋洋自得地炫耀，其实我又何尝懂呢？直到一下子面临死亡才知道，我是在炫耀无知。三十多年来最大的弊病就在这里。现在终于明白了，到黄州的我是觉悟了的我，与以前的苏东坡是两个人。（参见李端叔书）

苏东坡的这种自省，不是一种走向乖巧的心理调整，而是一种极其诚恳的自我剖析，目的是想找回一个真正的自己。他在无情地剥除自己身上每一点异己的成分，哪怕这些成分曾为他带来过官职、荣誉和名声。他渐渐回归于清纯和空灵，在这一过程中，佛教帮了他大忙，使他习惯于淡泊和静定。艰苦的物质生活，又使他不得不亲自垦荒种地，体味着自然和生命的原始意味。

这一切，使苏东坡经历了一次整体意义上的脱胎换骨[①]，也使他的艺术才情获得了一次蒸馏和升华，他，真正地成熟了——与古往今来许多大家一样，成熟于一场灾难之后，成熟于灭寂后的再生，成熟于穷乡僻壤，成熟于几乎没有人在他身边的时刻。幸好，他还不年老，他在黄州期间，是四十四岁至四十八岁，对一个男人来说，正是最重要的年月，今后还大有可为。中国历史上，许多人觉悟在过于苍老的暮年，换言之，刚要享用成熟所带来的恩惠，脚步却已踉跄[②]蹒跚；与他们相比，苏东坡真是好命。

成熟是一种明亮而不刺眼的光辉，一种圆润而不腻耳的音响，一种不再需要对别人察言观色的从容，一种终于停止向周围申诉求告的大气，一种不理会哄闹的微笑，一种洗刷了偏激的淡漠，一种无须声张的厚实，一种并不陡峭的高度。勃郁的豪情发过了酵，尖利的山风收住了劲，湍急的细流汇成了湖，结果——

引导千古杰作的前奏已经鸣响，一道神秘的天光射向黄州，《念奴娇·赤壁怀古》和前后《赤壁赋》马上就要产生。

课文延伸

沁园春·赴密州早行，马上寄子由

苏　轼

孤馆灯青，野店鸡号，旅枕梦残。渐月华收练，晨霜耿耿，云山摛锦，朝露漙漙。世路无穷，劳生有限，似此区区长鲜欢。微吟罢，凭征鞍无语，往事千端。

当时共客长安，似二陆初来俱少年。有笔头千字，胸中万卷，致君尧舜，此事何难。用舍由时，行藏在我，袖手何妨闲处看。身长健，但优游卒岁，且斗尊前。

谈《文化苦旅》

《文化苦旅》这书名，含义十分深刻。表面的意思，当然就是作者浪迹天涯，一站又一站地走访“人文山水”，行行止止，风尘仆仆，劳苦了四肢筋骨，也有了不少苦涩的感想，故谓之“文化苦旅”。然而，这书名所隐含的深一层的意义，才是更重要的。这含义的深意，可分两方面来讲：一是观照个体的生命，一是观照中国文化的生命。就前者解，作者

---

① 脱胎换骨：比喻彻底改变自己过去的思想，重新做人。

② 踉跄（liàng qiàng）：走路不稳。

（一个现代中国文人的代表）的这一旅程，是他本人对于人类的生命，以及文化走向的问题，由困惑而至感悟的心路历程；这历程相当辛苦，故谓之“文化苦旅”。就后者解，这辛苦的旅程，不再是作者的旅程，而是中国文化的旅程。我们中国文化，在时间的长途中，已跋涉了数千年的路，其间所见证的天灾人祸，沧海桑田，岂是言语所能说尽！而数千年所累积下来的旅行包袱，变得如此沉重难荷，今后还走得下去吗？……这是何等艰苦的旅程啊！故谓之“文化苦旅”。（欧阳子《困惑到感悟的历程》，选自《感觉余秋雨》，复旦大学出版社1996年版）

资料链接

1. 苏东坡诗词中的人生体验：http://www.iqiyi.com/edu/20130422/886df280dd9217b0.html
2. 纪录片《天地一文人苏东坡》：http://www.360doc.com/content/12/1103/15/276037_245483863.shtml
3. 电视剧《苏东坡》：http://www.pptv.com/page/442.html?set_id=10041848

思考与讨论

一、文中有一段话：“长途押解，犹如一路示众，可惜当时几乎没有什么传播媒介，沿途百姓不认识这就是苏东坡。贫瘠而愚昧的国土上，绳子捆扎着一个世界级的诗人，一步步行进。苏东坡在示众，整个民族在丢人。”这段文字表现了作者对中国文化怎样的态度？

二、余秋雨的散文有“文化散文”之称，这篇散文主要就苏东坡被诬陷、遭贬谪的一段史实抒发情感，发表议论，以此篇为例，谈谈余秋雨的文化散文与传统的散文有什么不同。

三、突围在苏东坡生命中具有怎样的重要意义？

四、阅读下面的段落，结合全文谈谈你对文中所说“成熟”的理解。

成熟是一种明亮而不刺眼的光辉，一种圆润而不腻耳的音响，一种不再需要对别人察言观色的从容，一种终于停止向周围申诉求告的大气，一种不理会哄闹的微笑，一种洗刷了偏激的淡漠，一种无须声张的厚实，一种并不陡峭的高度。

31　把栏杆拍遍[①]

梁　衡

梁衡（1946—），山西霍州人，1968年毕业于中国人民大学。著名的新闻理论家、散文家、科普作家和政论家。历任《内蒙古日报》记者、《光明日报》记者、国家新闻出版总署副署长。现任《人民日报》副总编辑、中国人民大学新闻学院博士生导师、中国作家协会全委会委员等职。曾荣获全国青年文学奖、赵树理文学奖、全国优秀科普作品奖和中宣部“五个一”工程奖等多种荣誉称号。他的主要作品有科学史章回小说《数理化通俗演义》；新闻三部曲《没有新闻的角落》《新闻绿叶的脉络》《新闻原理的思考》，散文集有《夏感与秋思》《只求新去处》《红色经典》《名山大川感思录》《人杰鬼雄》《人人皆可为国王》等；学术论文集有

---

① 本文选自2000年6月2日《文汇报》。“把栏杆拍遍”语出辛弃疾的《水龙吟》，宋代王辟之在《渑水燕谈录》中记载，一个“与世相龃龉”的刘孟节，他常常凭栏静立，怀想世事，唏嘘独语，或以手拍栏杆。尝有诗曰：“读书误我四十年，几回醉把栏杆拍。”所以，“栏杆拍遍”往往表示借拍打栏杆来发泄心中说不出来的抑郁苦闷之气。作者认为为辛弃疾造像，最贴切的题目就是“把栏杆拍遍”。

《为文之道》《壶口瀑布》《梁衡理科文集》《继承与超越》《走近政治》《梁衡文集》九卷。有《晋祠》《夏感》《觅渡、觅渡、渡何处?》《跨越百年的美丽》《把栏杆拍遍》等多篇散文入选中学、大学语文课本。曾荣获全国青年文学奖、赵树理文学奖、全国优秀科普作品奖和中宣部“五个一”工程奖等多种荣誉称号。

《把栏杆拍遍》是一篇解读深刻，感情真挚，语言隽永的佳作。其凭借渊博的学识，惊人的智慧，独到的视角，对辛弃疾进行了如此独特而又耐人品味的解读，让人欣赏，让人敬佩。

中国历史上由行伍①出身，以武起事，而最终以文为业，成为大诗词作家的只有一人，这就是辛弃疾。这也注定了他的词及他这个人在文人中的唯一性和在历史上的独特地位。

在我看到的资料里，辛弃疾至少是快刀利剑地杀过几次人的。他天生孔武高大，从小苦修剑法。他又生于金宋乱世，不满金人的侵略蹂躏，22 岁时他就拉起了一支数千人的义军，后又与耿京为首的义军合并，并兼任书记长，掌管印信。一次义军中出了叛徒，将印信偷走，准备投金。辛弃疾手提利剑单人独马追贼两日，第三天提回一颗人头。为了光复大业，他又说服耿京南归，南下临安亲自联络。不想就这几天之内又变生肘腋②，当他完成任务返回时，部将叛变，耿京被杀。辛大怒，跃马横刀，只率数骑突入敌营生擒叛将，又奔突千里，将其押解至临安正法，并率万人南下归宋。说来，他干这场壮举时还只是一个英雄少年，正血气方刚，欲为朝廷痛杀贼寇，收复失地。

但世上的事并不能心想事成。南归之后，他手里立即失去了钢刀利剑，就只剩下一支羊毫软笔，他也再没有机会奔走沙场，血溅战袍，而只能笔走龙蛇③，泪洒宣纸，为历史留下一声声悲壮的呼喊、遗憾的叹息和无奈的自嘲。

应该说，辛弃疾的词不是用笔写成，而是用刀和剑刻成的。他是以一个沙场英雄和爱国将军的形象留存在历史上和自己的诗词中。时隔千年，当今天我们重读他的作品时，仍感到一种凛然杀气和磅礴之势。比如这首著名的《破阵子》:

醉里挑灯看剑，梦回吹角连营。八百里分麾下炙，五十弦翻塞外声，沙场秋点兵。

马作的卢飞快，弓如霹雳弦惊。了却君王天下事，赢得生前身后名。可怜白发生!

我敢大胆说一句，这首词除了武圣岳飞的《满江红》可与之媲美④外，在中国上下五千年的文人堆里，再难找出第二首这样有金戈之声的力作。虽然杜甫也写过:“射人先射马，擒贼先擒王”，军旅诗人卢纶也写过:“欲将轻骑逐，大雪满弓刀”。但这些都是旁观式的想象、抒发和描述，哪一个诗人曾有他这样亲身在刀刃剑尖上滚过来的经历?“列舰层楼”、“投鞭飞渡”、“剑指三秦”、“西风塞马”，他的诗词简直是一部军事辞典。他本来是以身许国，准备血洒大漠，马革裹尸的。但是南渡后他被迫脱离战场，再无用武之地。像屈原那样仰问苍天，像共工那样怒撞不周，他临江水，望长安，登危楼，拍栏杆，只能热泪横流。

楚天千里清秋，水随天去秋无际。遥岑远目，献愁供恨，玉簪螺髻。落日楼头，断鸿声里，江南游子。把吴钩看了，栏杆拍遍，无人会，登临意。(《水龙吟》)

谁能懂得他这个游子，实际上是亡国浪子的悲愤之心呢?这是他登临建康城赏心亭时所作。此亭遥对古秦淮河，是历代文人墨客赏心雅兴之所，但辛弃疾在这里发出的却是一声悲怆

---

① 行伍：泛指军队。古时兵制，五人为伍，二十五人为行。
② 肘腋：胳膊肘和胳肢窝，比喻极近的地方。
③ 笔走龙蛇：形容书法风格洒脱，也指书写速度很快。
④ 媲（pì）美：美好的程度可以相比；比美。

的呼喊。他痛拍栏杆时一定想起过当年的拍刀催马，驰骋沙场，但今天空有一身力，一腔志，又能向何处使呢？我曾专门到南京寻找过这个辛公拍栏杆处，但人去楼毁，早已了无痕迹，唯有江水悠悠，似词人的长叹，东流不息。

辛词比其它文人更深一层的不同，是他的词不是用墨来写，而是蘸着血和泪涂抹而成的。我们今天读其词，总是清清楚楚地听到一个爱国臣子，一遍一遍地哭诉，一次一次地表白；总忘不了他那在夕阳中扶栏远眺、望眼欲穿的形象。

辛弃疾南归后为什么这样不为朝廷喜欢呢？他在一首《戒酒》的戏作中说："怨无大小，生于所爱；物无美恶，过则成灾。"这首小品正好刻画出他的政治苦闷。他因爱国而生怨，因尽职而招灾。他太爱国家、爱百姓、爱朝廷了。但是朝廷怕他，烦他，忌用他。他作为南宋臣民共生活了40年，倒有近20年的时间被闲置一旁，而在断断续续被使用的20多年间又有37次频繁调动。但是，每当他得到一次效力的机会，就特别认真，特别执着地去工作。本来有碗饭吃便不该再多事，可是那颗炽热的爱国心烧得他浑身发热。40年间无论在何地何时任何职，甚至赋闲[①]期间，他都不停地上书，不停地唠叨，一有机会还要真抓实干，练兵、筹款，整饬[②]政务，时刻摆出一副要冲上前线的样子。你想这能不让主和苟安的朝廷心烦？他任湖南安抚使，这本是一个地方行政长官，他却在任上创办了一支2500人的"飞虎军"，铁甲烈马，威风凛凛，雄镇江南。建军之初，造营房，恰逢连日阴雨，无法烧制屋瓦。他就令长沙市民，每户送瓦20片，立付现银，两日内便全部筹足。其施政的干练作风可见一斑。后来他到福建任地方官，又在那里招兵买马。闽南与漠北相隔何远，但还是隔不断他的忧民情、复国志。他这个书生，这个工作狂，实在太过了，"过则成灾"，终于惹来了许多的诽谤，甚至说他独裁、犯上。皇帝对他也就时用时弃。国有危难时招来用几天；朝有谤言，又弃而闲几年，这就是他的基本生活节奏，也是他一生最大的悲剧。别看他饱读诗书，在词中到处用典，甚至被后人讥为"掉书袋[③]"。但他至死，也没有弄懂南宋小朝廷为什么只图苟安而不愿去收复失地。

辛弃疾名弃疾，但他那从小使枪舞剑、壮如铁塔的五尺身躯，何尝有什么疾病？他只有一块心病，金瓯[④]缺，月未圆，山河碎，心不安。

郁孤台下清江水，中间多少行人泪。西北望长安，可怜无数山。青山遮不住，毕竟东流去。江晚正愁予，山深闻鹧鸪。(《菩萨蛮》)

这是我们在中学课本里就读过的那首著名的《菩萨蛮》。他得的是心郁之病啊。他甚至自嘲自己的姓氏：

烈日秋霜，忠肝义胆，千载家谱。得姓何年，细参辛字，一笑君听取。艰辛做就，悲辛滋味，总是酸辛苦。更十分，向人辛辣，椒桂捣残堪吐。世间应有，芳甘浓美，不到吾家门户。(《永遇乐》)

你看"艰辛"、"酸辛"、"悲辛"、"辛辣"，真是五内俱焚。世上许多甜美之事，顺达之志，怎么总轮不到他呢？他要不就是被闲置，要不就是走马灯似的被调动。1179年，他从湖北调湖南，同僚为他送行时他心情难平，终于以极委婉的口气叹出了自己政治的失意。这便是那首著名的《摸鱼儿》：

---

① 赋闲：晋代潘岳辞官居家，作《闲居赋》。后来就把没有职业在家闲住叫赋闲。

② 整饬（chì）：整顿。

③ 掉书袋：比喻说话、写文章爱引用古书词句，以显示有学问。

④ 金瓯（ōu）：本意指一种盛酒器。后比喻疆土完固，这里用以指国土。《南史·朱异传》："我国家犹若金瓯，无一伤缺。"

更能消几番风雨，匆匆春又归去。惜春长怕花开早，何况落红无数。春且住，见说道，天涯芳草无归路。怨春不语。算只有殷勤，画檐蛛网，尽日惹飞絮。

长门事，准拟佳期又误。蛾眉曾有人妒。千金纵买相如赋，脉脉此情谁诉？君莫舞，君不见，玉环飞燕皆尘土。闲愁最苦。休去倚危栏，斜阳正在，烟柳断肠处。

据说宋孝宗看到这首词后很不高兴。梁启超评曰："回肠荡气，至于此极，前无古人，后无来者。""长门事"，是指汉武帝的陈皇后遭忌被打入长门宫里。辛以此典相比，一片忠心、痴情和着那许多辛酸、辛苦、辛辣，真是打翻了五味坛子。今天我们读时，每一个字都让人一惊，直让你觉得就是一滴血，或者是一行泪。确实，古来文人的惜春之作，多得可以堆成一座纸山。但有哪一首，能这样委婉而又悲愤地将春色化入政治，诠释政治呢？美人相思也是旧文人写滥了的题材，有哪一首能这样深刻贴切地寓意国事，评论正邪，抒发忧愤呢？

但是南宋朝廷毕竟是将他闲置了 20 年。20 年的时间让他脱离政界，只许旁观，不得插手，也不得插嘴。辛在他的词中自我解嘲道："君恩重，且教种芙蓉！"这有点像宋仁宗说柳永[①]："且去浅斟低唱[②]，何要浮名？"柳永倒是真的去浅斟低唱了，结果唱出一个纯粹的词人艺术家。辛与柳不同，你想，他是一个大碗喝酒，大块吃肉，痛拍栏杆，大声议政的人。报国无门，他便到赣南修了一座带湖别墅，咀嚼自己的寂寞。

带湖吾甚爱，千丈翠奁开。先生杖履无事，一日走千回。凡我同盟鸥鹭，今日既盟之后，来往莫相猜。白鹤在何处？尝试与谐来。

破青萍，排翠藻，立苍苔。窥鱼笑汝痴计，不解举吾杯。废沼荒丘畴昔，明月清风此夜，人世几欢哀？东岸绿荫少，杨柳更须栽。（《水调歌头》）

这回可真的应了他的号："稼轩"，要回乡种地了。一个正当壮年又阅历丰富、胸怀大志的政治家，却每天在山坡和水边踱步，与百姓聊一聊农桑收成之类的闲话，再对着飞鸟游鱼自言自语一番，真是"闲愁最苦""脉脉此情谁诉"？

说到辛弃疾的笔力多深，是刀刻也罢，血写也罢，其实他的追求从来不是要作一个词人。郭沫若说陈毅："将军本色是诗人"，辛弃疾这个人，词人本色是武人，武人本色是政人。他的词是在政治的大磨盘间磨出来的豆浆汁液。他由武而文，又由文而政，始终在出世与入世间矛盾，在被用或被弃中受煎熬。作为封建知识分子，对待政治，他不像陶渊明那样浅尝辄止[③]，便再不染政；也不像白居易那样长期在任，亦政亦文。对国家民族他有一颗放不下、关不住、比天大、比火热的心；他有一身早炼就、憋不住、使不完的劲。他不计较"五斗米折腰"，也不怕谗言倾盆。所以随时局起伏，他就大忙大闲，大起大落，大进大退。稍有政绩，便招谤而被弃；国有危难，便又被招而任用。他亲自组练过军队，上书过《美芹十论》这样著名的治国方略。他是贾谊、诸葛亮、范仲淹一类的时刻忧心如焚的政治家。他像一块铁，时而被烧红锤打，时而又被扔到冷水中淬火。有人说他是豪放派，继承了苏东坡，但苏的豪放仅止于"大江东去"，山水之阔。苏正当北宋太平盛世，还没有民族仇、复国志来炼其词魂，也没有胡尘飞、金戈鸣来壮其词威。真正的诗人只有被政治大事（包括社会、民族、军事等矛盾）所挤压、扭曲、拧绞、烧炼、锤打时才可能得到合乎历史潮流的感悟，才可能成为正义的化身。诗歌，也

---

① 柳永：北宋著名词人。原名三变，字耆卿，排行第七，崇安（今福建）人。官屯田员外郎。世称柳七、柳屯田。其为人放荡不羁，终生潦倒。其词多描绘城市风光和歌妓生活，尤长于抒写羁旅行役之情。所创慢词较多，对词的发展有较大影响。

② 浅斟低唱：微微地喝酒，小声地吟唱。

③ 浅尝辄止：微微品味一下就停止。比喻只有表面的兴趣或喜好而不往深处研究。

只有在政治之风的鼓荡下，才能飞翔，才能燃烧，才能炸响，才能振聋发聩[1]。学诗功夫在诗外，诗歌之效在诗外。我们承认艺术本身的魅力，更承认艺术加上思想的爆发力。有人说辛词其实也是婉约派，多情细腻处不亚于柳永、李清照。

近来愁似天来大，谁解相怜？谁解相怜？又把愁来做个天。

都将今古无穷事，放在愁边。放在愁边，却自移家向酒泉。（《丑奴儿》）

少年不识愁滋味，爱上层楼。爱上层楼，为赋新词强说愁。

而今识尽愁滋味，欲说还休。欲说还休，却道天凉好个秋。（《丑奴儿》）

柳李的多情多愁仅止于“执手相看泪眼”“梧桐更兼细雨”，而辛词中的婉约言愁之笔，于淡淡的艺术美感中，却含有深沉的政治与生活哲理。真正的诗人，最善以常人之心言大情大理，能于无声处炸响惊雷。

我常想，要是为辛弃疾造像，最贴切的题目就是“把栏杆拍遍”。他一生大都是在被抛弃的感叹与无奈中度过的。当权者不使为官，却为他准备了锤炼思想和艺术的反面环境。他被九蒸九晒，水煮油炸，千锤百炼。历史的风云，民族的仇恨，正与邪的搏击，爱与恨的纠缠，知识的积累，感情的浇铸，艺术的升华，文字的锤打，这一切都在他的胸中、他的脑海，翻腾、激荡，如地壳内岩浆的滚动鼓胀，冲击积聚。既然这股能量一不能化作刀枪之力，二不能化作施政之策，便只有一股脑地注入诗词，化作诗词。他并不想当词人，但武途政路不通，历史歪打正着地把他逼向了词人之道。终于他被修炼得连叹一口气，也是一首好词了。说到底，才能和思想是一个人的立身之本。像石缝里的一棵小树，虽然被扭曲、挤压，成不了旗杆，却也可成一条遒劲[2]的龙头拐杖，别是一种价值。但这前提，你必须是一棵树，而不是一棵草。从“沙场秋点兵”到“天凉好个秋”；从决心为国弃疾去病，到最后掰开嚼碎，识得辛字含义，再到自号“稼轩”，同盟鸥鹭，辛弃疾走过了一个爱国志士、爱国诗人的成熟过程。诗，是随便什么人就可以写的吗？诗人，能在历史上留下名的诗人，是随便什么人都可以当的吗？“一将成名万骨枯”，一员武将的故事，还要多少持刀舞剑者的鲜血才能写成。那么，有思想光芒而又有艺术魅力的诗人呢？他的成名，要有时代的运动，像地球大板块的冲撞那样，他时而被夹其间感受折磨，时而又被甩在一旁被迫冷静思考。所以积300年北宋南宋之动荡，才产生了一个辛弃疾。

课文延伸

2004年梁衡在大学生文化读本《爱国的理由》中写道：“爱国，永远是一个民族、一个国家存在的支柱，也是做人的起码标准。”梁衡认为只有能触发国家、民族和全体民众共有的大情大理，才是文学的灵魂。

满 江 红

岳 飞

怒发冲冠，凭栏处，潇潇雨歇。抬望眼，仰天长啸，壮怀激烈。三十功名尘与土，八千里路云和月。莫等闲、白了少年头，空悲切。

靖康耻，犹未雪。臣子恨，何时灭？驾长车，踏破贺兰山缺。壮志饥餐胡虏肉，笑谈渴饮匈奴血。待从头，收拾旧山河，朝天阙。

---

① 振聋发聩：聩，耳聋。比喻唤醒糊涂麻木的人。

② 遒劲（qiú jìng）：强劲有力；刚健有力。多指书画的运笔。

追求一个境界

——谈梁衡的散文

季羡林

最近几年，我在几篇谈散文的文章中，提出了一个看法：在中国散文坛上有两个流派。一个流派主张（或许是大声地主张），散文之妙就在一个“散”字上，信笔写来，松松散散，随随便便，用不着讲什么结构，什么布局，我姑且称此派为“松散派”。另一个是正相反，他们的写作讲究谋篇布局，炼字断句，我借用杜甫的一句话：“意匠惨淡经营中”，称此派为“经营派”，都是杜撰的名词。我还指出，在中国的文学史上，散文大家的传世名篇无一不是惨淡经营的结果。

我窃附于“经营派”。我认为，梁衡也属于“经营派”，而且他的“经营”无论思想内容还是艺术表现都非同寻常。即以他的写人物的散文来说，一般都认为，写人物能写到形似，已属不易，而能写到神似者则不啻为上乘。可是梁衡却不以神似为满足，他追求一种更高的水平，异常执著地追求。但是他追求什么呢？我想了好久，也想不出一个恰当的名词。我曾想用“境地”，觉得不够。又曾想用“意境”，也觉得不够。也曾想用“意韵”、“韵味”等等，都觉得不够。想来想去，我突然想到王国维的“境界”，自认得之矣。“境界说”是王国维论词的新发明，《人间词话》有很多地方讲到“境界”：

词以境界为最上。有境界则自称高格，自有名句。

境非独谓景物也，喜怒哀乐亦人心中之一境界。故能写真景物、真感情者谓之有境界，否则为之谓无境界。

“境界”，同“性灵”、“神韵”等一些文艺理论名词一样，是有一定的模糊性的，颇难以严格界定其涵义，但是统而观之，我们是能够理解的。这是一个富有启迪性、暗示性、涵盖性的名词，上举《人间词话》最后几句话可以给我们一些启迪。现在从梁衡散文中举出一个例子来。他的名作《觅渡，觅渡，渡何处?》是写瞿秋白的。瞿秋白这个人才华横溢，性格中和行动中有不少矛盾，梁衡想写这样一个人，构思了六年，三访瞿秋白纪念馆，迟迟不敢下笔。他忽然抓住了“觅渡”这个概念，于是境界立出，运笔如风，写成了这篇名作。

梁衡是一位肯动脑，肯刻苦，又满怀忧国之情的人。他到我这里来聊天，无论谈历史、谈现实，最后都离不开对国家、民族的忧心。难得他总能将这一种政治抱负，化作美好的文学意境。在并世散文家中，能追求、肯追求这样一种境界的人，除梁衡以外，尚无第二人。

（选自 2004 年第 6 期《大地》）

资料链接

1. 赵晓岚《百家讲坛·金戈铁马辛弃疾》：http://tv.cntv.cn/videoset/C37772

2. 中国古代名人圣贤·一代词宗之辛弃疾：http://www.iqiyi.com/jilupian/20130416/9d5e6a21486d0ffa.html

3. 祝克非品读辛弃疾《摸鱼儿》：http://www.iqiyi.com/w_19rrabu8s5.html

思考与讨论

一、作者把文章的题目拟为《把栏杆拍遍》的用意是什么？辛弃疾身世坎坷，却能永不失斗志，你从中得到怎样的启示？

二、文中提到中国的文人作品中，只有岳飞的《满江红》可与辛词《破阵子》相媲美，请背诵这两首词，体会它们在内容和写作方法上的异同。

三、找出文章中对比分析辛弃疾、苏轼、柳永以及李清照词作风格的句子，并用自己的语言概括他们各自的风格特征。

四、课外阅读梁衡的《乱世中的美神》，与本文比较艺术手法和人物形象的异同。

五、苏轼一生仕途坎坷，竟成文坛巨匠；辛弃疾出身行伍，却英雄无用武之地，最终以文为业，“苏辛”齐名；大凡成大事者必有包容一切之海量，不计得失之情怀。中国古人将胸襟宽窄表现出的言谈举止称之为“气象”或“格局”。请以“回眸历史，感悟人生——成大业者必有大格局”为主题发表自己的看法。

模块三

应用写作

应用文是人们在日常生活、学习、工作以及相互交往中经常使用的具有直接应用价值的文体，写作能力被列为新世纪人才需要具备的13种技能的第一位（以后依次是阅读、数学、科学等）。

我国人民自古就认识到“鼓天下之动者，存乎辞”（《易·系辞》），要想说服、鼓动天下人，就得借助于言辞文章。三国时期魏文帝曹丕在《典论·论文》中甚至说：“盖文章，经国之大业，不朽之盛事。”时至今日，美国著名的未来学家约翰·奈斯比特在《大趋势——改变我们生活的十个新方向》一书中指出：“在工业社会向信息社会过渡中，有五件‘最重要’的事情应该记住，而其中的一件就是：在这个文字密集的社会里，我们比以往任何时候都更需要具备最基本的读写技能。这里所说的‘读写技能’，首先就是足以应付日常工作和生活所需的写作能力，也就是应用写作能力。”我国著名教育家叶圣陶先生强调：“大学毕业生不一定得会写小说诗歌，但是一定要能写工作和生活中实用的文章，而且非写得既通顺又扎实不可。”

尽管办公现代化将彻底改变传统的工作模式，计算机将帮助人们解决大量的数据处理问题，使得办公效率得到前所未有的提高，但人们从事管理工作、互通信息、交流思想感情、协调行动、建立并不断调剂关系等，还是离不开应用文写作。应用文使用的广泛性，已经到了无所不在的程度。能否得心应手地撰写应用文，已成为衡量员工工作能力强弱的重要标准之一。能根据职业工作需要撰写相应的应用文已成为工薪雇员获得聘任与提升的“敲门砖”。

目前的高校大学生在高中学习阶段，因高考内容的局限而削弱乃至取消了应用文的学习，即使教学中有应用文的内容，也大都仅停留在写作格式与答题技巧的掌握上，这远不能适应其在生活、学习、工作中与人书面沟通交流的需要。为了适应今后的生存与可持续发展的需要，我们必须学好应用文书的写作。

写作是一种技能，技能的提高要靠实践。一要积极参加各种社会实践活动，在实践中明白何时、何地、何故、对何人该写何类文章。二要通过多读范文以作借鉴，能够把握要点，分辨优劣。三要根据情境多写多改，明确写作的目的和读者对象，根据对象推敲语言和语气，进而提升自己搜集材料、形成观点、把握格式、美化文面的能力。同时，要不断学习法律知识，与时俱进。应用文书写作受国家法律法规制约性极大，写作要始终以最新的法律法规的要求为依据。

年轻的朋友们，应用写作的学习也许不像文学作品那样有魅力，也许你一看就明白应该怎么做，只是“纸上得来终觉浅，绝知此事要躬行”。学习应用写作需要我们多些耐心、多些细心、多些用心、多些责任心，要学会自己的事情自己负责，自己的文稿自己把关，在把自己的文章拿给别人看之前，一定要做到先让自己满意。我们已经注意到，现在的社会能写的人比能说的人少得多，那就让我们提升自己的实用写作能力，为自己的成长与长远发展加上这一不可多得的助力吧！

项目一 汉字书写与文面常识

任务 1 汉字书写

一、为什么要重提汉字书写

作为中国文化符号最具代表性的汉字，是目前世界上存在最久的文字，同时还是世界上最美的文字。鲁迅先生曾这样高度概括汉字的美：意美以感心，音美以感耳，形美以感目。故汉字是完全不同于拼音文字的音形意三位一体的文字，也是世界上唯一可以成为一门艺术的文字。汉字不仅是一套用于交流和记载的符号体系，更承载着中华文明的文化内涵和深厚底蕴。自古以来，中国人对汉字就有着特殊的情结，把“横平竖直写字”与“堂堂正正做人”紧密相连，这在世界文化领域可谓独树一帜。中华文明之所以传承五千余年而不衰，方块汉字的文化凝聚力功不可没。

汉字书写一直是中国古代学府中的主要科目之一，是中国历代文人的精神栖息地。据《礼记》记载，早在西周时期，书写即为当时教学内容的“六艺”（礼、乐、射、御、书、数）之一；汉朝增设“书馆”；唐朝国子监有“六学”，书学亦列其中；从唐代开始，科举铨选人才即以“身、言、书、判”为标准，“楷法遒美”之“书”是铨选人才的重要标准之一；近代北洋政府的国民教育中也设有专门的习字课。

古语云：“字如心画”，字如其人。汉字书写是中国人最基本的素养，一般人的汉字书写虽然不能按书法家的标准来严格要求，但是总该给人起码的美感。1962 年 8 月郭沫若在为《人民教育》题词时就说：“培养中小学生写好字，不一定要人人都成为书法家，总要把字写得合乎规格，比较端正、干净，容易认。这样养成习惯有好处，能够使人细心，容易集中意志，善于体贴人。草草了事，粗枝大叶，独行专断，是容易误事的。”对于即将步入社会的大学生而言，字写得好、写得漂亮，有时候也会成为引起用人单位关注的重要条件之一。一些大学生不但字写得歪七扭八、难登大雅之堂，而且错别字连篇、字体潦草、难以辨认，简直与具有较高知识水准的专门人才的身份不符。

也许有人认为，现在已进入计算机汉字信息处理时代，文字信息的传输和存储都由计算机完成，未来的世界不再需要用笔在纸上忙碌了，笔和纸都无用了。从结绳记事到锲刻，从锲刻到毛笔，从毛笔到硬笔，从硬笔到现在的计算机，人们的书写方式经历了一次又一次变革，每一次变革，都使我们的书写变得更加方便实用，与我们的生活更相适应，这是社会进步的一种表现。但是我们应该清醒地认识到：汉字书写并不仅仅是实用，更是一个精神家园。使用计算机绝不能放弃书写，放弃书写就意味着放弃自己的语言文化，放弃“中华文化的根”。

美国《洛杉矶时报》2010 年 7 月报道称：“当中国人拥有手机、智能型手机、计算机这类电子工具越多，他们就越没有机会一笔一画地书写中文。无论是使用计算机打字或发手机短信，大多数中国人是使用一套罗马拼音系统，你只要打出这字供你选择。这样的结果导致产生一种奇怪的新型文盲：书写困难，无法写。而这是中国特有的现象。”美国学者杰茜卡 · 贝内特曾把计算机称为“手写体的诅咒”，因为计算机输入造成了手写体文字的退化，计算机的使用让作为象形文字的汉字日趋拼音化和字母化，这对汉字来说几乎是致命的。

二、书写汉字的基本要求

根据交际的需要，书写汉字一般应该做到以下三点：

一要写得正确。就是说，要写规范字，笔画、偏旁要准确无误，不能写错。有些汉字在笔画上的差别十分细微，要是不细心观察，便会差之毫厘，谬以千里。如“戍”与“戌”、“余”与“佘”、“未”与“末”、“仅”与“反”、“无”与“天”、“人”与“入”、“已”与“己”、“乌”与“鸟”等，类似情况不少，在书写时必须十分注意。

二要写得匀称。就是说，笔画合乎法度，间架安排得当，布局设计合理。

三要写得熟练。就是说，书写时得心应手，迅速无误。按照笔顺规则写字，可以提高书写效率，有助于把字写好。写字应当讲笔顺，掌握要领笔有神。先横后竖上到下，先撇后捺左右分。从外到内记得住，进了屋子再关门。

三、培养良好的书写习惯

一是养成正确的握笔和写字姿势的习惯。执笔太低易遮挡书写的笔尖，只能歪着头才能看到书写的字体，造成头向左边歪斜。执笔太紧会引起运笔不灵活，书写的笔画僵硬，书写时手也容易疲劳。正确的握笔应该是拇指食指捏笔杆，下面中指托上来，无名、小指垫在下，笔杆斜靠虎口边。身法则要求头正、身直、臂开、足安。

二是养成提笔就能认真写的习惯。我们常常见到的情形是：练字时是一种书写，写作业时又是另一种书写。为此，我们一定要将练字融入日常的各科作业之中，写快和写好相统一，养成“提笔即是练字时”的意识，做到不管是什么场合，不管什么时间，只要提起笔来写字，就要严格遵守正确的写字要求。

四、练字的注意事项

第一，要有信心。相信自己并不比别人差，别人能做到的自己也能做到。这是培养练字兴趣的基础。

第二，要少而精。每次练字字数务必要少，临摹遍数要多，直到能背帖的程度，再换内容。这样日复一日，字写好了，兴趣慢慢油然而生，最后达到视书写为享受的境界。对于字帖的选择，要因人而异。一般认为，学习写字总是应该“先正楷，后行草，再隶篆”。我国著名书法家启功先生曾经说过：“楷书为基本功，写起来见效果甚慢。但一旦找着窍门，便觉四通八达，再写行书、草书即好看，再写隶书、篆书，容易找到它的重心。”对于那些从实用的角度出发，希望通过学习书法使自己的字写得更漂亮些、更流畅些的同学，选择从临习行书开始，亦是比较合理的。

第三，要有耐心。练字要心平气静，善始善终，不能心浮气躁，敷衍了事。写字的时候要做到一笔不苟，每一笔都要写得实实在在。要做到无一日不提笔，每天坚持半小时或 10 ~ 20 分钟，不能三天打鱼，两天晒网。

第四，要养成善于读帖的习惯。这就是要学会欣赏，在欣赏中揣摩、分析、比较、归纳、有所领悟，进而取人之长，补己之短，切实做到：眼到、心到、手到，静观默察，细心琢磨，发挥艺术灵感，使其水到渠成。另外，要养成与人探讨切磋的习惯，自己的不足自己常常看不到，经人指点即可豁然开朗。

第五，要学用结合，练写合一，这一点最为重要。练过的字平时用到了，应该写得像练时那样好，练一个用一个，在用中学，在学中用，学用结合才能练好字。

技能训练

一、著名书法家启功先生在总结自己学习书法的经验体会时说："行书宜当楷书写，其位置聚散始不失度。楷书宜当行书写，其点画顾盼始不呆板。""用笔何如结字难，纵横聚散最相关。一从证得黄金律，顿觉全牛骨隙宽。"请结合你的书写感受谈谈你的认识和体会。

二、很多时候，自己的姓名是只能亲笔签写而不允许同文稿一起打印出来的。请用楷书和行书分别练写自己的姓名，做到美观易辨识。

任务2　文面常识

文面是文章的外在表现形式，也是作者书写风格和文化素养的体现。除文章外，学生的作业、试卷，专业人员制作的表格等，都涉及文面问题。整洁美观的文面能够方便读者阅读，也有助于准确地表达内容，还可以使作者养成严肃认真的文风和学风。相反，字迹潦草，错别字连篇，标点符号混乱，格式不规范，即使内容好，读者也可能不愿阅读，从而影响文章的表达效果。

从读者的阅读需要和准确地表现内容出发，对文面的基本要求是：整洁清楚，美观大方。

文面的内容主要包括文字、标点符号的书写，行款格式的布置，以及修改符号的使用等。

一、文字书写

文字是文面的主要组成部分，要想有好的文面，首先必须重视文字的书写（包括数字和法定计量单位的用法和写法）。

有关文字的书写要求前面已经谈到，这里不再赘述。

二、标点符号的书写

标点符号是书面语言必不可少的辅助工具。它不但能表示不同的停顿，标示出词语的不同性质，而且能表示不同的思想内容和情感，以及节奏和韵律等，便于阅读。

（一）标点符号的书写位置

在文面中，标点符号的书写要和文字一样，占有一定的位置。如果使用方格稿纸，要把标点符号写在格内适当的地方；如果没有方格，也要写在相应位置上。

句号、逗号、分号、冒号占一个字的位置，写在该位置的左下方；问号、叹号也占一个字的位置，写在该位置左半偏下的地方；引号的前一半写在一个字所占位置的右上方，后一半写在所占位置的左上方；括号、书名号的前一半写在一个字所占位置的右半部分，后一半写在所占位置的左半部分；破折号、省略号占两个字的位置，写在行的中线上，中间不能拆开分写在两行；省略号只能写六个圆点，不能多，也不能少；连接号、间隔号占一个字的位置，写在行的中线上；着重号、专名号写在相应文字的下面，不占字的位置，也不单独成行。

（二）特殊情况下的书写

为了文面的整齐美观和读者阅读的方便，有些标点符号不能写在一行的开头或末尾。不能写在行首的有句号、逗号、顿号、分号、叹号，以及引号、括号、书名号的后一半；不能写在行尾的有引号、括号、书名号的前一半；间隔号既不能写在行首，也不能写在行尾。遇到这些情况，书写时可根据要求做相应的变通，把不能写在行首的写在上一行的行尾（可写在格外），不能写在行尾的写在下一行的行首（必须写在格内并占相应的位置，不能写在格外）。间隔号可通过缩小或扩大字距及不占格等解决。排版时，是通过运用半倍符号或加大字空等来解决这些问题的。使用引号时，如果引用的是几段连续的文字，可在每段段首用引号的前一半，最后一段段末用引号的后一半，不必在每段段末都用引号的后一半。另外，引号内的文字必须每个字、每个标点符号都原文抄引，一旦改动，就不再用引号；如果引文不独立，不论是否完整，引号的后一半前面都不能用点号，其后面用不用，用什么符号，要根据整个句子的句意和结构来确定。另外，括号前后其他标点符号的运用情况比较复杂，但总的要求是不影响内容的表达，不割裂句意。一般来说，用于句中注释的括号，其前面不加其他标点符号，其后面如有停顿可加相应的标点符号；用于句末注释全句的括号，写在句终标点（句号、问号、感叹号）之后。

（三）连用标点符号的书写

有些标点符号连用时，在写法上应做一些变通，如括号中用括号的，里面的用圆括号，外面的用方括号；书名号中又有书名号的，里面的用单书名号，外面的用双书名号；引号中又用引号的，里面的用单引号，外面的用双引号；连用三次引号的，最里面的用双引号，中间的用单引号，外面的还用双引号。

几种标点符号连用，它们所占的位置一般不能按单独使用时的要求书写，而要适当地缩小位置。一般是原占一个字位置的缩为半字，原占两字位置的不变。如同时使用冒号、引号的前一半和省略号，就要把冒号和引号的前一半写在一个字的位置上，省略号仍占两个字的位置。

三、行款格式的布置

行款格式是人们在书面交际过程中逐步形成的习惯或规定。不同的文体在行款格式上有着不同的要求，这里只简介一般文章的主要行款格式。

行款格式的整体布局当同纸张的大小、字数的多少等相和谐。如果无格，则要在纸的上下左右（印刷术分别称为天头、地脚、订口、切口）留出适当的空白，以便于修改。一般是上边和左边留得宽一些，下边和右边稍窄一些。切忌顶天立地，横贯左右。在考虑整体布局的同时，要着重安排好以下内容。

（一）标题

文章的标题一般写在格纸第二行的中部，它的两侧尽量空格相等；字数很少时，字间可匀称地空出1～2格；字数太多，需要转行时，既要注意不把词或词组拆开写在两行，又要注意把上下行的字数排列及搭配匀称。

有副标题的应写在正题的下一行，前面加破折号（位置较正题首字退后两格）；字多需转行时，首字仍对准上行的首字。有时，副标题也可以写在正中，两侧空格相等。

标题内可以用标点符号或用空格表示停顿，但末尾一般不用标点，即使用，也只加问号、叹号、省略号。

（二）署名

作者的姓名一般写在标题（或副标题）下间隔一行的正中，每个字的中间可空一格。如是单名，字间可空两格，下面再间隔一行写正文；也可以写在标题后面（有副标题的写在副标题后或正、副标题之间的后面），但位置以姓名与标题间至少有两个空格，姓名后也一定有两个空格为宜。

作者的姓名也可以写在文章的末尾。如末行正文较短，可写在末行；末行正文后所剩空格不多，可低一行写，都以署名后还有两个空格的位置为宜，单名字间也应有一个空格。

根据需要，署名前或后可写明作者的工作单位和职务、职称等。

（三）正文

1. 分段

每个自然段开头均需空两格，无格时空两个字的位置。自然段之间一般不空行，有时根据内容需要，如诗歌的章节之间、文章大的段落（部分）之间，可以有适当的空行。

2. 引文与对话

引文可以同正文连写，不分行，不空格；也可以单独成段，一是同正文的其他段落一样，第一行开头空两格，其他行不空格，二是第一行开头空四格，其他行均空两格，行尾可空两格，也可不空。独立成段的引文，可不加引号，但应在引文前的正文末尾加冒号，冒号前未写明引文出处，也可在引文后的括号内注明，或另加注释说明。

短的对话可与正文连写，用引号标明；长的、多的（特别是戏剧），或需要强调的对话，都应提行分段书写。一个人的较长话语必须分段时，每段的开头都加引号的前一半，只在最后一段的末尾加引号的后一半。如果对话不是引用的，应按其他正文格式书写，每行前后不必再空两格。

3. 小标题与序码

正文内容较多，可分部分并列小标题。小标题的书写可同大标题一样，写在一行中间，也可在本部分单独成段。小标题可编序码，也可不编。

序码主要用于分条列项，一般说来，可按下列顺序使用：

一、二、三……

（一）（二）（三）……

1. 2. 3. ……

（1）（2）（3）……

仅有两个层次的可用“一”和“1”类。内容层次多的，还可用外文字母，长篇的还可分章分节等。

在科技著作或文体中，国际上通常使用如下的方法标明序码，以使内容清晰，条理性强。

1

1. 1

1. 2

2

2. 1

2. 2

2. 2. 1

……

4. 附注

附注就是附于正文的注解，它有四种形式：一是段中注，即夹注，紧接在被注的正文后加括号写出；二是页下注，即脚注，把本页正文中需要加注的内容分条写在本页的下端（本书采用的就是这种形式）；三是篇末注，它将每篇正文需要加注的内容分条集中写在该篇正文的后面；四是尾注，它是全文或全书的附注，类似篇末注。后三种注法都必须在被注正文后的右上角用注码①②③……进行标示，而且注码的序号与注文的序码必须一致。如果附注内容是对引文出处的说明，其注解顺序应为：作者、书名或报刊名、章节、页码、出版单位、出版日期等。

（四）写作时间

写文章，一般都应在文末注明写作时间（包括年、月、日等），习惯上写在文末后空一行或二三行的右下方。如果是在较长时间内完成的，也可写明起讫时间，中间加连接号。如果写成后又经过修改，还可以在注明写作时间的下一行的相应位置，再注明修改时间。

（五）页码

原稿超过一页的，要用阿拉伯数字标出页码，其位置可标在右上角或左下角。注意，每写一页之前最好先标页码，以防串页。

修改文章时，要使用统一的符号加以标示，这样既可以节省一些说明性文字，又可以使文面不受大的影响。需要说明的是，使用修改符号（参见“附录二文章修改符号及其用法”）要写得工整规范，不能随意乱画，以保持文面的整洁美观。另外，修改时要用与原稿字迹颜色不同的笔（如红色），以醒目突出，方便阅读。

技能训练

一、翻阅一些教材杂志，看它们在文面上有哪些做法值得借鉴。

二、结合平时的作业书写情况，看我们在文面上还有哪些方面需要注意完善。

项目二　应用写作概述

应用写作是以实用性为明确目的的写作，其文字表现形态即为应用文书。应用文书是党政机关、企事业单位、社会团体或个人在工作、学习和生活中使用的，用以处理公私事务、传播信息、表述意愿而撰写的具有一定的惯用体式的实用性文章。应用文书与其他文体比较，有如下特点：

（1）实用性。这是应用文书最本质的特点，也是区别于文学作品和其他文体的主要标志。

（2）真实性。文学作品的真实是艺术的真实。应用文书写作对真实性的基本要求是：从实际出发，按照客观规律行文，事实确凿可信，统计数据准确无误，有根有据。

（3）思维的逻辑性。思维的逻辑性体现在文章的结构上：条理清楚，段落之间具有明显的逻辑关系；陈述的事项界限清晰，不交叉；内容前后讲究因果，材料能够证明观点。以具体的事件（或问题）为中心，阐述观点，分析前因后果、现象和本质时，多用逻辑思维的方式。

（4）格式的稳定性。格式，如果被大家接受，约定俗成，就成为惯用格式；如果格式被法定固化，就称为规范格式。应用文书多数有惯用格式，其中国家党政机关公文具有规范格式。格式稳定性的作用是使不同的文种清晰醒目，便于写作、阅读、承办、归档、查询，达到行文的目的。

任务1　应用文书的主旨

主旨就是通过文章的具体材料所表达的中心思想、基本观点或要说明的主要问题，是作者对客观事物的评价和态度。主旨的作用主要表现在两个方面：一是主旨决定着应用文书的价值、质量和影响，因此主旨是文章的灵魂和生命；二是应用文书的材料取舍、布局谋篇、技巧运用，乃至拟订标题、遣词造句等，都受到主旨的制约，并服从表现主旨的需要，因此主旨对行文产生制约作用。主旨还没有确定就动笔写作，难免“手忙脚乱”，甚至无法成篇。

一、对主旨的要求

（一）正确

主旨正确的体现：符合国家的法律、法规，符合党和国家的路线、方针、政策；符合客观实际情况，能反映客观事物的本质规律，经得起实践和时间的检验。

（二）鲜明

应用文书的主旨不能像文学作品的主题那样含蓄隐晦，必须清楚、明白、突出，赞成或反对、提倡或禁止、肯定或否定，都一目了然。

（三）集中

应用文书不可多中心，要求主旨集中单一，内容单一，一文一事。

（四）体现领导意图

领导意图是领导确立的工作指导思想和具体要求。

二、显示主旨的主要方法

（一）标题点旨

即用标题概括点明主旨。如《××公司关于实行“产品三包”责任制的通知》。

（二）开宗托旨

1. 使用主旨句的开宗托旨

明白、准确地表达主旨的句子叫主旨句，常用介词结构“为了……”表示。在正文开头用主旨句托出写作主旨是一种开宗托旨、开门见山的方法。通知、通报、通告、报告、意见以及规章文书等常用此方法。如：“为了认真贯彻落实《国务院关于金融体制改革的决定》，切实转换中国人民银行的职能，进一步加强对金融机构的监管，保持金融秩序的稳定，现就加强金融机构监管工作提出如下意见。”

2. 不出现主旨句的开宗托旨

首句并不出现主旨句，而是直接阐述意义、主张或基本观点。如一份通知的开头：“棉花是关系国计民生的战略物资，是产棉区农民收入的基本来源，是纺织工业的主要原料。做好棉花购销工作，对于稳定农业大局，保证纺织行业正常生产，安排好人民生活，增加出口创汇具有重要意义。”

（三）小标题显旨

将文章主旨分解成几个部分，每个部分用一个小标题来显示，各个小标题均是其下文字内容的概括。但要注意各个小标题的排序应体现出合理的逻辑关系。如下文：

关于我省清理整顿公司工作的报告

国务院：

我省自××××年××月清理整顿公司以来，坚持既坚决又稳定的方针，抓紧清理整顿方案的拟定和实施，积极查处了公司违法违纪案件，努力加强公司的建设和管理，基本完成了党中央、国务院赋予我们的任务，达到了预期的目的。现将这项工作情况报告如下：

一、撤并了一批流通领域的公司，解决了公司过多过滥的问题。（略）

二、查处了公司违法违纪案件，整顿了公司的经营秩序。（略）

三、认真做好撤并公司的各项善后工作。（略）

四、加强了公司管理和法规、制度建设。（略）

××省人民政府

××××年××月××日

（四）片言居要

即在文章的内容转换之处揭示主旨，同时起到承上启下的过渡作用。如《××人民政府关于严厉打击加工销售注水猪肉非法行为的通知》一文，在提出问题，说明“我市加工销售注水猪肉的不法行为十分猖獗”之后，通过分析指出其“危害极大，侵害群众利益，破坏肉猪声誉，扰乱市场正常秩序”，然后转而提出“各级人民政府及其有关职能部门，要采取有力措施，坚决打击加工销售注水猪肉的不法行为”，之后便引出7条对策措施。显然，提出解决问题的对策和措施才是该文的主旨。

（五）呼应显旨

在正文的开头和结尾前后呼应，以突出主旨。

（六）篇末点旨

在应用文书正文的结尾点明写作主旨。

技能训练

选读本模块中的例文，分析其显示主旨的方式。

任务2　应用文书的材料

一、选择材料的标准

（一）真实

写进应用文书里的材料必须准确无误，从大的事件到具体细节，甚至一句引语、一个数据，都不允许有丝毫的虚假。要保证材料的真实，必须注意防止如下这些“常见病”：一是凭空编造，合理想象；二是道听途说，以讹传讹；三是移花接木，任意拔高；四是以偏概全，一叶障目；五是片面绝对，自相矛盾；六是引据失实，数据失真。

（二）切题

写进应用文书里的材料，首先必须有针对性，能紧扣写作主旨，能准确地说明观点。其次要选用能明确、具体、突出地说明主旨或观点的材料，给人以深刻的印象、清晰的认识。

例如情况简报《高等学校应重视安全教育》一文，对材料的选择既有“面”上的：“据该省22所高校统计，有10所学校计100人受伤，其中重伤17人”，也有“点”上的——各个高校的受伤情况及人数。事件的因果交代得很清楚，“此事件说明了学校安全教育工作做得较少，学生的应变能力差”，进而提出了“各校应引起重视，加强这方面的教育工作”的号召。所用材料切题有力。

（三）典型

材料贵在精而不在于多。生活中能说明同样问题的材料往往是很多的，而每个材料说明观点的深浅程度又是有差异的，我们应当根据主旨和观点的需要，在同类材料中选出最生动、最有特点、最富有说服力的材料来。或者通篇就是一个大的典型材料来说明主旨，如奖惩有关人或事的通报、决定、简报、命令、专题总结、典型调查报告等；或者选取颇具代表性的一个典型事例说明一个观点；或者选择若干典型材料从不同角度更全面更透彻地说明主旨或一个观点。无论采用什么形式选用典型材料，都不必拘泥于材料的完整性（诸如事实的始末、数据的全面、引据的完整等），只把能说明主旨的有关部分简要地写进文章就行了，当然也要避免以辞害意影响到材料的真实性。

（四）新颖

材料有时代感，能表现事物的发展变化趋势，反映客观事物的最新面貌，是新人、新事、新思想、新成果和新问题。

（五）恰当

1. 选择点面结合材料说明观点

用“点”上的典型材料说明问题的深度，用“面”上材料概括说明问题的广度。

2. 选择对比材料说明观点

应用文书常常选用今昔对比、优劣对比、新旧对比、正反对比的材料来说明观点，使观点更为突出，阐述更加鲜明。

3. 选择定性材料和定量材料说明观点

应用文书在说明事物的现状和发展变化时，除主要用文字材料加以定性说明、描述外，有时也适当用数据甚至图表加以定量说明，以使观点阐述得更生动、直观，更具说服力。

二、精心处理材料

（一）筛选法

对材料进行鉴别、筛选，从纷繁复杂的材料中找到最切合主旨材料。

（二）类化法

将纷繁复杂的材料进行梳理归类。

（三）截取法

这是选用一个完整事件的片段或完整事物中的部分以表现观点的一种处理材料的方法。用这种方法，不求事件的连贯、事物的完整，只求能言简意赅地说明问题和阐明观点。叙事性较强的应用文书，如简报、通报、调查报告以及应用文书中叙事性较强的部分，常用此法。

截取材料的多少或详略，必须考虑材料与观点的密切程度、读者对材料的熟悉程度，同时，在截取材料时，不能断章取义，不能扭曲原意，还要注意上下文的衔接过渡，并与整篇文章表述角度一致，不能牵强附会、生硬别扭。

（四）撮要概述法

对材料加以概括压缩，使精华部分更为突出的一种处理材料的方法。此法对叙述性的事实材料，往往保留主干，抓住要点，理清线索，剔除细节，变描写、详述为略写、概述，只要求简要交代事件的概貌和实质，而不求像文学作品那样细腻传神、形象感人。

三、合理组织材料

（一）合理安排材料

1. 先亮观点，后列材料

这种形式，常用层、段、条首句先概括出观点或问题，然后列举事例论述观点，或用理论材料和事实材料论述这个观点。这种写法，观点鲜明，头绪清楚，先声夺人，引人注目。应用文书多采用这种形式安排材料。

2. 先列材料，后亮观点

这种形式，先介绍事实，说明论据，或列举数字，然后水到渠成地归纳出观点、推导出结论。这种安排由事到理，说服力强。叙事性应用文书或文中叙事性较强的片段，常采用这种方法安排材料。

3. 边列材料，边亮观点

应用文书中叙事说理较强的篇段常常夹叙夹议，既摆事实又说道理，层层深入，便于理解。例如：推行新财税体制，是深化改革，促进我国经济发展的重要举措。新的财税体制今年实施出台以来，运行基本正常，国家财政收入和支出均有较快增长，预算执行情况比原来预料的要好。但与此同时，也出现了一些新的矛盾和问题，其中一个突出问题是企业欠交税款逐月增加。截至 7 月底，企业欠交各项税款总额已达 325 亿元，比年初增加 179 亿元。其中拖欠工商税 174 亿元，国有企业欠交所得税 112 亿元，欠交关税进出口产品消费税、增值税 39 亿元。企业欠税的不断增加，严重妨碍了国家财政预算收入任务的完成，如不采取紧急措施，不但有扩大财政赤字的危险，而且对于抑制通货膨胀，保持经济稳定发展都将产生不利影响。为了确保完成今年国家预算收入任务，各地区、各部门要紧急行动起来，采取有效措施，把清理企业欠税作为当前一项重要工作来抓，务求取得显著成效。

（二）观点和材料统一

应用写作要求用观点统率材料，用材料说明观点。但在实际写作中，观点和材料不协调的现象还是比较突出的。有的观点帽子大，而材料内涵小，材料不能充分说明观点，犹如通常说的“大帽子下面开小差”，这是脱离材料和工作实际，任意拔高观点的结果。有的观点、材料犹如两股道上跑的火车互不搭界，观点材料不一致，这是调查研究不够，对材料的本质属性认识不清，或者材料不足，硬凑观点所致。有的堆砌、罗列了不少材料，却没有提炼出恰当的观点去统率材料，这是思维能力不强、认识水平有限造成的。例如：

这个企业管理混乱，总的来讲处于“五无”状态。一是生产无计划，只有一张纸几个数字贴在墙上。二是消耗无定额，只在几次会议上讲过一下。三是进出货无登记，保管员年老体弱，有时请假。四是技术无要求，技术员不敢负责，怕得罪人。五是劳动无纪律，对一些违纪的人迟迟不作处理。

其中观点材料极不一致，材料既不能说明观点，也显得杂乱，究其实，这是思维混乱、思路不清所致。要写好文章，自然要努力提高写作水平，在表达能力上下功夫。也应重视“文外功夫”，努力提高思想认识水平和思维能力。

技能训练

试阅读下面一段文字，分析观点与材料的组织采用的是何种形式，这种形式有何作用。

省质量监督部门今年共抽查生产企业 25 810 个，检查产品 40 900 种，共 55 431 批次，合格率为75.37%。与其他省市相比，我省在全国排位，五年前是第8位，今年不仅低于全国平均水平，而且下降到第22位。

今年抽查商业企业5235个，检验商品635种，共11 526批次，商品合格率为63.63%。

可见，在我省生产领域和流通领域中，产（商）品合格率不高，问题十分严重。

任务3　应用文书的结构

一、结构与思路

任何文章的结构和质量水平主要是由作者的思路决定的。客观事物反映在作者头脑里，经过观察、理解、认识的过程，形成了他对这件事物的印象、看法、态度或感情。把这些印象、看法、态度或感情理出个头绪来，就是所谓的思路。按照这个思路写成文章，就是所谓的组织结构。文章的结构提纲，就是作者用文字反映自己思路的形式。如果说结构是文章的骨架，思路则是文章的脉络。思路是结构的内核和基础，结构是思路的外在表现。应用文书的结构通常是作者思路的直接呈现。如果文章结构杂乱无章，则表明作者的思路杂乱不清。如果文章结构不严谨不清楚，则表明作者的思路不缜密不清晰。因而，为使结构完整、严谨和条理清晰，为能准确地表达思想、写出通顺流畅的应用文书，我们在下笔之前，必须先理清、理顺思路。

二、应用文书结构的要求

（一）要反映客观事物的本质联系和规律

应用文书写作要依据事件发展的过程、事物的特征来安排正文结构，以反映对象的内在本质及规律。如写通报，无论是用于传达重要情况，还是用于表彰或批评，都必须把事实叙述清楚。

（二）要适应不同文种的体式特点

应用文书一般都具有一定的体式规范，其结构安排需适应体式的规范要求。如写市场调查报告，要写基本情况、分析评价和建议；写规章制度，则一般要用条款式来写。

（三）要具有严密性

文章的各部分要成为统一的整体，共同表达一个主旨，从内容到结构都要周全，避免因遗漏而表达不全。例如，写一份请示，结构上应该有请示缘由、事项和要求三个层次。

要注意使文章的部分与部分之间或呈现因果关系，或呈现主次关系，或呈现并列关系，或呈现表里关系，各部分互相弥补、呼应，而不互相矛盾，共同使文章的结构及内容具有严密性。要达到以上要求，关键还是取决于作者的思路。

三、应用文书的结构类型

（一）篇段合一式

篇段合一式即一个段落就是一篇完整的文章。这种结构类型常用于内容单一的应用文书。

（二）两段式

这是内容简单、篇幅简短的应用文书常用的结构类型。如把篇段合一式中的结语部分单独列为一段，可成为两段式；或把三段式中的结语部分省略，写作目的或缘由、行文事项各为一段，也可以成为两段式。

（三）三段式

这是短篇应用文书比较常见的外部结构类型，即正文分为写作目的或缘由、事项、文章结语三个层次。

（四）多段式

它用于内容稍多、篇幅稍长的应用文书。一般是开头概述情况，说明缘由、目的或依据，结尾单独成段或省略结尾段，主体部分内容稍多，分别写为若干段。

（五）分部式

这种结构类型容量较大，眉目清楚，头绪分明，适用于内容较多、篇幅较长的应用文书。如工作总结、理论文章、调研文章等常用这种结构。文章分成几个大部分，每个部分就是一个层次。每个部分可用小标题或者序号列出（多用序号加小标题的形式）。小标题或者作为层旨句概括该部分中心，或者提示该部分内容范围。这类文书结构常体现为递进式结构，尤其注重各部分之间的内在逻辑联系。

（六）贯通式

贯通式不分条文，不用小标题，前后贯通，以自然段落组成全篇。一般围绕中心，按时间顺序、事物发展顺序或者认识顺序，抓住主要线索，比较完整地叙述或说明一个事项、一项工作、一个道理。这种结构适用于内容比较单一的以叙述性或者说明性为主的应用文书。

（七）条款（项）式

法规、规章文书多用这种形式，显得眉目清楚，排列有序，简洁明了。条款（项）式结构有以下两种：

1. 章断条连式

适用于内容多、篇幅长的法规、规章。以章为序划分层次，章下可分条，各章下的“条”不依章断开另起开头，而是连续编号。极少数还在章下分节，节下再分条。章、节、条均用小写汉字数目表示，如第一章、第一节、第一条。有的条下分款，款不带序数，一个自然段就是一款；有的条下列项，项冠以带圆括号的汉字数码（一）、（二）等。项下可分目，目冠以阿拉伯数字 1、2 等。

2. 条文并列式

与章断条连式的区别为不再设章、节，适用于内容不太多、篇幅不太长的法规、规章和其他应用文书。条下同样可分款或项、目。非法规文书，通常标示形式是：第一层为“一、”，第二层为“(一)”，第三层为“1. ”，第四层为“(1)”；不另以其他数码为序数。若是只有一个层次，则以“一、”“二、”这类数码为序数。

条下的款或项、目独立成段。段间内容具有相关性。

（八）总分条文式

公文、规章、合同等文书常采用这种结构。开头（即引言部分）先总说：或概述情况，或说明写作目的、依据、原因，或阐明主旨，摆出结论。主体分条文分述有关内容，每条或说明事物的一个方面，或围绕主旨阐述一个问题，或分析事件的一个原因，或提出一项要求、措施、办法等。

（九）表格式

这是应用文书不同于其他文体所特有的一种结构形态。不少经济管理职能部门如工商行政管理部门、税务部门、专利管理部门等和不少企业如银行、保险公司及厂矿公司等制发的各种专门文件，大都采用表格式。表格式的应用文书通常有两种形式：

（1）由职能机关或企事业管理部门事先印制好有关文件表格式规范文本，将有关内容分项列出，设计好项目和应填写内容，各项之后留下足够空白，让使用单位和人员按规定填写。有的规范文本甚至连文书处理过程中的有关程序如审查意见和审批签名盖章都印制在有关文本上。表格文书一般要注明表格的填写要求和注意事项。有时，这种文书还填写一式若干份，以利存查、验讫。这种形式的文书，便于填写、处理和保管，是一种值得推荐的形式。随着应用文书处理过程中办公自动化设备的应用，表格式应用文书会越来越多。

（2）单位临时撰制的表格式文书。这是有关职能管理部门或企事业，为反映某一地区、行业或者企事业的某些情况，根据写作目的将有关统计数据编制成表格的一种文书。这样显得简明、直观，比只用文字叙述说明效果更好。一般要对统计数据加以适当的说明，对其中主要的、突出的数据，以及变化明显的数据加以必要的分析，使表格式文书的效果更好。有时，一份文书中还从不同角度编制几个统计表格，使反映的情况、说明的问题更加全面、客观。

（十）不成文式

没有一般文章那样完整的结构内容，开头、结尾、层次、段落、过渡和照应都不一定齐备，或不一定有明显标示，语言表述方式也有其特殊性，通常运用图文相间的形式或者图表形式。典型的不成文式应用文书有广告、海报等告启文书。运用这种形式时，一是告启事项要周全，二是要注意突出重点，不能因图害意，让图画冲淡、掩盖了主要内容。

四、应用文书结构的基本内容

（一）标题

应用文书的标题通常有三种形式：

1．公文式标题

公文式标题程式性强，表达平直，主要用于正式公文。一般情况下，它由发文机关、事由和文种三部分组成。如《××移动通信有限公司关于成立客户服务中心的通知》。

2．新闻式标题

新闻式标题即通常说的文章题目式，它又可分单标题式和双标题式。

单标题式即单行标题，通常有三种标题方式：

（1）主旨式。标题提出应用文书的主旨，如《必须加强社会主义精神文明建设》《药品销售中回扣现象再也不能继续下去了》。

（2）事实式。标题陈述基本事实、情况，如《大巴山捕蛇严重导致鼠害猖獗》。

（3）问题式。标题提出问题，规范内容走向，如《职工的归属感从何而来》《首都钢铁公司是怎样实行经济责任制的》。

双标题式即包括正题和副题的标题，其中正题更多地突出应用文书的主旨，副题则对正题起补充说明的作用，如《艰苦的拼搏，丰硕的成果——××省供销系统2013年工作总结》。简报、总结、调查报告等常采用这种标题。

3．四项式标题

这是由公文式标题变通而来的一种规范的标题形式，通常由单位（或对象）、时限、事项和文种等四个部分组成，如《××市××研究所2014年度科研工作总结》。这种形式的标题常用于计划、总结以及法规、规章、经济文书等。

不管是什么方式的标题，作为应用文书，标题都要能显示主旨或者显示主要内容，这是硬性的要求，也是与文学作品灵活多变、异彩纷呈的标题的不同之处。

（二）开头方式

1. 概述情况

即在开头简明扼要、切题地介绍有关情况或背景。简报、报告、会议纪要、总结等常用此法开头。

2. 说明根据

即在开头引用上级指示精神或有关法律、法规，常以“根据”“遵照”“按照”等词语领起下文，鲜明标示出行文有据，表明应用文书内容的权威性。通知、批复、规章文书等常用这种方式开头。

3. 直陈目的

即在开头以“为了”“为”等介词构成的主旨句领起下文。法规、规章、决定、通知等应用文书常用此方式开头。

4. 交代原因

即在开头以“由于”“因为”“鉴于”等词引领下文，也可直接陈述发文原因。

5. 阐明观点

即在开头先提出观点，或者点明主旨，接着加以解释说明，以引起读者的重视。

6. 表明态度

即在开头直截了当地对批转、转发或发布的文件或者有关的事项、会议表明态度，做出评价，提出看法。批转、转发性通知多如此开头。

7. 引述来文

这种方式即在开头引述对方来文、来电的标题、文号，然后引出下文。复函、批复普遍使用此方式开头。

8. 提出问题

即在开头提出问题，提示应用文书的主旨或主要内容，以引起阅读者的注意与思考。调查报告常用这种方式开头。

应用文书的开头，有时是多种方式结合运用。

（三）结尾方式

1. 作强调

即在结尾对文中的主要问题作强调说明，以引起阅读者的重视。

2. 作请求

即在结尾请求上级批复、批转、批准或请求对方帮助。公文中的请示、函等普遍使用此方式结尾。

3. 作要求

即在结尾提出要求、希望或发出号召。

4. 作总结

即在结尾对文中的主要观点或问题做出归纳或总结，使读者对全文有较完整的印象。

5. 作补充

即在结尾补充交代有关事项、事宜。通知、法规、规章等常采用这样的结尾。

6. 显文种

以模式化的方式把名词性文种作动词用，并以此结尾，如“特此通告”“特此通报”“特此通知”“特此报告”等。

除上述几种结尾方式外，还有祝贺、慰问式的结尾，以及主体部分意尽即文完，不再另写结尾等方式。

（四）层次

层次又称“逻辑段”“部分”“意义段”等，着眼于整篇文章内容先后次序的划分，是作者在表述主旨过程中形成的相对完整、相对独立的思想单位和意义单位。

在概括层次的内容时，应用文书常在文中使用小标题，或在层次之首单列一个揭示层次主旨的独立段落，这便是“层旨段”。

应用文书层次的展开方式主要有以下几种：

1. 纵向推进式

按时间推移或内容深化来排列层次，结构层次之间是延续、承接、深入的纵向关系。具体的方式有：

（1）按照时间先后顺序展开层次。采用这种方式一定要体现事件的过程性特点，将事情的来龙去脉表达清楚，同时要注意突出重点，不平均用力。调查报告、总结的正文常采用这种方式安排层次。

（2）按事理变化、发展的顺序或对事物的认识过程来安排层次。在应用文书中，这种方式可以程式化为“叙事—说理—结论”或“提出问题—分析问题—解决问题”等。说理性较强的应用文书常用这种方式安排层次。

（3）按前因后果或前果后因的顺序来安排层次。应用文书中的通报，一般先写通报原因，再写表彰或处理意见，行文体现由因而果的逻辑顺序。

2. 横向展开式

按事物的不同方面或不同类别来安排层次，将材料横向排列，结构层次间是平行、平等的关系。具体的方式有：

（1）按照观察者立足点的转移或空间位置的变换展开层次。

（2）按照事物各个构成部分展开层次。

（3）按照材料的类属展开层次。

3. 总提分承式

这是一种按辐射形式展开层次的方式，能鲜明地体现领属关系或整体与部分的关系，具有中心突出、层次分明、条理清楚的特点。这种层次展开方式在应用文书中多为先总后分，也有由总到分再到总，很少是先分后总的。应用文书中的通告、通知、会议纪要等的正文结构常呈现这种层次。

4. 纵横交叉式

这是将纵向推进式和横向展开式综合起来交叉安排层次的方式。采用纵横交叉式要注意有主有从：或是以纵向为主，以横向为辅；或是以横向为主，以纵向为辅，不能平均用力。一些内容复杂、时空变换较大、篇幅较长的应用文书如报告、总结、调查报告等常采用这种方式。

此外，应用文书在结构的展开上，还常采用连接、转折的方式。一是普遍地使用序数，二是经常使用表示衔接和转接的词语和句式。这些词语、句式大多数用在开头与主体、主体与结尾、层次与层次、段落与段落、层次与段落的过渡、转折的地方。

常用的这类词语有：以下、如下、以上、是、现、将、即、总之、为此、对此、因此、但、但是、不过、一些、另一些、一方面、另一方面、另外、有的、同时、还有、此外、一律、所有等。

常用的句式有："现将……如下……""具体做法是……""主要表现在以下几个方面……""综上所述……"等。

我们可以在写作之前通过拟写提纲，使流动、模糊、粗疏的思路变得固定、清晰、细密，保证层次之间的关系既紧密而又不至于纠缠不清。

（五）段落

段落习惯上称作"自然段"，是文章中表达完整意思的最小单位，在多数情况下，段落小于层次，几个段落表达思想内容上的一个层次。

提行空格是段落的标志，但不是凡提行空格的都是段落。例如法规、规章中的有些条文，各项或各目都分别提行标示，有时甚至一项一目还不是一句话。在这种情况下，一条或一项内的所有条文才是一个段落。

在应用文书正文写作中，安排段落必须做到单一、完整、有序与合理。单一是指在一个自然段里，只说一个意思，不把不相关的几个意思混在一个段落中。完整是指一个自然段把一个意思说完全，不残缺，不留尾巴，除非为了达到特殊的表达效果，一般不把一个意思分散在几段去说。有序是指段内的句子之间、段落之间的组合关系要合理，要有逻辑性与连贯性。合理是指段落的划分，要注意长短适度，匀称得当，既要服从应用文书内容表达的需要，又要注意应用文书阅读者接受心理的需要。

与其他文体相比，应用文书特别注重使用段旨句。无论是自然构段，还是分条列项的分段，应用文书常常把概括或提示本段中心、内容范围的句子置于段首，使段落的中心意思明确醒目。

围绕段旨句展开段落，是写好应用文书段落的关键。展开段落的方式通常有下列 11 种：

1. 通过解释、说明和阐述段旨句展开段落

例如，走中国特色自主创新道路，核心就是要坚持自主创新、重点跨越、支撑发展、引领未来的指导方针。自主创新，就是从增强国家创新能力出发，加强原始创新、集成创新和引进消化吸收再创新。重点跨越，就是坚持有所为有所不为，选择具有一定基础和优势、关系国计民生和国家安全的关键领域，集中力量、重点突破，实现跨越式发展。支撑发展，就是从现实的紧迫需求出发，着力突破重大关键技术和共性技术，支撑经济社会持续协调发展。引领未来，就是着眼长远，超前部署前沿技术和基础研究，创造新的市场需求，培育新兴产业，引领未来经济社会发展。这一方针，是我国半个多世纪科技事业发展实践经验的概括总结，是面向未来、实现中华民族伟大复兴的重要抉择，必须贯穿于我国科技事业发展的全过程。

2. 以实例说明段旨句展开段落

有的用概括性例子，有的用具体事例来说明段旨句，展开段落。列举几个事例时，要注意叙述、说明的先后顺序。例如，"大力推进经济结构调整，提高经济增长质量和效益。一是加快产业结构调整和自主创新。积极推进企业技术改造和兼并重组，工业特别是装备制造业总体水平和竞争力明显提高。战略性新兴产业迅速成长。加快建设国家创新体系，实施知识创新工程和技术创新工程，突破了一批产业发展急需的前沿技术、核心技术和关键装备技术，一大批科研成果实现了产业化。服务业快速发展，在国内生产总值中占比提高 2.5 个百分点。基础设施建设明显加快，五年建成铁路新线 1.6 万公里，新增公路 63.9 万公里，其中高速公路 3.3 万

公里，新建、改扩建机场33个，新建和加固堤防1.7万公里。二是扎实推进节能减排、生态建设和环境保护。提出到2020年我国控制温室气体排放行动目标和政策措施，制定实施节能减排综合性工作方案。大力发展清洁能源，新增发电装机容量4.45亿千瓦，其中水电9601万千瓦、核电384万千瓦。关停小火电机组7210万千瓦，淘汰了一批落后的煤炭、钢铁、水泥、焦炭产能。推进林业重点生态工程建设，完成造林2529万公顷。综合治理水土流失面积23万平方公里，加强重点流域水污染防治、大气污染防治和工业"三废"治理。大力发展循环经济。五年累计，单位国内生产总值能耗下降19.1%，化学需氧量、二氧化硫排放量分别下降12.45%、14.29%。三是促进区域经济协调发展。落实区域发展总体战略，颁布实施全国主体功能区规划，制定西部大开发新十年指导意见和一系列区域发展规划，推出促进西藏和四省藏区、新疆等民族地区跨越式发展的新举措。中西部和东北地区发展加快，经济增速等主要指标超过全国平均水平；东部地区经济结构不断优化，自主创新和竞争力逐步提高；地区间基本公共服务差距趋于缩小，各具特色的区域发展格局初步形成。"

3. 通过递进展开段落

例如，"我市的主要任务是查处违法违纪案件，针对往年一般做法的局限，我们改进了工作措施，加大了查处力度：一是实行调查组长责任制，明确责任；二是重调查，重证据，逐一落实各个案件；三是发挥集体智慧，重点查处大案要案；四是抓住难点，集中力量突破疑难悬案。"这段内容按照"明确责任——一般案件——大案要案——疑难悬案"的顺序，即按工作任务由大到小、工作难度由小到大的顺序来安排句子。"落实责任"是基础，"一般案件"是主体，"大案要案"是重点，"疑难悬案"是关键，逐层递进，步步深入，内容全面，阐述清楚。

4. 通过数字说明展开段落

例如，"数字化阅读比例首超传统阅读，手机微信阅读增长显著。2015年4月20日，中国新闻出版研究院公布了《第十二次全国国民阅读调查报告》。数据显示，2014年，我国成年国民的数字阅读率达到58.1%，首次超过了纸质书58.0%的阅读率。而数字阅读率的增长速度，也比纸质书的阅读增长率高得多——从2012年到2014年，中国成年人的数字阅读率提高了18.2个百分点；同期的纸质书阅读率，则仅仅提高了3.1个百分点。类似的数据也在当当网发布的《2015中国网民阅读行为报告》中有所体现。在该项调查中，有62.2%的用户每周都有阅读纸质书的习惯，而有70%的用户每周都读电子书，并且频率超过纸质书。"

5. 通过比较展开段落

例如，"通过计算，①和②机会点或损益期望值互相比较，开工方案比较合理。不开工，不仅耽误工期，而且还要放弃可成功的机会，甘愿付出窝工损失40万元。开工虽承担一定风险（损失），但两个方案比较，开工的利大于弊。"

6. 通过分类展开段落

例如，"这次检查的内容为今年6月份以来发生的各种乱涨价、乱收费行为。① 违反国家规定，擅自涨价和扩大进销差率、批零差率、最高限价、指导价，提高商品价格及收费标准的行为；② 违反国家规定的调价备案、申报制度与监审品种的差率、利润率、临时性限价以及不实行明码标价的行为；③ 违反国家规定，擅自提高化肥、农膜、农用柴油等农业生产资料最高限价的行为；④ 擅自扩大收费范围，随意提高收费标准以及自立名目乱收费的行为。"该段中分类列举的4类行为皆是"乱涨价、乱收费"的行为。

7. 通过总说与分述展开段落

例如，"马克思、恩格斯、列宁和毛泽东同志、邓小平同志，都是理论联系实际和理论创新的光辉典范。马克思、恩格斯广泛研究前人的思想材料，批判地吸取前人的思想成果而形成超越前人的学说，为无产阶级和全人类的解放运动创建了科学的思想体系。列宁揭示了世界资本主义经济政治发展不平衡的规律，提出社会主义革命可以在一个国家或几个国家首先获得成功，并且领导十月革命取得了胜利。毛泽东同志把马克思列宁主义基本原理同中国革命具体实际相结合，创立了新民主主义革命理论，指导中国革命取得了胜利，并领导中国人民走上社会主义道路。邓小平同志总结国内外社会主义发展的经验和教训，提出建设有中国特色社会主义理论，指引我国社会主义事业进入蓬勃发展的新时期。”

8. 通过转折展开段落

例如，“社会主义文化在我国已经居于主导地位。但是，由于历史和现实的原因，社会上还存在一些带有迷信、愚昧、颓废、庸俗等色彩的落后文化，甚至还存在一些腐蚀人们精神世界、危害社会主义事业的腐朽文化。要通过完善政策和制度，加强教育和管理，移风易俗，努力改造落后的文化，努力防止和坚决抵制腐朽文化和各种错误思想观点对人们的侵蚀，逐步缩小和剔除它们借以滋生的土壤。”

9. 通过排比展开段落

例如，“建设创新型国家，核心就是把增强自主创新能力作为发展科学技术的战略基点，走出中国特色自主创新道路，推动科学技术的跨越式发展；就是把增强自主创新能力作为调整产业结构、转变增长方式的中心环节，建设资源节约型、环境友好型社会，推动国民经济又快又好发展；就是把增强自主创新能力作为国家战略，贯穿到现代化建设各个方面，激发全民族创新精神，培养高水平创新人才，形成有利于自主创新的体制机制，大力推进理论创新、制度创新、科技创新，不断巩固和发展中国特色社会主义伟大事业。”

10. 通过时空的变化展开段落

例如，“工作目标。2016 年上半年，部署驾驶人培训考试制度改革工作，明确各项任务推进步骤，启动重大改革事项试点；2017 年，总结试点经验，深入推进改革实施；到 2018 年，完成改革重点工作任务，基本建立开放有序、公平竞争、服务优质、管理规范的驾驶培训市场体系，基本建立公开透明、权责清晰、运转高效、公正廉洁的驾驶考试管理体制，基本解决培训考试中的不便利、不规范、不经济等问题。”

11. 通过因果关系的表述展开段落

例如，“麦当劳在处理总部与分店关系方面很成功，其主要原因有以下三点：一是麦当劳收取的首期特许费和年金都很低，减轻了分店的负担；二是总部始终坚持让利原则，把采购中得到的优惠直接转给各特许分店；三是麦当劳总部不通过向受许人出售设备及产品来牟取暴利（许多特许组织都通过强卖产品的方式获得主要利润，这就容易使总部与分店发生冲突）。”

（六）过渡

应用文书正文写作中过渡的方式有四种：一是以词语过渡，如“为此”“对此”“总之”“由此可见”“综上所述”“但是”“相反”等；二是用总结上文、提示下文、设问句等表示承上启下的句子过渡，这些句子可以放在前段的段尾，也可放在后段的段首；三是用一个相对独立的自然段来承转过渡；四是不用任何明显过渡标志，而是靠文中内容内在的逻辑关系自然过渡。

（七）照应

照应的作用是加强文章前后内容的联系，增强文章的整体感。常见的照应方式有：

1. 首尾照应。这种照应使文章首尾圆合，结构严谨。

2. 文题照应。应用文书的标题往往体现其主旨，照应标题有突出主旨的作用。

3. 针线照应。围绕主旨或基本事件，行文中针走线行，多处照应。这种方式由于多处相互照应，可以起到强化主旨，突出中心事件的效果。

五、行政公文正文基本内容模块及结构模式

先看下面这份公文（文中的圈号数字为本书编者所加）。

关于表彰袁汉辉同学和华师大附中等单位的决定

各市、县、自治县人民政府，省府直属单位：

袁汉辉同学在第34届国际数学奥林匹克竞赛中获得金牌，为广东省争了光。①为表彰袁汉辉同学及华师大附中等单位的突出成绩，为促进我省的数学奥林匹克竞赛活动，培养青少年热爱科学、勇于进取的精神，②省人民政府决定：③

（一）给予袁汉辉同学颁发奖状和奖金10 000元；

（二）给予华南师大附中和中山市教委颁发奖状和奖金各5 000元；

（三）给予省数学学会和广东省数学奥林匹克业余学校颁发奖状和奖金各5 000元。④

希望袁汉辉同学和受表彰的单位，戒骄戒躁，再接再厉，争取更大成绩。⑤

广东省人民政府

××××年8月15日

公文正文的基本内容模块一般来说有五个，即依据、目的、文种承启语、事项、要求。在上例中，①所标的内容为依据；②所标的内容为目的；③所标的内容为文种承启语；④所标的内容为事项；⑤所标的内容为要求。

一般来说，所谓依据，属于公文制作的缘由、现实根据或法律根据，以及有关事件的情况交代等公文制作的出发点。每一篇公文的制作皆有依据。在上例中，袁汉辉同学获奖是发文的依据。

目的，即制发公文的目的。目的有时表现为惯用语目的句（或称为“主旨句”）。目的句常以带“为”“为了”等介词的提示语句表达。每一篇公文皆有发文目的。目的，其实也包括了发文的意义。目的句的作用主要是开宗明义，提示发文的目的、意义或动机，以唤起并集中受文者的注意力。

文种承启语为一种承上启下、启示事项的过渡句子。之所以叫文种承启语，是由于这个句子包含着对所发公文属于何种文种的提示。如上例为“决定”，所以文种承启语便是“省人民政府决定”。

事项是一篇公文的重点，是公文制作者围绕或根据主旨而展开的内容，叙述的情况、分析的问题，以及提出的做法、措施或执行方案等一类内容。事项集中体现了行政机关对某项工作的政务态度和行为措施。在例文中，事项表现为受表彰的对象、奖状和奖金。

要求是文末针对或围绕事项而提出（或补充）的希望、号召、倾向、强调的问题，以及面向全局作的指示等。在例文中，要求表现为对袁汉辉同学和受表彰单位的希望。

公文正文基本内容模块构成一篇公文，必定存在特定的、内在的逻辑关系，这种逻辑关系的外在形式表现为一定的排列顺序。

依据既然是何以会写一篇公文的理由、根据，为公文制作的出发点，那么，按逻辑关系，应排在首位。目的提示在特定的背景之下制作公文的考虑，表明动机，须以依据为前提，自然与依据紧邻，且必须在依据之后。为启示达到目的而采取哪些具体措施、方法和意见的文种承

启语，必然位于目的之后，事项之前。事项之后需要进一步强调、提示，或为落实具体的做法而发出希望及号召等，这些针对事项而发的希望性要求，只能排在事项之后的文末。例文所呈现的实际上便是这种排序。

根据以上的分析，最规范的完全式公文正文基本内容的显性结构模式可表述为：依据→目的→文种承启语→事项→要求。实际流通的公文，常常可省略部分结构模块。公文正文基本内容结构模块能否隐去，须遵循四个原则：一是利于突出主旨的原则，二是适应文种特点的原则，三是服从内容表达需要的原则，四是简明精练的原则。其中，作为基本内容核心的“事项”模块是绝对不能省略的。

技能训练

一、下面是《××汽车运输公司汽车相撞事故的情况报告》一文中的各项组成材料，请按正确顺序排列。

1. 抢救乘客、财产的经过及现场处理情况。
2. 事故造成的损失。
3. 善后工作及防止再发生类似事故的安全措施。
4. 事故发生的时间、地点及出事经过。
5. 事故发生的原因、责任。

二、阅读下面的段落，归纳本段的主旨，并分析其所用的哪些材料与段旨无关。

人的一生总要与书本打交道。从小到大，我们曾经阅读过有趣的卡通书、深奥的哲学书、引人入胜的故事书、不得不读的参考书……如今，计算机及网络的普及，又使我们接触了操作便捷的电子文本、快速传递的“伊妹儿”、逼真的动画游戏，还让我们了解了网络小说，开始阅读起电子图书。应该说，这给我们的阅读方式带来了新的选择，有的人捧一盏茶，轻敲鼠标，在电子屏幕前享受阅读的自由；有的人仍旧躺在床上，倚在枕上，翻动书页，尽享纸质书的阅读之乐。

三、下面是一篇对班里同学公文写作学习情况的全面总结，撰稿者想写出班里同学学习中感受最深的东西，但是他的愿望有没有实现呢？该文的主要毛病表现在哪些方面？

文秘专业二班公文写作学习总结

公文写作是这学期开的4门专业课程之一。上54个课时。由××教授主教。××大概有60多岁了，头发花白，脸色红润，讲话气力很足。看来他不是单纯的专业老师。他说学习公文写作，就是学习如何用公文来办理公务，掌握做好工作的理论、知识、方法，培养大家用公文来办理公务、做好工作的能力。这种能力是“白领阶层”必须有的重要工作能力、竞争能力。对××教授的这种讲法，开始大家不以为然。但当××教授用大量事实，特别是用一篇又一篇的公文“病文”来说明时，课堂就显得十分安静了，同学们似乎受到了“震撼”，原来“公文写作”与自己将来的工作、事业的关系如此密切。从此以后，大家对公文写作的学习劲头大了，认真了。

××老师从讲“通论”到讲“文种写作”，都十分重视用对比法。几乎每一次课，他都先讲办什么事并从正面简明扼要地讲清如何办，如何写这件事，接着展示“病文”，分析不能这样写，这样写办不好事，最后出示修改稿，让同学讨论“不应该那样”和“应该这样写”的问题。范文、病文、修改稿的对照，使“不应该那么写”和“应该这么写”的事实、道理都明显了，同学们就容易领会、掌握。如讲公文的性质作用时，××老师不是先讲理论，而是先展示病文《会议通知》，让同学思考片刻后问：撰文者写这一公文是用来办什么事的？这样写，能够办好这件事吗？经过讨论分析，统一了认识，他将修改稿展示出来，让同学们对照病文与修改稿再讨论：为什么按修改稿这样写，撰稿者的目的就能达到，就可以办好事？最后，老师简明扼要地说明“会议通知”写作应注意的要点，并水到渠成地点明公文的根本性质、作用，这样理论与实际、正面与反面进行对照，给人的启发当然就大，印象也深。

××老师的直观教学，很能调动同学的学习积极性。对比方法，很多老师讲课都用，但××老师讲课是对比加直观。对比也不是笼统的，而是具体、实在的，是同一个内容甚至是同一件事、一个问题的对比，好与不好？恰当与不恰当？一目了然。这种对比特别突出地表现在“作文讲评”方面。一个学期××老师的作文讲评课有六七次。每次都将同学们写得好的和不够好的作文投影出来，让同学们讨论，并最后出示修改稿，讲评过程中还会让有关作文的“作者”现身说法。这样教学把比较抽象、笼统，不那么容易捉摸的写作理论、知识、方法，变得直观、具体，看得见摸得着，所以学习就有兴趣。

通过一个学期的公文写作学习，我们的收获确实很大。学习态度有明显变化，掌握了较多的理论知识，实际的写作能力也有较大的提高。我班有46个同学，调查统计结果如下：

公文写作学习前			公文写作学习后					
必要性			必要性			收获		
必要	无必要	无所谓	必要	无必要	无所谓	大	一般	小
8	21	17	34	3	9	29	12	5

黎晴天同学说，原来以为什么公文、私文，都是舞文弄墨。没有想到写公文有这样重要的意义，和一个人的办事能力、竞争能力这么密切相关。过去认为给上级写公文，用“请示报告”准不会错，不知道“报告”和“请示”是不同文种，用错了就可能办不好事，更不知道对没有隶属关系的单位（特别是同级的职能部门），请求批准应该用“请批函”。江昊文入学前曾在机关工作过一段时间，喜欢写点“小文艺”。他说，过去公文材料多就写详细点，少就写简单点，什么要有利办事，方便办事，简明扼要，应用语体要求等，极少考虑，相反自觉不自觉地用“文艺笔法”，弄出许多笑话。现在学了公文写作，明白了很多道理，获得许多知识，类似的错误，今后肯定可以少犯甚至不犯。

我们的公文写作学习，虽然取得显著进步，但也不尽善尽美。有些人学习还是不够自觉，有两个同学总评成绩不及格。

×××

2014年7月11日

四、阅读下面这篇公文，并完成后面的练习。

______

市人民政府：

根据省人民政府侨务办公室、省统计局、省财政厅《关于××省首次侨情普查的通知》精神，为进一步做好我市侨务工作和对台工作，把侨、台工作重点转移到为经济建设服务上来，促进我市对外开放和外向型经济的发展，现拟订在全市开展侨、台情况普查工作。现将有关工作安排请示如下：

①______

凡我市的归侨、侨眷和港澳台同胞的亲属，以及他们在海外的亲属，均属于这次普查对象，要对他们的基本情况进行一次普查。凡我市长住户口的居民在港澳台及国外有亲属关系的，为本次普查摸底的范围。其中属于动迁户的，以户口所在地为准，调查人员可与当地派出所联系，进行登记。

②________________________________

根据省侨台情普查办的要求，各乡、镇、街道要根据本地普查工作量情况，培训一定人数的调查员。各县、区侨台情普查办公室要对普查登记表进行认真审核，无误后，于今年7月30日前报市侨台情普查办公室，由市侨台情普查办公室组织会审和验收。

③普查经费来源。(略)

④________________________________

为加强对这次普查工作的领导，市成立侨台情普查领导小组。领导小组组长由×××副市长担任，副组长由×××秘书长担任，各有关领导同志为领导小组成员。市侨台情普查办公室负责日常工作。各县、区政府要重视这项工作，成立相应的领导机构，抽调必要的人员，保证高质量地完成普查任务。

⑤________________________________

××市侨务办公室
××市台湾事务办公室
××市统计局
××市财政局
××××年4月10日

1. 拟写这篇公务文书的标题，并填写在文中预留的标题横线上。
2. 在正文序号①、②、④后的横线上各拟一个适当的小标题。
3. 在正文序号⑤后的横线上写上恰当的结束语。
4. 标出本文正文的基本结构。

任务4 应用文书的语言

一、应用文书语言的基本特征

不同的文体有不同的语言风格。一般而言，文学作品（包括记叙文）多运用文艺语体，说明文多运用科技语体，议论文多运用政论语体，应用文则多运用事务语体。应用文书的语言表达必须体现出应用文事务语体的特点和风格，也即明晰、准确、简朴、庄重、得体。

（一）明晰

明晰是指应用文书的语言表达必须明白清楚，无歧义，不晦涩。如果语言表达晦涩不通、语意容易产生歧义，那么应用文书的实用效果就会大打折扣。因此，应用文书的语言使用，在词汇上要严格遵照其词典意义；在造句上要严格遵循语法规则；在修辞上只适当运用比喻、对偶、排比等常规修辞格，而夸张、通感、暗示等可使事物有较大变形的或曲折达意的修辞格一般不用。应用文书的叙述多用直叙，证明多是直接证明，以保证不同的读者在理解上能够最大限度地趋向一致。

（二）准确

准确主要是对用词的要求，即选用最合理、最恰当的词语来表达文章主旨。中国的语言有许多是模糊不清的，而且中国传统文化又讲究表达含蓄、点到为止。但是这种模糊和含蓄，在应用文书中会妨碍意思的表达，所以要尽量选择含义清楚的字词。尤其是一些近义词，不光含义有细微差别，往往还有褒贬之别，以身份礼节等细微差异。如“考核”和“查核”、“开除”和“除名”、“拆迁”和“搬迁”等，“我公司”与“本公司”、“你局”与“贵局”、“这个人”与“该人”等。

（三）简朴

简朴即简洁朴素。应用文的语言讲求简洁精练是出于提高办事效率的需要，以使读者能迅速获取信息，理解主旨。因此，在应用文书的语言使用上，常常会出现如下情况：

1. 精心锤炼词语

将重复的、可有可无的字、句、段坚决删去。如“对这件事，人们仍然记忆犹新”，“犹”与“仍然”重复，应将“仍然”去掉；“校领导亲自参加了图书馆的奠基仪式”“领导亲自到会并做了重要讲话”两句中的“亲自”一词也应该删去。

2. 恰当地运用简缩语、文言词汇

简缩语是在长期使用过程中约定俗成的语言，如“三农问题”“人大”“京沪高速”“纪委”“长江三峡”等。应用文（特别是公文）在其长期发展过程中也大量借鉴了文言文的词语，如“业经”“悉”“兹”“兹有”“特”“拟”“者”“为荷”“于”“为”“依”“逾”“其”“亦”“以”“尚”“之”“该”“予”“此”“凡……者”等，强化了应用文特有的语感，使其表意更加精练，同时也增强了公文的庄重性。

应用文书主要用于单位与单位之间的事务联系和沟通，就算是个人文书，也都与公事有关，因此它不需要感情抒发，也不需要展示文采，朴素实在是应用文书语言的基本风格。因此，我们在写作应用文时，要注意追求平易、质朴的文风，不说空话、套话，不滥用溢美之词；直陈其事，不绕弯子、不故作艰深。

（四）庄重

庄重主要是针对公务文书（尤其是下行性公务文书）而言的，因为这种文书代表的是上级单位的态度。要做到庄重，就要严格使用合乎规范的书面词语，切忌使用民间化、口语化的词语。同时也要习惯使用公务文书的专有术语。公务文书是级别最高、最规范的应用文书。在长期使用过程中，形成了一些专门术语和习惯用词，包括开头用语（兹有、根据等）、承启用语（综上所述、特……如下等）、结尾用语（特此批复、函商等）、称谓用语（我司、贵校、该同志等）、经办用语（业经、责成等）、引述用语（顷接、惊悉等）以及表态用语（照办、原则同意等）和期请用语（拟请、报请）等，上述用语都可以使公务文书显得庄重正规。

（五）得体

得体是指根据行文目的、内容、对象有分寸地使用语言。应用文要做到语言得体，就要符合作者在社会关系中的地位，叙事论理、遣词造句时要注意一定的身份，要能正确体现出收发双方之间一定的关系。上行文的语言，应尊重而不阿谀讨好；下行文的语言，应谦和但又不失度；与平行机关往来函件的语言，则应以诚以礼相待，多商量，互相尊重。语言色彩要符合特定的行文目的及内容性质的要求。如颁布政令的要庄重严肃；通报错误的要说理准确、义正词严；申请要求的要平和委婉；报喜祝捷的要热烈欢快，等等。如《关于成立购销合作社的请示》，因为请示事项须经过上级批复才能执行，所以在行文中请示事项就不能表达为“我们要成立购销合作社”，而应该将“要”改为“拟”。同时，陈旧、过时的词语不宜使用，新名词术语要谨慎使用。

此外，公文用语讲求准确精当，恰切无误，但在某些特定的语境中，却需要使用模糊词语，以使公文内容得到恰当的表达。例如，“按有关文件规定”这句话中的“有关文件”本是存在的，但或限于文章篇幅，或有意不写，因而，“有关文件”便有了模糊性。“以上意见，要认真贯彻执行”，要贯彻执行，是明确的，但在如何贯彻上，“认真”二字又是模糊的。由于如何贯彻执行，往往还得结合本单位的具体情况，而各单位的具体情况往往有所差别，不可能限定具体的贯彻办法，因此从这一点来说，用“要认真贯彻执行”一语的表述，反而是严密的。当然，在公文写作中，模糊语言要用得恰当得体，该用才用，如果随意滥用，将有损公文的明晰性和严肃性。

总之，在写作应用文时，对于说什么、不说什么、怎样说、何时说等，都需要认真考虑。语言得体将有利于处理事务、沟通关系，达到文书的预期效果。同时，能否达到这种预期效果，也是衡量语言运用是否得体的一把尺子。

应说明的是，应用文书语言的上述五个特点，常常是相辅相成难以分割的。

二、应用文书语言的主要表达方式

人们写文章的表达方式通常有五种，即叙述、议论、说明、描写、抒情。由于受应用文书的文体特点和写作目的的制约，其常用的表达方式主要为说明、叙述和议论。

（一）说明

说明是用简明扼要的文字对事物或事理的状态、性质、特点、功能、成因、关系、功用等属性加以客观的解释和介绍的表达方式。应用文书中常常同时使用多种说明，且说明常与议论、叙述结合使用。

1. 数字说明

有关数据显示，中国每年浪费食物总量折合粮食约500亿公斤，接近全国粮食总产量的1/10。即使按保守推算，每年也最少倒掉约2亿人一年的食物或口粮。

2. 举例说明

通常有典型举例和列举性举例两种。前者能使被说明的事物更为具体、清楚，后者能使被说明事物的范围更清楚。举例说明要求所选例子真实、具体，有代表性，否则不能达到变抽象为具体、变复杂为简明的目的。

3. 比较说明

例如，“世界上最深的淡水湖——俄罗斯的贝加尔湖，由于污染，湖中的水生物至少比50年前灭绝了一半。”在使用比较说明时，应考虑比较的事物之间要有可比性，比较的标准应一致。

4. 分类说明

例如，“营业税设置了三档税率。交通运输业、建筑业、邮电通信业、文化体育业税率为3%；金融保险业、服务业、转让无形资产、销售不动产税率为5%；娱乐业多属于高消费的范围，因此规定了5%～20%的税率，各省、自治区、直辖市人民政府所属税务机关可在税法规定的幅度内实行较高的税率。”在使用分类说明时，要注意每次分类只能选用一个标准，不能多标准。

5. 定义说明

定义说明的重点是讲明事理，界定事物的质的规定性。在定义说明中，判断词“是”的前、后项是可以互换的，互换后对所定义的内容并无影响。例如，《电子出版物管理规定》第2条对什么是电子出版物做这样的定义说明：“本规定所称电子出版物，是指以数字代码方式将图文声像等信息编辑加工后存储在磁、光、电介质上，通过计算机或者具有类似功能的设备读取使用，用以表达思想、普及知识和积累文化，并可复制发行的大众传播媒体。”

在应用文书中，除经常使用上述几种说明方法外，还常用“图表说明”“引用说明”，在特殊情况下还使用“比喻说明”“描写说明”等。

（二）叙述

叙述是有序陈述过程，包括介绍人物的经历、言行，阐述事物发展变化的前因后果、来龙去脉的表达方式。完整的叙述包括时间、地点、人物、事件、原因、结果六要素。应用文书的叙述，一是以概括叙述为主，一般不使用具体叙述。只注重对事件的整体勾画，不要求细节的具体、内容的详尽。只叙述与表达主旨、说明问题有直接关联的部分，或者只是综合地、概括地叙述若干人或事的某些共同点。二是以顺叙为主，讲求平铺直叙，注重事件的过程性特点符合人们的认识规律。

应用文书写作对人称的使用有特定的要求。如撰写总结、拟定计划，必须采用第一人称，写调查报告则主要使用第三人称。而有些文种的写作，须三种人称同时使用，如涉及第三单位的来函、去函、情况通报，就常出现“我们”“你们”“他们”。

（三）议论

议论是作者对某个问题、事件进行分析、评论，表明自己的立场、观点、意见的一种表达方式。应用文书以正面议论为主，旗帜鲜明地表明观点；常常采用不完整论证，以简化论证过程，直接表明论证结果、立场、主张等。常用的论证方法有如下四种：

1. 例证法

例如，创新是国家发展的原动力。德国因汽车技术的创新，而使德系汽车畅销全球；日本因电子科技的创新，而使日本电子设备远销海外；韩国因文化的创新，而使韩剧风靡全球。我国因航天技术创新，使中国航天事业领先于世界。以上种种均向我们说明这样一个道理：创新是国家发展的原动力。因此，我们需不断创新，方能推动国家发展。运用例证法应做到选用论据无论是具体事例、统计数据、概括的事实，都要真实典型，为论点服务，有说服力，防止以偏概全。量要适度，不能太少，亦不可过多，以免冲淡论点。

2. 对比法

例如，“我们党执政以后，特别是在新的历史条件下，能不能成功地解决党内监督问题，尤其是对高中级干部的监督问题，是加强党的建设需要解决的一个重要问题。从党的建设的实践看，这方面既有经验也有教训。哪个地方、部门什么时候党内监督工作抓得比较紧，民主集中制执行得比较好，个人专断、滥用职权和‘有令不行、有禁不止’的情况就比较少，消极腐败现象也会受到抑制，出了问题一般也能得到及时解决。反之，监督工作薄弱，民主集中制受到破坏，权力被滥用而又得不到制止，往往就会出问题，甚至出大问题。”

3. 引证法

例如，“列宁曾经说过：‘忘记过去，就意味着背叛。’因此我们不能忘记先烈们为解放全中国的浴血奋战，不能忘记为探索社会主义建设规律所走过的曲折道路，不能忘记改革开放以来的奋斗历程。”注意，引用不能断章取义，更不能随意增删、妄加修改。若是引用原文，语句、标点都要绝对正确。

4. 因果法

例如，“我们系统内的大多数老企业，多年来负担很重，有的厂福利性开支竟占年收入的20%；有些老厂，离退休人员工资占全厂年收入的30%以上，这些企业的亏损是体制造成的。有些企业没有市场意识，产品几年不变，质量低劣，大量库存积压，造成投资无法回收，从根本上说，这些企业的亏损也是体制造成的。因此我们要走出困境，就必须深化体制改革。”这里用因果分析的方法，分析了国企亏损的原因，从而证明了“必须深化体制改革”这一论点。

技能训练

一、选择题

1. 下列各句中用词符合应用文书语言基本特征的一句是（　　）。

A. 公司董事会全体会议审查通过了年度决算报告

B. 煤炭、石油、钢铁等是发展工业所必需的原料

C. 本合同须经甲乙双方签字，方能生效

D. 截至今年10月已有京广、京沪、京包三条铁路提速运行

2. 下列没有歧义的句子是（　　）。

A. 我看见你那年才九岁

B. 涉外秘书班和商务管理班的部分学生迟到了

C. 新职工的宿舍建在开发区内

D. 校部采纳了一个学生的合理化建议

二、按公文用语要求，改写下列句子中带下画线的词语。

1. 如果贵公司同意。

2. 切望出力相助。

3. 出于以上原因。

4. 此事确定由子公司办理。

5.《××条例》已由国务院第四次会议通过，现公布实行。

6. 得到贵局大力支援，特表谢意。

7. 你厅×公政〔20××〕161号请示已收到。

8. 现在报告如下。

9. 特此拟函作复。

10. 请你局将严某20××年拘留情况用函告诉我处。

11. 由于该案追究时效已过，故不予上报。

12. 我们打算今年5月份开课。

13. 该人切实为精神病患者。

14. 你局是否收到，请速调查后答复。

15. 现在就关于财经工作改革等问题，提出以下几点意见。

16. 此次火灾。确实是坏人纵火造成。

三、试比较阅读下列病文及修改稿，从材料的处理和语言的使用方面分析其优劣。

［病文］　　**××市17名党外人士担任区县政府领导职务**

新当选的××市××区副区长王××今天对记者说：我作为民主党派成员当选为副区长，

感到责任十分重大。民主党派成员进入政府领导班子，是社会主义民主政治的新发展，也是对我们民主党派的一次考验。在今后任职的3年中，我要紧紧依靠党的领导，认真深入实际，听取群众呼声，扎扎实实把工作做好。

王××，现年53岁，民盟××市委委员、民盟区工委主任，原××教育学院××分院高级教师。今年3月，当选为××市××区副区长，主管文化、卫生、体育、老龄委、计划生育等项工作。

××区现有1位正区长，6位副区长。其中6名中共党员，1名民主党派成员。

据了解，××市自去年10月开始的18个区县人大换届选举工作截至今年3月6日已全部结束。在18个区县中有17个区县政府选出了17名非中共人士担任副区县长职务，占18个区县正副区县长总数的13.6%。在新当选的17名非中共人士副区县长中，民主党派成员5人，占29.4%；无党派人士12人，占70.6%；女同志5人，占29.4%；平均年龄50岁。

据悉，××市十分重视举荐党外干部担任政府领导职务，市委组织部和统战部曾下发文件，提出了举荐非中共人士干部的条件。市委领导要求，对担任各级政府部门领导职务的党外干部要政治上信任、工作上支持、生活上关怀，保证他们有职有责有权，并为他们创造学习、锻炼提高的条件。

××××年××市各区、县政府换届时，党外副区长只有5人。目前，全市共有党外局级以上干部23名，处级以上干部865人。其中，政府系统现有党外处级干部355人，比××××年的88人增长了近3倍。

［修改稿］　　　　**十七名非中共人士在××市区县任要职**

新华社北京三月十六日电××市十八个区县人大换届选举工作已于近日全部结束。有十七个区县选出了十七名非中共人士担任副区、县长职务，占十八个区、县正、副区、县长总数的近八分之一。

十七名非中共人士中，有民主党派成员五人，无党派人士十二人。据悉，在这次的换届选举中，××市十分重视举荐非中共人士担任政府领导职务。

上届××市区、县政府中，担任正、副区、县长职务的非中共人士只有五人。

××市还要求对这些新当选的非中共人士要政治上信任、工作上支持、生活上关怀。

日前，新当选的××区副区长王××告诉记者，他将主管××区的文化、卫生、体育、计划生育和老龄委等项工作，他表示，责任重大，要认真深入实际，把工作做好。

王××也是民盟××区工委的主任。

四、下面是周恩来总理修改的一份指令，它给我们哪些启示？

文中（　　）为删节内容，〈　　〉为增添内容，［　　］为修改内容。

查我（们祖）国具有（极其珍贵）〈历史文化〉价值（的）［之］文物图书，（在）过去（国民党匪帮）反动统治时（期）［代］，往往官（僚）商（人互相）勾结，（偷）盗（贩）运出口，（以）［致］使我（们这些）〈国〉文化遗产蒙受莫大（的）损失。（现在，）［今］反动政权〈业〉已（经被）推翻，海（上）陆（上）运输［均］已（经）畅通（行使，没有阻碍了）。为了防止（这些珍贵）［此项］文物图书继续失散起见，特（别）制定（了一份）《禁止珍贵文物图书出口的暂行办法》，随（着这个命）令颁发（下去），希即转令所属（各有关）单位遵照办理为要。

五、下面是一位同学写的书信，请从结构和语言上指出其错误，并加以修改。

建华和新生，你们好！

惊悉你们俩人考上大学，非常高兴，谨向你们致以衷心祝贺！说来惭愧，咱们三人曾同学五年，独我落选。不过，鄙人这次虽然高考不幸，名落深山，但决不恢心，决心明年再考，即使考不上也不悲观，学府外自学成材的人不是大有人在吗？时至今日，学习计划已具雏形，诸君学习成绩显著，有何经验之谈或锦囊妙计，莫保守，来信告我。

余不赘陈，愿我们在学习的道路上比翼双飞。

此致

敬礼

九月三日

刘浪　于渝

项目三　大学生通用文书

任务1　社会实践报告

写作任务

根据团省委关于开展大学生利用寒暑假进行社会实践调查活动的通知要求，进行实地调查，并完成不少于2000字的社会实践报告。

例文借鉴

家乡农村生态问题调查报告

河北经贸大学信息技术学院电气七班　袁牛涛

一、背景和目的

改革开放以来，我国农民生活水平有了很大的提高，农村建设取得的成效显著，经济发展水平稳步提高，人民生活质量不断改善，各项事业稳步发展。但农业、农村、农民仍然存在诸多的问题。改革开放30多年来，虽然按照当时三步走的规划提前走完了前两步——实现了从贫困到温饱、再到基本小康，但同全国总体实现小康目标相比，农村还有一定差距，有些方面差距更大。国情、区情都说明，没有农村的小康，就没有全国的小康。所以，清醒地分析和认识农村的地位、现状和比较优势，对全面建设小康社会具有重要的现实意义。

二、调查过程

1. 调研时间：2013年7月6日—2013年8月31日。
2. 调研方法：调查问卷，街道走访，村委会走访，网络询查等。
3. 调查对象：武安市管陶乡、贺进镇、上团城镇、邑城镇、涉县木井镇等乡镇部分村民。
4. 问卷回收：调查范围包括不同乡镇的不同村落，我们选取了相对具有代表性的农户，调查过程井然有序，大部分村民积极配合完成问卷中的问题，问卷回收情况良好，回收率达95%以上，最后我们根据在村民问卷中所反映的问题做了详细的分析总结。

三、调查结果分析

1. 经济生态

（1）调查内容：家庭电视、汽车、电话、计算机等新技术产品的使用情况，村里的农作物种植收成、收益情况，村民的投资想法等。

（2）调查分析：调查结果显示，我市大部分农村经济发展良好，94%的农民拥有电视机等相关媒体，数字电视信号在我市农村的覆盖率接近100%，大多数农民能够通过电视新闻等了解外界信息，或农闲时通过观看电视节目来休闲娱乐。

据调查，汽车在农村的普及率较低，而农用机车和摩托车的普及率则相对较高，反映出当代农村在经济上虽然取得了巨大的发展，但城乡差距依然巨大，有待我们党和政府进一步筹划，出台相应的政策，让农民真正富起来，步入真正的小康生活。

相比电视在农村的普及情况，计算机设备在农村的普及率显然低得多。根据收回的调查问卷，我计算出在调查的几个村落中，计算机的拥有率只有不到20%，也就是说，80%以上的农民家庭中没有计算机，村民对计算机的了解甚少，有的几乎为零。这样来看，农村的发展并没有达到我们想象中的水平。

另外，调查发现，我市大部分农村对农作物的种植由原来的多种农作物逐步向单一化发展，其中玉米种植率最高，而小麦的种植率则逐年下降，甚至一些村庄已经不再种植小麦，通过了解，我们得知种植小麦过程繁杂，且因地域缺水导致小麦产量较低，因此大多数农民选择只种植玉米等过程简单且抗旱的作物。

（3）调查总结：从我市农村的整体发展态势来看，农民收入正在持续稳步上升，整体发展良好，但是对于计算机和汽车等的拥有率比较低，农村的经济发展仍然需要下大力气，努力缩小与城市经济的差距才是硬道理。

2. 社会服务生态

（1）调查内容：农村医疗保险、低保、村委协调等社会服务项。

（2）调查分析：调查显示，我市农村医疗保险项目推行较为广泛，农村90%以上的农民均加入了医疗保险项目，切实解决了部分村民看病难、看病贵的问题。

农村低保项目是一个专门针对老弱病残的扶助项目，但在调查中发现，部分村落并未真正补助到家庭困难的农民身上。其中一大部分落到了村干部身上。针对这样的现象，我们强烈呼吁政府加强对农民利益的保障和对村干部行为的监督。

另外，就村委会协调工作对村民展开的调查中，大部分村民对村委会的工作存在不满，村委会并未起到其相应的作用。此外，在处理一些切实关系到村民利益的问题上，村委会经常擅作主张，并未与村民及时交流协调，这直接导致村干部与村民之间矛盾不断加深。

（3）调查总结：在对农村社会服务生态的调查中，政府出台的各项惠农政策并未完全惠及广大民众，主要是村委会这级组织执行不力或执行走样。在此，我们认为党和政府不仅仅需要出台各种政策，更需要监督整个政策的实行过程，真正将实惠送到农村，送到广大农民家中。

3. 精神文化生态

（1）调查内容：公共活动场所设备、宗教信仰、农闲时的消遣方式、婚嫁聘礼以及丧葬花费等。

（2）调查分析：据调查，80%的村落中有公共活动场所，但是健身器材并不齐全，不便于全民健身，村民对这些公共设施的保护意识比较薄弱，损坏情况较为严重。

在信仰的问题上，调查发现大多数村民没有自己的信仰，甚至大多数人相信鬼神等封建迷信。

村民在农闲时消遣方式以串门聊天为主，在整个调查比率中占到80%，其次是看电视或者利用棋牌来消遣。

婚嫁聘礼与地区经济发展有很大关系，但是聘礼在5～6万元的村落还是占大多数，相对富裕的地区婚嫁聘礼可达到10万元之多，但经济发展相对落后的地区婚嫁聘礼则在3万元以下。丧葬花费则普遍反映在1万元左右。90%以上的村民认为这样的花费属于正常的风俗。

（3）调查总结：通过调查我们发现，随着电视机、手机等现代媒体和通信工具的普及，那些让人快乐的非物质方面的生活享受正在逐渐变得丰富多彩，广大村民的文化品位和欣赏水平在日益提高，但是受封建历史的影响，封建迷信在农民中仍有相当大的市场，立碑建庙等封建迷信活动仍然频繁。在婚嫁和丧葬方面的花费，体现了农民在经济上已经有了相当大的发展。

4. 教育培训生态

（1）调查内容：教育普及程度，教育质量，农业技术培训，科技等方面的技术培训等。

（2）调查分析：虽然现在全国已经基本普及九年义务教育，但从调查问卷中我们发现农村未完成义务教育的青少年学生仍然占很大比重，因此我们应该更加重视农村适龄青少年的教育问题，努力缩小城乡教育差距，改变教育中存在的不公平现象，加大对农村教育设施和师资力量的投入，让更多的青少年能够接受更科学的文化教育。

调查发现，村民对于农业种植技术、养殖技术等各种技术培训都比较陌生，普遍反映村委或村干部没有组织过技术方面的培训，在种植农作物或部分小型养殖过程中都是村民自己琢磨总结，并未接受过任何专业培训。因此，我们认为，在农村发展致富的道路上，必须加大专业技术培训，加大人才投入，只有确立了先进的种植或养殖理念，以先进的技术做支撑，农村才能更快更好地发展。

（3）调查总结：在教育生态调查中，我们发现，我市大部分农村在教育方面与城市存在巨大差距，大多数农村初中以上学历的人数不及50%，这再一次给我们敲响了关于重视农民教育问题的警钟。各村委会应通过加强农民技术培训，使农村劳动力掌握一技之长，从而提高农民就业技能和科学种养植的水平，促进农业和养殖业发展，提高他们捕捉就业机会的能力。

5. 农村环境生态

（1）调查内容：农村污染情况、污染源，绿化情况，水质情况以及生活垃圾的处理等。

（2）调查分析：据调查，大部分农村污染情况较为严重，主要体现在以下几个方面：

① 饮水和水污染问题。根据调查，这些村落饮水主要来源有自来水、大口井水、手压井水及其他，90%以上的饮用水并未经过正规的消毒处理，并且有3户农民有喝生水的习惯。另外，一些村落的水污染以生活污水和养殖污水为主，而这些污水的处理方式大部分是被村民直接排入沟渠，造成环境循环污染的情况十分严重。

② 厕所粪便及农田施肥。农户厕所多以室外旱厕为主，室外旱厕这一问题 使得农村空气问题受到严重威胁。此外，农田施肥所用的化肥、农药也严重制约着农村生态环境的发展。尽管各家使用的量不同，可是成片的农田，成片的农药化肥自然会对生态造成不小的影响。

③ 固体废弃物污染。在所有污染中，固体废弃物是村民认为最主要的污染。固体废弃物排放，其主要原因还是在于村民环保意识太差，生活垃圾乱扔乱放，垃圾堆积如山。而且，在广大农村地区，垃圾的分类处理工作本来就做得不够好，再加上大量的垃圾排放，这一方面占了农田；一方面还排放异味，污染空气；此外，固体废弃物的排放还在很大程度上影响了村庄

的村容村貌。

（3）调查总结：通过对村民的走访调查了解到，村民的环境保护意识普遍较弱。直接影响了村里的环境保护效果，可见，努力提高村民环保意识已经迫在眉睫。然而，地方政府这方面的工作做得不够，而且政府努力不够，政府组织的农村环保科普活动很少。从外因上来说，政府对村里的环境污染承担着一定的责任。村民也普遍把希望寄托在政府身上，所以政府更应该努力加大资金投入，建立环保建设体系，为改善村里环境做贡献。

经过调查，我对农村各项事业的发展有了大致的了解，改革开放30多年来，我国的农村事业取得了前所未有的大发展。其中，经济发展最为显著，农民的生活也从温饱向小康跨进，社会服务和精神生活也随着经济的发展迈向了一个新的台阶，如今的社会主义新农村，正以崭新的姿态迎接新的机遇和挑战，希望在发展中存在的一些问题能够得到党和政府的重视，并尽快找到有效的解决办法。

只有不断解放思想，时刻保持实事求是的工作态度，才能夺取农村事业发展的新的伟大胜利。衷心地祝愿我们的社会主义新农村能够取得更好的发展，农民们能够早日过上幸福的小康生活！

（摘自“百度文库”）

必备知识

一、社会实践报告的含义和用途

大学生参加社会实践，了解社会、认识国情，增长才干、奉献社会，锻炼毅力、培养品格，对于深化认识党的路线方针政策，坚定在中国共产党领导下，走中国特色社会主义道路，确立中华民族伟大复兴的共同理想和信念，增强历史使命感和社会责任感，具有不可替代的重要作用，对于培养中国特色社会主义事业的合格建设者和可靠接班人具有极其重要的意义。

社会实践报告就是大学生参与社会实践活动并对社会实践活动进行分析总结所撰写的书面报告，内容包括对实践单位（地点）或实践事项做出基本评价、提出有关意见和建议，以及实践活动的收获等。学校通过此报告，可以了解大学生对社会或有关事物的认识水准，以及学生的素质和技能水平。

二、社会实践报告的特点

（1）实践性。社会实践报告以学生亲身深入参与社会生活的实践为基础。

（2）调研性。社会实践报告依托深入细致的调查，收集大量的现实和历史资料，通过对典型性的事实进行系统的本质的分析和研究，并将此诉诸文字。

（3）评价性。社会实践报告必须反映有关问题和矛盾，并且力求提供可资借鉴的经验和参考性的工作建议。

（4）个人素质体现性。社会实践报告的专业性较为宽泛，需体现社会实践对个人素质的提高等实践成效。

三、社会实践报告的类型

社会实践报告按大学生开展社会实践活动的类型，可分为大学生深入社区、街道、农村开展学习落实党的路线方针政策等活动，开展“真情进万家”的志愿服务活动，赴企业进行就业实践，开展“感恩”社会系列调研活动和社会调查等类型。

社会实践报告按写作内容可分为反映社会情况、介绍典型经验、揭露问题、反映新生事物四种类型。

结构写法

一、标题

（1）实习地点＋文种。如《赴×××开展社会实践报告》。

（2）正副标题式。正标题概括社会实践的主题，副标题标明社会实践单位的名称和文种。如《质量为本，服务社会——×××集团社会实践报告》。

二、正文

一般来说，尽管因大学生深入社会实践的单位或社会实践的内容不同，会使社会实践报告的正文写法有差异，但基本都包括以下几个方面。

（1）前言。一般写社会实践的缘由、目的、实践单位（地点）情况或实践事项、时间、背景。介绍本人的基本情况。

（2）主体。包括如下内容：

1）介绍社会实践的形式和具体的实践内容等。

2）对实践单位（地点）或实践事项的基本认识和基本评价。如有必要，社会实践报告还可对进行社会实践的单位提出富于专业性、建设性的意见或参考性的建议。

3）介绍作者参加社会实践的收获，包括个人在思想、人生体验、个人素质乃至专业技能上的提高。假如社会实践的内容与专业结合得比较紧，也可以根据社会实践的情况，对学校的专业教学提出建议。

三、注意事项

（1）明确实习报告与社会实践报告的异同。

（2）在实践过程中注重调查研究，注重收集有关资料，比如注意收集社会实践单位的基本情况，注意了解其工作规程、效益、前景和存在的问题以及员工的评价等。

（3）社会实践报告是写实性文书，必须言之有据，切忌凭空杜撰。

写作模板

×××社会实践报告

我是××学院××专业×级×班的学生。我响应学校的号召，于今年×月至×月到×××公司进行了社会实践。（作者简介及社会实践的缘由、时间）

×××公司主要从事×××××××。（社会实践单位简介）

此次社会实践的主要目的×××××。（社会实践目的）

现将本次社会实践的情况报告如下：（文种承启语）

一、社会实践的形式和主要内容

1. ××××××××××××××××。（形式）

2. ××××××××××××××××。（内容）

二、对实践单位（地点）或实践事项的基本认识和基本评价。

1. ××××××××××××××××。（基本认识）
2. ××××××××××××××××。（基本评价）
3. ××××××××××××××××。（视需要对单位提出有关建议）

三、本次社会实践的收获和体会

××××××××××××××××。（包括作者在思想上、人生体验、个人素质乃至专业技能提高上的收获，以及对专业教学提出的一些建议）

技能训练

一、下面是一名同学写的社会实践报告的正文，请提出修改意见。

假期来了，我还能像以前一样来挥霍自己的时间吗？一片叶子属于一个季节，年轻的莘莘学子拥有绚丽的青春年华。谁说意气风发，我们年少轻狂，经受不住暴雨的洗礼？谁说校园里的我们两耳不闻窗外事，一心只读圣贤书？走出校园，踏上社会，我们能否不辜负他人的期望，为自己书写一份满意的答卷……

在注重素质教育的今天，学生假期社会实践作为促进学生素质教育，加强和改进青年学生思想政治工作，引导学生健康成长成才的重要举措，作为培养和提高学生实践、创新和创业能力的重要途径，一直以来深受学校的高度重视。社会实践活动一直被视为学校培养德、智、体、美、劳全面发展的跨世纪优秀人才的重要途径。寒假期间社会实践活动是学校教育向课堂外的一种延伸，也是推进素质教育进程的重要手段。它有助于当代大学生接触社会，了解社会。同时，实践也是学生学习知识、锻炼才干的有效途径，更是学生服务社会、回报社会的一种良好形式。多年来，社会实践活动已在我校蔚然成风。

学校是一个小社会，我们不再是象牙塔里不能受风吹雨打的花朵，通过社会实践的磨炼，我们深深地认识到社会实践是一笔财富。社会是一所更能锻炼人的综合性大学，只有正确地引导我们深入社会，了解社会，服务于社会，投身到社会实践中去，才能使我们发现自身的不足，为今后走出校门、踏进社会创造良好的条件；才能使我们学有所用，在实践中成才，在服务中成长，有效地为社会服务，并体现大学生的自身价值。今后的工作中，是在在校期间社会实践活动经验的基础上，不断拓展社会实践活动范围，挖掘实践活动培养人才的潜力，坚持社会实践与了解国情、服务社会相结合，坚持社会实践与专业特点相结合，为地方经济和社会发展贡献力量。

这个假期我没有选择自己所学的专业去实践，而是在一个亲戚开的计算机配件柜台帮忙卖货，过得十分充实。在此次实践过程中我学到在书本中学不到的知识，它让你开阔视野、了解社会、深入生活、回味无穷。也对自己一直十分想了解的计算机知识有了更进一步的深入。社会实践作为广大青年学生接触社会、了解国情、服务大众的重要形式，对于青年学生的成长、成才有着极为重要的作用。

这次假期实践我以“善用知识，增加社会经验，提高实践能力，丰富假期生活”为宗旨，利用假期参加有意义的社会实践活动，接触社会，了解社会，从社会实践中检验自我。

虽然在这假期我没有在我的专业知识、专业能力上有所提升，但是我感觉我懂得了太多的书本上没有的东西，假期实践增强了我的办事能力、交往能力，叫我懂得钱来之不易，叫我懂得人要打拼出一片属于自己的天空。

二、对本班同学手机使用的价位、品牌等情况进行调查，写一份调查报告。

三、完成本任务开始处的“社会实践报告写作任务”。

任务2 实习报告

写作任务

王×是××职业技术学院机电维修专业的学生，到北京××公司进行了毕业实习。在实习过程中，王×主动参与企业市场调查、产品销售、外贸谈判、行政管理、财务管理、生产运作管理、人力资源管理等工作，现在圆满地完成了实习任务。按照规定，王×同学要撰写一份毕业实习报告。请给王×同学一些撰写实习报告的参考。

例文借鉴

××学院数控专业毕业实习报告

一、前言

为了开阔我们的视野，使我们更多地了解产品、设备，提高对数控制造技术的认识，加深数控在工业各领域应用的感性认识，了解相关设备及技术资料，熟悉典型零件的加工工艺，为以后的工作打下基础，本学期，学院安排我们来到拥有较多类型的数控机床设备、生产技术较先进的太原第一机床厂进行为期3个月的毕业生产操作实习。

二、单位介绍

太原第一机床厂始建于1952年，是国家生产金属切削机床的重点企业，是山西省数控产业化基地。企业位于太原市南内环街16号，占地面积13.28万平方米，三面临街，地处城市中心区域，地理位置优越，交通便利；企业在册职工1293人，其中各类专业技术人员320人；资产总额2.23亿元，负债总额1.78亿元。企业拥有立式加工中心、卧式加工中心、高精度导轨磨床、大型数控龙门镗铣床、三坐标测量仪、双频激光干涉仪等高精尖加工和检测设备468台，具备完善的工艺保证体系和准确的计量检测手段。

企业主要产品有高、中、低档数控车床、卧式车床及龙门框架类机床，共三大系列、61个品种、182种规格，其中：数控车床16个品种，43个规格，产品技术处于国内先进水平，市场潜力巨大；卧式车床14个品种，64个规格，性价比高、用户满意度高；龙门框架类机床31个品种，75个规格，呈旺销态势。特别是新产品数控龙门镗铣床不仅市场前景看好，而且拥有知识产权，具有核心竞争优势。以“太一机”为注册商标的产品畅销全国，并远销世界十多个国家和地区。企业技术力量雄厚，产品开发周期短、见效快，企业技术中心以其强势的科技开发能力和现代的设计手段被评为省级技术中心；企业以诚信经营和快捷周到的服务著称，在全国绝大多数省、市、自治区建有销售网点并形成了长效网络体系，企业注重产品质量，曾于2000年通过ISO9001国际质量体系认证。

三、实习目的

毕业实习是我们在完成本专业基础课和专业课的学习之后，综合运用知识的重要实践性教学环节，是机电专业必修的实践课程，在实践教学体系中占有重要地位。毕业实习可使我们在实践中验证、巩固和深化已学的专业理论知识，通过知识的运用进一步加深对相关课程理论与方法的理解与掌握。在实习过程中，我们应加强对企业及其管理业务的了解，将学到的知识与实际相结合，运用已学的专业理论知识对实习单位的各项业务进行初步分析，善于观察和分析对比，找到其合理和不足之处；灵活运用所学专业知识，在实践中发现问题，并提出解决问题的思路和方法，同时，我们也从中提高了解决实际问题的能力。

四、实习内容

在3个月的实习过程中，我们主要学习了车工、钳工的操作。在实习指导教师的耐心细致指导下，我们从对各项具体操作只有一般了解到能够独立制作出一件成品，完成实习内容和任务，基本上都达到了预期的实习要求，顺利完成了实习。

来到工厂，首先工人师傅给我们上安全课，告诉我们什么可以做，什么不可以做，要求我们一定要服从工厂和老师的管理，并且要时刻注意安全，还给我们讲了一些真实的事例，加强我们对安全的认识，同时还向我们介绍了工厂的基本情况和特色优势。

接下来几天，实习老师带领我们来到各分厂熟悉车工、锻工、磨工、铣工等机械设备的构造、工作原理、基本操作和基本功能，为实际操作做准备。通过老师的讲解，我们熟悉了普通车刀的组成、安装与刃磨，了解了车刀的主要角度及作用，刀具切削部分材料的性能和要求以及常用刀具材料，车削时常用的工件装夹方法、特点和应用，常用量具的种类和使用方法，了解了车外圆、车端面、车内孔、钻孔、车螺纹以及车槽、车断、车圆锥面、车成形面的车削方法和测量方法，了解了常用铣床、刨床、磨床的加工方法和测量方法。

比如在使用磨床机床工作时，头不能太靠近砂轮，以防止切屑飞入眼睛；磨铸铁时要戴上防护眼镜；不要用手摸或测量正在切削的工件；不要用手直接清除切屑，应用刷子或专用工具清除；严禁用手去刹住转动着的砂轮及工件；开机前必须检查砂轮是否正常、有无裂痕，检查工件是否安装牢固，各手柄位置是否正确。

开动铣床机床前，要检查铣床传动部件和润滑系统是否正常，各操作手柄是否正确，工件、夹具及刀具是否已夹持牢固等，并检查周围有无障碍物，一切就绪才可正常使用。变速、更换铣刀、装卸工件、变更进给量或测量工件时，都必须停车。更换铣刀时，要仔细检查刀具是否夹持牢固，同时注意不要被铣刀刃口割伤。铣削时，要选择合适的刀具旋转方向和工件进给方向，切削速度、切削深度、进给量选择要适当，要用铁勾或毛刷清理铁屑，不能用手拉或用嘴吹铁屑，工件加工后的毛刺应夹持在虎钳上用锉刀锉削，小心毛刺割手。铣齿轮时，必须等铣刀完全离开工件后，方可转动分度头手柄。

车工技术要求较高的手工操作能力。通过老师的讲解，我们了解了车刀的种类，常用的刀具材料，刀具材料的基本性能，车刀的组成和主要几何角度，车床的功能和构造。老师最后给我们示范了车床的操作方法，并示范加工了一个木模，然后指导我们开始自己独立操作。在操作中我们首先了解注意事项，如车床运转时不能用手去摸工件表面，严禁用棉纱擦抹转动的工件，更不能用手去刹住转动的卡盘；当用顶尖装夹工件时，顶尖与中心孔应完全一致，不能用破损或歪斜的顶尖，使用前应将顶尖和中心孔擦净，后尾座顶尖要顶牢，用砂布打磨工件表面时，应把刀具移动到安全位置，不要让衣服和手接触工件表面；加工内孔时，不可用手指支持砂布，应用木棍代替，同时速度不宜太快；禁止把工具、夹具或工件直接放在车床床身上和主轴变速箱上；工作时，必须集中精力，注意头、手、身体和衣服不能靠近正在旋转的机件，如工件、带轮、皮带、齿轮等。虽然操作技术不怎么熟练，但经过几天的车工实际操作，我们都独立地完成了实习任务。

五、实习收获

通过车工实习，我们熟悉了有关车工及车工工艺方面的基本知识，掌握了一定的基本操作技能，已经会初步正确使用和操作车床，而且还增强了实践动手能力，以及分析问题和解决问题的能力，初步养成了职业习惯。

数控车床的操作，就是通过编程来控制车床进行加工。数控机床是综合应用计算机、自动控制、自动检测及精密机械等高新技术的产物，是技术密集度及自动化程度很高的典型机电一体化加工设备。与普通机床相比，其优越性是显而易见的，不仅零件加工精度高，产品质量稳定，且自动化程度极高，可降低工人的劳动强度，大大提高生产效率。只要输入正确的程序，车床就会执行相应的操作，通过数控车床的操作及编程，我们深深地感受到了数字化控制的方便、准确、快捷。通过数控实习，我们了解了数控机床及数控加工概念，掌握了数控机床程序编制内容，数控实习使我们具备了一定的数控加工基础知识，我们基本上可以阅读并且编制简单数控操作加工程序，初步掌握了数控机床的操作与维护。

车工、锻工、磨工、铣工实习是切削加工技术的必要途径之一，可以培养我们的观察能力、动手能力，使我们平时学习的理论知识和操作实践得到有效的结合。

最后，真诚地感谢太原第一机床厂给我们这样一个宝贵的实习机会，感谢指导老师对我们的帮助和支持！

（摘自房国晨主编的《应用文写作（第2版）》）

必备知识

一、实习报告的含义和用途

实习报告是学生接受专业教育后，到实习单位进行实践锻炼，对专业实习情况、收获体会和有关专业问题进行分析总结并向学校提交的书面材料。实习是高等教育尤其是高等职业教育教学过程的重要内容，是让学生将所学的专业知识、专业技能实践化的必要措施。实习报告能检验学校教育和教学的成效，能反映学生掌握和运用知识的情况，能给教育管理和课堂教学反馈信息。

二、实习报告的类型

实习报告按照内容划分，有生产实习报告、课程实习报告和毕业实习报告等。

三、实习报告的特点

（1）专业性。实习报告反映学生在专业领域实习的实际情况。

（2）检视性。实习报告必须对自己真实的实习情况进行总结检视，梳理收获，找出不足。

结构写法

一、标题

（1）实习地点 + 文种。如《机械制造厂生产实习报告》。

（2）实习内容 + 文种。如《汽车拆装实习报告》。

（3）正副标题式。正标题概括实习报告的主题，副标题标明实习的单位和文种。如《质量是企业的命根子——海大集团股份有限公司实习报告》。

二、正文

（1）前言。一般写实习的缘由、实习单位和时间、背景，交代实习目的。也可顺便介绍实习生的学籍情况。

（2）主体。包括以下三个方面：

1）实习内容、实习过程。实习内容是产生实习收获和体会的基础，要写得具体而明确。对实习过程做简要交代即可。

2）实习收获。包括完成了哪些实习任务、实习结果如何、取得了什么成绩、专业知识与技能是否能与实习的内容相结合，抑或是否适应实习等。

3）实习体会。包括自己的专业技能存在什么问题，今后的努力方向，对所学专业有何思考和认识，对专业课程设置和知识结构方面的建议等。

（3）结尾。感谢实习单位。

三、注意事项

（1）内容要有针对性。实习报告的审阅者是专业指导教师，他们对学生在实习过程中的表现、出勤情况、工作能力、业务水平、实习成果和写作能力，特别是学生运用所学的知识解决专业实际问题的能力、创新能力等颇感兴趣。实习报告的撰写要针对审阅者的这些关注点予以回应。

（2）内容要有实践性。实习报告侧重于对实践活动的把握以及对实践过程和结果的总结，因此在内容上，毕业实习报告要求侧重实践，全面细致，同时又应有重点，层次分明，表达明确平实。切忌面面俱到，平淡肤浅。

写作模板

实习报告

我是×××学院××专业××级×班的学生。根据学校的学习计划安排，我于今年×月至×月到××公司进行了实习。（实习生情况及实习缘由、时间）

××公司主要从事×××××××××××××。（实习单位基本情况）

此次实习的主要目的是××××××××××。（实习目的）

现将实习的收获及有关内容报告如下（文种承启语）：

一、实习内容和过程

（1）×××××××××××××××××。（做法，专业知识与技能）

（2）×××××××××××××××××。（做法，专业知识与技能）

二、专业收获

（1）×××××××××××××××××。（专业知识与技能应用方面的收获）

（2）×××××××××××××××××。（专业知识与技能应用方面的收获）

三、体会

××××××××××。（包括存在的问题、努力方向以及与专业有关的思考和建议）

四、对实习做出总体性结论评介

五、鸣谢

技能训练

一、下面是一位同学在实习过后写的一篇实习报告的开头，文字通顺，交代了时间、地点、人物、事件，但这样写行吗？请予以分析，并加以修改。

阳春三月，风和日丽。我们酒店管理班的20名同学从武汉坐车，在15日中午到达宜昌市。美丽的宜昌，因为有三峡，我们一直对你梦寐以求，要来领略你的风采。今天终于如愿以偿了。但是，这次我们是要到××酒店，开始为期一个月的实习。因此，尽管大家都想借此机会痛快地玩一玩，但是想到这是实习，必须把学习任务放在首位。这样，在实习老师的带领下，到达宜昌的当天，听完酒店经理的介绍后，我们下午就分为两个小组奔赴实习岗位了。

二、下面是一则病文，试指出其主要毛病。

金工实习报告

2008年，正值奥运年，元旦归来的我们，在第一个月的前半段，7号到18号，按课表，来到××理工大学进行了为期两周的金工实习！

金工实习又叫金属加工工艺实习，它是培养学生实践能力的有效途径。在实习中，我们小组进行了汽车、钳工、CAD快速成型、加工中心、工业控制、表面处理、磨工齿轮加工、锻压、焊接和铸造十个课程的实习。我们通过实际操作，培养了动手能力，增强了劳动意识，让我们意识到了自己作为一名祖国未来的建设者肩上所承担的重任！

1月7号7:55，实习第一天，我们坐上校车，前往××理工大学。

时间： 2008-01-07　8:20—16:00

地点： ××理工大学机加工车间

实习项目： 汽车

内容：

汽车是人们的主要交通工具之一，上午，在机加工车间，老师为我们详细讲解了汽车的内燃机原理及其一般故障排除方法、离合器工作原理及其一般故障排除方法、变速器内部结构等，这是我们之前从来都没接触过的知识。

下午，老师则出了些题目，让我们巩固上午所学的知识。经过今天的实习，让我们了解到了平时经常见到的汽车的内部结构和工作原理。而老师也在放学前进行了知识的考核。

三、完成本任务开始处的“实习报告写作任务”。

任务3　毕业设计报告

写作任务

小李临近毕业，他学的是计算机软件专业，他的毕业设计是《学生成绩管理系统》，在完成这一系统的设计之后，老师要求就这份毕业设计写一份毕业设计报告。

例文借鉴

关于学生成绩管理系统的设计报告

××职业技术学院信息管理系　×××

【**摘要**】本文设计了一般学校通用的“学生成绩管理系统”。本设计采用目前通用的小型数据库 FoxBASE 语言编写，以适应现行学校内部与外部交换信息的需要。

本设计以 FoxBASE 为核心模块，开发出菜单模块、运算功能模块……采用功能模块形式的组合方式，构建整个系统。

【关键词】 FoxBASE　学生成绩　管理系统　设计

一、前　言

目前，大多数学校在利用计算机管理学生成绩方面，还停留在“单独表格式文件管理没有形成系统”的水平层面上，即采用的是半手工、半计算机式的管理方式。在计算机上录入编排学生成绩名册，并录入成绩，进行手工统计，最后排版打印。这种方式造成很大浪费，计算机资源得不到充分利用，且每学期录入一次名单，手工统计一次分数，费时费工。

为解决这一问题，我们先后调查了 5 所中小学和 3 所大学，分析了学生成绩管理工作一般过程的需要，设计了本管理系统。

二、系统原理说明

（一）系统构建依据

本系统构建依据是一般学校的学生成绩管理过程。其过程是：新生学籍登记→一年级上下学期成绩登记，包括期中成绩登记、期末成绩登记、补考成绩登记→各个学期成绩登记→毕业成绩汇总。

（二）系统内容和性能

在这个过程中，各环节所需要的功能如下：

学籍登记需要名单录入、修改、查询、打印等功能。

各学期学习成绩需要名单录入、学习科目名称录入、各科成绩登记、各科人均分数、各分数段人数统计、学生个人各科成绩平均分数、各科补考人数统计和补考成绩登记。

毕业成绩汇总需要登记各学期成绩，统计学习总分和平均分，登记毕业实习和论文成绩等。

以上各项必须具有录入、修改、查询和打印的功能，已录成绩需具有计算、统计等功能。

整体 XSCJ 系统流程如下图所示。(略)

三、系统设计

（一）数据库文件

1. 成绩文件字段含义

QCJ（ABCD）库

Q101…………Q—期中，1—第一学期，01—第一门课程。

Q202…………Q—期中，2—第二学期，02—第二门课程。

FQ101………F—Q101 <60，读入 1。

FZ……………第一学期不及格课程门数。

FZ2…………第二学期不及格课程门数。

QZ…………第一学期期中总分。

QZ2………第二学期期中总分。

QP…………第一学期期中平均分。

QP2………第二学期期中平均分。

KQ01………第一学期期中考试门数。

……

2. 打印库文件

(1) 文件名：kcdy. dbf。

说明：本库用于打印各类成绩报表有关课程名称、学院名称、专业名称。与其他库的连接字段为“班级”。

本库的结构与各个“管理系统”中的课程库（KCKA—BCD）结构相同。(略)

(2) 文件名：xjdy. dbf。本库为学籍打印库，与 XJKA—BCD 库结构相同。(略)

(3) 文件名：bydy. dbf。本库为毕业成绩打印库，与“BYKA—BCD”结构相同。(略)

(二) 功能模块设计

(1) 软件整体界面与功能模块程序设计。(略)

(2) 录入、修改、查询界面与功能模块程序设计。(略)

(3) 运算、统计、打印界面与功能模块程序设计。(略)

(三) 数据库文件与功能模块文件关系一览表。(略)

附：

1. 软件整体界面程序
2. 录入、修改、查询程序
3. 运算、统计、打印程序

参考文献

[1] ×××FoxBASE 编程 [M]. 北京：北京科学技术出版社，1995.
[2] ×××小型数据库实用案例 [M]. 北京：电子工业出版社，1996.

（摘自张德实《应用写作》，高等教育出版社 2003 年版，略作修改）

必备知识

一、毕业设计报告的含义和用途

毕业设计报告，又叫毕业设计说明书，是工科类大学生综合运用所学知识对其毕业设计进行解释和说明的科技文书，是毕业设计成果的书面反映。

毕业设计报告是工科大学生毕业前的总结性的作业，主要考核是否具有工程设计的初步能力。毕业设计报告也是工科毕业生的科技论文。

二、毕业设计报告的特点

(1) 应用性。工科类专业毕业设计报告是学生融会所学知识进行工程设计或解决工程难题的成果，具有明显的应用性。

(2) 检测性。工科毕业设计主要考查学生是否具备工程设计的初步能力。其考查的内容主要有：运用原理（机械、电力、电子、计算机等方面）的能力；查阅资料、工程手册、材料手册等方面的能力；绘制图纸的能力；分析模型数据的能力；实验工作的能力。

(3) 实践性。毕业设计以实验或者设计为基础，设计者必须亲身经历实验或设计的全过程，并详细记录实验结果，检验设计的可行性，而不是主观虚拟数据或者想象性地进行毕业设计。

(4) 说明性。毕业设计成果的原理、应用范围、技术参数、工作流程等，只有通过文字和必要的图纸进行解释、说明，才易被人理解和认同。对设计成果进行解释和说明，是毕业设计报告的主要内容。

（5）综合性。工科院校毕业生对基本理论、专业知识和技能的掌握和运用情况，以及思维能力、创新能力乃至文字表述水平，都将在工科毕业设计报告中得到综合的体现。

三、毕业设计报告的类型

（1）根据研究方法的差异，毕业设计报告可分为理论型、实验型和描述型三种类型。

（2）根据毕业设计报告的具体项目是否为首创，毕业设计报告可分为发明型和改革（造）型两种。发明型毕业设计的产品或成果是现实生活中的首创。改革（造）型毕业设计的产品的类型或成果在现实中已经存在。

（3）根据学科专业的不同，毕业设计报告可以分为工程（工艺）设计报告和产品（设备）设计报告。

结构写法

一、标题

标题一般以下列形式呈现：设计项目＋毕业设计报告（毕业设计说明书），如《回转型蓄热式换热器的设计》《××商业大厦空调系统毕业设计说明书》。标题下一行写毕业设计学生的专业、班别和姓名，再下一行写指导老师的姓名。

二、摘要

摘要主要用以说明研究工作的目的、方法、结果和结论。中文摘要一般为200～300字，外文摘要不宜超过250个实词。

三、关键词

关键词是为了文献标引，从论文中选取出来用以表示全文主题内容信息的单词或术语，一般为3～8个，通常应按研究的对象、性质（问题）和采取的手段排序。关键词与关键词之间应留出一个汉字的空格，不加任何标点符号。关键词排在摘要的下一行。

四、目录

五、前言（导言）

前言属概括叙述或简要说明部分，不要求详细展开。主要说明本设计的意义、目的、设计范围及要达到的技术要求；简述本设计在国内外的发展状况及存在的问题；阐述本设计要达成的预期结果，设计的简要过程和基本框架等。

六、主体

主体内容主要涉及以下五个方面：

（1）原理陈述与方案论证。着重叙述在毕业设计过程中主要利用什么原理，分析说明设计中使用的方案是怎样的，是否可行。具体表述时，常利用图示和文字解释相结合的方式。

（2）主要技术参数。说明选择的技术参数及有关技术参数的计算公式与结果。如大厦空调系统设计，其技术参数有年均气温、相对湿度、太阳辐射负荷强度等。在具体表述时，常用公式、表格和文字等说明方式。技术参数计算是毕业设计报告的主要部分，关系着设计的可行性和合理性。

(3) 工作流程及技术性能。工作流程即工作过程。技术性能包括设计的工程或产品的型号、容量、生产率、动力等。这部分内容多用图纸、模型展示或实验结果验证来加以说明。图纸是产品制造的蓝图。

(4) 适用范围。一般以文字做出说明，必要时以图文结合的方式说明使用方法或安装方法。

(5) 资金预算。即实施本毕业设计项目所需的资金数额。

需着重说明的是，对于以上五个方面的内容，不同专业、不同类型的工科类专业毕业设计报告将有所取舍，或各有侧重，内容结构顺序也不尽相同。有的工科类专业毕业设计报告还采用分章式结构。

七、小结

小结主要综述本设计的成果，以及该成果的价值和意义，陈述研究中未解决的问题并提出意见或建议。

八、致谢

致谢即对指导和帮助过自己的老师和有关单位及个人表示感谢。

九、注释及参考文献

列出主要的参考资料、文献及作者和出版社、出版年度等。

十、附录

附录是与毕业设计说明书直接相关，且有必要与说明书装订在一起的图样、数据表格、计算程序等资料或清单。附录应当一一编写顺序号，并在毕业设计说明书相关内容处注明。

十一、注意事项

(1) 选题考虑主客观条件。

(2) 数据参数要准确无误，文字表述要严密准确，逻辑结构要清晰严谨。

(3) 图表、图示与文字说明要保持一致。

(4) 写作重点应放在技术性强的部分或设计的关键部分。注重解释、说明的技巧，充分利用图形说明和图文结合式说明的方法。

(5) 毕业设计报告应加上封面，装订成册。注意装帧设计的质量。

写作模板

×××的设计

一、概述

本设计×××是×××提出的课题。本设计×××××××××。(导言：①本设计项目的性质；②本设计项目要解决的问题、作用；③本设计项目运用的设计原理；④本设计项目经历的时间，遇到的困难或缘由)

二、设计原理与设计方案

×××××× (图×)。(设计原理与设计方案论证：或以何种原理进行设计，或遵循何

种工作原理，设计方案是否可行）

三、使用范围

本设计的适用范围是×××××。（多以文字说明，安装等问题以图文说明）

四、主要技术参数及计算公式

×××××××××××。（表述所选择的技术参数，有关计算公式及计算结果分析）

五、工作流程及技术性能

×××××××××××。（工作流程即工作过程。技术性能包括设计的工程或产品的型号、容量、生产率、动力等。多以图纸说明、模型展示或以实验结果验证说明）

六、资金预算

××××××××××。（实施本毕业设计项目所需的资金）

七、结束语

本设计×××××××。（综述设计报告内容，或补充有关技术问题）

八、鸣谢

×××××××××××。（感谢指导老师和有关人士）

九、注释及参考文献（列出主要的参考资料、文献及作者和出版社、出版年度等）

技能训练

一、从网上或报刊上选择一篇工科类专业毕业设计报告，根据所学知识写一篇短评，并在学习小组中交流。

二、完成本任务开始处的“毕业设计报告写作任务”。

任务4 毕业论文 学术论文

写作任务

毕业临近，小张所在的学院要求每位毕业生撰写毕业论文，小张对毕业论文的写作了解得很少，心里很着急，你能帮帮他吗？

例文借鉴

例文1

无锡百脑汇高鸿IT计算机销售现状及对策分析（毕业论文）

【摘要】在信息化飞速发展的今天，计算机成为人们日常生活与工作的常用工具，计算机销售市场异常火爆，如何在竞争激烈的市场中取得一席之地，是值得每一个计算机销售厂家好好研究的课题。本文分析了无锡百脑汇高鸿IT计算机销售情况，在无锡百脑汇商场里有几十家IT经销商，其中有很多经销商在财力和经验方面都比高鸿IT有优势。在这激烈竞争环境里，高鸿IT必须认识到自身的不足，以最佳的品牌组合、最合理的店面布局、最精干的团队以及最完善的营销策略参与竞争，这样才能越做越强。文章分析了无锡百脑汇高鸿IT计算机销售的优势及不足，并针对不足进行了分析，提出了自己的改进建议。

【关键词】 高鸿 IT　计算机销售　优势　不足　改进建议

人们的生活越来越离不开互联网，而计算机作为互联网的载体，发展势头越来越强劲。众多商家纷纷加入到制造、销售便携式计算机的行业里来，新品牌层出不穷，市场开发热火朝天，计算机制造和销售出现“百家争鸣”的盛况。过去计算机高高在上的价格，阻止了其进入家庭的步伐。随着越来越多的厂商进入这个领域，便携式计算机市场日渐成熟，跟当年手机的发展道路一样，它也开始放下身价，逐步进入寻常百姓家。2009 年，计算机市场可以说是除了股票交易市场外最“热闹”的市场了，尤其是每逢节假日、黄金周、寒暑假以及学生开学，销售量都会大大提升。

一、无锡百脑汇计算机整体销售概况

无锡百脑汇是一家集品牌计算机、手机通信、数码设备等于一体的电子科技商场。其一楼主要经营各种品牌计算机。商场里主要有三大经营组合品牌的经销商和一些经营单一品牌的经销商。三大经销商分别是旭泽、高鸿 IT 和美承，它们组合销售多种品牌的计算机。旭泽销售的品牌主要有惠普、华硕、微星；高鸿 IT 销售的计算机品牌主要有惠普、三星、微星；美承销售的计算机品牌主要有 ThinkPad、惠普、DELL。经营品牌单一的经销商，只销售联想、宏碁、东芝等品牌中的某一种。

百脑汇商场里店面布局十分紧凑，一家挨着一家。有时候一家店面里销售人员和顾客谈论的机型和价格，周围几家店面里的销售人员在自己店面内都可以听得一清二楚。这样的话，当顾客从那家店面里出来时，就会有好几家店面的销售人员围上去，报低价格以把顾客吸引到自己店面来。当然，那家店面的销售人员也会在顾客要走的时候，报一个低的价格。要是顾客留下来，则继续谈；要是顾客执意要去别家看看，销售人员则会把价格放到最低。有时候甚至放到低于成本好几百元，竞争异常激烈。

二、无锡百脑汇高鸿 IT 计算机销售现状分析

1. 2009 年高鸿 IT 计算机销售纵向分析

高鸿 IT 2008 与 2009 年度计算机销售量具体数据比较见表 1（略）。

整体来看，2009 年高鸿 IT 计算机销售情况还算令人满意。由于 2008 年下半年全球爆发金融危机，导致整个宏观市场低迷，计算机零售业当然不能幸免。这也就直接影响 2009 年第一季度的销售量，导致第一季度的销售量同比 2008 年下降了 215 台。第二季度本是销售淡季，再加上这次金融危机的影响，销量更是大跌，同比 2008 年下降了 20.70%。这就致使 2009 年整体销售量比 2008 年少了 800 台左右。

现对 2009 年高鸿 IT 计算机各品牌的销售情况进行详细分析，2009 年高鸿 IT 计算机品牌及各品牌计算机销售数据见图 1（略）。

从图 1 中可以看出，2009 年第一季度计算机销售量为 960 多台，第二和第四季度销售量下降，第二季度销售量下降 25%，降至 720 万台左右，这说明第二和第四季度计算机销售市场比较冷清，计算机销售进入淡季。第三季度计算机销售量又有所反弹，比第二季度高出了不少，这是因为寒暑假商家为了吸引放假的学生制定了一系列优惠政策，再加上 9 月份是学生新学期的开学时间，也会有很多学生在新学期开始的时候选择购买计算机。即第三季整体市场的增长动力主要来自季节性的学生采购和不断增长的消费类市场。另外，消费者在购买计算机时的主要参考依据还是看计算机品牌的信誉度。毕竟品牌是经过市场长期检验并认可的，这也是为什

么惠普销售量最好，而微星不好销售的原因。

2. 2009 年高鸿 IT 计算机销售横向分析

高鸿 IT 的两家主要竞争对手是旭泽计算机经销商和美承计算机经销商。现与这两家经销商 2009 年的销售情况进行比较分析，三家计算机经销商的具体利润数据见表 2（略）。

从表 2 中可以看出，旭泽的毛利润最多，将近 170 万元，比高鸿 IT 高出 10 万元左右。这主要是旭泽华硕品牌计算机的销售量比高鸿 IT 大所致。而美承虽然销量比旭泽和高鸿大，但毛利润却最少，比旭泽少了将近 15 万元。

（1）2009 年旭泽计算机经销商销售分析。2009 年旭泽计算机经销商销售计算机品牌及各品牌计算机销售数据见图 2（略）。

从图 2 中可以看出，除第二季度销量与高鸿 IT 持平外，其他三个季度销量都比高鸿 IT 大，分别多出 10.94%、3.40% 和 9.62%。

注：比值 =（旭泽的计算机季度销售量 - 高鸿 IT 相应季度的计算机销售量）/高鸿 IT 相应季度的计算机销售量。具体计算过程如下（略）。

究其原因，两家经销商惠普品牌的计算机销售量相差无几，旭泽的微星品牌计算机销售量比高鸿 IT 少一点，但旭泽华硕品牌的计算机销售量却明显比高鸿 IT 三星品牌大。这是因为华硕的主板是全球第一的，而计算机是一个高科技集成的东西，生产商不能完全依赖零件采购和代工组装，要有一定的自主科技。并且华硕品牌的计算机显卡比较突出，也就是说娱乐性能较三星更强。所以华硕品牌计算机的销售量比三星品牌大。这样旭泽的计算机整体销售量就比高鸿 IT 大了。

（2）2009 年美承计算机经销商销售分析。2009 年美承计算机经销商销售计算机品牌及各品牌计算机销售数据见图 3（略）。

从图 3 中可以看出，美承经销商的计算机销售量比旭泽和高鸿 IT 都大，但美承的计算机销售利润比旭泽和高鸿 IT 都低。究其原因，是因为美承经销的是 ThinkPad、惠普和 DELL 三大国际品牌。ThinkPad 品牌定位于高端商务，不适用于大众消费者。该品牌的利润空间虽然比较大，但消费群体小，所以销售量不高。惠普和 DELL 两大品牌产品成本比一般品牌计算机高很多，由于计算机市场的过热竞争，美承为了抢占市场和客户，采用低价销售策略，产品销售利润较低，经销商主要是靠走量获得利润。所以 2009 年美承经销商虽然销售量大，但利润却不高。

三、高鸿 IT 计算机销售的优势分析

1. 强调员工与公司的共同发展（略）
2. 坚持落实晨会制度（略）
3. 班后及时总结，不断提高员工技能（略）
4. 经常对员工进行培训指导（略）

四、高鸿 IT 计算机销售存在的不足及原因分析

1. 销售品牌组合不合理（略）
2. 销售人员素质有待进一步提高（略）
3. 产品销售受季节性影响比较大（略）
4. 店面位置布局欠佳（略）

图 4　百脑汇一楼的平面布置图（略）

五、改进高鸿IT计算机销售的几点对策

1. 优化计算机品牌组合，择优销售（略）
2. 提高销售人员素质（略）
3. 调整不同营销策略，应对淡旺季（略）
4. 调整店面布局（略）

总之，目前虽然受经济危机的冲击，但随着互联网的普及和国家家电下乡政策的刺激，IT零售业复苏的步伐正在加快，国内外各个人计算机巨头正加紧布局中国的个人计算机市场。如果高鸿IT能及时改进自身存在的不足，那么，笔者相信高鸿IT一定能抓住这次机遇，把自己发展得更大、更强，从而成为IT零售业的领跑者。

参考文献

[1] 吴志勇. 管理学［M］. 上海：译文出版社，2004.
……

例文2

管理创新过程中的风险管理（学术论文）

（北京市经济管理干部学院工商系主任、教授，管理学博士　王健民　北京100102）

【摘要】任何创新都有风险，管理创新也是如此。管理创新风险不仅具有风险的一般特征，而且具有自身的特殊性，只有正确认识管理创新风险的特征及其效应，才能有效地进行管理创新。管理创新风险主要来源于市场的不确定性、管理创新结果的不确定性及管理创新过程的不确定性等方面。对管理创新风险进行管理的基本思路是，加强管理创新全过程的信息管理，优化管理创新决策行为，建立管理创新的风险过滤机制，这样才能使管理创新更好地实现“避害”而“趋利”。

【关键词】创新　风险　管理

管理创新中机遇与风险并存，机遇中蕴藏着风险，风险中蕴藏着机遇。要创新就必然有风险，惧怕风险就无法创新。但是，人们冒险创新的目的并不是为了冒险本身，而是为了获得风险带来的超额收益。所以在管理创新中，既要提倡冒险精神勇于创新，又要进行有效的风险管理，既不能因存在风险放弃创新，这样则会导致更大的风险；也不能因创新而无谓冒险，这样就失去了创新的意义。只有在积极创新的同时，采取必要的风险防范措施，才能更好地“避害”而“趋利”。

一、管理创新的风险特征

管理创新与风险存在着必然的联系，即管理创新伴随着风险蕴藏在管理创新过程之中。风险会带来损失，但也往往意味着某种机遇。从一般意义上说，“风险是指可以评估的事物发生损失的一种可能性”。对管理创新而言，风险就是管理创新过程中可能受到的损失与威胁。管理创新风险与其他风险相比，既具有特殊性又具有一般性，说其具有特殊性，是因为管理创新必然产生风险，说其具有一般性，是因为管理创新风险同样具有一般风险的基本特征。总的来说，管理创新风险具有以下特征：第一，客观性。风险是不以人们的意志为转移的客观存在，它无处不在、无时不有。从根本上说，风险的客观性是由导致风险的各种不确定因素决定的，这些风险因素始终存在于一定的时空状态中，只要条件具备，它们就可能转化为现实的风险。对管理创新来说，不仅管理创新过程的各个环节隐藏着风险，而且管理创新体系本身又是克服风险的最好手段。第二，突发性。风险的爆发往往具有极大的随机性。因此，人们面对风险时，常常会有一种突如其来的感觉。突发性是指风险的实际发生时间很短，以至于人们在尚未意识到时就已处于风险状态

中。风险的突发性要求人们在进行管理创新时，要密切关注和识别管理创新风险发生的前兆，及早发现和判断管理创新过程中的风险诱因，以便提前做好防范的准备，减少可能遭受的风险损失。第三，多变性。风险的多变性是指风险不具备稳定的形态，它的种类、大小、性质等内在要素均随着主客观条件的变化而呈现动态的变化。把握风险的多变性特点，要求企业在进行管理创新时，应准备多种不同的应对方案，一旦风险要素发生改变，影响到管理创新活动的正常开展，要及时调整管理创新方案，以避免管理创新活动出现大幅度的波动。(略)

二、管理创新的风险效应

所谓效应，是指事物本身的一种内在机制，正是由于效应机制的存在与作用，才引发了某种形式的行为模式与行为趋向。管理创新的风险效应是由管理创新本身的性质和特征决定的，但又必须与外部环境以及人的观念、动机相联系才得以体现。概括起来，管理创新风险具有以下效应：一是诱惑效应。诱惑效应的形成是风险利益作为一种外部刺激使企业萌发了管理创新动机，进而做出了管理创新决策并产生管理创新行为。但风险利益并不是现实的利益，而是一种潜在的可能利益，只有在实现管理创新目标之后才能获得。诱惑效应的大小不仅仅取决于风险利益这一因素，而且还取决于风险利益与风险代价两者的组合方式。风险代价的大小又取决于风险对风险成本的损害能力和风险发生的概率。损害能力大并且发生概率高，则风险代价大。诱惑效应的程度不仅影响管理创新主体对管理创新的态度，而且也影响管理创新的动力及行为。二是约束效应。风险约束是指当管理创新主体受到外界某种危险信号的刺激后，所做出的回避危险的选择以及进而采取的回避行为。风险约束所产生的威慑、抑制和阻碍作用就是风险的约束效应。构成风险约束效应的障碍因素是多元的、多层次的，既有来自企业外部环境的因素，如国际经济政治形势变化、国内社会经济政策变革、市场竞争程度等，也有来自企业内部的因素，如管理的失误、职工情绪的波动、效率的下降等。风险约束效应对管理创新活动具有积极与消极的双重作用。积极作用表现在：管理创新主体在制订管理创新方案时，要考虑风险的威胁，不能只凭主观愿望或一时热情去冒险、蛮干，而应量力而行，加强可行性研究。消极作用主要是：容易使管理创新主体产生恐惧心理，行动上缩手缩脚，失掉管理创新的机会和利益，抑制人的创新潜能释放。三是平衡效应（略）。

三、管理创新的风险来源

管理创新作为一种创造性的实践活动，其收益与创新是成正比的，创新风险越大，创新收益也就越高，这正是企业冒险创新的根本原因。但是，并不是所有的创新都能带来创新利润，只有那些符合社会发展、适应市场需要的创新才能带来超额利润，那些不能满足市场需求而又破坏性很强的创新，不仅不能给企业带来超额利润，反而会给企业造成巨大损失。因此，企业要想获得更好的创新收益，就必须认真研究对待创新风险。一般来说，管理创新的风险主要来源于以下三个方面：

第一，管理创新风险来源于市场的不确定性。(略)

第二，管理创新风险来源于管理创新结果的不确定性。(略)

第三，管理创新风险来源于管理创新过程的不确定性。(略)

四、管理创新的风险评估

人们常常认为，管理创新的风险较小，即使出现失误也不会造成严重的损失，其实管理创新失误才是最大的失误，因为其他失误（投资失误、产品开发失误）造成的损失能够计量，且能够通过管理创新加以弥补；而管理创新失误则会带来难以估量的损失，且损失往往一时无法用物质加以弥补。可以说，管理创新上的成功能够使企业从弱小走向强大，管理创新上的失败则会使企业从兴旺走向衰落。因此，企业不仅要重视投资、产品开发等风险的评估，更要重视管理创新风险的评估。

（一）管理创新风险评估的内容（略）

（二）管理创新风险评估的方法（略）

五、管理创新的风险防范思路

创新是一种摧毁和重建的过程，它具有极大的破坏效应。人们之所以进行创新，其目的在于通过破坏建立起一个更加良性的循环过程。但不可否认，这种破坏也有产生“混乱”的可能性。所以，对管理创新的风险防范绝不是规避风险，更不是消除风险，而是为了更好地发挥“破坏”的积极效应，实现有序——无序——有序的顺利转换。根据管理创新的具体特点，其风险防范思路应该注重抓好以下环节：

第一，加强信息管理。(略)

第二，优化管理创新决策。(略)

第三，建立风险过滤机制。(略)

参考文献（略）

（摘自《管理科学》2005 年第 12 期）

必备知识

一、毕业论文、学术论文的含义

学术论文是对自然科学和社会科学某一专业领域中具有学术价值或亟待解决的问题进行探讨和研究，并提出有独创性见解的一种议论文。毕业论文是学术论文的一种。

二、学术论文的特点

（1）学术性（也叫科学性）。学术论文是建立在深厚的学理和实践的基础上的理论，需要揭示本质、导出符合客观实际的结论。

（2）独创性。论文要提出新理论、新见解或新假说，自成一家之言。独创性是衡量学术论文学术价值的基本尺度，是学术论文的生命。

（3）体现作者的专业水平及综合素质。一篇专业论文，不但能反映一个作者的专业水平，而且能综合反映作者的思维能力、创造能力、研究作风、研究方法和文字表达水平。

对于毕业论文来说，同样具有以上的特点。只是毕业论文的学术性、独创性，多数达不到狭义的学术论文的程度而已。

三、学术论文的类型

依据作者的身份，学术论文可以分为两大类型：专业论文和学业论文。专业论文是各专业领域里从事专业科研的人员撰写的学术论文，这类论文多数在学术刊物上发表，或在学术会议上宣读。学业论文是高等学校在校学生撰写的学术论文。学年论文、学位论文和毕业论文等都属于学业论文。

四、学术论文写作的一般过程

学术论文的写作一般需经过选题、甄选资料、编制论文提纲和撰写四个步骤。

（一）学术论文的选题

学术论文价值的大小首先与作者选择什么样的研究课题有关，如果所选课题价值不大，即使写成论文，其水平和质量也不会有多高。一般来说，学术论文的选题，以下三种类型最为常见：

（1）开创性类型。即前人没研究过、没解决过的课题。

（2）延伸性类型。即前人虽已做过研究，但还有发展、补充或修正余地的课题。

（3）综合归纳性类型。即把别人的研究成果，加以综合归纳的课题。

学术论文的选题，必须力求扬作者之长避作者之短。

（二）充分占有选题范围内的资料

搜集资料通常有如下方式：利用图书馆，上网搜索，实地调查，科学实验和科学观察。

有了资料后，则以真实、新颖、典型的标准做好材料的分类、鉴别和优选工作。

（三）编制写作提纲

通过拟写提纲，实现下列目标：

（1）初步确定论文的标题。

（2）确定论文的中心观点，写出主题句子。

（3）确定论文的总体框架，安排有关论点的次序。

（4）确定大的层次段落，确定每个段落的段旨句。

（5）确定每段选用的材料，标示材料名称、页码、顺序。

（四）撰写

编制好写作提纲后，要趁热打铁，集中精力和时间投入写作，初稿尽可能一气呵成。初稿写成后最好马上查查有无遗漏什么材料，趁记忆尚清晰马上修改。在修改时，主要斟酌论点新不新，论证是否合乎逻辑，结构是否需要调整，同时，对文字和标点符号进行仔细的推敲。

结构写法

一、标题

要求以最恰当、最简明概括的词语反映论文的内容，如《电商与实体营销模式优劣分析》《论企业的核心竞争力》。

二、摘要

即精当提示论文的基本观点、成果及意义等内容的文字，一般不超过250字。

三、关键词

即提示论文主题和内容的词汇或术语。

四、绪论

又称前言、引言、引论，是论文的开头部分，内容一般包括提出问题，说明选题的缘由、意义，指出研究方法或论证方法等。

五、本论

论文的主体部分，对问题展开分析，对观点加以证明，全面、详尽、集中地表述研究成果。层次段落之前，或使用小标题，或使用数字标示。通常采用的结构形式有以下三种：

（1）并列式——横式结构。即围绕总论点并列排出几个分论点，从不同角度、不同侧面对总论点进行阐释、论证。

（2）递进式——纵式结构。即由浅入深，一层一层地对总论点进行阐释、论证，后一层次是前面层次的深化、发展。

（3）混合式——综合式结构。即并列式与递进式同时使用，或大层次为并列式，一些层次中又有递进式；或大层次为递进式，一些层次中又有并列式；或并列式和递进式分散于本论的不同部分。

作为议论文的学术论文，不管采用何种结构形式，都是为了展开论证过程，运用论据以说明观点、证明观点，也即摆事实、讲道理。

学术论文的论证方法通常有例证法、引证法、比较法、比喻法、因果法、归谬法。

六、结论

有的论文会对本论中的观点做出归纳，表明总的看法和意见，或者强调某些要点等。结论应写得简明扼要。当然，并非每篇论文都需要有结尾，有的论文本论一写完，全文就结束。

七、致谢

对帮助过自己的有关单位和个人表示感谢。也有的学术论文不写“致谢”内容。

八、注释或参考文献

应在文后列出引文出处和有关参考文献。

九、撰写毕业论文的注意事项

（1）正确选题。选题是否合适将决定学术论文写作的成败。要选择有价值的、难易适中，自己又比较有兴趣的论题来做。

（2）多与指导老师沟通。选题确定之后，要将自己的想法与指导老师沟通一次，征求指导老师对你选题的意见。提纲拟定和初稿完成后，都需要及时与指导老师取得联系，以更多地得到老师的帮助。

写作模板

试论××××××

李××

【摘要】×××××××××××。（提示论文基本观点、成果及意义）

【关键词】×× ××× ×××（提示主题、内容的词）

××××××××××××××××××××。笔者仅就×××提出一管之见。（前言：提出问题，说明选题的缘由及意义等）

一、×××××××××××××（第一层次论点）

1. ××××××（第一层次分论点）
2. ××××××（第一层次分论点，与前面论点呈或并列式、或递进式、或混合式关系）
3. ××××××（第一层次分论点，与前面论点呈或并列式、或递进式、或混合式关系）

二、×××××××××××××（第二层次论点，与前面论点呈或并列式、或递进式、或混合式关系）

1. ××××××（第二层次分论点）
2. ××××××（第二层次分论点，与前面论点呈或并列式、或递进式、或混合式关系）
3. ××××××（第二层次分论点，与前面论点呈或并列式、或递进式、或混合式关系）

三、×××××（第三层次论点，与前面论点呈或并列式，或递进式，或混合式关系）

……

（以上为充分“摆事实，讲道理”的本论部分：对问题深入展开分析，严密证明观点。论证方法有例证法、引证法、比较法和因果法等）

综上所述，×××××××××××××。（结论：通常是对本论中的观点做出归纳，或者强调某些要点等）

注释

1. ×××××××××××××
2. ×××××××××××××

主要参考文献

1. ×××××××××××××
2. ×××××××××××××

技能训练

一、请到学校的期刊阅览室查阅你所学专业的学术期刊或学报，搜集你所学专业的学术论文题目 20 个。

二、请选一篇本专业学术论文，对其优劣进行分析，在学习小组内交流。

三、试确定一个自己感兴趣的课题，按照毕业论文的结构和写法，撰写一篇毕业论文。

【附录】

毕业论文（设计）答辩

毕业答辩是一种有组织、有准备、有计划、有鉴定的比较正规的审查论文（设计）的重要形式，是对学生的专业素质和工作能力、口头表达能力及应变能力的综合考核，是对学生已完成的课题质量和真伪的最后审核，也是对学生所研究的问题发展前景和学生的努力方向进行最后一次的直面教育。同时，它还有助于核对事实、澄清疑问、补充观点、纠正偏差。一方面答辩老师可以在肯定论文（设计）优点的同时，提出论文（设计）存在的疑点、弱点以及错误；另一方面答辩学生可以本着坚持真理、修正错误的精神，进行必要的说明、解释、补充和修正。毕业答辩成功与否，直接关系到毕业论文（设计）的价值和成绩的评定，也是决定学生是否能够顺利毕业的重要条件之一。

一、答辩前的准备

（一）心理准备

树立自信心，适当放松心情。凡是有较强自信意识的学生，在答辩过程中都会心绪镇静、思维敏捷、记忆完整，可以淋漓尽致地发挥出自己的水平，甚至是超水平发挥。当然，要做到自信，就要对自己的毕业论文（设计）内容、范围、材料有充分的理解和多方面的准备，做到烂熟于心，这样对答辩老师提出的问题即使不能对答如流，至少也能迎刃而解，问有所答。

（二）资料准备

要提前将与毕业论文（设计）有关的一些图表类资料整理好。例如，工科类毕业设计答辩时一般会涉及工作原理图、软件流程图等；经济类论文答辩时可能会涉及许多统计表、统计图、测算表、明细表、演示图等。

（三）自述报告准备

答辩开始后，首先由答辩学生就毕业论文（设计）完成情况进行自述，时间一般为5~15分钟。自述报告的内容通常包括所研究课题的背景和研究该课题的主要意义、关键技术或主要论点、独立解决问题的创新方法、研究依据和研究结果等。

二、答辩的一般程序

学生必须在毕业答辩会举行之前半个月将论文（设计）成果上交指导教师，经过指导教师批阅后，上报答辩委员会，再由答辩委员会确定学生的答辩资格。

（一）答辩学生自述

答辩学生首先向答辩老师进行自我介绍，要做到举止大方，礼貌得体，争取先给答辩老师留下一个好的印象。接下来要介绍毕业论文（设计）的概要，即所谓的自述报告。须强调的是，“自述”而不是“自读”，自述时最好不看事先准备好的自述报告，而要凭借自己的理解和记忆按以下顺序讲述。

（1）告知毕业论文（设计）的题目。

（2）简略谈一下课题背景、选择此课题的原因及课题现阶段的发展情况。

（3）重点介绍有关课题的具体研究过程、工作内容、主要依据、观点看法、实验数据和所取得的研究成果，要着重介绍自己在课题研究过程中有哪些创新或独到之处。

（4）对课题研究结果进行分析，得出结论，同时要说明研究成果的实用价值、理论价值和经济价值，并展望一下发展前景。

（5）对自己的研究工作进行简要评价，如在哪些方面有了进步，存在哪些不足之处等，自我评价要实事求是，态度谦虚。

（二）提问与答辩

答辩老师在毕业答辩会上所提出的问题仅仅是论文（设计）所涉及的学术范围之内的问题，在这个大范围内，主答辩老师主要是从鉴别真伪、检验水平和弥补不足三个方面提出问题。鉴别真伪题的出题目的是检查论文（设计）是否是答辩学生自己写的；检验水平题是为了考查答辩学生水平高低、基础知识是否扎实、掌握知识的广度深度如何，主要是毕业论文（设计）中涉及的基本概念、基本理论以及基本原理运用等方面的问题；弥补不足题是针对毕业论文（设计）中存在的薄弱环节和存在的问题，请学生在答辩中补充阐述或提出解释。

在整个提问与答辩的过程中，答辩学生要保持头脑清醒，注意力高度集中，仔细聆听答辩教师的问题，然后经过缜密的思考，组织好语言，回答问题时力争重点突出、条理清晰、完整全面。如果没有听清楚问题，可以请答辩老师再重复一遍。对问题确实不会回答时，不要胡乱瞎编、东拼西凑地来回答，能回答多少就回答多少，也不要着急，此时答辩老师通常会改变提问策略，采用启发和引导的方式，或者降低问题的难度。

（三）评定成绩

答辩委员会集体根据毕业论文（设计）成果的质量和答辩情况，商定通过还是不通过，并拟定成绩和评语。

三、毕业答辩时应注意的问题

（一）答辩时应掌握的要领

1. 实事求是，谦虚礼貌

2. 把握重点，简明扼要
3. 弄清题意，沉着应对
4. 语速适中，充分展示

（二）答辩时应注意的细节

1. 携带必要的资料和用品
2. 穿着要朴素大方
3. 答辩时要镇定自若
4. 答辩时要控制时间
5. 对回答不出的问题不可强辩

任务5　求职函

写作任务

给认为适合自己事业发展的某公司的人事部写一封求职信。要求：格式规范，内容齐备，语言得体。假定事先并不知道该公司对聘用人员有何要求。

例文借鉴

例文1

求职信

尊敬的××公司总经理先生：

首先，为我的冒昧打扰向您表示真诚的歉意。在即将毕业之际，我怀着对贵公司的信任与仰慕，斗胆投石问路，希望能成为贵公司的一员，为贵公司服务。

我是××职业技术学院计算机软件专业11级学生，将于今年7月毕业。在大学学习期间，我努力学习各门基础课及专业课，并取得了良好的成绩（见附表），英语已通过六级考试（见附件）。本人不仅能熟练掌握学校所教课程的有关知识（VB程序设计、AUTOCAD R14、FRONTPAGE98、FOXPRO2.5、C语言等），而且还自学了PHOTOSHOP5.0、DMAX2.5、VISUAL FOXPRO等，专业能力强，曾获学校计算机软件设计比赛一等奖。

作为新世纪的大学生，我非常注意各方面能力的培养，积极参加社会实践，曾在平安保险做过业务员，在肯德基做过星级训练员，还在龙腾信息有限公司做过网络技师，爱好广泛，有责任感，能吃苦耐劳。

本人期盼能成为贵公司的一员，从事计算机服务等工作。诚然我尚缺乏丰富的工作经验，如果贵公司能给我机会，我会用我的热情、勤奋来弥补，用我的知识、能力来回报贵公司的赏识。

盼望您能给我一次面试的机会。随信附上简历、英语等级证书、获奖证书等。

（附表、附件略）

此致

敬礼

××　敬上

2014年4月5日

联系地址：××职业技术学院计算机系软件专业11级1班（邮编：××××××）
电　　话：××××××××

例文2

应　聘　信

尊敬的总经理先生：

您好！

读了贵公司××××年××月××日刊登在《××日报》上的招聘通信工程专业人员的启事后，十分欣喜，特来应聘。

我即将从××职业技术学院通信工程专业毕业。在学习期间，我系统学习了低频电子线路、通信电子线路、脉冲数字电路、信号与系统、数字信号处理、通信原理、现代通信网、程控交换原理、移动通信等专业课程，为了拓展自身的知识面，还自学了临近专业和相关学科的一些课程。

在技术实践方面，我圆满完成了学校规定的计算机通信应用训练、电路设计与仿真、通信电子线路课程设计、生产实习、通信综合课程设计、毕业设计等实习和设计课程。此外，我还参加了学校科技协会，组织和参加了协会的多项科技活动，如电子小制作、无线电维修、无线对讲机等，在实践中积累了一定的经验。参加了“全国第二届电子设计大赛”，获得了“××赛区一等奖”。

在学校的推荐信上，您会看到我学习成绩优良。我性格开朗，为人诚实，具备良好的人际沟通能力。我愿意从事并自信基本能够胜任贵公司招聘岗位的工作，并将勤奋工作，努力进取。

希望我的资料能引起贵公司的兴趣并得到回复。祈盼福音。

此致

敬礼

应聘人　王××
××××年××月××日

联系电话：××××××××；邮箱：（略）
内附：简历1份
　　　推荐信1封

必备知识

一、求职函的含义和用途

求职函是指求职者向自己欲谋求职业的单位介绍自己的基本情况并提出供职请求的书信。

二、求职函的特点

（1）针对性。一是针对用人单位的实际情况，二是针对读信人的心理，三是针对自己的实际情况。

（2）自荐性。毛遂自荐，恰当地介绍自己。

（3）竞争性。由择人与择业的双向选择机制决定。

三、求职函的类型

（1）应聘式求职函。即求职人根据用人单位招聘人员的条件向用人单位进行自我介绍而谋职的书信。

（2）非应聘式求职函。这是不知晓对方单位是否有用人需求而径自投递过去的求职信。

结构写法

一、标题

用较大字体在用纸上方标注“求职信”或“应聘信”。

二、称谓

求职函不同于一般的私人书信，不能用“亲爱的”“我最尊敬的”等字眼。为了礼貌起见，可用“尊敬的××”来称呼。求职函若是写给国有企事业单位，通常称谓写单位名称或单位的人事处（组织人事部）；若是写给民营、私营或合资、独资企业，称谓一般写公司老板或人事部负责人。

三、导言

要写明求职、应聘的缘由。也有的求职信不写导言。

四、主体

这是求职函的重点部分，内容通常包括以下几方面：

（1）个人的学历、年龄、专长、经历、业绩。

（2）个人的志向、兴趣、性格。

（3）求聘的工种、职位。

（4）待遇要求（也可不写）。

（5）通联地址、电话、电子邮箱等。

五、结尾

要诚恳地表达希望被录用的愿望，如“希望领导给我一次面试的机会”“盼望答复”“静候佳音”等。结尾可与主体衔接在一起写，也可另起一段。最后写上附件名称。附件通常是个人简历、所学专业课程一览表、各门课程的成绩一览表、学历证书、获奖证书、能力证书、实践活动证书等有关材料的复印件。如能提供求职者本人发表的论文或论著以及原单位（学校）或行业专家、知名教授的推荐信等，效果会更好。选用的证明材料，应有必要的签名和盖章。

注意按信函的格式写“此致”“敬礼”一类的敬语。

六、落款

应按信函格式写上个人姓名、日期。求职函如系打印件，必须由求职人亲笔签名。

七、求职函的注意事项

（1）要以“情”感人。一是把握用人者的心理，投其所好；二是寻找共同点，引起共鸣。

（2）要以“诚”动人。态度诚恳，不夸夸其谈。如实地写出你想从事某项工作所具备的条件，以及选择某项工作的原因，或者是为了发挥某项专长与特长，或者是为了照顾家里的老父老母，或者是受对方单位的某些优越条件的吸引等。

（3）要以“美”迷人。语言要饱含感情，写作中可适当选用一些谦辞、敬辞，如“恳请”“敬请”“您”“贵公司”等。使用厚、重、质地上乘的纸张，最好不要印有格子，印有信头的公文笺是绝对不能用的。信封的颜色和质地也必须与信纸相匹配。亲笔书写时，字体要清晰整洁，不能涂改。如果是打印，要注意字号及字体的选用，要求清晰明了，且书写的文法、标点、拼写都不能出现错误。

写作模板

求　职　信

尊敬的××公司总经理：(称谓)

我怀着对贵公司的信任与仰慕，奉上求职信，企盼能成为贵公司的一员，×××××××，为贵公司服务。(导言：写求职、应聘缘由)

我是××学院××专业的学生，将于今年7月毕业。在学校期间，我努力学习各门课程，并取得了良好的成绩（见附件）。我还自学了×××、×××等，曾获××等奖项，有比较强的××技能。(个人的学历、年龄、专长、业绩)

作为新时代的大学生，我非常注重社会实践，曾在××做过业务员，在××做过星级训练员，还在××做过技师，本人对××具有浓厚的兴趣，具有良好的团队合作精神。(个人的志向、兴趣、性格)

本人期盼能成为贵公司的一员，从事××××。如果贵公司能给我机会，我会用×××来回报贵公司的赏识。(求聘工种职位，写待遇与否视情况而定)

期望您能给我一次面试的机会。随信附上简历、英语等级证书、获奖证书等。(结尾：以诚恳的态度表达求职意愿，写上附件名称)

此致

敬礼（信函格式，敬语）

××　敬上

××××年××月××日

联系地址：××市××路××学院××专业×级×班

邮编：××××××

电话：××××××××（通信地址、电话、电子邮箱等）

技能训练

一、留心社会上与本专业相关的招聘信息，有针对性地提升自己的素养和能力，提前做好应聘准备工作。

二、下面是一封求职信，阅读后请回答下列问题：

1. 用语是否得体？应怎么修改？

2. 结构上欠缺些什么？应怎么补上？哪些内容是多余的？请将多余的内容删去。

××服装厂：

前天接到我的旧同学××的来信，说贵厂公开招聘生产管理员。我是××学校企业管理专业的毕业生，在校读书时，学习成绩优秀，爱好体育运动，是学校篮球队的成员。贵厂就设在我的家乡，我想，能回家乡工作正合我的心意，而且生产管理员的职务，也和我所学的专业对口。不知贵厂是否同意，请立即给我回信。

此致

敬礼！

×××谨上

××××年××月××日

三、完成本任务开始处的“求职信写作任务”。

任务6　求职简历

写作任务

试为自己求职或应聘撰写一份简历。

例文借鉴

个人简历

<table>
<tr><td>求职意向</td><td colspan="6">工业企业中产品设计、宣传、推广、销售、信息、翻译等工作</td></tr>
<tr><td>姓　名</td><td>张××</td><td>性别</td><td>女</td><td>出生年月</td><td>××××年3月3日</td><td rowspan="4">[照片]</td></tr>
<tr><td>民　族</td><td>汉</td><td>户籍</td><td>广东××</td><td>目前所在地</td><td>广东××</td></tr>
<tr><td>政治面貌</td><td>中共党员</td><td>学历</td><td>本科</td><td>所学专业</td><td>工业企业管理</td></tr>
<tr><td>毕业院校</td><td colspan="5">××理工大学</td></tr>
<tr><td rowspan="2">联系方式</td><td>电话</td><td colspan="2">×××××××××××</td><td>E-mail</td><td colspan="2">some@ sina. com</td></tr>
<tr><td>通信地址</td><td colspan="2">××省××市××镇××街</td><td>邮政编码</td><td colspan="2">××××××</td></tr>
<tr><td rowspan="2">教育简历</td><td colspan="6">××××年9月—××××年7月某某理工大学</td></tr>
<tr><td colspan="6">××××年9月—××××年7月某某市第一中学</td></tr>
<tr><td>主要学习课程</td><td colspan="6">高等数学、运筹学、预测与决策、市场营销、西方经济学、国际贸易、推销与谈判、计算机销售管理、电子商务</td></tr>
<tr><td>实践经历</td><td colspan="6">××××年7月在××化工网站进行电子商务实习。实习期间主要职责是：① 协助网站编辑在互联网查阅国内以及国外的化工信息；② 搜集，整理相关的中英文资料；③ 整理和翻译英文资料</td></tr>
<tr><td>获奖情况</td><td colspan="6">三次校二等奖学金，一次校单项奖学金</td></tr>
<tr><td>个人能力</td><td colspan="6">英语水平：能熟练地进行听、说、读、写。通过国家英语四级考试。尤其擅长撰写和回复英文商业信函，熟练运用网络查阅相关英文资料并能及时予以翻译。计算机水平：国家计算机等级考试二级，熟悉网络和电子商务。精通办公自动化，熟练操作 Windows 系统，能独立操作并及时高效地完成日常办公文档的编辑工作</td></tr>
<tr><td>自我评价</td><td colspan="6">做事踏实，遵守纪律，忠诚可靠；能够与人友好相处</td></tr>
</table>

必备知识

一、简历的含义和用途

简历是求职者客观简要地介绍自己的学习经历、实践和社会工作经历、能力、个性、业绩等个人基本情况的文书。简历要突出个人特长或特点，以利求职或应聘。如果说求职函告诉别人“为什么你是这份工作的最佳人选”，那么简历表告诉别人的是有关你个人基本信息、学习工作经历和专业技能。

大学生求职简历通常包含个人基本情况、教育经历、能力和特长、求职意向、联系方式等基本要素。

二、简历的特点

（1）真实性。简历必须客观真实地叙述个人学习经历、实践和社会工作经历等情况，任何编造都可能给求职或应聘造成难以预料的后果。

（2）自评性。简历需对个人的专业特长等做出自评，突出个人特点，以达到求职或应聘目的。

（3）简要性。篇幅最好不超过两页 A4 复印纸。据相关的调查，招聘者只是想通过求职简历来大概了解应聘者的一些初步情况，他们平均在每份简历上花费约 3 分钟，一般会阅读 1 页半材料，之后再用 30 秒的时间决定是否让该应聘人参加面试。

三、简历的类型

按写作方式分，简历可分为表格式简历、文字式简历和文字表格综合式简历。大学生求职通常会选用表格式简历。

结构写法

一、标题

可以直接标明文种“简历”“个人简历”，位于首行居中位置。

二、正文

（1）求职意向。简短清晰，表明本人对哪些岗位感兴趣及相关的适当要求。

（2）基本信息。包括姓名、性别、出生年月、籍贯、民族、政治面貌、身高、专业、学历、职称、毕业院校和毕业时间等。

（3）教育履历。包括个人从高中阶段至所获最高学历阶段之间的就读学校及专业，一般按倒序时间来写自己的学习过程。

（4）主要学习课程。此部分可以列上主要的、有特色的专业课程及成绩，尤其要体现与自己所谋求的职位有关的教育科目、专业知识。

（5）与求职目标相关的实践、社会工作经历。此部分一定要突出最主要、最有说服力的资历、能力和工作经历。在每一项工作经历中先写工作日期，接着是工作单位和职务。对于初出校门的大学生，工作经历可以改为社会实践和实习经历，包括在学校和班级所担任的职务、勤工助学、课外活动、义务工作、参加的社团组织、实习经历和实习单位的简要评价等。

（6）获奖、获取职业技能证书情况。所获得的各种奖励和证书包括发表的论文、社团成员资格、奖励和获得承认的计算机技能、英语等级、语言技能等资格证书，有关个人兴趣爱好的荣誉证书也可以针对求职意向有选择地列举两三项。这部分内容主要是向用人单位证明自己的应聘资格。

（7）能力、特长及个性评价。介绍要恰如其分，尽可能使自己的专长、兴趣、性格与所谋求的职业特点、要求相吻合。事实上，“教育履历”“实践、社会工作经历”已隐含了个人的能力、性格等，因而必须前后相互照应。

（8）通联方式与备注。即写明电话号码、E-mail、QQ、详细通信地址、邮政编码等。求职材料通常有一个封面，封面的通联方式必须和内文的一致。

三、注意事项

（1）内容：重点突出。

（2）语言：简明扼要，准确清楚。

（3）形式：版面设计清晰整洁，便于阅读。

（4）传递有效的信息。个人简历要有明确的求职意向，重点介绍与工作相关的学历、证书、知识、技能和实践经验。

写作模板

个人简历

<table>
<tr><td>求职意向</td><td colspan="6">（写明应聘的具体部门和岗位）</td></tr>
<tr><td>姓　　名</td><td></td><td>性别</td><td></td><td>出生年月</td><td></td><td rowspan="4">[照片]</td></tr>
<tr><td>民　　族</td><td></td><td>户籍</td><td></td><td>目前所在地</td><td></td></tr>
<tr><td>政治面貌</td><td></td><td>学历</td><td></td><td>所学专业</td><td></td></tr>
<tr><td>毕业院校</td><td colspan="5"></td></tr>
<tr><td rowspan="2">联系方式</td><td>电话</td><td colspan="2"></td><td>E-mail</td><td colspan="2"></td></tr>
<tr><td>通信地址</td><td colspan="2"></td><td>邮政编码</td><td colspan="2"></td></tr>
<tr><td>教育简历</td><td colspan="6"></td></tr>
<tr><td>主要学习课程</td><td colspan="6"></td></tr>
<tr><td>实践经历</td><td colspan="6"></td></tr>
<tr><td>在校期间任职情况</td><td colspan="6"></td></tr>
<tr><td>获奖情况</td><td colspan="6"></td></tr>
<tr><td rowspan="2">个人能力</td><td>职业证书</td><td colspan="5"></td></tr>
<tr><td>其他特长</td><td colspan="5"></td></tr>
<tr><td>个性评价</td><td colspan="6"></td></tr>
</table>

技能训练

一、从网上找一份简历，根据所学内容对其做出正误分析。

二、以学习小组为单位组织一次模拟招聘会的面试活动，并总结交流求职面试中应该注意的问题。

三、完成本任务开始处的“简历写作任务”。

任务7 劳动合同

写作任务

评析一份用人单位提供的劳动合同。如果该用人单位提供的劳动合同条款内容存在问题，请写出自己的修改稿。

例文借鉴

××省职工劳动合同

使用说明

一、双方在签订本合同前，应认真阅读本合同书。本合同一经签订，即具有法律效力，双方必须严格履行。

二、本合同必须由用人单位（甲方）的法定代表人（或者委托代理人）和职工（乙方）亲自签章，并加盖用人单位公章（或者劳动合同专用章）方为有效。

三、本合同中的空栏，由双方协商确定后填写，并不得违反法律、法规和相关规定；不需填写的空栏，划上“/”。

四、工时制度分为标准工时、不定时、综合计算工时三种。实行不定时、综合计算工时工作制的，应经劳动保障部门批准。

五、本合同的未尽事宜，可另行签订补充协议，作为本合同的附件，与本合同一并履行。

六、本合同必须认真填写，字迹清楚，文字简练、准确，并不得擅自涂改。

七、本合同（含附件）签订后，甲乙双方各保管一份备查。

甲方（用人单位）：	乙方（职工）：
名称：________	姓名：________
法定代表人：________	身份证号码：________
地址：________	现住址：________
经济类型：________	
联系电话：________	联系电话：________

根据《中华人民共和国劳动法》和国家及省的有关规定，甲乙双方按照平等自愿、协商一致的原则订立本合同。

一、合同期限

（一）合同期限

双方同意按以下第____种方式确定本合同期限：

1. 有固定期限：从____年__月__日起至____年__月__日止。

2. 无固定期限：从____年__月__日起至本合同约定的终止条件出现时止（不得将法定解除条件约定为终止条件）。

3. 以完成一定的工作为期限：从____年__月__日起至________工作任务完成时止。

（二）试用期限

双方同意按以下第____种方式确定试用期期限（试用期包括在合同期内）：

1. 无试用期。

2. 试用期从____年__月__日起至____年__月__日止。

（试用期最长不超过6个月。其中合同期限在6个月以下的，试用期不得超过15日；合同期限在6个月以上1年以下的，试用期不得超过30日；合同期限在1年以上2年以下的，试用期不得超过60日）

二、工作内容

（一）乙方的工作岗位（工作地点、部门、工种或职务）为：________________________

（二）乙方的工作任务或职责是：____

（三）甲方因生产经营需要调整乙方的工作岗位，按变更本合同办理，双方签章确认的协议或通知书作为本合同的附件。

（四）如甲方派乙方到外单位工作，应签订补充协议。

三、工作时间

（一）甲乙双方同意按以下第____种方式确定乙方的工作时间：

1. 标准工时制，即每日工作____小时，每周工作__天，每周至少休息一天。

2. 不定时工作制，即经劳动保障部门审批，乙方所在岗位实行不定时工作制。

3. 综合计算工时工作制，即经劳动保障部门审批，乙方所在岗位实行以__为周期，总工时____小时的综合计算工时工作制。

（二）甲方因生产（工作）需要，经与工会和乙方协商后可以延长工作时间。除《中华人民共和国劳动法》第四十二条规定的情形外，一般每日不得超过1小时，因特殊原因最长每日不得超过3小时，每月不得超过36小时。

四、工资待遇

（ ）乙方正常工作时间的工资按下列第__种形式执行，不得低于当地最低工资标准。

1. 乙方试用期工资____元/月；试用期满工资____元/月（____元/日）。

2. 其他形式。

（二）工资必须以法定货币支付，不得以实物及有价证券替代货币支付。

（三）甲方根据企业的经营状况和依法制定的工资分配办法调整乙方工资，乙方在60日内未提出异议的视为同意。

（四）甲方每月__日发放工资。如遇节假日或休息日，则提前到最近的工作日支付。

（五）甲方依法安排乙方延长工作时间的，应按《中华人民共和国劳动法》第四十四条的规定支付延长工作时间的工资报酬。

五、劳动保护和劳动条件

（一）甲方按国家和省有关劳动保护规定提供符合国家劳动卫生标准的劳动作业场所，切实保护乙方在生产工作中的安全和健康。如乙方工作过程中可能产生职业病危害，甲方应按《中华人民共和国职业病防治法》的规定保护乙方的健康及其相关权益。

（二）甲方根据乙方从事的工作岗位，按国家有关规定，发给乙方必要的劳动保护用品，并按劳动保护规定每____（年/季/月）免费安排乙方进行体检。

（三）乙方有权拒绝甲方的违章指挥、强令冒险作业，对甲方及其管理人员漠视乙方安全和健康的行为，有权要求改正并向有关部门检举、控告。

六、社会保险和福利待遇

（一）合同期内，甲方应依法为乙方办理参加养老、医疗、失业、工伤、生育等社会保险的手续，社会保险费按规定的比例，由甲乙双方负责。

（二）乙方患病或非因工负伤，甲方应按国家和地方的规定给予医疗期和医疗待遇，按医疗保险及其他相关规定报销医疗费用，并在规定的医疗期内支付病假工资或疾病救济费。

（三）乙方患职业病、因工负伤或者因工死亡的，甲方应按《工伤保险条例》的规定办理。

（四）甲方按规定给予乙方享受节日假、年休假、婚假、丧假、探亲假、产假、看护假等带薪假期，并按本合同约定的工资标准支付工资。

七、劳动纪律

（一）甲方根据国家和省的有关法律、法规通过民主程序制定的各项规章制度，应向乙方公示；乙方应自觉遵守国家和省规定的有关劳动纪律、法规和企业依法制定的各项规章制度，严格遵守安全操作规程，服从管理，按时完成工作任务。

（二）甲方有权对乙方履行制度的情况进行检查、督促、考核和奖惩。

（三）如乙方掌握甲方的商业秘密，乙方有义务为甲方保守商业秘密，并作如下约定：

____

八、本合同的变更

（一）任何一方要求变更本合同的有关内容，都应以书面形式通知对方。

（二）甲乙双方经协商一致，可以变更本合同，并办理变更本合同的手续。

九、本合同的解除

（一）经甲乙双方协商一致，本合同可以解除。由甲方解除本合同的，应按规定支付经济补偿金。

（二）属下列情形之一的，甲方可以单方解除本合同：

1. 试用期内证明乙方不符合录用条件的；

2. 乙方严重违反劳动纪律或甲方规章制度的；

3. 严重失职、营私舞弊，对甲方利益造成重大损害的；

4. 乙方被依法追究刑事责任的；

5. 甲方歇业、停业、濒临破产处于法定整顿期间或者生产经营状况发生严重困难的；

6. 乙方患病或非因工负伤，医疗期满后不能从事本合同约定的工作，也不能从事由甲方另行安排的工作的；

7. 乙方不能胜任工作，经过培训或者调整工作岗位，仍不能胜任工作的；

8. 本合同订立时所依据的客观情况发生重大变化，致使本合同无法履行，经当事人协商不能就变更本合同达成协议的；

9. 本合同约定的解除条件出现的。

甲方按照第5、6、7、8、9项规定解除本合同的，需提前30日书面通知乙方，并按规定向乙方支付经济补偿金，其中按第6项解除本合同并符合有关规定的还需支付乙方医疗补助费。

（三）乙方解除本合同，应当提前30日以书面形式通知甲方。但属下列情形之一的，乙方可以随时解除本合同：

1. 在试用期内的；

2. 甲方以暴力、威胁或者非法限制人身自由的手段强迫劳动的；

3. 甲方不按本合同规定支付劳动报酬，克扣或无故拖欠工资的；

4. 经国家有关部门确认，甲方劳动安全卫生条件恶劣，严重危害乙方身体健康的。

（四）有下列情形之一的，甲方不得解除本合同：

1. 乙方患病或非因工负伤，在规定的医疗期内的；

2. 乙方患有职业病或因工负伤，并经劳动能力鉴定委员会确认，丧失或部分丧失劳动能力的；

3. 女职工在孕期、产期、哺乳期内的；

4. 法律、法规规定的其他情形。

（五）解除本合同后，甲乙双方在7日内办理解除劳动合同有关手续。

十、本合同的终止

本合同期满或甲乙双方约定的本合同终止条件出现，本合同即行终止。

本合同期满前1个月，甲方应向乙方提出终止或续订劳动合同的书面意向，并及时办理有关手续。

十一、违约情形及责任

（一）甲方的违约情形及违约责任：

____

____

（二）乙方的违约情形及违约责任：

____

____

十二、调解及仲裁

双方履行本合同如发生争议，可先协商解决；不愿协商或协商不成的，可以向本单位劳动争议调解委员会申请调解；调解无效，可在争论发生之日起60日内向当地劳动争议仲裁委员会申请仲裁；也可以直接向劳动争议仲裁委员会申请仲裁。对仲裁决定不服的，可在11日内向人民法院提起诉讼。

十三、其他

（一）本合同未尽事宜，按国家和地方有关政策规定办理。在合同期内，如本合同条款与国家、省有关劳动管理新规定相抵触的，按新规定执行。

（二）下列文件规定为本合同附件，与本合同具有同等效力：

1. ____

2. ____

3. ____

（三）双方约定（内容不得违反法律及相关规定，可另加双方签名或盖章的附页）：

____

____

甲方：（盖章）　　　　　　　　　　　　　　　乙方：（签名或盖章）
法定代表人（或委托代理人）：
20 __年__月__日　　　　　　　　　　　　　　20 __年__月__日
鉴证机构（盖章）：
鉴证人：
鉴证日期：20 __年__月__日

（摘自：中华人民共和国人力资源和社会保障部网）

必备知识

一、劳动合同的含义和用途

劳动合同是用人单位（甲方）的法定代表人（或者委托代理人）和职工（乙方）为明确相互的权利义务关系而订立的契约文书，它具有法律约束力，保护合同当事人的合法权益。

二、劳动合同的特点

（1）身份限定性。身份限定性即签署劳动合同者必须是用人单位（甲方）的法定代表人（或者委托代理人）与职工（求职者）。

（2）规定规范性。劳动合同中的条款内容必须符合《中华人民共和国劳动法》和有关规定，合同中的未尽事宜，可按照平等自愿、协商一致的原则签订补充协议，作为本合同的附件，以规定规范双方的责任和权利。

（3）约束性。劳动合同签署后，劳动合同中的各项条款对于用人单位的法定代表人（或者委托代理人）与职工（求职者）就产生了法律约束力。

三、劳动合同的类型

按格式分，劳动合同分为两种类型：

（1）固定格式合同。固定格式合同即国家有关劳动部门把劳动合同中必不可少的相关内容分项设计、印制成一种固定格式的劳动合同。签署劳动合同者，只需把达成的协议逐项填写到表格或文字空档处即可。

（2）非固定格式合同。非固定格式合同即签署劳动合同者根据《中华人民共和国劳动法》和有关规定，将各方协商一致的条款逐条记载下来的合同。

如果按写作形式分类，劳动合同可以分为条款式劳动合同、表格式劳动合同和条款表格结合式劳动合同。

结构写法

一、标题

标题一般由劳动合同的性质或内容加文种两部分组成，如《实习大学生劳动合同》《××××公司职工劳动合同》，也有的只写《劳动合同》。

二、订立合同人

即订立劳动合同的当事人名称或者姓名。要准确写出用人单位的全称、全名。通常用人单位的法定代表人（或者委托代理人）为甲方，职工或求职者为乙方。

三、引言

即劳动合同的开头，主要写明甲、乙双方根据《中华人民共和国劳动法》和政府的有关规定，按照平等自愿、协商一致的原则订立本合同。

四、主体

劳动合同的主体包括如下 11 个方面的内容：

（1）合同期限。可分为固定期限、非固定期限和试用期限等类型。

（2）工作内容。写乙方的工作岗位、工作任务或职责。

（3）工作时间。写甲、乙双方商定的工作时间。

（4）工资待遇。写工资的执行形式和标准，其中需标明试用期与试用期满的工资标准。

（5）劳动保护和劳动条件。写甲方提供的工作场所，以及按有关规定保障、保护乙方的健康及相关权益的措施。

（6）社会保险和福利待遇。写在合同期内，甲方应依法为乙方办理及提供的相关的社会保险和福利待遇。

（7）劳动纪律。写甲、乙双方就有关规章制度的制定、遵守、履行、考核和奖惩等方面的约定。

（8）合同的变更、解除和终止。写甲、乙双方约定的合同的变更、解除和终止的具体条件。

（9）违约情形及责任。写甲、乙双方约定的具体的违约情形及违约责任。

（10）调解及仲裁。写甲、乙双方在履行本合同时假如发生争议，将以协商解决、申请调解、申请仲裁、向人民法院提起诉讼等类型中的何种方式，以及在时间和程序方面的约定。

（11）结尾。

1）必要的说明。如本劳动合同的未尽事宜，将按国家和地方的有关政策规定办理；在合同期内，如劳动合同条款与国家、省有关劳动管理新规定相抵触的，按新规定执行；劳动合同的份数、保管及有效期；劳动合同所附的表格、图纸、实物等附件。

2）落款。写甲、乙双方单位全称和代表姓名，并签名盖章。还应写上劳动合同当事人的有效地址、邮政编码、电子邮箱、电话以及开户银行、账号等。

五、注意事项

（1）乙方与用人单位（甲方）签订劳动合同前，必须充分了解对方的资信、相关规章制度、发展前景和履行合同能力，同时，也得注重用人单位是否能够为自己（乙方）提供较好的发展平台。

（2）劳动合同内容必须合法、合理，而且对于关系到自己（乙方）报酬、福利和劳保等的关键条款不能遗漏。

（3）条款内容表述清晰，简明周密，具体准确。必须使用规范汉字，不使用“基本上”“可能”“大概”一类模糊词语。薪酬等数字必须大写。

写作模板

劳　动　合　同

根据《中华人民共和国劳动法》和××有关规定，××公司（甲方）和×××（乙方）双方按照平等自愿、协商一致的原则订立本合同。

一、合同期限

双方同意合同期限从××××年××月××日起至××××年××月××日止。无试用期。

二、工作内容

××××××。（乙方的工作地点、工作部门和职责或业务）

三、工作时间

××××。（乙方每天的工作时间、假期约定）

四、工资待遇

×××××。（月工资标准、何种货币支付、发放工资日期、延长工作时间的付酬标准）

五、劳动保护和劳动条件

×××××××。（劳动作业场所安全、职业病的处理、劳保、体检、拒绝甲方强令冒险作业等权益）

六、社会保险和福利待遇

××××××××××。（合同期内的社会保险，乙方患病的医疗保障，患职业病、因工负伤或者因工死亡的处理，享受各种节假等）

七、劳动纪律

×××××××××。（甲方各项规章制度公示；乙方遵纪守法、服从管理，以及为甲方保守商业秘密等）

八、本合同的变更、解除

×××××××。（一方或双方若需变更合同或解除合同的处理约定）

九、本合同的终止

××××××××××。（本合同的终止条件及有关约定）

十、违约情形及责任

×××××××。（甲、乙方的违约情形及违约责任）

十一、调解及仲裁

×××××××××。（调解、仲裁乃至提起诉讼的约定）

十二、其他

×××××××××××××。（未尽事宜、附件、合同份数的说明）

十三、落款

技能训练

以下为××市实习学生劳动协议书的格式，试指出其漏写的条款内容。

××市实习学生劳动协议书

第一条　协议期限

本协议自____年__月__日起至____年__月__日止。

第二条　实习报酬或实习补助

甲方应与乙方学校协商确定乙方实习期间的报酬或实习补贴。具体支付办法和标准约定如下：______________________________。

第三条　工作时间及休息休假

（一）甲方实行每日工作不超过8小时，平均每周不超过40小时的工作时间。

（二）甲方保证乙方按国家和本市有关规定享受各种休息、休假。

（三）甲乙双方的具体约定：______________________________。

第四条　保险福利待遇

（一）乙方在实习中发生人身伤害，由甲方负责。

（二）其他保险福利待遇约定如下：______________________________。

第五条　劳动纪律

（一）甲方有权按照国家及本市的有关规定及企业的规章制度对乙方实行管理。

（二）乙方应遵守甲方依法制定的各项规章制度和劳动纪律，保守甲方的商业秘密。

第六条　本协议的解除、变更、终止

（一）经甲乙双方协商同意，本协议可以变更或解除。

（二）双方就本协议的解除条件约定如下：______________________________。

（三）本协议到期即终止，不得续订。

第七条　违反本协议的责任及其双方约定的其他事项：______________________________。

第八条　甲乙双方履行本协议发生争议，先经企业调解委员会或实习学生所在学校进行调解，调解未成按中华人民共和国民事诉讼法程序办理。

甲方（盖章）：　　　　　　　　　　乙方（签字）：

法定代表人或委托代理人（签字或盖章）：

　年　月　日　　　　　　　　　　　　年　月　日

项目四　事务文书

任务1　启　事

写作任务

某高职学院学生会需要在新生中招聘学生干事若干名，要求：①学习成绩良好；②有责任心；③有较好的沟通能力。招聘截止时间为2016年9月20日。面试地点在1号楼102教室，时间为每周三晚上7点开始。以学生会主席的身份写一份招聘启事。

例文借鉴

例文1

寻 人 启 事

孙××，男，14岁，身高1.7米。东北口音，痴呆。留平头，皮肤略黑，左耳后有黑痣。穿蓝色跨栏背心，灰色运动短裤，黑塑料凉鞋，××××年××月××日在三元桥附近走失，望知情者与北京朝阳区××大街××号联系，电话：×××××××××××。必有重谢！

近照

联系人：孙××

××××年××月××日

例文2

征集标志设计启事

本商场是××市较早经营体育用品的专卖商场，已有12年历史。为了树立品牌，维护店方和消费者的权益，特向各界征集标志设计。具体要求如下：

一、标志设计要有体育用品专卖商场的特征，有较浓厚的文化内涵，具有地方特色。

二、主题形象突出，构图简洁明快，美观大方。

三、征集时间自××××年××月××日至××××年××月××日。

四、征集稿件请寄至深圳市福田区彩田路××号。

五、作品一经采用，即付酬金×××元。

欢迎赐稿。

广州德高体育用品商场

××××年××月××日

例文3

春天超市招聘收银员的启事

为了适应公司发展的需要，春天超市现面向社会公开招聘一批收银员。

一、招聘条件

凡具有本市户口，年龄在18周岁以上，35周岁以下，具有高中以上学历，身体健康，能够胜任晚班工作的年轻女性，均可报名（有相关工作经验者优先）。

二、工资待遇

每月基本工资1200元加提成，公司给予缴纳五险一金，每月有3天调休。

三、报名方法

（一）报名材料：本人身份证、毕业证、健康证原件及复印件

（二）报名时间：2015年7月5日至8日

（三）报名地点：××市××路××号春天超市二楼人事部

（四）录取办法：面试加笔试

地址：××市××路××号

联系人：王先生

联系电话：12345678
电子邮箱：××××@126. com

春天超市（公章）
2015 年 6 月 25 日

例文 4

公司更名启事

为适应技术、产品和市场的发展需要，经公司股东大会及安徽省商务厅批准，并在安徽省工商行政管理局完成工商变更登记手续，“安徽××合成革股份有限公司”更名为“安徽××材料科技股份有限公司”，英文名称由“××××”变更为“××××”。

更名后，公司人员和组织不变，主营业务不变，经营范围不变，证券简称（安利股份）、证券代码（××××××）不变。原安徽××合成革股份有限公司的全部业务由安徽××材料科技股份有限公司承继经营，原安徽××合成革股份有限公司的所有资产、债权、债务和其他一切权利和义务均由安徽××材料科技股份有限公司享有和承担。

公司地址：安徽省合肥市经济技术开发区桃花工业园拓展区（创新大道与繁华大道交叉口）

公司电话：0551—××××××××　　传真：0551—××××××××

即日起生效，特此公告。

安徽××材料科技股份有限公司
2015 年 6 月 1 日

必备知识

一、启事的含义和用途

“启”含有告知和陈述的意思，“事”即“事情”，启事，就是公开告知事情。它是单位或个人将需要向大众公开说明并希望获得关心、理解、支持和协助的事情简写成文，通过传媒公开的应用文种。启事通常会张贴在公共场合或者刊登在报纸、杂志上。

二、启事的特点

（1）公开性。启事通过传媒向社会广泛发布，无秘密可言。
（2）事项单一性。事项要单一，不掺杂无关内容。
（3）期望性。期望得到人们的了解、支持和协助，不强制读者承担责任和义务。

三、启事的类型

根据内容划分，启事的种类大致可以分为 12 类：① 寻找启事；② 招领启事；③ 征集启事；④ 招聘启事；⑤ 开业启事；⑥ 迁址启事；⑦ 庆典启事；⑧遗失、作废启事；⑨征婚启事；⑩ 征订启事；⑪ 致歉启事；⑫ 更正启事。

结构写法

一、标题

为醒目起见，启事的标题一般选用较大字体，通常在标题中写出事由，如《开业启事》

《招领启事》。有的“启事”前冠单位名称，如《××公司招聘技术员启事》。若事项重要或紧急，可在启事前加“重要”或“紧急”字样，如《××股份公司紧急启事》等。

二、正文

用明晰、简练的语言写清楚启事的目的、原因、具体事项、要求、通联方式和联系人等。如内容较多，可分条列项写。

（1）开业启事的写法：一般写明企业性质、宗旨、经营范围及地址、电话、电子邮箱等，写上“欢迎惠顾”一类词语。有的还写上负责人的姓名，也有的另列祝贺单位名称。

（2）搬迁启事的写法：一般要写清迁移日期、新址、电话及方便联系的有关事项。

（3）聘请法律顾问启事的写法：一般写明某单位聘请××律师担任法律顾问这一事实即可，也可说明聘请目的以及法律顾问的职权。

（4）招聘启事和招工启事的写法：写明招聘人员的职别和工种、应具备的条件、报名事项、考试及录用办法，有的还需说明待遇。

（5）征集设计启事的写法：一般要说明征集目的、有关背景、设计要求、奖励办法及截稿日期。

若希望对方与启事方联系，则需写明联系方式。

三、落款

落款处写启事单位名称或个人姓名及日期。如果标题或正文中已写明单位名称，此处可略。以机关、团体、单位名义张贴的启事，一般应加盖公章。

四、注意事项

（1）内容要真实。

（2）标题要能揭示事由，简短醒目，吸引公众。不可将“启事”写为“启示”。

（3）内容单一，一事一启，便于公众迅速理解和记忆。

（4）文字通俗、简洁、集中，态度庄重、平易，而又不失热情、文明，给公众以信任感。

（5）招领启事与寻物启事的内容详略有区别。为防止有人错领、冒领，招领启事一般只对招领物品进行大致的描述，不应写出具体数量和名称，可在认领时请失主说明，以核对是否属实。而寻物启事则应对失物进行详细描述。

写作模板

××××启事

××××（目的、原因或背景），本公司（本单位）××××，××××（具体事项）。

×××××，×××××，××××（期望、要求）。

联系电话：××××××××

联系人：×××（通联方式、联系人视需要而写）

××××（单位名称或个人姓名）
××××年××月××日

技能训练

一、张倩打算在深圳市女人世界商场 A003 铺开一家时装店，经营欧美时装，初步定于 6 月 3 日开业。开业前，她要招两名女导购员。正当她在店里装修时，不慎将一个内有营业许可证、信用卡及支票等重要资料的黑色手提包丢失。几经周折，美尔雅时装店如期开业。张倩需要写哪些启事？

二、在食堂门口，贴着一则寻物启事，具体如下。

找运动衫

我不小心，丢了一件大号运动衫。谁捡到了，赶快交来，切切。

××班一失主

这则寻物启事的格式对不对？内容全不全？还有没有其他什么问题？请修改。

三、完成本任务开始处的“招聘启事写作任务”。

任务 2　计　划

写作任务

为提高并加强本班同学各方面的素质和团队合作精神，小组分工合作，拟制一份本班下个学期的班级课外活动计划。

例文借鉴

例文 1

××公司新职工培训指导计划

第一章　教育目的与内容

1. 教育目的

对本企业新录用的职工介绍企业的经营方针，传授本企业职工所必备的基本知识和业务技能，提高其基本素质，使之在较短时间内成为符合要求的职工。

2. 教育内容

（1）明确本企业的生产目的和社会使命。

（2）明确本企业的历史沿革、现状、在行业中的地位和经营状况。

（3）了解本企业的机构设置和企业组织。

（4）掌握本企业的规章制度和厂规厂法。

（5）掌握本企业各部门的业务范围和经营生产项目。

（6）了解本企业的经营风格和职工精神风貌。

（7）了解本企业对职工道德、情操和礼仪的要求。

（8）通过教育培训考察学员的个人能力和专业特长。

第二章　教育实施要领

1. 教育指导者

（1）企业主要领导全面负责教育指导工作，其他领导应参与。

（2）计划的编制和组织实施由总务部或人事部负责。

(3) 企业全体职工都应协助教育培训工作。

2. 培训时间

培训时间一般为 3 个月，根据实际情况可适当延长或缩短。

3. 编班

为便于组织培训，根据学员学历，可分成不同的班组，并指定一名班组长。外出参观或实习时，可根据实际需要，重新编班。

4. 时间安排

集中培训的时间安排为“上午：×时×分到×时×分；下午：×时×分到×时×分”。实习时间同企业工作时间一致。参观时间视具体情况而定。

5. 教育方法

(1) 专业知识传授采取集中授课的方式。

(2) 实习则采取到实习工厂或企业车间部门实际操作的方式。

(3) 参观。根据教员的布置，实地考察，并由学员提交参观报告。

(4) 培训日记。培训期间，要求学员对培训感想和认识做出记录，以提高学员的观察和记录能力。

(5) 在培训过程中，尽量让学员接触生产实践，尽量提供更多的参考资料和视听教材。

第三章　模拟安置

1. 目的

在新职工教育培训期间，根据企业的组织设置，将学员模拟安排到不同部门，以考察其能力和适应的部门，为正式安排提供依据；同时也使新职工尽快地了解企业情况。

2. 时间

模拟安置时间从培训正式开始起，到正式安排止。以 15 天为一周期，全体学员轮流更换工作岗位。

第四章　教育培训实施要领

1. 基础理论教育（见附表一）

2. 实习教育（见附表二）

3. 注意事项

(1) 对企业的机构设置、规章制度、生产经营管理系统要进行重点介绍。

(2) 对各部门的职权范围、工作内容等要进行详尽介绍。

(3) 要让学员清楚地掌握工作性质和责任。

(4) 要使学员真正掌握业务知识。

(5) 要重点培养学员的责任心和效率意识。

(6) 培养学员的礼仪修养，养成礼貌待人的习惯。

(7) 使学员意识到企业生产与校园生活的差别，感知到自己新的责任与地位。

(8) 培养学员尊重知识、严肃认真的工作态度。

(9) 注意培养学员的集体精神和企业意识。

(10) 不应把新职工的教育培训任务仅局限于企业领导，要使全体企业职工都参与到教育培训工作中来。

××××年××月××日

例文 2

“五四”青年节庆祝活动安排表

序号	活动内容	时　间	地点	负责单位	主持人	备　注
1	篮球比赛	5月1日 8:00开始	篮球馆	团委体育部	体育部长	—
2	读书报告会	5月2日 14:30开始	图书馆	团委学习部	学习部长	报告人：××大学××教授
3	文艺联欢会	5月3日 17:30开始	工会活动中心	团委宣传部	宣传部长	邀请鲜花艺术团参加
4	电影专场	5月4日 17:30开始	文化广场	影视俱乐部	俱乐部主席	—
5	青年书画展	5月5日 8:00—21:00	工会活动中心	书画协会	协会会长	部分市青年书画家作品参展

××××团委

××××年××月××日

必备知识

一、计划的含义和用途

计划是机关、单位、团体或个人针对未来一段时间或某项具体任务，预先拟定的关于目标、要求、措施、步骤等内容的一种应用文体。

凡事预则立，不预则废。计划可以提高工作预见性和自觉性，使工作围绕目标，更好地分工合作，充分利用人力、物力和财力，提高工作效率。同时，可以为日后检查工作进度，总结、评价和考核工作的完成情况提供必要的依据。

二、计划的特点

（1）预见性。计划的撰写是针对未来一段时间内的目标、任务而设计出的行动方案，是撰写单位、部门结合国家政策、法规环境状况和自身情况，对未来一段时间内可能出现的情况的预见。

（2）具体可行性。一份完善的计划，必须有为实现具体的目标而制定的可行措施、办法和要求，而且各项措施、办法和要求必须具体明确，切实可行，符合实际。计划的步骤、措施、要求、时限不但要写得具体、细致，还要便于检查督促，对照落实。如果某一环节出现特殊情况，则采取相应措施处理，或做出相应的调整，以保证计划的按时完成。

（3）约束性。计划一旦确定并公布实施，就对特定的对象具有约束性。

三、计划的种类

（1）按计划内容分，有学习计划、工作计划、教学计划、营销计划等。

（2）按计划效力分，有指导性计划、指令性计划。

（3）按计划范围分，有国家计划、地区计划、公司计划、部门计划、个人计划等。

（4）按计划时间分，有远景规划、五年计划以及年度、季度、月份计划等。

（5）按计划写法分，有条文式计划、图表式计划和条文图表结合式计划。

结构写法

一、标题

（1）完整式标题。计划单位名称 + 计划时限 + 计划内容 + 文种，如《××学院 2015 年招生工作计划》。

（2）省略式标题。即视实际情况省略某些标题要素，有的省略时限，如《××公司党建工作计划》；有的省略单位，如《2015 年春季学期学生资助工作计划》；有的省略单位和时限，如《毕业生就业工作计划》。凡省略单位的标题必须在正文后署名。

（3）公文式标题。即由发文机关名称、事由、文种组成，如《××总公司关于××××年机构改革工作的部署》。

若计划尚不成熟或未经批准，则在标题后或正下方注明其成熟度，如“草案”“讨论稿”等字样，并加上圆括号。

二、正文

（1）前言。前言是计划的总纲，一般写以下四方面的内容：

1）说明制订计划的依据。

2）概述本单位的基本情况，分析完成计划的主、客观条件。

3）指出制订计划的目的。

4）提出总体的任务和要求，或完成任务的意义。

前言的文字表达要简明扼要，不一定要将上述内容全部写入，可根据实际情况进行选择。

前言通常以“为此，特制定计划如下”或“为此，要抓好以下几方面的工作”为过渡语，引出主体部分。

（2）主体。主体是计划的核心，包括计划的具体任务目标（做什么）、措施方法（怎么做）、步骤程序（何时完成）。

1）任务目标。必须写清任务的总目标以及具体任务构成，即完成什么任务、达到什么指标，数量、质量等方面的要求要具体明确。

2）措施方法。写清楚采取何种办法，利用什么条件，由何单位何人具体负责，如何协调配合以完成任务。措施和方法要科学可行。

3）步骤程序。写明计划实施分为哪几个步骤或哪几个阶段，计划目标的完成期限以及进程安排。

任务目标、措施方法、步骤程序，可以分开写，也可以将措施方法和步骤程序放在一起写。不便在正文里表述的内容，可另作“附件”。

（3）结语。计划的结语可以说明计划的执行要求、检查办法、注意事项，也可以提出希望或发出号召。也有的计划不专门写结语。

三、落款

在正文的右下方署上制订计划的单位名称或个人姓名，如标题中已写明制订计划的单位名称，此处可省略。署名下方写成文日期。上报或下达的计划需要加盖单位公章。

四、注意事项

（1）要把预测性和可行性很好地结合起来。必须符合党的方针政策、法令法规，并能适合本地区、本部门、本单位或本人的实际情况。计划的目标不能定得太高或太低，要实事求是，切实可行。

（2）计划的目标、任务、措施方法、步骤程序都要写得明确具体，切忌含糊不清、模棱两可。

（3）走群众路线，集思广益，把计划变成群体的共同意志，保证计划的认同度和可行性。

（4）语言要准确、明晰。

写作模板

××公司××××年××工作计划

×××××××××××××××××××××××××××××××××××××××。为此，特制订本计划。（前言：或指出制订计划的依据，或指出制订计划的目的，或提出总任务和要求，或指出完成任务的意义）

一、工作目标

1. ××××××××××××××××。（工作目标，即“做什么”）
2. ××××××××××××××××。（工作目标，即“做什么”）
3. ××××××××××××××××。（工作目标，即“做什么”）

二、工作措施

1. ××××××××××××××××。（办法、条件、负责人，即“怎么做”）
2. ××××××××××××××××。（办法、条件、负责人，即“怎么做”）
3. ××××××××××××××××。（办法、条件、负责人，即“怎么做”）

三、步骤程序

1. ××××××××××××××××。（步骤或阶段，即“何时完成”）
2. ××××××××××××××××。（步骤或阶段，即“何时完成”）
3. ××××××××××××××××。（步骤或阶段，即“何时完成”）

××公司

××××年××月××日

技能训练

一、下面是一篇病文，试指出其存在的毛病。

××县经委今后8个月工作计划

为了完成县委、县政府下达2.7亿工业总值（力争3.3亿）的任务以及各项经济指标，我们计划在今后8个月重点抓好几方面工作。

1. 进一步深化企业体制改革。我们在全面推行经理（厂长）任期目标责任制的基础上，从实际出发，有针对性地对我县企业分别实行承包、租赁、百元工资税利制和工资总额与企业经济效益包干等新的经营方式，把权、责、利全面落实到企业及其经营者身上，使企业成为相对独立的经济实体，成为自主经营、自负盈亏的商品生产者和经营者，更好地调动企业干部职工的积极性，增强企业活力，促进生产发展，并使这一改革能够深入持久地坚持下去，采取有效措施加以保证。

2. 加快新项目的建设和技术改造项目速度，确保这些项目按预期投产，发挥效益。主要抓好棉麻纺织、印染工程等项目，并实行目标责任制，使这些项目按预期投产，早日发挥效益。

3. 进一步加强企业管理，提高企业经济效益。我们继续坚持以改革为动力，促进企业加速发展，加强管理，提高企业经济效益，把增收节支、增产节约工作作为提高企业经济效益的重要工作来抓，要求企业产品总成本、车间经费及企业管理费用都要下降。具体措施：

（1）调整企业产品结构，大力增产适销产品，实现多产快销。

（2）加强企业管理，挖掘企业自身潜力，通过调整定额，向管理要效益。

4. 加强企业职工思想教育和技术培训，努力提高企业职工队伍思想水平、技术素质，为企业现代化管理打好基础。

（1）全面进行纪律、思想、法律教育和坚持四项基本原则，反对资产阶级自由化的教育，全面提高干部职工思想觉悟。

（2）搞好技术培训和职工文化学习，努力提高职工队伍素质。

二、完成本任务开始处的“班级课外活动计划写作任务”。

任务3 总　结

写作任务

小李同学从2014年3月开始担任院学生会宣传部部长，转眼到了年底，院学生会要进行优秀学生干部的评选，根据要求，需要上交一份工作总结，通过本节内容的学习，请你以他的名义拟写一份年度个人工作总结。

例文借鉴

例文1

××职业技术学院××××年度工作总结

在过去的一年，我院在省教育工委、教育厅的正确领导和亲切关怀下，认真贯彻落实党的十八大精神，牢固树立科学发展观，紧紧围绕学院党委提出的“尽快实现由外延扩张向内涵发展转型”的目标，进一步加强师生思想政治教育和各项管理工作，顺利完成年初提出的各项工作任务。我院主要工作总结如下：

一、不断加强和改进党建工作

学院党委以科学发展观为指导、以构建和谐校园为目标、以党建创新为动力，不断地加强和改进党的建设，推动党建工作上了一个新的台阶。（略）

二、维护校园稳定、创建平安校园

（略）

三、以就业为导向，采取有效措施做好就业指导与服务工作

（略）

四、师资队伍建设进一步加强

（略）

五、教学管理、科研工作成绩显著

（略）

六、学生管理工作有序开展

（略）

七、完成招生计划，报到率较高

（略）

八、中外合作办学取得了实质性进展

（略）

九、高校安全稳定工作检查，我院获好评

（略）

十、响应省委、省教育工委号召，积极支持新农村建设

（略）

十一、学院第28届田径运动会顺利举办

（略）

十二、职业技能鉴定工作

（略）

十三、存在的问题

一年来在学院党委的正确领导和全体师生的共同努力下，我院各项工作取得了显著成绩。但我们也清醒地看到，工作中还存在一定的不足，如：（略）

下一年的工作思路是：

1. 进一步完成由外延扩张向内涵发展的转变。更新教育观念、坚持教育创新、深化教学改革、强化教学管理，全面提高教育质量和办学效益。

2. 坚决落实“以评促建、以评促改、以评促管、评建结合、重在建设”的评估方针，以良好的精神面貌、优美的校园环境、完善的办学条件、丰硕的办学成果、一流的工作业绩、突出的办学特色、充分有力的评估材料，做好迎评准备工作。

3. 建立较为完善的激励与约束机制，使责、权、利更加明确。

××××年××月××日

例文2

实行“三化”　提高工作质量

湖南　景卫国

办公室工作的被动性、从属性、事务性和服务性特点，常常导致办公室在忙、乱、杂中运转。如何从被动中求得主动，提高办事效率和办公质量？现将我们岳阳石化总厂储运公司的一

些做法介绍如下，以期抛砖引玉。

我们采取“抓住重点，带动一般”的办法，在重点项目上建立健全工作程序、标准和制度，实现工作程序化、标准化和制度化，从被动中求主动。具体来说就是：抓住文件、会议、小车管理兼接待协调三大项目，带动其他日常工作，对各项工作都要求绘出程序图，制定出制度和标准，在规定目标的同时，也规定达到目标的方法。

首先，我们根据三个重点项目各自的特点，绘制了《经理办公程序》《行政会议组织程序》《公文审稿工作程序》《客人接待工作程序》《小车安排工作程序》等24个工作程序图，制定和完善了《草拟公文工作标准》《秘书日常工作标准》《文稿修改工作标准》《复印文件工作标准》等12个工作标准和《关于复印文件暂行规定》《关于保密工作的暂行规定》《关于印信使用的暂行规定》等8项工作制度，使各项工作有程序、有标准、有制度可依。

其次，在严格执行上下功夫。例如，我们要求在办文中严把“四关”，即：一把拟办单位关，要求拟办单位草拟文件时不草率；二把文字关，即看是否要行文和以什么形式行文，是否符合党和国家的政策法规，文字表达是否准确、简练、通顺，涉及几个部门时是否协商一致，与本单位前后文件是否有矛盾，体例格式是否规范；三把打字、校对、印刷、装订、分发关；四把文件发出后的催办关。通过严把“四关”，使文件的草拟、审核、审批、打印、校对、印刷、装订分发与催办形成一条龙，从而保证了文件整体质量的提高。再如，在提高会议质量时，我们根据所规定的工作程序、标准和制度，主要抓了会前的准备工作、会中的记录和提醒、会后的记录整理和有关事项的催办和反馈四个环节。会前填写会议议题单，会后下发会议决定通知单或会议纪要，严格控制会议，认真整顿会风，提高了会议质量。

经过几年的实践，我们体会到，实行工作程序化、标准化和制度化，可以使复杂的工作条理化、规格化和职责化，使每个人明确自己的责任和权限，达到了用时少、效率高的目的。

（选自《秘书之友》）

必备知识

一、总结的含义和用途

总结是机关、单位、团体或个人对前一段的实践活动进行回顾、检查、分析和研究，从中找出经验与教训，归纳出规律性的认识，以指导今后实践而写成的应用文书。我们通常说的总结主要是指工作总结。

总结的作用是多方面的，它是制订计划的重要依据，开展工作的有效手段。通过总结，检查上阶段实践活动的成败好坏，找出经验教训，以便更好地指导下一阶段的工作。同时，总结，也有利于养成理论联系实际的作风，更好地学会观察事物和分析问题，从而提高思想认识水平和工作能力。

二、总结的特点

（1）实践性。总结以回顾实践或工作的全过程为前提。自身实践的事实，尤其是工作中的典型事例和确凿数据是一篇总结得出符合实际结论的基础。

（2）理论性。总结不是对实践活动的简单记录，而是通过总结，将从实践中获得的大量零散的、感性的认识上升为系统化的理性认识。能否找出带有规律性的认识，用以指导今后的工作，是衡量一篇总结质量好坏的重要标准。

三、总结的类型

（1）按内容分，有学习总结、工作总结、生产总结、经营总结、会议总结、项目总结等。

（2）按工作涉及参与的范畴分，有个人总结、单位总结、部门总结、各级政府总结等。

（3）按时间分，有年度总结、季度总结、月份总结、阶段总结、周小结、日小结等。

（4）按性质分，有综合性总结和专题性总结。综合性总结又叫全面总结，是单位、部门对一定时限内所做的各方面工作进行的综合性的分析、总结，是全方位、多角度、深层次的总结。它反映的是工作全貌，内容包括基本情况、过程、成绩、经验、缺点、教训等诸多方面。如《××学院2015年工作总结》就是对学院在该年度的教学工作、科研工作、学生工作、后勤工作、财务工作等方面进行的全面总结。要求对材料的选择和处理既要全面，又要重点突出，做到点面结合。专题性总结也称单项总结，是对某一专项工作如生产、思想、宣传等任务完成之后所进行的总结。如《××学院2015年招生工作总结》，这类总结内容集中单一，重点突出，针对性强，偏重于总结专项经验，有一定的思想深度。

结构写法

一、标题

（1）公文式标题。单位名称+时限+事由+文种，这种标题多用于综合性总结，如《××大学2013年工作总结》。

（2）文章式标题。即概括文章的内容或基本观点的标题，标题中不出现文种“总结”两字。这种标题一般用于经验性专题总结，如《股份合作制为企业带来生机》。

（3）双标题。正题采用文章式标题，揭示主题或概括经验体会；副题采用公文式标题，标明单位、时限、事由和文种等，如《抓改革、增效益、促发展——××公司2014年工作总结》。

二、正文

（1）开头，也叫前言。概述基本情况，通常简述工作或任务是在什么形势下，遵循什么思想或方针完成的，有哪些主要成绩，存在哪些主要问题。介绍时要有所侧重，或重在介绍单位基本情况，或重在指出成绩。不论哪一种形式，前言都要开门见山，简明扼要，紧扣中心，统领全文。

（2）主体。一般包括以下三个方面的内容：

1）基本做法、成绩和经验。多数总结将此作为写作的重点。要写明在什么思想的指导下，采取了哪些措施，做了哪些工作，取得了哪些成绩，其主客观因素有哪些，有哪些体会等。经验体会是在做法、成绩的基础上提炼出来的，因此要注意介绍工作的全过程，要注意点面结合，重点突出，数据具体，具有较强的说服力。切忌不分主次，面面俱到，或写成流水账。

2）问题与教训。对待工作要客观、全面、一分为二地看问题，既要摆出成绩，也要写出工作中存在的问题与不足，并注意分析其主客观原因及由此得出的经验教训等。不同的总结，侧重点不同。如果是着重反映问题的总结，就要把这部分作为重点来写；如果是典型经验总结，或者工作中确无大的失误，这部分就不必写，也可以把这部分内容合并到“努力方向”中去写。如果是常规工作总结，就要概括写存在的主要问题。

3）今后的工作和努力的方向。这部分内容要写得简单明了。主体部分内容很多，切忌事无巨细，一一罗列，在写作时要以合适的方式来安排结构：

第一，分部式结构。按“情况—成绩—经验体会—问题—今后设想”或者“做法—效果—体会”的顺序，分成几个大部分来写。每部分可用序号列出，段首采用段旨句。这种形式适用于单位总结、个人小结或体会等。

第二，阶段式结构。即将工作的整个过程按时间顺序划分为几个阶段，分别叙述每个阶段的做法、成绩、经验体会。这种写法便于反映实践活动或事物发展的全过程，适用于时限较长、有明显阶段性的工作总结。

第三，观点式结构。根据总结内容归纳出几个观点，每个观点就是一个大层次，使用“一、二、三……”序号排列，逐条叙述，每条之间有比较严密的逻辑关系。这种结构形式概括性强、脉络清楚，能有效地提升总结的理论性。这种形式多用于专题经验总结。

（3）落款。在正文右下方署上单位名称或个人姓名，名称下面写明时间。如果单位名称已署在标题下面，则可不再落款。

三、注意事项

（1）要实事求是。总结的材料必须是自身实践活动中真实具体的材料，所以必须从本单位、本部门或个人的实际情况出发，反映真实情况，如实总结工作中的成绩、缺点和不足。

（2）要注意点面结合，观点和材料统一。

（3）要找出规律。从客观实际出发，从分析研究问题和事实入手，透过现象看本质，发掘出事物的本质特点，找出取得成绩的原因和存在问题的根源，从而找出事物的本质规律，以指导今后的工作。

（4）要叙议得当。总结应以叙述为主，叙议结合。一般在交代工作的过程、列举典型事例时，以叙述为主，而在分析经验教训、指明努力方向时可适当使用议论。

写作模板

××公司××××年工作总结

××××年是我公司×××××等各项工作取得明显进步的一年。一年来，在××××的正确领导下，公司全体员工坚持××××，××××，围绕×××××××××，抓住机遇，大胆改革，锐意创新，开拓进取，完成了××××的目标，无论经济效益还是社会效益都取得了显著的成效。（前言：概述工作任务、指导思想、主要成绩）

一、×××××××××××××××××（基本做法、取得的成绩与经验）

1. ×××××××××××××××××。
2. ×××××××××××××××××。
3. ×××××××××××××××××。

二、×××××××××××××××××（基本做法、取得的成绩与经验）

1. ×××××××××××××××××。
2. ×××××××××××××××××。

三、×××××××××××××××××（基本做法、取得的成绩与经验）

1. ×××××××××××××××××。

2. ×××××××××××××××××。

3. ×××××××××××××××××。

四、×××××××××××××××××（存在的主要问题。如写反映问题的总结，这部分是重点，如写经验总结，可不写这部分）

1. ×××××××××××××××××。

2. ×××××××××××××××××。

3. ×××××××××××××××××。

五、×××××××××××××××××。（今后的工作和努力的方向）

××××年××月××日

技能训练

一、这是一篇学习总结的前言，请评析存在的问题。

金秋送爽的十月，正是瓜果成熟和收获的季节。苹果是那么红，葡萄像水晶，好一派欣欣向荣的景象！在这丰收的季节，我们会计专业函授学习胜利结束，也获得了丰收。我们带着丰收的喜悦，遥谢北京城里的老师，真是“丰收果里有你的甘甜，也有我的甘甜”。静思我们学习中有哪些收获，还存在哪些不足，该是认真总结的时候了。

二、阅读下面这篇病文，分析其在占有材料、分析材料、找出规律性的东西方面做得怎样？

××公司上半年工作总结

半年来本公司在精神文明和物质文明方面做了许多工作，取得了很大成绩。半年来，公司主要做了以下工作：动员组织公司干部和广大群众学习中央文件；安排、落实全年生产计划；推行、落实工作责任制；修建子弟小学校舍；建方便面生产车间厂房；推销果脯、食品、编织产品；解决原材料不足问题；美化环境，栽花种草；办了一期计算机技术培训班；调整了工作人员，开始试行干部招聘制。

半年来，在工作繁杂、头绪多而干部少的情况下，公司能做这么多工作，主要基于以下几点：

第一，上下团结。公司领导和一般干部都能同甘共苦，劲往一处使。工作中有不同看法，当面讲、共同协商。互相间有意见能开展批评与自我批评，不犯自由主义。例如，有干部就对经理未作商议，擅自更改果脯销售奖励办法，影响产量一事有意见，经当面提出，经理做了自我批评，并共同研究了新的奖励办法，从而出现了增产势头。

第二，不怕困难。本企业刚刚起步，困难很多：技术力量薄弱，原材料不足；产品销路没有打开，等等。为此，领导干部共同想办法，他们放弃自己的休息时间，忍饥挨饿，四处联系，终于解决了今年的原材料不足问题，并推销出了一些产品。

第三，领导带头。公司的几位主要领导带头苦干、实干。他们白天到下边去调查了解情况、解决问题，晚上才开会研究问题，寻找解决的办法。领导干部夜以继日地工作，使公司工作上了台阶。

××公司

××××年××月××日

三、完成本任务开始处的“成长总结写作任务”。

任务4 述职报告

写作任务

2015年12月20日金鑫公司财务部总会计师李霞接到人力资源部通知，1月初将进行人员考核，公司将采用述职评议会议的形式进行无记名民主评议。李霞需要撰写书面述职报告并在评议会议上当众宣读。该述职报告必须符合以下要求：①内容应包含思想动态、履职情况、工作中存在的不足以及今后的努力方向四方面；②语言要求通俗易懂；③结构安排要条理清晰。

例文借鉴

党委书记关于基层党建工作的述职报告

×××

尊敬的领导、同志们：

我是党建工作负责人。一年来，我带领集团党委一班人，按照区委、区国资委党委的要求，以党的十八大、十八届三中、四中全会精神为指导，以扎实开展好党的群众路线教育实践活动为主线，认真履行好党建工作主要责任人的职责，加强基层党组织的先锋模范带头作用，不断增强基层组织的战斗力和凝聚力，在实践中充分发挥基层党组织的重要作用，实现了党务、业务的双丰收。现将个人履行党建工作职责的情况汇报如下，请各位领导和同志予以评议。

一、基本情况

国投集团党委现有书记1人，副书记1人，党委委员5人。现有中共党员26名，在职党员占比达到36%，本科以上学历的党员达到70%，年龄均在55岁以下，是一支年富力强、素质良好的队伍。

二、党建工作开展情况

（一）全盘统筹，履职尽责，做到“三个落实”

我深知明确党建工作责任制是确保党建各项部署落到实处的有力保证，因此我与其他党委委员共同制定了党建工作目标、基层调研及解决问题机制、责任考核追究机制。

(1) 落实目标管理机制。年初，我们先后组织召开了党委中心组会、党支部工作会，制定了党建工作要点，布置一年的党建工作各项任务，细化到月，落实到人，明确时限进度和标准要求。今年年计划开展10项党支部活动，到目前为止已全部完成所有活动，并取得良好效果。

(2) 落实基层调研机制。年初在集团公司工作大会中，提出要强化对所属企业的管理及帮助，今年召开了3次座谈会，请子公司负责人、普通职工共同探索目前集团公司发展中的问题、建议，同时督促每位领导都要深入基层一线调查研究，协调解决存在的问题，整改了下属企业工作中提出的9个相关问题。

(3) 落实责任考核机制。只有将党建工作考核变成“鞭策棒、紧箍咒、助推器”，党建工作才能取得效果，为此我们对党建工作指标尽量细分量化，如党组织覆盖率、开展活动情况、党建经费投入等。坚持上级考评与群众测评相结合，积极落实对上述职及上级党组织的评议，在集团党支部中开展民主评议工作，主动把党建工作效果的评判权交给群众，让群众给党建工作打分。我们还建立了考核档案，积极运用考核成果，对成绩突出者进行表彰奖励，对不合格党员进行谈话训勉和帮助，对存在问题、造成不良影响的人和事追究相关责任。

（二）转变作风，服务群众，做到“两个到位”

今年我们把开展好党的群众路线教育实践活动作为最重要的政治任务，聚焦“四风”，加强学习，严格组织生活，查摆整改问题和建立长效机制；同时对党支部存在的软弱涣散、纪律松弛、服务意识不强等问题进行摸底排查、集中整顿，配齐配强支部班子、理清工作思路、健全工作制度，真正做到了两个“到位”。

（1）领导班子作风转变到位。通过设立意见箱、走访调研、召开座谈会、网络等形式认真听取职工意见，整改了13个具体工作问题，整改领导班子中存在的19个“四风”问题。在领导个人整改台账中要求主动帮助职工解决工作生活中遇到的实际困难和问题。通过32个问题的整改，以实效取信于民，让基层员工在问题整改中感受到了新气象、看到了新变化；通过两次民主评议，让基层员工对领导班子及个人的“四风”整改情况进行评议，达到“四风”问题真正转变的目的。

（2）基层党员服务意识到位。加强对党支部工作的指导，着力开展“固本强基创建基层服务型党组织行动”，为此，我们以“五一”劳动节为契机，适时地开展“五月劳动月”活动。该活动包括青年志愿者下社区服务活动，“旧纸新爱·变废为宝”微公益活动，“相约青春·缘聚涪陵”青年职工联谊会，党支部扶贫结对。下属的4个子公司积极开展了扶持小微企业、涉农产业、帮扶残疾人创业、为租赁户排忧解难等工作。此外，还组织党员赴敬老院、福利院等开展爱心活动。通过该系列活动，引导党员自觉履行义务，充分发挥党员先锋模范作用，进一步增强了基层党员的服务意识、服务能力和服务水平，也树立了国投集团党员的先锋模范形象。

（三）加强学习，强化管理，做到“两个不放松”

只有坚持从优选拔新党员才能确保党员队伍质量，只有坚持不断学习教育才能保持党员队伍的先进性。因此，我们坚持把提高党员干部素质、加强对基层党员的管理作为党建工作的一项重要任务，抓教育、强管理，有效提高了党员队伍的素质。

（1）坚持学习教育不放松。完善领导带学、交流互学等已有的学习制度，夯实党委中心组学习会、专题学习会、支部学习会、警示教育、专家辅导等学习方式。一是强化党性思想教育。我们制定了详细的学习任务，共学习了13个专题，发放书籍100余册，每人做笔记万余字。二是强化政治纪律学习。深入学习中央八项规定、市委关于政治纪律“八严禁”、生活作风“十二不准”以及区党委的相关规定，确保国投集团不发生一起违法违纪事件。三是强化业务知识学习。我们聘请了国内知名咨询公司进行授课，讲解战略发展、产业机遇等命题，聘请管理专家开展职工素质拓展活动，鼓励员工考取经济、金融、会计、人力资源等职称，进一步增强员工的知识储备及专业素养。

（2）从严管理党员不放松。一是确保新发展党员质量。严把“入关口”，坚持标准，严格发展程序，认真做好入党积极分子的培养、教育和考察工作，真正做到好中选优，提高质量。今年培养入党积极分子1人，发展了1名新党员，2名党员完成转正。二是严格老党员教育管理。定期召开支部党员大会、支部委员会和党小组会，规定领导干部要以普通党员身份参加“三会一课”，修订了《中心组学习制度》，认真组织召开了领导班子和普通党员的民主生活会，让每位党员都经受了一次严肃的党性教育和党内生活锻炼。通过开展民主评议工作，评议出5名优秀党员进行了通报表彰。健全党员管理台账，对党员组织关系开展一次梳理排查。三是保障党建工作经费。全年预算了各类党建经费5万元，实际支出约4万元，主要用于购买学习资料、邀请专家讲座、党员培训学习、党支部学习竞赛活动、开展结对帮扶慰问活动、慰问生活困难或生病住院的党员等。

（四）结合实际，重视创新，做到“两个健全”

围绕党建工作面临的新形势、新任务、新情况，我们研究基层党建工作的新思路和新措施。

（1）健全党建工作定期议事制度。我们在工作例会中引进了党建工作议事制度，定期分析全年党建工作目标进展情况，研究工作中存在的问题；通过采取现场观摩会、经验交流会等及时总结推广党建工作好经验、好方法，推动议党建、管党建、抓党建制度化、常态化。

（2）健全党建工作项目化推进制度。借鉴工程建设项目管理经验，在每年年初确定一个好的党建项目，如今年党建创新项目为“打造战斗力员工，助推国企发展”。我们严格落实了项目立项、组织实施、验收评估等程序，使基层党建工作便于操作、便于督查、便于考核、便于推广。通过把党建工作项目化，实现了重点工作出精品、难点工作求突破、特色工作创亮点、基础工作抓规范、整体工作上水平。

（五）围绕中心，服务大局，做到业务、党务两不误

习近平总书记指出：如果我们党弱了、散了、垮了，其他政绩又有什么意义呢？这一论断清醒而深刻，为此我们坚持按照“围绕发展抓党建、抓好党建促发展”的要求，加强引导领导干部全面把握和正确处理党建和发展的关系，将党建工作与业务工作紧密结合，做到目标同定、任务同下、责任同查、工作同奖惩。今年我们已完成融资到位资金×多亿元，超过国资委目标任务×%，保障了全区经济建设资金需求。

三、存在不足和问题

今年，我们党建工作虽然完成了上级党委的规定要求，做到了自选工作有亮点，但还存在一些不足，主要包括：

一是基层调研还不够深入，对党支部的指导还不够具体；二是对少数党员中先进性意识淡化、党课教育落实不到位等问题的批评督查不够；三是对国企党建工作中遇到的新情况、新问题思考不够多，创新意识需要进一步增强。

下一步，我们将秉持“抓党建是本职，不抓党建是失职，抓不好党建是不称职”的工作理念，在今后工作中提前谋划，拿出切实可行的措施解决党建工作中遇到的问题，如推行党员目标管理、评星定级、切实管理等办法，及时了解、准确掌握党员日常行为表现。引导基层党员加强学习，以基层党建项目化管理为抓手，围绕中心，服务大局，拓宽领域，强化功能，抓好组织体系、骨干队伍、活动载体、工作制度、场地建设，使国投集团党组织始终成为推动发展、服务群众、凝聚人心、促进和谐的坚强战斗堡垒。

（选自《应用写作》2015 年第 1 期）

必备知识

一、述职报告的含义及用途

述职报告是机关、企事业单位、社会团体的各级领导干部及管理人员，向组织人事部门、上级主管机关或本单位的员工陈述本人或集体在一定时间内履行岗位职责情况的书面报告。它有助于正确考核和评价干部，有利于提高干部的素质和能力。

二、述职报告的特点

（1）自述性。自述是报告人以第一人称回顾自己在任职期内履行岗位职责的情况。

（2）自评性。报告人依据岗位规范和职责目标，对自己在任期内的德、能、勤、绩、廉等方面的情况做出实事求是的自我评价、自我鉴定、自我定性。

（3）报告性。报告人在述职时，以被考核、接受评议的身份做履行职责的报告。

三、述职报告的类型

（1）按内容划分，有专题性述职报告和综合性述职报告。

（2）按时间划分，有任期述职报告、年度述职报告、临时性述职报告等。

（3）按述职成员划分，有集体述职报告和个人述职报告。

结构写法

一、标题

（1）述职人＋文种，如《我的述职报告》。

（2）直接用文种做标题，即《述职报告》。

二、称谓

即述职者面对的对象或呈报的部门，如“各位领导”“董事会”“组织人事部”等。

三、正文

（1）导言。概述现任职务、任职时间、岗位职责、工作目标及对自己工作的总体估价。

（2）主体。即履行岗位职责的情况。内容包括：自己的工作思路、工作指导思想及工作的成效和经验，着重介绍有代表性的工作实绩，并写明其起止时间，概述存在的主要问题、工作中的失误和改正措施以及努力方向。

（3）结尾。通常写“特此报告，请审查”“以上报告，请领导和同志们指正”“以上是我的述职报告，谢谢各位”一类的话语。

四、落款

包括署名、成文或述职时间。有时也可以将署名写在标题之下。

五、注意事项

（1）内容要客观，自评须实事求是，全面准确。同时，要处理好成绩与问题、个人与团队的关系。

（2）重点要突出。不能事无巨细地写成流水账，要写好典型工作实绩，要突出自己的特点和独特的贡献。

（3）注意述职报告与工作总结的区别。总结可以是个人的，也可以是单位的、集体的，其写作角度是全方位的，即凡属突出的工作业绩、出现的问题、经验或教训、今后的工作设想等都可以写，虽然也要上升到理论高度概括经验和体会，但基本上是做了什么就总结什么。而述职报告则要求侧重展示个人在一定时期内履行岗位职责的思路、过程和自己的能力等，重点是回答自己称职与否的问题，并不以表现本部门、本单位的总体业绩、问题为重点。

（4）语言要诚恳、得体、简洁且注意口语化，把握好角色分寸。

写作模板

述　职　报　告

各位领导、同志们：（称谓）

我于××××年1月调任××厂厂长，在×××的领导下，按照厂长岗位职责，在同志们的支持下，认真而正常地开展工作，取得了相应的成绩。（导言：说明职务、任职情况及对工作的总体估价）现向领导和同志们述职如下：（文种承启语）

一、×××××××××（表述工作思路，工作指导思想）

上任之初，我提出了×××，要求全厂的工作重心应调整为×××。

二、×××××××××（表述任职期间工作的成效和经验，注重介绍典型的工作实绩）

1. ××××××××××××××××。
2. ××××××××××××××××。
3. ××××××××××××××××。

三、×××××××××××（表述存在的主要问题、工作上的不足）

1. ×××××××××××××。
2. ×××××××××××××。

四、×××××××××××××（改正措施以及努力方向）

1. ×××××××××××××。
2. ×××××××××××××。

任职一年来，我尽职尽责地开展工作，与工厂建立了深厚的感情，也取得了一些成绩，这是在上级领导的关心下、全厂职工的努力支持下共同取得的。

我认为自己是称职的（对任职的自我等级评价）。

今后，我仍然要××××××，力争在新的一年里×××，以优异的成绩向同志们汇报。

以上是我的述职报告，请领导和同志们指正！谢谢各位！（结尾：通常写“以上是我的述职报告，谢谢各位”一类话语）

××厂厂长：×××

××××年××月××日

技能训练

一、下面这篇述职报告存在哪些问题？

总结述职报告

×××局长：

我是心怀对我们企业的深厚感情而工作的。这种感情来自公司对我的培养，来自全体员工对我的信任和支持。我深知带领公司全体员工促进企业持续长远发展，振兴壮大企业，增加员工收入责任重大。因此，我一直为此努力工作着。现在，我向领导述职，请予以审议。

（一）履行职责情况

1. 注重企业文化建设，提倡“诚信、情感、责任、程序”八字管理理念，主张“以人为本，守法诚信”，引导广大职工“以企业为家，共同发展”。人是生产力中最活跃的因素，是企业振兴发展的源泉和动力，只有公司全体员工把聪明才智充分发挥出来，并应用到公司管理与生产中去，公司才能发展；只有公司提供宽松敞亮的舞台，员工的人生价值才能得以施展和实现。因此，我们要依靠员工促进发展，就要培育先进的企业文化。

2. 加强民主管理，以真诚和友谊建立良好的同事关系和社会关系，风雨同舟。一是从职工关心的“热点”“难点”“疑点”入手，深入实际地解决好公司经营管理与改革发展等重大问题，做好领导干部廉洁自律及有关职工切身利益方面的工作。二是注意维护公司领导班子团结。大厦之成，非一木之材；大海之润，非一流之归。我与班子成员做到目标一致，职工互补，荣誉共享，集思广益，改进工作，促进发展。

3. 不急功近利，从长远着眼，坚持理论联系实际，扎实开展管理调研工作。作为公司总经理，不但要具备这个岗位所需要的一切素质，还要把握各方面的信息，保持对事物发展规律的敏锐感觉，使思想观念与时俱进，把理论知识、市场规律与企业管理实际相结合，才能领导公司不被激烈的市场竞争所淘汰。因此，我充分运用国家政策、法规，依法开展财务监督、审计监督、质量监督和效能监察，把长期与短期的具体工作相结合。

4. 始终把思想作风摆在第一位。自担任公司总经理以来，我不断提升思想素质、开阔视野、充电扩能。我坚决贯彻执行党和国家政策、法规及上级的指示决定，做到了敬业勤政、关心群众疾苦。

（二）存在的问题和今后努力的方向

总结我个人的工作，离上级的要求与企业发展还有一定的差距。其表现在政治理论水平不够高；表现在企业管理、项目管理与市场规律不相符；表现在我们的企业管理行为、员工个人行为与企业经营管理理念之间存在很大的差距；还表现在企业改革滞后。

今后我将加强学习，广泛采纳大家的建议，为公司夺取更加辉煌的业绩而努力奋斗。

以上述职请领导审议。

二、完成本任务开始处的“述职报告写作任务”。

项目五　常用公文

任务 1　通　知

写作任务

请根据下面所给的材料，撰写一篇会议通知。

参加会议的人员主要是各高校负责校园文化建设工作的领导，校宣传部、学生工作部（处）、团委及院、系（部）的负责同志及相关研究人员。

为了贯彻落实《中共中央、国务院关于进一步加强和改进大学生思想政治教育的意见》和教育部、共青团中央《关于加强和改进高等学校校园文化建设的意见》等文件精神，推动和加强校园文化和校园文化环境建设，交流各高校以校园文化建设为重要载体加强和改进高校思想政治工作的做法和经验，中国高等教育学会受教育部社政司委托，定于××××年7月1—4日在青岛举办高等学校校园文化建设研讨会议。

本次会议议题主要有：教育部有关司局领导做加强和改进高等学校校园文化建设的报告，有关高校介绍加强校园文化建设及校园文化环境建设的经验和做法，高校加强和改进大学生社团工作的经验和做法，充分发挥用校园网络提升思想政治教育功能的经验和做法。

建议与会人员围绕会议议题，提交研究论文、经验材料、建议措施等，并复印50份供会议交流使用，主办单位负责将论文推荐到《中国高教研究》杂志及相关媒体刊发。

会议具体时间、地点：××××年7月1日在青岛大学（进门左侧）国际学术交流中心一楼大厅报到，7月2日至4日共3天在国际学术交流中心三楼3312会议室开会；青岛大学位于山东省青岛市宁夏路308号。在火车站可以乘×××路、×××路公交车直达，机场乘出租车30~40分钟即可到达。

组委会办公室联系方式：联系电话：（010）66031××8，传真：（010）66035××8，E-mail：zhong××4321@126.com；联系人：李××、曹××；联系地址：北京西单大木仓胡同35号教育部××培训中心；邮编：××××××。

会议费用：会务费800元，食宿统一安排，费用自理。

附件：参加高等学校校园文化建设研讨会人员报名表。

例文借鉴

例文1

中共中央办公厅　国务院办公厅

关于印发《党政机关公文处理工作条例》的通知

中办发〔2012〕14号

各省、自治区、直辖市党委和人民政府，中央和国家机关各部委，解放军各总部、各大单位，各人民团体：

《党政机关公文处理工作条例》已经党中央、国务院同意，现印发给你们，请遵照执行。

中共中央办公厅

国务院办公厅

2012年4月16日

例文2

国务院关于批转交通运输部等部门重大节假日

免收小型客车通行费实施方案的通知

国发〔2012〕37号

各省、自治区、直辖市人民政府，国务院各部委、各直属机构：

国务院同意交通运输部、发展改革委、财政部、监察部、国务院纠风办制定的《重大节假日免收小型客车通行费实施方案》，现转发给你们，请认真贯彻执行。

国务院

2012年7月24日

例文3

审计署办公厅关于转发

《党政机关公文格式》国家标准的通知

审办办发〔2012〕171号

各省、自治区、直辖市和计划单列市、新疆生产建设兵团审计厅（局），署机关各单位、各特派员办事处、各派出审计局：

近日，《国家质检总局办公厅国家标准委办公室关于发布实施〈党政机关公文格式〉国家标准有关事宜的函》（国质检明发〔2012〕7号），发布了《党政机关公文格式》国家标准（以下简称新国家标准），现予以转发。新国家标准是按照《党政机关公文处理条例》的规定，首次统一了党政机关公文格式要素的编排规则，做出了具体的规定，是党政机关公文规范化的重要依据。新国家标准于2012年7月1日起正式实施，各单位在公文处理工作中要严格贯彻执行。办公厅将从第三季度起，按照新国家标准的规定对各单位公文进行检查和通报。各单位要认真组织学习，掌握规定中新增加或变化了的内容，力争通过新国家标准的实施，切实提高公文处理工作质量和水平。

执行中如有问题，请及时与办公厅联系。

联系人：办公厅秘书处赵素琴　张翼

电　话：68301653 68301601

审计署办公厅

2012年7月1日

例文4

教育部关于加强中小学
网络道德教育抵制网络不良信息的通知

教基一〔2010〕2号

各省、自治区、直辖市教育厅（教委），新疆生产建设兵团教育局：

近年来，随着科学技术的发展，互联网、手机等新兴媒体的广泛应用，给中小学生学习和娱乐开辟了新途径。同时，腐朽落后的思想文化和有害信息借机传播，对广大青少年学生的健康成长产生了一定的负面影响。对此，党中央高度重视，部署了一系列“扫黄打非”和净化社会文化环境的行动，并在2009年11月底召开的全国未成年人思想道德建设经验交流会上再次强调了抵制网络不良信息的重要性和紧迫性。为有效抵制网络不良信息对中小学生的侵害，促进学生健康成长，现就有关工作通知如下：

一、加强网络道德教育。（略）

二、加强网络法制教育。（略）

三、加强绿色网络建设。（略）

四、加强重点关注和引导。（略）

五、加强学校家庭合作。（略）

中华人民共和国教育部

2010年1月13日

例文5

××市教育局关于举办毕业生就业双向选择活动的通知

各大、中专院校：

为做好2016年研究生及大中专毕业生的就业工作，我市定于2月20日至22日（8:00—17:00）在市人才交流中心举办毕业生就业供需见面、双向选择活动，届时用人单位设点提供需求信息，考核接受毕业生；毕业生持学校推荐表与用人单位双向选择自主落实就业单位。希望各校抓紧落实有关事宜并组织毕业生前往参加。

××市教育局

2016年1月10日

例文6

交通运输部关于召开全国交通运输信息化工作会议的通知

各省、自治区、直辖市、新疆生产建设兵团及计划单列市交通运输厅（局、委），天津市市政公路管理局，部属有关单位，有关交通运输企业：

为全面总结“十一五”全国交通运输信息化工作取得的成绩和经验，分析交通运输信息化发展形势，部署推动信息化工作，大力加强交通运输信息化建设，部决定召开全国交通运输信息化工作会议。现将有关事项通知如下：

一、会议时间、地点及参加人员

会议采取电视电话会议与现场会议相结合的方式召开。

（一）电视电话会议

1. 时间：8月26日上午9:00开始。

2. 地点：主会场设在交通运输部机关5楼报告厅，各地设电视电话会议分会场。

3. 参加人员：

（1）交通运输部机关主会场：×××部长、×××副部长，部总工程师，发展改革委、科技部、工信部、财政部、中国民航局、国家邮政局有关领导；交通运输部信息化工作领导小组特邀咨询专家；部机关各司局及部属在京各单位主要领导等。

（2）各地分会场：各省（自治区、直辖市、计划单列市、新疆生产建设兵团）交通运输厅（局、委），天津市、上海市交通运输和港口管理局，天津市市政公路管理局，长江、珠江航务管理局，长江口航道管理局，大连海事大学，天津水运工程科学研究院主要领导和信息化工作主管部门及技术支持部门人员。（无视频点的京外部属单位请到当地设视频点单位参会）

具备条件的单位可将视频连接到下一级单位，并安排相关部门人员参加会议。

（二）江苏南京现场会议

1. 时间：8月26日上午至8月27日上午（参加现场会议代表26日上午在南京会场同期参加电视电话会议）

2. 地点：江苏省南京国际会议大酒店（南京市玄武区中山陵四方城2号）。

3. 参加人员：×××副部长，部总工程师，有关部委特邀专家，中国民航局、国家邮政局信息化主管部门领导，各省（自治区、直辖市、新疆生产建设兵团）交通运输厅（局、委）、部属有关单位、有关交通运输企业、行业共建院校、部机关各单位信息化工作分管领导。

部机关会场和南京会场会议代表名额分配以《全国交通运输信息化工作会议预通知》（交科技明电〔2011〕0821号）为准。

二、会议主要内容

1. 电视电话会议：×××部长做交通运输信息化工作会议主报告；表彰“十一五”交通运输行业信息化工作先进单位和优秀项目；宣布部信息化工作领导小组特邀咨询专家人员名单并颁发聘书。

2. 现场会议：《公路水路交通运输“十二五”信息化发展规划》及建设方案总体思路介绍；国民经济和社会信息化发展形势与展望介绍；我国信息安全形势与要求介绍；地方交通运输和企业信息化建设经验交流；座谈讨论；×××副部长做会议总结讲话。

三、会议会务安排

北京会场会务工作由交通运输部科技司承办。南京会场会务工作委托江苏省交通运输厅承办。会务具体要求以《全国交通运输信息化工作会议预通知》（交科技明电〔2011〕0821号）为准，请各单位按照要求及时填写会议回执并传真至我司和江苏省交通运输厅。

部机关各司局及部属在京各单位参会人员须于8月26日8:40前入场。

江苏省交通运输厅联系人：

窦××　电话：025-52××××××，传真：025-52××××××

　　　　手机：13×××××××××。

何××　电话：025-52××××××，手机：13×××××××××。

部科技司信息化管理处：

电话：010-65××××××，传真：010-65××××××

联系人：高×13×××××××××；姚××13×××××××××。

2011年8月17日

例文7

中共××省国土资源厅党组关于吴×等同志职务任免的通知

××市国土资源和城乡规划局：

厅党组研究决定：

吴×同志任××市国土资源和城乡规划局纪检组组长、党组成员；

免去郑××同志的××市国土资源和城乡规划局纪检组组长、党组成员职务。

中共××省国土资源厅党组

2015年9月7日

必备知识

一、通知的含义和用途

通知适用于发布、传达要求下级机关执行和有关单位周知或者执行的事项，批转下级机关的公文，转发上级机关和不相隶属机关的公文。

通知被誉为公文中的“老黄牛”，是各级党政机关、人民团体、企事业单位使用最多的公文。

二、通知的特点

（1）使用范围的广泛性。通知不受发文单位级别、性质的限制。无论国家大事还是单位内部的具体事务，都可以通知的形式发布；无论是国家最高领导机关还是基层行政单位，都可使用通知。

（2）行文方向与功用的双重性。通知既可作下行文，也可作平行文。通知作下行文时，对受文对象一般会提出需要知晓、执行或办理的事项，具有指挥、指导作用。通知作平行文时，由于受文单位不是下级单位，而是平级单位或不相隶属单位，通知内容不带指挥、指导性，只能表述告知性或周知性的内容。

（3）明显的时效性。通知事项一般要求立即办理、执行或知晓，不容拖延。有的通知如会议通知等，只在指定的一段时间内有效。

三、通知的类型

（1）处理文件的通知。这类通知通常含批转、转发有关文件和发布行政规章、管理规章的通知。其中，上级机关转发下级的文件用批转性通知；下级机关转发上级、同级或不相隶属的机关之间的文件用转发性通知。发布性通知分为颁发、发布、印发（公布）三种。一般说来，对比较重要的行政法规、规章、办法用颁发、发布，而对一般性的、暂行或试行的行政规章、管理规章用印发。

（2）布置性通知。它也称工作通知，是上级机关就某些事项、某项工作提出工作的具体原则、要求和安排，以让受文单位贯彻执行的通知。这种通知的内容多数不宜以命令或意见行文。

（3）知照性通知。即告知有关单位或个人某些事项的通知，如设立或撤销机构、启用或更换印章、调整办公时间等事项通知。

（4）会议通知。即向有关人员或单位告知某一会议的时间、地点及会议要求的通知。

（5）任免通知。即告知有关单位或个人人事任免的通知。

结构写法

一、标题

通知的标题因类型不同，写法也不同。

1. 处理文件通知的标题

（1）完全式：发文机关 + 发布（批转或转发） + 被发布（转发或批转）的文件标题 + 通知。当被转的公文是通知时，只保留一个“通知”，其他的“通知”一律去掉。如《海南省教育厅关于转发教育部关于加强中小学网络道德教育抵制网络不良信息的通知的通知》可写为《海南省教育厅转发教育部关于加强中小学网络道德教育抵制网络不良信息的通知》。如果是多层转发的公文，可省去中间的机关，直接写本机关转发始发机关及其原通知标题，在正文中说明转发情况。如《××县人民政府关于转发〈××市人民政府关于转发《××省人民政府关于转发人事部×××同志恢复名誉后享受××级待遇的通知》的通知〉的通知》就可简化为《××县人民政府转发人事部关于×××同志恢复名誉后享受××级待遇的通知》。如果被转发的公文是几个单位联合行文，可保留主办单位名称，后加“等单位”或“等部门”字样。如《××大学关于转发〈××省人力资源社会保障厅、教育厅、财政厅关于转发《人力资源和社会保障部、教育部、财政部关于开展高校毕业生就业推进行动的通知》的通知〉的通知》，可以简化为《××大学转发人力资源和社会保障部等部门关于开展高校毕业生就业推进行动的通知》。

（2）省略发文机关式：如《关于印发〈××××××〉的通知》。

2. 其他种类通知的标题

（1）完全式：发文机关 + 事由 + 通知。如《国务院办公厅关于切实解决企业拖欠农民工工资问题的紧急通知》。

（2）省略式：事由 + 通知。如《关于举办班际象棋邀请赛的通知》。

二、主送机关

主送机关即受文对象，根据实际情况，可以是一个或几个甚至所有的有关单位。普发性通知可省去主送单位。

三、正文

通知的正文一般分为缘由、事项和结尾三部分。不同类型的通知，其正文写法有所不同。

（1）处理文件性通知。正文包括两个部分：批语 + 批转、转发或印发的规章或文件的名称。批语内容比较简单，只要说明批转、转发或印发的文件名称和有关要求就可以了。如“现将《关于……的规定》印发（或批转、转发）给你们，请……”对有些比较复杂的文件，则结尾或者对如何实施进行具体说明，或者阐述该文件的意义所在等。

（2）布置性通知（工作通知）。正文通常包括三部分：引言 + 主体 + 结尾。引言在于说明缘由，要简明扼要、抓住要害。主体即通知的具体内容，内容比较复杂时要分条列项陈述，重要的内容放在前面详细写，次要的内容放在后面尽量简化。结尾多提出贯彻执行的要求，如“请遵照执行”“请认真贯彻执行”等。也有的通知不写结尾。

工作通知的目的在于布置工作任务，要求下级遵照执行，因此在撰写时，一定要开门见山，直接叙述，既要说明“办什么事”“为什么办这些事”，又要说明“怎样办这些事”，以便受文单位更易理解、更方便执行。

（3）知照性通知。这种通知行文的目的是让受文对象了解有关事项，正文把事项叙述清楚即可。

（4）会议通知。由文件传递渠道发出的会议通知，正文一般包括会议名称、召开会议的原因与目的、会议议题、会议时间与地点、报到时间与地点、与会人员、与会者需准备的材料、差旅费报销办法、联系单位、联系人与联系方式等，有的通知还会附上会议日程安排和与会的有关证件。当然，并非所有会议通知都必须包含这些事项。会议通知通常采用分条列项式写法。供机关、单位内部张贴或广播的会议通知，可不写受文对象，只需在正文中说明会议时间、地点、内容、准备材料及出席人员等。

（5）任免通知。一般的固定格式是：任免决定 + 任免人员的姓名及职务。如“经……研究决定，任命×××为……，免去×××的……。”

四、落款

如果发文机关在标题中已标明，落款时可以省略。成文日期用阿拉伯数字。

五、注意事项

（1）依职能行文。要弄清楚本机关是否具有发文资格。比如，只有上级机关才能对下级机关发指示性通知，只有具有批准权力的机关才可以使用批转性通知等。

（2）明确具体。在通知中，做什么、怎么做和有什么要求，都必须具体明确，条理清晰。

（3）重点突出。必须分清通知事项的主次，按其轻重缓急突出重点，层层展开，尤其必须把主要事项讲清说透。

写作模板

一、工作通知

××××关于×××××××的通知

×××××××××××××。（背景、缘由、问题、依据）为了×××，（目的）现就有

关问题通知如下：（文种承启语）

1. ×××××××××××。（事项）

2. ×××××××××××。（事项）

3. ×××××××××××。（事项）

×××××××××××××。（要求、希望）

××××

××××年××月××日

二、会议通知

×××集团公司关于××会议的通知

各×××，公司各部门：

×××××××××××××。（背景、缘由）为了×××××，本公司决定召开×××工作会议。（目的）现将有关事项通知如下：（文种承启语）

1. 会议内容

×××××××××××××。

2. 与会人员

××× ××× ××× ×××。

3. 会议时间

×月×日至×月×日。

4. 报到时间和地点

×月×日 9:00—18:00，在×××酒店大堂报到。

5. 会议地点

×××××××××××××。

6. 其他事项

（1）×××××××××××××。

（2）会务联系：××会议会务组。

通联方式：××××××。

联系人：李秘书。（事项）

附件：会议报名回执表

×××集团公司

××××年××月××日

技能训练

一、下面是一篇存在毛病的工作通知，试写出修改稿。

机关游泳池办证的通知

机关各直属单位：

机关游泳池定于6月1日正式开放，6月10日开始办理游泳证。请你们接此通知后，按下列规定，于元月三十日前到机关俱乐部办理游泳手续。

1. 办证对象：仅限你单位干部或职工身体健康者。

2. 办证方法：由你单位统一登记名单、加盖印章到俱乐部办理，交一张免冠照片。

3. 每个游泳证收费伍角。

4. 凭证入池游泳，主动示证，遵守纪律，听从管理人员指挥。不得将此证转让他人使用，违者没收作废。

5. 家属游泳一律凭家属证，临时购买另票，在规定的开放时间内入池。

×××俱乐部
××××年××月××日

二、完成本内容开始处的“会议通知写作任务”。

任务2　报　告

写作任务

请合理扩充下面提供的材料，以××分公司的名义向总公司起草一份不超过500字的情况报告。

1. ××××年6月4日凌晨2时40分，××分公司江南百货大楼发生火灾事故。

2. 事故后果：未造成人员伤亡，但该大楼二楼商品被全部烧毁，直接经济损失350万元。

3. 事故原因：二楼某个体裁缝经二楼经理同意从总闸自接线路，夜间没断电导致电线起火。

4. 施救情况：事故发生后，分公司领导马上拨打火警电话，市消防队出动了8辆消防车，至清晨6点，火灾才被扑灭。

5. 善后工作：分公司经理、副经理多次到现场调查，并对事故进行了认真处理。

例文借鉴

例文1

××公司关于从落实责任制入手加强企业管理基础工作的报告

××××：

我们公司自2010年建立工人岗位责任制和干部职务责任制以来，对于克服职责不清和无人负责的现象起到了较好的作用。但是，没有明确每项工作要干到什么程度，达到什么标准，结果衡量没有尺度，考核没有依据，往往是责任制写在纸上贴在墙上，执行不执行一个样。工人们反映，这样的责任制好像“橡皮尺子”，可长可短，不好衡量，容易流于形式。事实说明，生产水平越高，越要落实责任制，越要把基础工作搞扎实。

一、制定岗位考核标准

我们对全公司劳动管理和岗位责任制的现状进行调查，摸清情况，然后根据各厂赶超国内先进水平的目标和多快好省的要求，制定了工人的岗位考核标准和干部的办事细则，要求做到“全、细、严”。（略）

二、严格按照标准进行考核

制定出岗位考核标准以后，我们坚持从严考核，用一整套的定额、计量、原始记录和统计方案，精确地计算每个岗位的生产效果，科学地分析每项技术操作，使各项经济活动和生产技

术操作规格化、标准化、最佳化。(略)

三、根据考核结果实行奖惩

在严格考核的基础上，我们把考核同奖惩紧密结合起来，根据考核结果，做到赏罚分明。(略)

实践说明，制定岗位考核标准，严格按标准进行考核和根据考核结果实行奖惩三位一体，是落实岗位责任制、把企业各项管理基础工作进一步扎根基层的行之有效的办法。

2013 年 5 月 28 日

例文 2

关于张××同志职称评定问题的答复报告

××市人民政府办公室：

接市办 5 月 20 日查询我单位张××同志有关职称评定情况的通知后，我们立即进行了调查。现将有关情况报告如下：

张××同志是我集团公司二分厂工程师。该同志自××××年起曾在××工学院接受过 4 年函授教育，学习了有关课程。由于“文革”而未能取得学历证明。因缺乏学历证明，在今年上半年职称评定时，根据上级有关文件精神，我单位职称评委会决定暂缓向上一级职称评委会推荐评定他的高级工程师职称，待取得学历证明后补办。该同志认为这是刁难，因而向市政府提出了申诉。

接到市政府办公厅查询通知后，我们专程派人去××工程学院查核有关材料，得到××工程学院的支持，正式出具了该同志的学历证明。现在，我集团公司职称评委会已为张××同志专门补办了有关评定高级工程师的推荐手续，并向该同志说明了情况。对此，他本人已表示满意。

特此报告

××集团公司

××××年 5 月 30 日

必备知识

一、报告的含义和用途

报告适用于向上级机关汇报工作、反映情况，答复上级机关的询问，属于上行文。

报告是机关、单位常用的重要的上行文。用好报告，能帮助上级及时了解情况，掌握下情，为领导决策提供依据。同时，有利于下级机关、单位接受上级的监督和指导。

二、报告的特点

（1）反映实践性。报告的内容都是本单位的实践情况，必须真实，不能弄虚作假。

（2）概括陈述性。报告的表达方式是陈述性的，它的叙述和说明必须概括，只要求进行粗线条的勾勒，而不能详述事件或工作的过程，更不要求铺排大量的细节。即便运用议论，也多限于夹叙夹议。

三、报告的类型

1. 工作报告

以汇报工作情况为目的，往往带有总结的性质。

2. 情况报告

重在向上级机关汇报本单位出现的新情况、新问题，特别是突发事件、特殊情况、意外事故及处理的情况。

3. 答复报告

即用来答复上级机关的询问。

结构写法

一、标题

一般采用完整式公文标题的写法。如果标题中省略了发文机关名称，则落款时必须写发文机关名称。

二、主送机关

一般是发文机关的直属上级机关。如有必要报送其他上级机关，可采用抄送形式。

三、正文

（1）工作报告。正文围绕主旨展开陈述，内容一般包括基本情况、主要成绩、经验教训、对今后工作的意见或提出有关建议等几个部分。不同类型的工作报告，汇报的侧重点会有所不同。如果内容较多，则应分条列项写，或分若干部分写，但各条项、各部分之间要有逻辑关系，避免无序交叉。

（2）情况报告。正文围绕主旨，实事求是地概括叙述事件发生的原因、经过、性质，同时要写出处理意见、处理措施或处理建议。

（3）答复报告。正文包括答复依据和答复事项两部分内容。答复依据即上级要求回答的问题。

一般报告的结尾都有习惯用语。根据报告的不同内容使用不同的习惯用语。提出建议，要求上级机关批转给下级机关的工作报告，常以“如无不妥，请批转有关单位执行”等请求式用语作结，其他各类报告常以“特此报告”“专此报告”“以上报告，请审示”等用语作结。

四、落款

标明发文机关和发文日期，加盖公章。

五、注意事项

（1）注意工作报告和情况报告的区别。工作报告反映的是常规性的工作，内容相对稳定，写法也相对固定，有的工作报告还向上级提出工作建议。而情况报告汇报的是偶发和突发的特殊情况，内容多不确定，写法相对灵活。

（2）写情况报告要及时，以便及时让上级机关掌握情况。

（3）写答复报告要紧紧围绕上级机关提出的问题而回答，不能答非所问、节外生枝。

（4）报告中不能夹带请示事项。

写作模板

1. 工作报告

××分公司关于×××工作的报告

总公司：

××××××××。（背景、依据）在××××××××下，现在×××工作已经结束。总的来看，×××工作进展得比较顺利，取得了××效果。（基本情况及总体评价）现将此项工作报告如下：（文种承启语）

一、×××××××。（主要成绩）

二、×××××××。（经验教训、效果评价）

三、×××××××。（存在问题、改进意见、建议）

特此报告，请审阅。

××分公司
××××年××月××日

2. 情况报告

×××关于×××事故的报告

×××××：

××月××日，我单位发生了一起×××事故。×××××××。（背景依据：概述事故基本情况，包括事故发生的时间、地点，造成的损失）

现将情况报告如下：（文种承启语）

××××××。（对事故的救助活动情况）

××××××。（事故原因、救助方案）

××××××。（处理事故的做法、措施）

××××××。（对事故责任人如何处理）

××××××。（教训或表态）

×××

××××年××月××日

技能训练

一、请指出下面这篇报告存在的毛病。

关于受台风“海葵”影响受灾情况的报告

×府字［2012］40号

县政府：

受今年第11号台风“海葵”影响，我乡8月10日遭遇大风、强降雨天气，根据县委、县政府及县防汛办的统一部署，我乡高度重视，迅速应对，全力以赴做好了抢险救灾工作，现将有关情况汇报如下：

（一）受灾情况

全乡共降雨497.0毫米，受灾人口9640人，转移群众2400人，其中坪上村、越溪村、珠田村受灾较为严重，全乡估算损失3640万元。

1. 水利设施

一是水渠损毁1538米，受损1000米；二是拦河坝损毁944米；三是水沟塌方7600余米。估计损失169万元。

2. 道路

冲毁道路2900米，堵塞3处100余米，受损道路3200米。估算损失361万元。

3. 房屋

房屋倒塌9户25间，严重损坏11户20间。估计损失58万元。

4. 农作物

二级稻受灾9405亩，一级稻绝收2190亩；冲毁蔬菜1549亩，棉花成灾350亩，浸毁西瓜200亩，其他农作物成灾555亩。估计损失1628万元。

5. 牲畜

倒塌猪舍2栋，冲走鸡鸭等1000只，水淹鱼塘299亩，游走鲜鱼6万余斤。估算损失172万元。

6. 基础设施

全乡基础设施和公益设施损毁都比较严重，估算损失626万元。其中较突出的是冲毁大小桥梁20座，冲毁机耕道3000多米。

7. 其他

乡粮站336库被淹，335库、334库后墙体倒塌，损失粮食5万公斤；越溪村、坪上村村内全部被淹，家庭财产损失831万元；工矿企业损失25万元；冲毁车辆2辆，损失5万元。

（二）救灾情况

灾情发生后，乡党委、政府针对灾情，立即启动应急预案，采取措施，组织抗洪抢险，及时进行抗灾自救。

1. 加强组织领导。成立了由乡党委书记为组长的抗洪抢险领导小组，全体班子成员、各村支部书记为成员，有序组织抢险救灾，把损失降到最低程度。

2. 全力做好抢险救灾。一是各村成立了应急队伍，对发生的灾害险情采取了有效措施，进行抢救排险。二是对重点地质灾害隐患，安排人员进行24小时监测，一旦发生险情，立即组织人员安全撤离，并立即上报，统一安排抢险避险。三是做好宣传稳定工作，促进受灾村、受灾群众积极主动投身到抗灾自救和灾后恢复工作中，确保社会稳定。

3. 全力恢复生产。各受灾村充分发挥基层党组织的战斗堡垒作用，号召广大党员带头，发动群众及时投身到抗灾自救和恢复生产活动中去。目前，全乡恢复了供电，生产自救工作也在有序开展。

（三）请求县政府解决的问题

我乡这次灾情严重，全乡农业、工业和社会经济事业遭受重创。为妥善安排好受灾群众的基本生活，开展好灾后重建工作，我乡已支出应急生活救助资金10万元。但由于我乡财力相对薄弱，为此恳请上级给予帮助：一是解决灾后重建资金；二是安排损毁的基础设施和公益设施的项目或资金扶助。

特此报告，恳请县政府研究解决。

××乡党政办

2012年8月16日

二、根据以下材料拟写一篇报告。

××区凤凰城小区入住居民约5000人，2015年4月成立业主委员会。小区附近的可胜、可利两公司排放异味废气引发小区居民不满。业委会两位副主任维权意识很强，对可胜、可利两公司的环保问题高度关注。自5月份开始，小区业委会部分委员多次到两家企业实地查看治污设施运转情况。7月份，小区业委会向××区环境保护局投诉，两家企业因为废气处理设备运转不到位导致异味。8月13日上午，15位业主聚集到企业进行交涉，要求企业列席8月21日的小区业主代表大会，并在会上就异味废气问题向50位业主代表进行解释。企业对此未作明确回应。目前，15位业主正在通过网络论坛、QQ群召集居民旁听即将召开的业主代表大会，并声称，如企业届时未到场或者未作合理答复，将集体前往企业进行维权，截至8月18日上午，约有120多位居民跟帖表示响应。

××区环境保护局接到投诉后，对可胜、可利两公司一直保持至少每10天一次的高强度检查，检查中多次发现公司在污染治理设施运行和日常环境管理方面的问题，多次约谈公司负责人，并开具过多份行政处理通知单、进行过3次行政处罚。自8月12日起，××区环保局执法人员24小时蹲点值守在凤凰城小区，及时响应居民的投诉，进一步强化对公司的监管。

目前两公司的废气处理设施基本都能正常运行，经多次监测，废气排放都能达到国家规定的标准，但公司内部仍存在环境管理制度不完善、人员环保意识不强等问题。另外，由于污染物排放总量大、无组织排放点多等原因，在特定的气象条件下，公司气味影响凤凰城小区居民健康的情况仍时有发生。

鉴于目前的态势，加之可胜、可利两公司拟实施扩建项目，可成公司也存在同样的废气排放现象，该问题如不能得到根本解决，凤凰城小区周边的水墨城、世纪家园等多个小区也将出现环境污染隐患。

为此，环保局就上述情况向区政府报告，建议区政府在8月21日凤凰城小区业主代表大会前，牵头召集有关部门召开专题会议，研究妥善解决凤凰城小区异味废气扰民问题的方案，避免群体性事件发生。

三、完成本内容开始处的“情况报告写作任务”。

任务3 请 示

写作任务

根据下面的材料写一份请示。材料中若有信息不足之处，请进行合理虚构填充。

广东省拟申请把丹霞山风景名胜区列为国家重点名胜区

丹霞山风景名胜区位于广东省韶关市仁化、曲江两县境内，面积186平方千米，分丹霞山、韶石山、大石山三个景区。距韶关市区最近处10千米，最远处50千米，柏油公路直达主峰景区，观光旅游的交通十分方便。

根据国务院《风景名胜区管理条例》，广东省对丹霞山风景名胜区进行了资源调查、评价，编制了总体规划，拟向国务院申请把丹霞山风景名胜区列为国家重点名胜区。

据地质考证，6500万年前丹霞山所在地是一个大湖泊，“丹霞地貌”已成为国际地质学名词。现丹霞山景区已开发接待游人的范围为12平方千米，主要景点有87处，山、瀑、江、湖兼备，绿化良好，兼之摩崖石刻、寺庵、亭台楼阁点缀其间，自然人文景观丰富。靠丹霞山南侧的韶石山景区，傍地浈水，是历史上舜帝南巡奏乐之处，内有“三十六石”的奇景；丹霞山两侧的大石山景区，类似丹霞山的奇山异峰，有丹寨幽洞、岩柱等自然景观。在丹霞山风景名胜区附近，有“金鸡岭”“九龙十八滩”“古佛岩”“南华寺”“马坝人遗址”等风景及名胜古迹，总面积约4万平方千米。目前，粤北地区以丹霞山风景名胜区为中心形成了广东省的一条重要旅游线。

例文借鉴

例文1

关于交通肇事是否给予被害人家属抚恤问题的请示

最高人民法院：

据我省××县人民法院报告，他们对交通肇事致被害人死亡是否给予被害人家属抚恤的问题有不同的意见。一种意见认为，被害人若是有劳动能力的人，并遗有家属要抚养的，给予抚恤。另一种意见认为，只要不是由被害人自己的过失所引起的死亡事故，不管被害人有无劳动能力，都应酌情给予抚恤。我们同意后一种意见。几年来的实践经验证明，这样做有利于安抚死者家属。

以上意见是否妥当，请指示。

××省高级人民法院

××××年××月××日

例文2

商贸集团第五分公司关于拨款新建冷库的请示

商贸集团总公司：

近年来，随着城乡人民生活水平的不断提高，我公司副食品经营的市场前景越来越广阔，经营规模也在不断扩大。我公司原有冷库已不能满足储存副食品的需要，为此公司办公会议集体商议，拟再建一个冷库。

我公司拟订了冷库建设方案，新建副食品冷库地址初步选择在××县火车站附近，冷库建设规模计划可以储存近200吨副食品。新建冷库准备于2011年9月开工，2012年9月竣工并投入使用。经预算，冷库建设需要800万元人民币，恳请总公司拨款。

以上请示当否，请批复。

附件：商贸集团第五分公司冷库建设方案

商贸集团第五分公司

2011年3月10日

必备知识

一、请示的含义和用途

请示适用于向上级机关请求指示、批准，属于上行文。凡是下级机关无权决定、无力解决而确需上级机关给予明确指示、批准或帮助的事项，均应以请示行文。

二、请示的特点

（1）事前行文性。请示一定要在工作开始前行文，得到上级机关批准后才能付诸实施，不可“先斩后奏”或“边斩边奏”。

（2）请求批复性。请示行文的目的即要求上级机关对请示的事项做出明确的批复。

（3）一文一事性。一份请示只能请求指示、批准一件事或解决一个问题。

三、请示的类型

（1）请求指示的请示。这类请示所涉及的是下级机关对政策、方针在认识上不明确、不理解，或对新问题、新情况不知如何处理的问题。

（2）请求批准的请示。这类请示所涉及的是下级机关限于自己的职权，无权自己办理或决定的事项。

（3）请求支持、帮助的请示。这类请示所涉及的是下级机关遇到仅依靠自己的力量很难克服或无法克服的困难。

结构写法

一、标题

请示的标题一般以以下形式呈现：发文机关＋事由＋请示。事由要明确，语言要简明。由于“请示”本身就含有请求、申请的意思，所以标题中尽量不再出现“申请”“请求”一类词语。请示的内容不能写成“报告”或“请示报告”。

二、主送机关

请示只能有一个主送机关。受双重领导的单位写请示时，要根据请示的内容确定一个主送机关，抄送另一个上级机关，不能多头主送。

三、正文

请示的正文包括请示缘由、事项和结语三部分。

（1）缘由。即请示的理由或根据，它直接关系到请示事项是否成立，关系到上级机关的审批态度。因此，这部分内容既要实事求是，有理有据，说明充分，又要条理清晰、开门见山。如果缘由比较复杂，还必须写明必要的事实和数据，不能为追求简要而作简单化处理，要让领导知晓批准或不批准这个请示将分别出现什么局面。如某公司需要修建仓库的下水道，先写仓库的现状：该仓库是公司唯一储存产品的仓库；由于周边新建高楼导致仓库地势低洼，积水情况严重，以致仓储物品霉变，并用具体数字写明损失情况。

（2）事项。即请求上级机关给予指示或批准的具体内容。事项要具体明确，符合国家法律法规，符合实际，所提的要求要切实可行，具有可操作性。如果内容比较复杂，则分条列项写。用语要明确，不能含糊其辞。语气要得体，不应用“我们决定……”之类词语，而应用“我们拟……”引出请示事项，表明是下级机关的初步打算，等待上级机关的答复后再实施。

（3）结语。用结语表达要求，是请示结尾必不可少的部分。通常使用的惯用语有“妥否，请批复”“特此请示，请予批准”“请批准”“请审批”“请指示”。

四、落款

落款应标明发文机关和发文日期，加盖公章。

五、注意事项

1. 注意请示与报告的区别：

1）行文时间不同。请示必须在事前行文，而报告在事前、事后及事中皆可行文。

2）行文的目的、作用不同。请示旨在请求上级批准、指示、支持和帮助，需要上级批复，重在呈请。报告旨在向上级汇报工作、反映情况、提出建议、答复上级询问，不需要上级答复，重在呈报。

3）主送机关数量不同。请示只写一个主送机关。在遇到灾情、疫情等紧急情况需要多级领导机关尽快知道时，报告可写多个主送机关。

4）写法不同。请示的内容单一，一文一事，侧重于讲明原因、陈述理由、表述事项，要求体现请求性，篇幅较短。报告的内容较杂，容量可大可小，侧重于概括陈述情况，总结经验教训，形式多样，表述灵活，体现报告性。

5）结尾用语不同。请示不能省略结束惯用语，一定要写“以上请示，请批复”一类的惯用语。报告的结束语一般写“特此报告”“以上报告，请审阅”，或者省略结束惯用语。

6）受文机关处理方式不同。请示属于办件，收文机关必须及时批复。报告多数是阅件，除需批转建议报告外，上级机关对其余各类报告不必回复。

2. 请示只送给直接的上级机关，一般不能越级行文，有必要时应抄送被越过的上级；不能一文多事；不得抄送下级机关；语言得体，不能使用指示性语言；不滥用请示，凡在自己职权范围内经过努力能够处理和解决的问题和困难，都应尽力自行解决，不能动辄请示，将矛盾上交。正式印发请示送上级时，应在文头上注明签发人姓名。

写作模板

第××工程有限责任公司关于××××的请示

××集团：

××××××××××，（事实依据或缘由、条件）×××××××××。（理论依据或缘由、条件）

为了××××××，（目的一）××××××，（目的二）我公司现请求（申请）××××××，××××××。（事项：请求或指示或批准或支持或帮助的具体内容）

当否，请批复。（请求惯用语）

附件：1. ×××××× ×份

2. ×××××× ×份

××集团第××工程有限责任公司

××××年××月××日

技能训练

一、请指出下面这份请示存在的问题并加以修改。

关于开展“传递温暖播种希望”慈善宣传活动的请示报告

李总经理：

您好！

为了塑造良好的企业形象，扩大我公司的知名度，我部门决定举办“传递温暖，播种希望”慈善宣传活动。活动具体安排如下：

（一）时间：2016年4月中旬（具体时间由我部门决定）；

（二）地点：全市民工子弟学校；

（三）活动内容：赠送我公司产品和学习用品。

（四）经费预算：

交通费：800 元

学习用品：5000 元

本公司产品：50 000 元

总计：55 800 元

请总经理一定给予支持，这项活动能扩大本公司的影响力，宣传新产品，提高销售额。

妥否，请批复。

××公司行政部

二〇一六年三月二十日

二、完成本任务开始处的“请示写作任务”。

任务 4 通　报

写作任务

请根据下述材料，以工业和信息化部的名义写一则批评性通报。

2010 年 9 月至 10 月底，北京奇虎科技有限公司的“360 安全卫士”与深圳市腾讯计算机系统有限公司的“QQ 电脑管家”为争夺全国几亿电脑桌面用户产生了极为严重的纷争。奇虎声称腾讯偷窥个人用户隐私和文件数据，并扫描用户硬盘。而腾讯则声称奇虎非法外挂“QQ 保镖”，强行推销其产品，双方产生恶性竞争。其结果是把用户拖下了水，用户使用“360 卫士”就不能使用“腾讯 QQ”，两不相容，要用户在它们之间作选择。这严重侵害了广大消费者自由选择的合法权益，最终导致广大网民包括付费用户和非付费用户的损失，并在社会上造成恶劣的影响。

2010 年 11 月 20 日，国家工业和信息化部对上述两公司的不正当竞争和不负责的商业行为进行了通报批评，并责成其整改，提出了相关意见。

例文借鉴

例文 1

××省化工总公司党委关于

授予张××“优秀共产党员”荣誉称号的通报

各分公司党委、总公司党委各部门、各直属机构：

张××同志是××分公司所属天宏化工厂管道维修工人，共产党员。今年 8 月 12 日上午 8 时 30 分，该厂成品车间后处理工段油气管道突然爆炸起火。正在利用公休日清理夜间施工现场的张××被爆炸气浪猛烈推倒，头部、右臂和大腿等多处受伤，鲜血直流，鞋子也被甩出很远。在这危急关头，张××强忍剧痛，迅速爬起来，顾不得穿鞋和查看伤势，踩着玻璃碎片，冲入烈火之中，迅速关闭了喷胶阀门、油气分层罐手阀、蒸汽总阀。接着先后用了十余个干粉灭火器扑救颗粒泵、混胶罐等处的大火，在随后赶来的保安人员的援助下，共同英勇奋战十余分钟，最终将大火全部扑灭，避免了火势的蔓延。

张××同志在身体多处受伤、火势凶猛并随时可能发生更大爆炸的万分危急关头，将个人生死置之度外，果断处理突发事件，为遏制火势蔓延，防止事故扩大，减少国家财产损失，做出了突出的贡献。他的行为体现了为保护国家财产和人民利益而置个人生命安危于度外的崇高精神品质，谱写了一曲保持共产党人先进性的正气之歌。

为了表彰张××的英雄行为和崇高的革命精神，总公司党委研究决定：授予张××"优秀共产党员"荣誉称号，将张××奋力灭火的英勇事迹通报全公司，晋升二级工资，并颁发灭火奖励10 000元，以资鼓励。

希望各分公司党委、各直属机构组织广大共产党员和干部职工以张××为榜样，落实安全生产责任，努力做好本职工作，为化工行业的改革与发展做出更大的贡献。

××省化工总公司党委（印）

20××年8月20日

例文2

××市食品酿造公司关于

××食品厂司机×××擅自开车到北戴河游玩的通报

公司所属各单位：

今年8月8日晚，××食品厂司机×××以磨合汽车为借口，擅自驾驶"630"食品防尘车并带上五人从××分厂去北戴河游玩。10日8点抵达北戴河，至12日夜间12点才返回公司。行程600多千米。

×××的行为，违反组织纪律，错误实属严重。车队负责人在问题发生后未及时向公司汇报。这种做法也是错误的。为了严肃纪律，维护公司利益，同时教育×××本人，经公司研究决定：对司机×××予以通报批评，扣发三个月奖金，并责令其上交全程所用汽油费。

望各单位接此通报后，组织员工们及时学习、讨论，从中吸取教训，把各项工作提高到一个新水平。

××市食品酿造公司

××××年8月18日

例文3

关于2011年10件旅游案例的通报

各省、自治区、直辖市旅游局（委）：

2011年是"十二五"开局之年，各级旅游行政管理部门认真履行市场监管职责，进一步规范旅游市场秩序，不断提升旅游服务质量。国家旅游局建立重大违法违规案件督办台账制度，全年共挂账督办重点案件26宗。各地围绕2011年旅游市场秩序"三项重点"工作，开展旅游合同、广告、价格、购物等专项检查13326次，全年共处罚旅游从业人员754人；旅行社1299家，其中吊销158家、罚款478家、停业整顿80家，罚款总额1083万元；各级星评委共取消星级饭店806家，其中五星14家。现从各地查处的案件中，选取10件比较典型、影响较大的案例予以通报，并提出如下要求：

一、举一反三，全面排查。各级旅游行政管理部门要结合贯彻2012年全国旅游工作会议、全国旅游监管工作会议精神和《关于印发旅游行业"讲诚信、促发展"主题活动实施方案的通知》（旅办发〔2012〕86号）的要求，举一反三，吸取教训，认真研究10件旅游案例反映出来的问题，开展旅游市场秩序突出问题专项检查，对旅游市场重点领域、关键环节进行排查，加大对旅游违法违规行为的打击力度。

二、完善制度机制，狠抓案件查处。各级旅游行政管理部门要充分发挥案件查处的宣传引导和监督检查作用，研究建立和完善重大旅游违法违规案件督办转办制度，挂账督办查处一批损害游客合法权益和扰乱旅游市场秩序的案件，并及时披露曝光案件查处情况，形成规范旅游市场秩序的良好氛围。

三、开展讲诚信活动，促进旅游业发展。各级旅游行政管理部门要深入开展“讲诚信，促发展”主题活动，积极主动发挥法律标准之“剑”、舆论监督之“剑”、宣传引导之“剑”和诚信自律之“剑”的作用，深入开展旅游诚信检查行动、旅游诚信警示行动、旅游诚信宣传行动和旅游诚信自律行动，严格履行在规范旅游市场秩序工作中的责任。各旅游企业及从业人员要严格遵守法律法规，自觉规范旅游经营和服务行为，共同营造“规范经营、理性消费”“诚信光荣、失信可耻”的旅游消费环境。

附件：2011 年 10 件旅游案例

国家旅游局

2012 年 × × 月 × × 日

必备知识

一、通报的含义和用途

通报适用于表彰先进、批评错误、传达重要精神和告知重要情况，属于下行文。

通报具有嘉奖、告诫和交流的作用。表扬一般性质的好人好事，批评一般性质的错误，发内部简报就可以了。假如先进事迹比较典型，错误性质比较严重，就需要以通报行文，进行嘉奖或告诫。告知下级机关某信息或执行某事项，一般用通知。如果是要较大范围地“传达重要精神或者情况”则应发通报。

二、通报的特点

（1）内容的真实性。真实是通报的生命，是制发通报的重要前提。

（2）作用的双重性。通报具有教育作用和交流作用。对先进的表彰和对错误的批评，目的在于树立学习榜样或者提供反面典型以资借鉴。传达重要精神和告知重要情况，目的在于上情下达，加强上下级之间、部门之间的相互交流，促进工作。

（3）行文的时效性。先进事迹、典型经验、重要情况，只有及时通报才能更好地推广，更好地发挥其作用；坏人坏事、反面典型，只有及时通报，才能更好地起到警示作用，以杜绝类似事件的发生。因此，通报必须及时制发，注重时效性，才能达到行文目的。

三、通报的类型

（1）表彰性通报。即表彰具有典型意义的先进事迹或好人好事的通报。

（2）批评性通报。即批评能普遍产生鉴戒作用的单位或个人的通报。

（3）情况通报。即传达重要精神或重要情况，通过交流情况沟通信息以促进工作的通报。

结构写法

一、标题

通报的标题通常由发文机关、事由和文种三个要素构成，有时可省略发文机关和事由，只写“通报”二字。

二、正文

不同的通报类型，其正文的写作内容各不相同。

1. 表彰性通报

（1）叙述先进事迹，包括时间、地点、人物、事迹、经过及其结果。

（2）对先进事迹进行分析、评议，指出其典型意义，或概括主要经验。

（3）提出表彰决定。

（4）提出希望和发出学习号召。

2. 批评性通报

（1）叙述事故或错误事实的经过情况、时间、地点及其后果等。

（2）对事故进行分析评议，重点分析事故发生的原因，指出事故的性质及其危害。

（3）提出处分决定。

（4）引申出应当吸取的教训，有的放矢地提出希望和要求。

3. 情况通报

（1）概括叙述情况。

（2）分析情况。

（3）针对情况提出希望和要求。

三、落款

落款处要写上发文机关和发文时间。如果标题中已有发文机关，且时间已标注在发文机关下面，则不再落款。

此外，普发性通报可不写抬头。非普发性通报应写抬头，相应发文机关和时间则在落款处写。

四、注意事项

（1）通报的内容必须真实。动笔前一定要做好调查研究，包括文字涉及的事件的每一个细节都必须反复核实，实事求是，以免发文后造成被动、失信的局面。

（2）通报决定要恰如其分，不能与事实、政策相抵触。无论哪一种通报，都要做到态度鲜明，分析中肯，评价实事求是，结论公正准确，用语把握分寸。否则通报不但会缺乏说服力，而且有可能产生负面效应。

（3）通报的语言要简洁、庄重。其中表彰性和批评性通报还应注意把握用语分寸，力求文实相符，不讲空话、套话，不讲过头的话。

（4）事项的“分析”“评议”部分最能体现撰稿者的思想水平和写作水平，写作时一定要注意将人和事上升到较高的层面来认识，切忌就事论事。

写作模板

1. 表彰性（批评性）通报

××有限公司关于表彰（批评）××××××的通报

各部门、各有关机构：

××××××××××。（背景、依据：介绍基本情况、先进事迹及效果/事故或错误事实及后果）××××××××××××××。（分析、评议先进事迹/分析事故原因，性质及危害）

为了表彰（严肃纪律）×××××××，×××××××，（目的）公司研究决定（文种承启语）：授予××“××××”荣誉称号，并颁发奖金××××元。（对×××予以通报批评，扣发××××奖金，并责令其××××）（表彰决定/处分决定）

希望×××××××××以××为榜样，努力做好本职工作，为公司的改革与发展做出更大的贡献。（望全体员工引以为戒，从中吸取教训，把各项工作提高到一个新水平）（希望、号召/吸取教训，提出希望和要求）

××有限公司

××××年××月××日

2. 情况通报

××公司关于××××××情况的通报

公司所属各单位：

最近，我公司发生了×××××事件。（背景，依据）为了××××，（目的）现将情况通报如下：（文种承启语）

××××××。（概括叙述情况，事项之一）

××××××。（分析情况，事项之二）

××××××××。（提出希望和要求）

××公司

××××年××月××日

技能训练

一、评改下面这份通报。

关于李××的通报

各系、处、室，各班级：

我院××计算机班学生李××，××××年11月30日中午到学院餐厅吃饭的时候，看到排队打饭的人多，就要强行插队打饭。有同学劝他要遵守纪律时，他还大声说：“关你屁事！”一位纠察队员走过来阻止他，他不管三七二十一，拿起搪瓷饭碗打在纠察队员头上，致使那位纠察队员头部受伤。李××的行为引起了在场其他同学的公愤，有人甚至叫嚷要把他拉到派出所去关押起来。

据查李××平时学习也不够刻苦，上学期期末考试有一科仅得61分。

经学院领导研究决定，给予李××以记大过一次的处分。

希望广大同学以此为戒，努力学习，争取在学年考试中取得好的成绩。

××职业技术学院

××××年××月××日

二、完成本任务开始处的“批评性通报写作任务”。

任务5　函

写作任务

为了答谢广大客户对公司的支持，××公司定于2015年3月25日—3月27日开展客户联谊活动，活动地点安排在××宾馆。由公司行政部负责此项活动，请代其拟写一份函，与××宾馆商讨布置会场、安排食宿、提供服务的有关事宜。

例文借鉴

例文1

关于商洽委托代培涉外秘书的函

××大学文学院：

本集团公司新近上岗的秘书缺乏专门的涉外秘书知识，业务素质亟待提高。据报载，贵院将于今年9月开办涉外秘书培训班，系统讲授涉外秘书业务、公关礼仪、实用文书写作等课程。这个培训项目为我集团公司新上岗的涉外秘书提供了一个难得的在职进修机会。为能尽快提高本集团公司涉外秘书的从业素质，我们拟选派8名在岗秘书委托贵院代培，随该班进修学习。有关代培费用及其他相关经费，将按时如数拨付。

是否慨允，恳请函复为盼。

××集团公司（印章）

××××年7月20日

例文2

关于请求解决我县枯水期用电指标的函

××市供电局：

去年以来，我县利用本地水力资源发展小水电，每年丰水期输入国家大电网的电达3000万度至6000万度，每度电价0.25元。而枯水期我县则严重缺电，以每度电价0.50元购进1500万度电，仍然不能保证城镇居民生活用电。目前有几家水泥厂、糖厂因缺电已停产。为此，我县请求从今年起，在每年11月1日至次年3月30日的枯水期内，每天能支持配送我县基数电10万度。

可否，请予函复。

××县人民政府

××××年7月1日

例文3

关于批准录用蒋××等××名同志为国家公务员的复函

省公安厅：

你厅《关于拟录用××××届大学毕业生的函》（公安政〔××××〕18号）收悉。

根据中共××省委组织部、××省人事厅《关于部分省级机关从××××年应届高校毕业生中考试录用国家公务员和机关工作人员的通知》规定，经考试、考核合格，批准录用蒋××等××名同志为国家公务员。

特此函复。

附件：录用人员名单

××省人事厅（印章）

××××年××月××日

必备知识

一、函的含义和用途

函适用于不相隶属机关之间商洽工作、询问和答复问题、请求批准和答复审批事项。

函的使用范围极广，使用频率极高，可谓公文中的“轻武器”。平级机关或不相隶属机关单位之间的公务联系、往来要用函；向无隶属关系的业务主管部门请求批准有关事项要用函；业务主管部门答复审批无上下级隶属关系的机关请求批准的事项要用函；机关单位对个人的事务联系，回复群众来信等也要用函。

“函”与日常应用文书中的“邀请函”“信函”一类的书信有着本质的区别，一般把它称为“公函”。

二、函的特点

（1）使用广泛性。函的使用不受级别高低的限制，上至国务院，下至基层组织、企事业单位、社会团体，收发函件的单位均以比较平等的身份进行联系。

（2）行文多向性。函可以上行、下行，但大多数函作平行文。

（3）用语谦敬性。不论什么类型的函，用语皆得注重谦恭有礼，尊重对方，力求得到对方更多的理解和支持。

三、函的类型

（1）按行文方向划分，函可分为去函和复函。

（2）按文面规格划分，函可分为公函和便函。

（3）按发函的目的和内容分，函又可以分为商洽函、询答函、批请函和告知函。

1）商洽函。旨在与对方商洽工作、联系有关事宜，如人员商调、联系参观学习等。

2）询答函。即不相隶属机关之间相互询问和答复有关具体问题的函。对不明确的问题向有关机关和部门询问用询问函。对机关和部门所询问的问题做出解释答复用答复函。询答函多数涉及的是问题而不是具体的工作。

3）批请函。即不相隶属机关之间请求批准和答复审批事项的函。批请函实际上又可分为请批函和审批函。请批函用于向不相隶属的主管部门请求审批事项，而审批函则用于主管部门答复不相隶属机关单位的请批事项。

4）告知函。即告知不相隶属机关有关事项的函。

结构写法

一、标题

函的标题一般由发文机关、事由和文种构成，有时也可以只由事由和文种构成。如《××公司关于询问损失利息如何赔偿问题的函》《关于商洽校企合作事项的函》。

复函的标题一般在事由部分写明来函单位名称和具体事项，文种前加“复”字，如《××茶叶公司关于××茶厂商洽报价的复函》。

二、主送机关

函的主送机关是受文办理来函事项的机关。

三、正文

（1）开头。写行文的缘由、背景和依据。

一般来说，去函的开头或说明根据上级的有关指示精神，或简要叙述本地区、本单位的实际需要、疑惑和困难。复函的开头引用对方来文的标题及发文字号，有的复函还简述来函的主题。之后，有的复函以“现将有关问题复函如下”一类文种承启语引出答复意见。

（2）主体。写需要商洽、询问、答复、联系、请求批准或答复审批及告知的事项。

函的事项一般都较单一，可与缘由部分合为一段。如果事项比较复杂，则分条列项书写。

（3）结语。如果行文只是告知对方事项而不必对方回复，则结语常用“特此函告”“特此函达”。若是要求对方复函的，则用“盼复”“望函复”“请即复函”等语。请批函多用“请批准”“请大力协助为盼”“望能同意”“望准予××是荷”等习惯语。复函的结语常用“特此复函”“特此回复”“此复”等惯用语。

四、落款

函的落款同其他公文。

五、注意问题

（1）注意请批函与请示的区别。请示与请批函的相同点都是请求批准事项。不同的是，请示是向有隶属关系的上级行文，在行文关系上属上行文；请批函是向没有隶属关系的有关主管部门或职能单位行文，从行文关系上看多数为平行文。

（2）开门见山，直奔主题。切忌一切客套和空泛的议论。

（3）一文一函，简洁明了。

（4）语言要规范得体，体现函的用语特色。发函要使用平和、礼貌、诚恳的语言，对主管机关要尊重、谦敬，对级别低的单位要平和，对平行单位和不相隶属的单位要友善。切忌使用生硬、命令性的语言。复函态度要明朗，语言要准确，避免含糊笼统、犹豫不定。

写作模板

1. 去函

×××（发文方）关于函洽（函请/函知）××××（事由）的函

×××：

××××××××。（依据、缘由、背景）

为了××××××，（行文目的）现函商（函请/函洽/函告）如下：（文种承启语）

×××××××××××。××××××，××××。（事项）

如蒙同意（是否慨允，是否可行），请函复（函批，函告）。（要求、希望、祈盼）

×××总公司

××××年××月××日

2. 复函

×××（复函方）关于××（事由）的复函

×××总公司：

贵公司（贵方）《关于×××的函》（×××〔××××〕××号）收悉。（依据、缘由、背景）经研究，现函复（函批，函告）如下：（文种承启语）

×××××××××××××××××。（事项）

××××××。×××××××××。（事项）

专此函复（特此函复，特此函批）。

×××公司

××××年××月××日

技能训练

一、下面是一则病文，请写出格式规范、具有函的语体特征的修改稿。

关于要求报价的函

××茶厂经理：

我们对你厂生产的茶叶很有兴趣，十分想买一批君山毛尖茶。我公司要求不高，只要求该茶叶品质一级，规格为100克一包，望你厂能告诉单价报价和交货日期、结算方式等给我公司。

如果价格合理，且能给予最好的折扣，我们将做到大批量订货。

致

礼！

××副食品公司

2014年5月16日

二、某职业院校汽修专业毕业实习定于2015年4月6日开始，拟安排20名学生到某汽车修理厂实习，时间为2个月。请以该校名义提前一个月写一份函联系此事宜。

三、完成本内容开始处的“函写作任务”。

附　录

附录A　党政机关公文处理工作条例

第一章　总　则

第一条　为了适应中国共产党机关和国家行政机关（以下简称党政机关）工作需要，推进党政机关公文处理工作科学化、制度化、规范化，制定本条例。

第二条　本条例适用于各级党政机关公文处理工作。

第三条　党政机关公文是党政机关实施领导、履行职能、处理公务的具有特定效力和规范体式的文书，是传达贯彻党和国家的方针政策，公布法规和规章，指导、布置和商洽工作，请示和答复问题，报告、通报和交流情况等的重要工具。

第四条　公文处理工作是指公文拟制、办理、管理等一系列相互关联、衔接有序的工作。

第五条　公文处理工作应当坚持实事求是、准确规范、精简高效、安全保密的原则。

第六条　各级党政机关应当高度重视公文处理工作，加强组织领导，强化队伍建设，设立文秘部门或者由专人负责公文处理工作。

第七条　各级党政机关办公厅（室）主管本机关的公文处理工作，并对下级机关的公文处理工作进行业务指导和督促检查。

第二章　公文种类

第八条　公文种类主要有：

（一）决议。适用于会议讨论通过的重大决策事项。

（二）决定。适用于对重要事项做出决策和部署、奖惩有关单位和人员、变更或者撤销下级机关不适当的决定事项。

（三）命令（令）。适用于公布行政法规和规章、宣布施行重大强制性措施、批准授予和晋升衔级、嘉奖有关单位和人员。

（四）公报。适用于公布重要决定或者重大事项。

（五）公告。适用于向国内外宣布重要事项或者法定事项。

（六）通告。适用于在一定范围内公布应当遵守或者周知的事项。

（七）意见。适用于对重要问题提出见解和处理办法。

（八）通知。适用于发布、传达要求下级机关执行和有关单位周知或者执行的事项，批转、转发公文。

（九）通报。适用于表彰先进、批评错误、传达重要精神和告知重要情况。

（十）报告。适用于向上级机关汇报工作、反映情况，回复上级机关的询问。

（十一）请示。适用于向上级机关请求指示、批准。

（十二）批复。适用于答复下级机关请示事项。

（十三）议案。适用于各级人民政府按照法律程序向同级人民代表大会或者人民代表大会常务委员会提请审议事项。

（十四）函。适用于不相隶属机关之间商洽工作、询问和答复问题、请求批准和答复审批事项。

（十五）纪要。适用于记载会议主要情况和议定事项。

第三章　公文格式

第九条　公文一般由份号、密级和保密期限、紧急程度、发文机关标志、发文字号、签发人、标题、主送机关、正文、附件说明、发文机关署名、成文日期、印章、附注、附件、抄送机关、印发机关和印发日期、页码等组成。

（一）份号。公文印制份数的顺序号。涉密公文应当标注份号。

（二）密级和保密期限。公文的秘密等级和保密的期限。涉密公文应当根据涉密程度分别标注“绝密”“机密”“秘密”和保密期限。

（三）紧急程度。公文送达和办理的时限要求。根据紧急程度，紧急公文应当分别标注“特急”“加急”，电报应当分别标注“特提”“特急”“加急”“平急”。

（四）发文机关标志。由发文机关全称或者规范化简称加“文件”二字组成，也可以使用发文机关全称或者规范化简称。联合行文时，发文机关标志可以并用联合发文机关名称，也可以单独用主办机关名称。

（五）发文字号。由发文机关代字、年份、发文顺序号组成。联合行文时，使用主办机关的发文字号。

（六）签发人。上行文应当标注签发人姓名。

（七）标题。由发文机关名称、事由和文种组成。

（八）主送机关。公文的主要受理机关，应当使用机关全称、规范化简称或者同类型机关统称。

（九）正文。公文的主体，用来表述公文的内容。

（十）附件说明。公文附件的顺序号和名称。

（十一）发文机关署名。署发文机关全称或者规范化简称。

（十二）成文日期。署会议通过或者发文机关负责人签发的日期。联合行文时，署最后签发机关负责人签发的日期。

（十三）印章。公文中有发文机关署名的，应当加盖发文机关印章，并与署名机关相符。有特定发文机关标志的普发性公文和电报可以不加盖印章。

（十四）附注。公文印发传达范围等需要说明的事项。

（十五）附件。公文正文的说明、补充或者参考资料。

（十六）抄送机关。除主送机关外需要执行或者知晓公文内容的其他机关，应当使用机关全称、规范化简称或者同类型机关统称。

（十七）印发机关和印发日期。公文的送印机关和送印日期。

（十八）页码。公文页数顺序号。

第十条　公文的版式按照《党政机关公文格式》国家标准执行。

第十一条　公文使用的汉字、数字、外文字符、计量单位和标点符号等，按照有关国家标准和规定执行。民族自治地方的公文，可以并用汉字和当地通用的少数民族文字。

第十二条　公文用纸幅面采用国际标准 A4 型。特殊形式的公文用纸幅面，根据实际需要确定。

第四章 行文规则

第十三条 行文应当确有必要，讲求实效，注重针对性和可操作性。

第十四条 行文关系根据隶属关系和职权范围确定。一般不得越级行文，特殊情况需要越级行文的，应当同时抄送被越过的机关。

第十五条 向上级机关行文，应当遵循以下规则：

（一）原则上主送一个上级机关，根据需要同时抄送相关上级机关和同级机关，不抄送下级机关。

（二）党委、政府的部门向上级主管部门请示、报告重大事项，应当经本级党委、政府同意或者授权；属于部门职权范围内的事项应当直接报送上级主管部门。

（三）下级机关的请示事项，如需以本机关名义向上级机关请示，应当提出倾向性意见后上报，不得原文转报上级机关。

（四）请示应当一文一事。不得在报告等非请示性公文中夹带请示事项。

（五）除上级机关负责人直接交办事项外，不得以本机关名义向上级机关负责人报送公文，不得以本机关负责人名义向上级机关报送公文。

（六）受双重领导的机关向一个上级机关行文，必要时抄送另一个上级机关。

第十六条 向下级机关行文，应当遵循以下规则：

（一）主送受理机关，根据需要抄送相关机关。重要行文应当同时抄送发文机关的直接上级机关。

（二）党委、政府的办公厅（室）根据本级党委、政府授权，可以向下级党委、政府行文，其他部门和单位不得向下级党委、政府发布指令性公文或者在公文中向下级党委、政府提出指令性要求。需经政府审批的具体事项，经政府同意后可以由政府职能部门行文，文中须注明已经政府同意。

（三）党委、政府的部门在各自职权范围内可以向下级党委、政府的相关部门行文。

（四）涉及多个部门职权范围内的事务，部门之间未协商一致的，不得向下行文；擅自行文的，上级机关应当责令其纠正或者撤销。

（五）上级机关向受双重领导的下级机关行文，必要时抄送该下级机关的另一个上级机关。

第十七条 同级党政机关、党政机关与其他同级机关必要时可以联合行文。属于党委、政府各自职权范围内的工作，不得联合行文。

党委、政府的部门依据职权可以相互行文。

部门内设机构除办公厅（室）外不得对外正式行文。

第五章 公文拟制

第十八条 公文拟制包括公文的起草、审核、签发等程序。

第十九条 公文起草应当做到：

（一）符合党的理论路线方针政策和国家法律法规，完整准确体现发文机关意图，并同现行有关公文相衔接。

（二）一切从实际出发，分析问题实事求是，所提政策措施和办法切实可行。

（三）内容简洁，主题突出，观点鲜明，结构严谨，表述准确，文字精练。

（四）文种正确，格式规范。

（五）深入调查研究，充分进行论证，广泛听取意见。

（六）公文涉及其他地区或者部门职权范围内的事项，起草单位必须征求相关地区或者部门意见，力求达成一致。

（七）机关负责人应当主持、指导重要公文起草工作。

第二十条 公文文稿签发前，应当由发文机关办公厅（室）进行审核。审核的重点是：

（一）行文理由是否充分，行文依据是否准确。

（二）内容是否符合党的理论路线方针政策和国家法律法规；是否完整准确体现发文机关意图；是否同现行有关公文相衔接；所提政策措施和办法是否切实可行。

（三）涉及有关地区或者部门职权范围内的事项是否经过充分协商并达成一致意见。

（四）文种是否正确，格式是否规范；人名、地名、时间、数字、段落顺序、引文等是否准确；文字、数字、计量单位和标点符号等用法是否规范。

（五）其他内容是否符合公文起草的有关要求。

需要发文机关审议的重要公文文稿，审议前由发文机关办公厅（室）进行初核。

第二十一条 经审核不宜发文的公文文稿，应当退回起草单位并说明理由；符合发文条件但内容需作进一步研究和修改的，由起草单位修改后重新报送。

第二十二条 公文应当经本机关负责人审批签发。重要公文和上行文由机关主要负责人签发。党委、政府的办公厅（室）根据党委、政府授权制发的公文，由受权机关主要负责人签发或者按照有关规定签发。签发人签发公文，应当签署意见、姓名和完整日期；圈阅或者签名的，视为同意。联合发文由所有联署机关的负责人会签。

第六章 公文办理

第二十三条 公文办理包括收文办理、发文办理和整理归档。

第二十四条 收文办理主要程序是：

（一）签收。对收到的公文应当逐件清点，核对无误后签字或者盖章，并注明签收时间。

（二）登记。对公文的主要信息和办理情况应当详细记载。

（三）初审。对收到的公文应当进行初审。初审的重点是：是否应当由本机关办理，是否符合行文规则，文种、格式是否符合要求，涉及其他地区或者部门职权范围内的事项是否已经协商、会签，是否符合公文起草的其他要求。经初审不符合规定的公文，应当及时退回来文单位并说明理由。

（四）承办。阅知性公文应当根据公文内容、要求和工作需要确定范围后分送。批办性公文应当提出拟办意见报本机关负责人批示或者转有关部门办理；需要两个以上部门办理的，应当明确主办部门。紧急公文应当明确办理时限。承办部门对交办的公文应当及时办理，有明确办理时限要求的应当在规定时限内办理完毕。

（五）传阅。根据领导批示和工作需要将公文及时送传阅对象阅知或者批示。办理公文传阅应当随时掌握公文去向，不得漏传、误传、延误。

（六）催办。及时了解掌握公文的办理进展情况，督促承办部门按期办结。紧急公文或者重要公文应当由专人负责催办。

（七）答复。公文的办理结果应当及时答复来文单位，并根据需要告知相关单位。

第二十五条 发文办理主要程序是：

（一）复核。已经发文机关负责人签批的公文，印发前应当对公文的审批手续、内容、文种、格式等进行复核；需作实质性修改的，应当报原签批人复审。

（二）登记。对复核后的公文，应当确定发文字号、分送范围和印制份数并详细记载。

（三）印制。公文印制必须确保质量和时效。涉密公文应当在符合保密要求的场所印制。

（四）核发。公文印制完毕，应当对公文的文字、格式和印刷质量进行检查后分发。

第二十六条 涉密公文应当通过机要交通、邮政机要通信、城市机要文件交换站或者收发件机关机要收发人员进行传递，通过密码电报或者符合国家保密规定的计算机信息系统进行传输。

第二十七条 需要归档的公文及有关材料，应当根据有关档案法律法规以及机关档案管理规定，及时收集齐全、整理归档。两个以上机关联合办理的公文，原件由主办机关归档，相关机关保存复制件。机关负责人兼任其他机关职务的，在履行所兼职务过程中形成的公文，由其兼职机关归档。

第七章 公文管理

第二十八条 各级党政机关应当建立健全本机关公文管理制度，确保管理严格规范，充分发挥公文效用。

第二十九条 党政机关公文由文秘部门或者专人统一管理。设立党委（党组）的县级以上单位应当建立机要保密室和机要阅文室，并按照有关保密规定配备工作人员和必要的安全保密设施设备。

第三十条 公文确定密级前，应当按照拟定的密级先行采取保密措施。确定密级后，应当按照所定密级严格管理。绝密级公文应当由专人管理。

公文的密级需要变更或者解除的，由原确定密级的机关或者其上级机关决定。

第三十一条 公文的印发传达范围应当按照发文机关的要求执行；需要变更的，应当经发文机关批准。

涉密公文公开发布前应当履行解密程序。公开发布的时间、形式和渠道，由发文机关确定。

经批准公开发布的公文，同发文机关正式印发的公文具有同等效力。

第三十二条 复制、汇编机密级、秘密级公文，应当符合有关规定并经本机关负责人批准。绝密级公文一般不得复制、汇编，确有工作需要的，应当经发文机关或者其上级机关批准。复制、汇编的公文视同原件管理。

复制件应当加盖复制机关戳记。翻印件应当注明翻印的机关名称、日期。汇编本的密级按照编入公文的最高密级标注。

第三十三条 公文的撤销和废止，由发文机关、上级机关或者权力机关根据职权范围和有关法律法规决定。公文被撤销的，视为自始无效；公文被废止的，视为自废止之日起失效。

第三十四条 涉密公文应当按照发文机关的要求和有关规定进行清退或者销毁。

第三十五条 不具备归档和保存价值的公文，经批准后可以销毁。销毁涉密公文必须严格按照有关规定履行审批登记手续，确保不丢失、不漏销。个人不得私自销毁、留存涉密公文。

第三十六条 机关合并时，全部公文应当随之合并管理；机关撤销时，需要归档的公文经整理后按照有关规定移交档案管理部门。

工作人员离岗离职时，所在机关应当督促其将暂存、借用的公文按照有关规定移交、清退。

第三十七条 新设立的机关应当向本级党委、政府的办公厅（室）提出发文立户申请。经审查符合条件的，列为发文单位，机关合并或者撤销时，相应进行调整。

第八章 附 则

第三十八条 党政机关公文含电子公文。电子公文处理工作的具体办法另行制定。

第三十九条 法规、规章方面的公文，依照有关规定处理。外事方面的公文，依照外事主管部门的有关规定处理。

第四十条 其他机关和单位的公文处理工作，可以参照本条例执行。

第四十一条 本条例由中共中央办公厅、国务院办公厅负责解释。

第四十二条 本条例自 2012 年 7 月 1 日起施行。1996 年 5 月 3 日中共中央办公厅发布的《中国共产党机关公文处理条例》和 2000 年 8 月 24 日国务院发布的《国家行政机关公文处理办法》停止执行。

附录 B 文章修改符号及其用法

编号	符号形态	符号作用	符号在文中和页边用法示例	说明
一、字符的改动				
1		改 正	增高出版物质量。 提 改革开发 放	改正的字符较多，圈起来有困难时，可用线在页边画清改正的范围 必须更换的损、坏、污字也用改正符号画出
2		删 除	提高出版物物质质量。	
3		增 补	要搞好校工作。 对	增补的字符较多，圈起来有困难时，可用线在页边画清增补的范围
4		改正上下角	16=42 2 H_2SO4 4 尼古拉 费欣 · 0.25+0.25=0 5 . 举例 2×3=6 : X Y =1 ∶ 2 :	
二、字符方向位置的移动				
5		转 正	字符颠倒要转正。	
6		对 调	认真经验总结。 认真验结经总。	用于相邻的字词 用于隔开的字词

（续）

编号	符号形态	符号作用	符号在文中和页边用法示例	说明
二、字符方向位置的移动				
7		接 排	要重视校对工作， 提高出版物质量。	
8		另 起 段	完成了任务。明年……	
9		转 移	校对工作，提高出 版物质量要重视。 ”。以上引文均见中文新版《 列宁全集》。 编者 年 月 …… 各位编委：	用于行间附近的转移 用于相邻行首末衔接字符的推移 用于相邻页首末衔接行段的推移
10	或	上 下 移	序号 名 称 数量 01 显微镜 2	字符上移到缺口左右水平线处 字符下移到箭头所指的短线处
11	或	左 右 移	要重视校对工 作，提高出版物质量。 3 4 5 6 5 欢呼 歌 唱	字符左移到箭头所指的短线处 字符左移到缺口上下垂直线处 符号画得太小时，要在页边重标
12		排 齐	校对工作非常重要。 必须提高印刷质量，缩短印制周期。 国家标准	
13		排阶梯形	RH_2	
14		正 图		符号横线表示水平位置，竖线表示垂直位置，箭头表示上方

（续）

编　号	符号形态	符号作用	符号在文中和页边用法示例	说　明
三、字符间空距的改动				
15	∨ ＞	加大空距	一、校对程序　∨ 校对胶印读物、影印书刊的注意事项：　＞	表示在一定范围内适当加大空距 横式文字画在字头和行头之间
16	∧ ＜	减小空距	二、校对程　序　∧ 校对胶印读物、影印书刊的注意事项：　＜	表示不空或在一定范围内适当减小空距 横式文字画在字头和行头之间
17	# ‡ ‡ ‡	空1字距 空1/2字距 空1/3字距 空1/4字距	第一章校对职责和方法　# 1. 责任校对　‡	多个空距相同的，可用引线连出，只标示一个符号
18	Y	分　开	Goodmorning!　Y	用于外文
四、其他				
19	△	保　留	认真搞好校对工作。	除在原删除的字符下画△外，并在原删除符号上画两竖线
20	○＝	代　替	兰色的程度不同，从淡兰色到深兰色具有多种层次，如天兰色、湖兰色、海兰色、宝兰色……　○＝蓝	同页内有两个或多个相同的字符需要改正的，可用符号代替，并在页边注明
21	○○○	说　明	第一章　校对的职责　改黑体	说明或指令性文字不要圈起来，在其字下画圈，表示不作为改正的文字。如说明文字较多时，可在首末各三字下画圈

参 考 文 献

[1] 河北省语言文字培训测试中心. 普通话水平测试指导用书 [M]. 北京：商务印书馆，2012.
[2] 张文光，梁志红. 实用语文听说教程 [M]. 上海：复旦大学出版社，2007.
[3] 汤显祖. 牡丹亭 [M]. 徐朔方，杨笑杨，校注. 北京：人民文学出版社，1963.
[4] 郭茂倩. 乐府诗集 [M]. 上海：上海古籍出版社，1998.
[5] 唐圭璋. 全宋词 [M]. 北京：中华书局，1999.
[6] 陆游. 陆游诗选 [M]. 游国恩，李易，选注. 北京：人民文学出版社，1957.
[7] 张海燕. 经典诗文台词朗诵技巧 [M]. 北京：中国盲文出版社，2014.
[8] 杜君立. 历史的细节：马镫、轮子和机器如何重构中国与世界 [M]. 上海：上海三联书店，2013.
[9] 张秀枫. 历史问题与问题历史 [M]. 呼和浩特：远方出版社，2008.
[10] 徐中玉，齐森华. 大学语文 [M]. 上海：华东师范大学出版社，2005.
[11] 鱼国超. 大学语文 [M]. 北京：中国人民大学出版社，2013.
[12] 余秋雨. 山居笔记 [M]. 上海：文汇出版社，2002.
[13] 梁衡. 把栏杆拍遍 [M]. 上海：东方出版中心，2006.
[14] 杨文丰. 高职应用写作 [M]. 3 版. 北京：高等教育出版社，2014.
[15] 张军. 应用文写作 [M]. 北京：中国金融出版社，2011.
[16] 倪浓水，黄雅玲. 应用文书写作 [M]. 北京：海洋出版社，2012.